Mikroökonomische Theorie der Unternehmung

Von

Dr. Karl-Heinz Moritz

Dipl.-Volkswirtin Birgit Schuknecht

Dr. Alfred Spielkamp

R. Oldenbourg Verlag München Wien

Die Deutsche Bibliothek – CIP-Einheitsaufnahme

Moritz, Karl-Heinz:
Mikroökonomische Theorie der Unternehmung / Karl-Heinz
Moritz ; Birgit Schuknecht ; Alfred Spielkamp. – München ;
Wien : Oldenbourg, 1994
ISBN 3-486-23086-7

NE: Schuknecht, Birgit:; Spielkamp, Alfred:

Gesamtherstellung: R. Oldenbourg Graphische Betriebe GmbH, München

ISBN 3-486-23086-7

Inhaltsübersicht

Ausführliche Inhaltsverzeichnisse gehen den einzelnen Kapiteln voraus.

Vorwort

Mit dem vorliegenden Lehrbuch wird der Versuch unternommen, die Modelle der Mikroökonomischen Unternehmenstheorie systematisch darzustellen. Die eigene Motivation und das besondere Interesse des Lehrbuches gelten dabei der Veranschaulichung der notwendigen Abstraktion wirtschaftlicher Gegebenheiten mit dem Ziel, den praktischen Anwendungsbezug herzustellen und zu zeigen, wie die mikroökonomische Unternehmenstheorie arbeitet. Um diesem Anspruch gerecht werden zu können, wird ein didaktisches Konzept verfolgt, welches sich an einem theoretischen Gerüst orientiert und gleichzeitig die Erklärungsmöglichkeiten ökonomischer Zusammenhänge andeutet. Obwohl den formalen Grundlagen und den analytischen Instrumenten ein großes Gewicht beigemessen wird, sind sie nur Mittel zum Zweck. Die eigentliche Bedeutung besitzen in dieser Arbeit die Anwendungen.

Die einzelnen Kapitel sind deshalb von der Struktur her ähnlich konzipiert. In dem ersten Abschnitt eines jeden Kapitels wird die Problemstellung der nachfolgenden Analyse umrissen. Im Fragestil werden die wesentlichen Diskussionsschwerpunkte genannt und erlauben dem Leser eine schnelle Orientierung und eine leicht einprägsame Inhaltsangabe. Die aufgeworfenen Probleme und die damit verbundenen Aspekte werden im weiteren Verlauf modelltheoretisch erfaßt, analytisch gelöst und graphisch illustriert. Diese Vorgehensweise gestattet, die Zusammenhänge formal exakt darzustellen, mathematische Hilfen zur Lösung des Problems einzusetzen und die verbalen Argumentationen zu unterstützen. Die Formalisierung ist ein ebenso eindeutiges wie hilfreiches Analyseinstrument und leistet auf der mathematischen Ebene das, was die Abbildungen im visuellen Bereich bewirken. Die Probleme werden in ihren Strukturen sichtbar und gestatten Vergleiche bzw. Verweise zu neuen bzw. bereits gelösten Fragestellungen. Als weiteres didaktisches Hilfsmittel greifen wir auf Übungsaufgaben mit Lösungen zurück. Im Text durch Kursivschrift von den anderen Ausführungen abgesetzt, ist es im Anschluß an die Einführung eines Problems möglich, Lösungstechniken zu üben und an einem Zahlenbeispiel die ökonomischen Diskussionen nachzuvollziehen. Die Kapitel schließen jeweils mit Anwendungen zu realen Wirtschaftsthemen und bilden den praktisch orientierten Schwerpunkt. Sie verwenden die in den theoretischen Modellen entwickelten Instrumente und machen deutlich, daß die Modelle nicht zum Selbstzweck gedacht sind. Im Kontext der Anwendung führen wir zudem eine kritische Diskussion der Themen.

Insgesamt wird das Ziel verfolgt, auf einer allgemeinen, übergeordneten Ebene die Fragen der Distribution und der Allokation zu beantworten. Dies ist jedoch nur möglich, wenn differenziertere, enger umrissene Aspekte zuvor erfolgreich diskutiert worden sind. Wir beabsichtigen zu zeigen, daß auf der Basis der in der mikroökonomischen Theorie entwickelten analytischen Instrumente wirtschaftspolitische Fragen thematisiert und Lösungswege skizziert werden können. Die angesprochenen Problemkreise können hier nicht in ihrem vollen Umfang betrachtet werden, was als Einschränkung gewertet werden könnte. Da die Anwendungsbeispiele in erster Linie der Fundierung des eingeführten Instrumentariums dienen, muß bei der problemorientierten Diskussion dieser Einwand in Kauf genommen werden. Die Aussagekraft der Ergebnisse und der Gehalt der Modelle werden dadurch nicht gemindert.

Das vorliegende Lehrbuch wendet sich an Studenten der Wirtschaftswissenschaften im Grund- und Hauptstudium. Es resultiert aus an der Universität-Gesamthochschule-Essen und an der European-Business-School (Private Wissenschaftliche Hochschule Schloß Reichhartshausen) gehaltenen Lehrveranstaltungen der Verfasser.

Für die geführten kritischen Diskussionen und fachlichen Anregungen möchten wir uns bei Herrn Professor Dr. Dieter Spaetling, bei Herrn Professor Dr. Walter Assenmacher und bei Herrn Professor Dr. Feess bedanken. Insbesondere Professor Dr. Spaetling hat durch jahrelange intensive Betreuung der Verfasser die Fundamente für dieses Buch gelegt, so daß wir ihm zu besonderem Dank verpflichtet sind.

Die verschiedenen Fassungen des Manuskriptes wurden von Frau cand. rer. pol. Eva Hilger mit großer Aufmerksamkeit durchgesehen. Die Abbildungen wurden von Herrn cand. rer. pol. Volker Jung angefertigt. Besonders danken möchten wir weiterhin Frau Martina Ruddigkeit, die dem Manuskript eine sorgfältige stilistische Überarbeitung angedeihen ließ. Schließlich gilt unser Dank den Sekretärinnen Frau Susanne Neumann sowie Frau Sigrid Rittberger, die die verschiedenen Fassungen des Manuskriptes angefertigt haben.

Die verbleibenden Mängel gehen selbstverständlich zu unseren Lasten.

Karl-Heinz Moritz
Birgit Schuknecht
Alfred Spielkamp

Abbildungsverzeichnis

Verzeichnis der wichtigsten Variablen

α,β	partielle Produktionselastizitäten der Cobb-Douglas-Produktionsfunktion
α	Lageparameter der Nachfrage
β	Lageparameter des Angebots
$\delta,(1-\delta)$	Verteilungsparameter
$\varepsilon(e,w)$	Lohnsatzelastizität des Effizienzparameters
$\varepsilon(h_A,w)$	Elastizität des Grenzproduktivität des Faktors Arbeit
$\varepsilon(K,x)$	Kostenelastizität
$\varepsilon(x,A)$	Produktionselastizität des Faktors Arbeit
$\varepsilon(x,p)$	Angebotselastizität
$\varepsilon(x,v_i)$	partielle Produktionselastizität des Faktors V_i
$\varepsilon(x,\mu)$	Skalenelastizität
Φ	Faktorintensität
γ_i	Faktorkoeffizient des Produktionsfaktors V_i mit $i = 1,2$
γ_{ij}	Faktorkoeffizient des Produktionsfaktors V_i im Prozeß j mit $j = A,B$
$\eta(p,t)$	Steuerelastizität des Preises
$\eta(x,p)$	Nachfrageelastizität
$\eta(x,t)$	Steuerelastizität der Nachfrage
Ψ	Faktorkoeffizientenmatrix
Γ	Matrix der Endproduktkoeffizienten
λ	Lagrange-Variable
μ	Skalenniveau
ρ	Substitutionsparameter
σ	Substitutionselastizität
ν	Skalenparameter
a	Abgabe pro Einheit des Schadstoffausstoßes

A	Arbeit
B	Matrix der Vorleistungs- bzw. Zwischenproduktkoeffizienten
C	Kapital
D	geränderte Hesse-Matrix
DB	Deckungsbeitrag
DFK	fixe Durchschnittskosten
DTK	totale Durchschnittskosten
DVK	variable Durchschnittskosten
E	Erlöse
E^e	zusätzlich erwartete Erlöse
e	Effizienzparameter
g	Qualität des Produktionsverfahrens
G	geränderte Hesse-Matrix des Kostenminimierungsproblems
G	Gewinn
G^e	zusätzlich erwarteter Gewinn
G^n	Gewinn nach Steuern
G^v	Gewinn vor Steuern
G_x,G_y	Gewinn des Sektors X bzw. Y
GGW	gesamter persönlicher Gebrauchswert
GQ	Gewinnquote
GRS_x^y	Grenzrate der Substitution des Gutes X
$GRTS_{v_1}^{v_2}$	Grenzrate der technischen Substitution des Faktors V_i
GRT_x^y	Grenzrate der Transformation des Gutes X
H	Hesse-Matrix
$\hat{h}_A$	Wachstumsrate der Arbeitsproduktivität
i	Zinssatz

I	Einheitsmatrix
I	geränderte Hesse-Matrix des Kostenminimierungsproblems
k	Marktzutrittsgeschwindigkeit
K	Kosten
K_f	fixe Kosten
K^L	Lagerkosten
K_v	variable Kosten
KR	Konsumentenrente
LQ	Lohnquote
m	Homogenitätsgrad
m	Lernerscher Monopolgrad
MGW	marginaler persönlicher Gebrauchswert
P	Preisniveau
p	Absatzpreis des Gutes X
$\hat{p}$	Inflationsrate
p^e	erwarteter Absatzpreis des Gutes X
p_L	Limitpreis
PR	Produzentenrente
p_x, p_y	Preis pro Mengeneinheit für das Gut X bzw. Y
q_i	Preis für eine Einheit des Faktors V_i
q_v, q_w	Preis für eine Einheit des Faktors V bzw. W
r	Einheiten des reduzierten Schadstoffausstoßes
S	sozialer Überschuß
s	Einheiten des Schadstoffausstoßes
T	Steuern
t	Steuersatz
t_x	Steuersatz bzw. Subvention pro Stück im X-Sektor
U	Nutzen
V_i	Produktionsfaktor
v_i	Menge des Produktionsfaktors V_i bzw. Verbrauchsvektor
v_{ij}	Menge des Produktionsfaktors V_j des i-ten Unternehmens
v_{ij}	Menge des Produktionsfaktors V_i im Prozeß j
v_x, w_x	Menge des Produktionsfaktors V bzw. W in der X-Produktion
v_y, w_y	Menge des Produktionsfaktors V bzw. W in der Y-Produktion
W	gesamtwirtschaftliche Wohlfahrt
w	Lohnsatz
$\hat{w}$	Wachstumsrate der Nominallöhne
w_T	Tariflohn
X,Y	Güter
x.,y	Menge des produzierten Gutes X (Y) bzw. Produktionsvektor
x^D	Marktnachfrage nach dem Gut X
$x^D{}_k$	individuelle Nachfrage des Haushalts k nach dem Gut X
x_j	Menge des produzierten Gutes X im Prozeß j
x^S	Marktangebot an Gut X
$x_j{}^s$	individuelles Angebot des Produzenten i am Gut X
y	Vektor der Produktionswerte
Z	Zutrittsbedingung
z	Lohn-Zins-Verhältnis
z	Vektor der Vorleistungen bzw. Zwischenproduktmengen

I. Inhaltliche Orientierung

A. Ökonomische Grundprobleme und Fragestellungen

In jeder Gesellschaft haben die Individuen Wünsche und **Bedürfnisse**. Diese entspringen dem Bewußtsein eines Mangels und äußern sich in dem Bestreben, diesen **Mangel** zu beseitigen. Die Bedürfnisse konkretisieren sich zu einem Bedarf, der als Nachfrage wirksam wird. Der Grad der Bedürfnisbefriedigung der Individuen einer Volkswirtschaft hängt von den produzierten Gütern ab. Diese **Güter** sind Mittel der Bedürfnisbefriedigung. Sie erfassen Waren, Dienstleistungen und Rechte, werden aber der Einfachheit halber zusammenfassend als Güter bezeichnet. Zur Produktion der Güter werden Ressourcen bzw. Produktionsfaktoren benötigt. Die Ressourcen sind jedoch nur begrenzt vorhanden. Daraus folgt, daß die Gütermengen, die man in einer Volkswirtschaft produzieren kann, begrenzt sind. Diesen begrenzt verfügbaren Gütermengen stehen unbegrenzte Bedürfnisse der Individuen gegenüber. Die Güter sind aus diesem Grunde knapp. Aus der Knappheit der Gütern resultieren zwei fundamentale Probleme:

(1) Die Knappheit der Güter erfordert einen effizienten Umgang mit den knappen Ressourcen. Die Art und Weise des Einsatzes der Ressourcen im Produktionsprozeß bezeichnet man als **Allokation** bzw. **Faktorallokation**.

(2) Da die Güter knapp sind, stellt sich das Problem, wie die knappen Güter auf die Individuen verteilt werden. Dieses Problem bezeichnet man als **Distributionsproblem**.

Unter **Wirtschaften** versteht man die planvolle menschliche Tätigkeit, den Grad der Bedürfnisbefriedigung zu maximieren und mit knappen Ressourcen effizient umzugehen. Aus den beiden Grundproblemen leiten sich weitere Fragestellungen ab:

(a) **Was** soll produziert werden?
(b) **Wie** soll produziert werden?
(c) Für **wen** soll produziert werden?

Betrachten wir als erstes das Allokationsproblem. Zur Lösung dieses Problems werden Informationen über die Produktionsmöglichkeiten einer Volkswirtschaft benötigt. Diese Informationen versucht man mit Hilfe von **Produktionsfunktionen** zu erfassen. Sie geben an, welcher Output eines Gutes mit alternativen Faktormengen produziert werden kann. In der Regel existieren alternative Möglichkeiten zur Produktion einer bestimmten Menge eines Gutes. Es ist aus der Vielzahl der Produktionsmöglichkeiten die Faktorkombination zu bestimmen, bei der ein gegebener Output die geringste Inanspruchnahme der Ressourcen erfordert. Das Prinzip, ein gegebenes Ziel mit den geringsten Mitteln zu realisieren, bezeichnet man als **Minimalprinzip**. Innerhalb einer Unternehmung wird dieses Problem gelöst, indem die Produktionsmengen über die Faktorpreise monetär bewertet werden und für einen vorgegebenen Output die Faktormengenkombination gesucht wird, die zu den minimalen Kosten führt. Das Problem der Auswahl der kostenminimalen Faktormengenkombination bezeichnet man als **Strukturproblem** und die daraus abgeleitete Kombination als **Minimalkostenkombination**. Die minimalen Kosten können in dieser Weise für alternative Outputs entwickelt werden und werden als

Kostenfunktion definiert. Aus der Relation von Kostenfunktion und produziertem Output resultieren die **Durchschnittskosten.** Die von den Wirtschaftssubjekten gewünschte Versorgung mit Gütern wird aus allokativer Sicht optimal bereitgestellt, wenn alle Unternehmen im Minimum der Durchschnittskosten produzieren. Eine Reduzierung der Produktionskosten durch Umverteilung der Produktionsmengen im Unternehmenssektor, d.h. eine effizientere Produktion, ist dann nicht mehr möglich.

Die abgeleiteten Bedingungen für eine aus allokativer Sicht effiziente Produktion der Menge eines Gutes implizieren:

(a) Jede Menge wird in jeder Unternehmung zu den minimalen Kosten produziert.

(b) Alle Unternehmen produzieren im Minimum der Durchschnittskosten.

Es ist zu beachten, daß die Realisierung der Problemstellung (a) die Erfüllung der Bedingung (b) voraussetzt. Nun wird in einer Volkswirtschaft nicht nur ein Gut, sondern eine Vielzahl von Gütern produziert. Damit die Produktion einer Vielzahl von Gütern effizient erfolgt, muß eine weitere Bedingung berücksichtigt werden:

(c) Eine effiziente Produktion liegt vor, wenn die Menge eines Gutes nicht mehr erhöht werden kann, ohne daß die Produktion mindestens eines anderen Gutes eingeschränkt werden muß.

Wiederum ist sicherzustellen, damit die Bedingung (c) erfüllt werden kann, daß die zuvor genannten Konditionen (a) und (b) im Produktionsprozeß umgesetzt wurden. Die Produktionsbedingungen stehen in einer hierarchischen Beziehung.

Die Implikationen der Bedingung (c) läßt sich am besten mit Hilfe einer Transformationskurve veranschaulichen. Zur Vereinfachung werden nur zwei Güter betrachtet. Eine **Transformationskurve** gibt an, welche Mengen eines Gutes maximal bei gegebenen Mengen eines anderen Gutes und gegebener Technologie produziert werden können. Die Produktion ist in einer Volkswirtschaft effizient, wenn ein Punkt auf der Transformationskurve, z.B. der Punkt B, erreicht wird. Punkte oberhalb der Transformationskurve, wie z.B. Punkt C, sind mit den vorhandenen Ressourcen nicht realisierbar. Punkte unterhalb der Transformationskurve, z.B. der Punkt A, sind nicht effizient. Die Produktion der Menge eines Gutes kann bei gegebener Menge des anderen Gutes erhöht werden. Es werden Produktionsmöglichkeiten verschenkt. Aber auch bei Vollbeschäftigung aller Produktionsfaktoren, also einer vollkommenen Ausschöpfung der Produktionsmöglichkeiten, ist es denkbar, daß Punkte unterhalb der Transformationskurve realisiert werden. Diese Situation tritt ein, wenn die Ressourcen nicht kostenminimal in die Produktion einfließen.

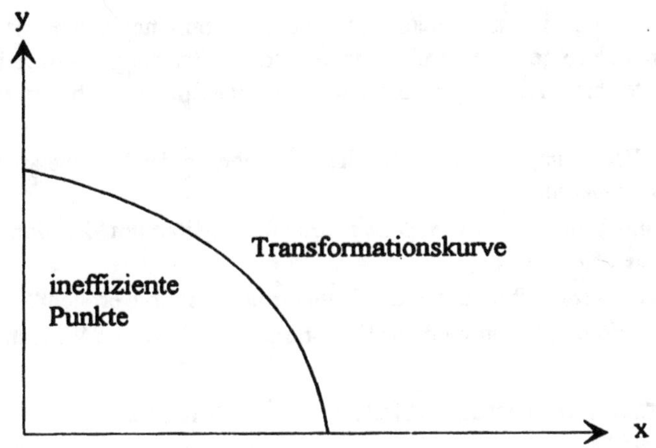

Abb. I: Die Transformationskurve

Kommen wir zur Betrachtung des Verteilungsproblems. Mit der Herleitung der Transformationskurve ist noch nicht geklärt, welche Produktionsstruktur auf der Transformationskurve gewählt wird, und wer die produzierten Güter erhält. Aufgrund der knappen Ressourcen treten die Wirtschaftssubjekte in Wettbewerb um die Verteilung der Waren. Geregelt wird die Verteilung über die Preise als Diskriminierungsmechanismen. Da die Preise Geldwerte der Produkte darstellen, ist die Verteilung der Güter abhängig vom Realeinkommen der Individuen. Ein einzelner Haushalt kann Nominaleinkommen aus unselbständigen Tätigkeiten (Löhne, Gehälter) oder aus selbständigen Tätigkeiten (Zinsen, Mieten, Gewinne) beziehen. Wird das Nominaleinkommen auf ein aktuelles Preisniveau bezogen, resultiert das **Realeinkommen**. Dieses gibt die Möglichkeiten an, welche Mengen eines definierten Warenkorbes ein Wirtschaftssubjekt tatsächlich kaufen kann.

Wir beschäftigen uns im wesentlichen damit, wie die oben aufgezeigten Probleme in einer **Marktwirtschaft** gelöst werden. Marktwirtschaftliche Wirtschaftssysteme sind dadurch gekennzeichnet, daß zum einen die Verteilung der Güter über Märkte geregelt wird und daß zum anderen Privateigentum an Produktionsmitteln garantiert ist. Auf einzelnen Märkten werden die Preise bestimmt und die Versorgung geregelt. Dabei ist es sinnvoll, zwischen Güter- und Faktormärkten zu trennen. Auf den **Gütermärkten** fragen die Haushalte die von den Unternehmen angebotenen Güter zu Konsumzwecken nach. Auf den **Faktormärkten** fragen die Unternehmen die von den Haushalten oder anderen Unternehmen angebotenen Faktoren nach. Es werden die Ressourcen gehandelt. Die Preisbildung löst die Probleme:

(a) Welche Mengen von welchem Gut sollen produziert werden?

(b) Welche Faktoren sollen eingesetzt werden?

Aus den Ausführungen zum Allokations- und Distributionsproblem einer Volkswirtschaft ergeben sich folgende zentrale Fragen zu der Entstehung, Verwendung und Verteilung der Güter bzw. Leistungen. Sie bilden den inhaltlichen Schwerpunkt der weiteren Analyse:

(1) Welche Bedingungen müssen für die Realisierung der Minimalkostenkombination erreicht werden?
   (a) Wann produzieren die Unternehmen im Minimum der durchschnittlichen totalen Kosten?
   (b) Wann werden Punkte auf der Transformationskurve erreicht?

(2) Welche Kriterien bestimmen das Einkommen der einzelnen Wirtschaftssubjekte?

B. Untersuchungsgegenstand und Konzept

Ein **wirtschaftswissenschaftliches Modell** ist ein für eine bestimmte Untersuchungsproblematik aufgestelltes reduziertes Abbild der wirklichen Zusammenhänge. Die **Abstraktion** vereinfacht und konzentriert die Analyse auf den eigentlichen Untersuchungsgegenstand. Ohne eine wissenschaftstheoretische Diskussion führen zu wollen, sei auf die Bedeutung dieser Methodik hingewiesen, die für die Evaluation des Modells fordert, daß mit Hilfe der Abstraktion und verkürzten **Abbildung der Realität** gehaltvolle Aussagen über diese getroffen werden können. Die Theorie sollte der **Falsifikation** offenstehen und helfen, reale Phänomene zu verstehen. Dies bedeutet, daß die Modellergebnisse und ihr Erklärungsgehalt entscheidend sind. Die Richtigkeit der Annahmen tritt in den Hintergrund.

In diesem Verständnis nähern wir uns der mikroökonomischen Theorie der Unternehmung. Die Volkswirtschaftslehre mit ihren Teilgebieten der Makroökonomik und der Mikroökonomik ist neben der Betriebswirtschaftslehre als wirtschaftswissenschaftliche Teildisziplin zu sehen. Ein wichtiges Aufgabenfeld der Mikroökonomik fällt der **mikroökonomischen Preistheorie** zu, wofür Kenntnisse der Haushaltstheorie und der Unternehmenstheorie erforderlich sind. Einerseits werden zur Untersuchung der Preisbildung auf dem Gütermarkt die Güterangebotsfunktion der Unternehmen und die Güternachfragefunktion der Haushalte benötigt. Andererseits setzt die Untersuchung der Preisbildung auf den Faktormärkten Kenntnisse über die Faktorangebotsfunktionen der Haushalte und Unternehmen sowie über die Faktornachfragefunktion der Unternehmen voraus. Gegenstand der **mikroökonomischen Theorie des Haushalts** ist die Erklärung der Verhaltensfunktionen der Haushalte; Gegenstand der **mikroökonomischen Theorie der Unternehmung** bildet die Erklärung der Verhaltensfunktionen der Unternehmen.[1)]

---

1) Im Rahmen dieses Lehrbuchs steht die Analyse der mikroökonomischen Theorie der Unternehmung im Mittelpunkt und es wird die Preisbildung auf elementaren Märkten beschrieben. Auf die mikroökonomische Theorie des Haushalts wird nicht näher eingegangen. vgl. diesbezüglich Moritz (1993)

Wirtschaftswissenschaften

→ Betriebswirtschaftslehre

→ Volkswirtschaftslehre

→ Makroökonomik

→ Mikroökonomik

→ Preistheorie

→ Theorie des Haushalts

→ Theorie der Unternehmung

→ Faktornachfrage

→ Güterangebot

Eine Unternehmung kann vielfältige Erscheinungsformen haben und nach Rechtsformen, Größenklassen, Branchen oder Sektoren eingeteilt werden, die wir in der weiteren Analyse unter dem Begriff Unternehmung subsumieren. Gemeinsam ist den verschiedenen Unternehmenstypen ihr gleicher Auftrag, der in der Umwandlung nicht näher spezifizierter Inputs in Güter bzw. Dienstleistungen und deren Verkauf oder Vermarktung zu sehen ist. Diesen **Transformationsprozeß** zu beschreiben, ist das Hauptanliegen der folgenden Ausführungen. Die Herleitung der Güterangebots- und Faktornachfragefunktion einer Unternehmung setzt sowohl Kenntnisse über die Erlös- und Kostensituation als auch über die Zielsetzung der Unternehmen voraus. Wie bereits geschildert, bildet die Minimalkostenkombination die Vorstufe der Kostenfunktion. Zur Ableitung der Minimalkostenkombination werden Kenntnisse über die technischen Eigenschaften des Produktionsprozesses und über die Preise der Produktionsfaktoren benötigt.

Die Struktur des Buches bringt diese Systematik zum Ausdruck. Im Kapitel II werden die technischen Eigenschaften der Produktion mit Hilfe der Produktionsfunktion diskutiert und für spezielle Typen untersucht. Anschließend widmen wir uns den ökonomischen Produktionsbedingungen. Die Ableitung der Minimalkostenkombination und der Kostenfunktion stehen im Mittelpunkt des Kapitels III. Im darauf folgenden Kapitel IV interessiert die Frage, welchen Output eine Unternehmung produziert und welche Faktormengen sie dafür einsetzt. Das Problem der Bestimmung der optimalen Faktoreinsatz- und Ausbringungsmengen bezeichnet man als **Niveauproblem**. Die Zusammenführung der im IV. Kapitel abgeleiteten Güterangebotsfunktion der Unternehmung mit der Güternachfragefunktion der Haushalte ermöglicht die Untersuchung der Preisbildung auf den Gütermärkten. Dies setzt voraus, daß Aussagen über die quantitative Besetzung des Marktes und die qualitativen Eigenschaften der gehandelten Produkte im Sinne von Marktbedingungen vorliegen. Im Kapitel V wird daher zunächst ein Überblick über verschiedene **Marktformen** gegeben, wobei eine Marktform sich von einer anderen Marktform durch spezielle qualitative und quantitative Ausprägungen unterscheidet. Anschließend wird in den Kapiteln VI und VII die Preisbildung in den beiden elementaren Marktformen der vollständigen Konkurrenz und des Angebotsmonopols analysiert, wobei ausführlich auf die Bedeutung der Marktzutritts- bzw. -austrittsmöglichkeiten eingegangen wird. Die bisherigen Ausführungen, und damit der überwiegende Teil des Buches, widmen sich der Diskussion der Produktionsprozesse eines einzigen Gutes. Diese Ein-Produkt-Welt wird abschließend aufgegeben. Innerhalb des Kapitels VIII werden die Bedingungen für eine effiziente Produktion bei mehreren Gütern abgeleitet. Dabei interessiert aus wohlfahrtstheoretischen Überlegungen insbesondere, bei welcher Marktform die abgeleiteten Bedingungen realisiert werden. Schließlich kann auf dieser Basis die Lösung des Verteilungsproblems diskutiert werden.

II. Die technischen Bedingungen der Produktion

A. Überblick

Dieses Kapitel widmet sich den technischen Zusammenhängen zwischen Faktoreinsatzmengen und Produktionsniveau. Dabei interessieren insbesondere folgende Fragen:

(1) Wie ändert sich das Outputniveau, wenn die Menge eines Einsatzfaktors bei Konstanz der anderen Faktoren variiert wird?

(2) Welche Möglichkeiten der Kombination von Faktoren bzw. Faktormengen bestehen zur Produktion vorgegebener Outputniveaus?

(3) Wie ändert sich das Outputniveau, wenn alle Einsatzmengen proportional variiert werden?

(4) Welche Eigenschaften haben spezielle Produktionsfunktionen wie die Cobb-Douglas-Produktionsfunktionen, die linear-limitationalen Produktionsfunktionen oder die CES-Produktionsfunktionen?

(5) Wie können die technischen Produktionsbedingungen zur Schätzung des Produktionspotentials einer Volkswirtschaft und zur Analyse von Verflechtungen von Wirtschaftszweigen genutzt werden?

(6) Welche Bedeutung haben die aufgestellten Kriterien im Rahmen der mikroökonomischen Theorie der Unternehmung?

Zur Erläuterung dieser Fragen muß zunächst der zentrale Begriff Produktion definiert werden. Unter **Produktion** wird die Transformation von Faktoreinsatzmengen in einen Output bezeichnet. Der Begriff Produktion wird nicht auf die unternehmerische Produktion beschränkt, sondern schließt auch die Haushaltsproduktion ein und umfaßt neben der Produktion materieller Güter auch die Produktion von Dienstleistungen. Mit dem Produktionsbegriff eng verbunden sind die Begriffe Produktionsprozeß und Produktionsverfahren: Ein **Produktionsprozeß** ist eine numerisch spezifizierte Faktormengenkombination, die zu einem bestimmten Outputniveau führt. Ein **Produktionsverfahren** weist auf die Anwendung einer bestimmten Technik hin. Zwei Produktionsverfahren unterscheiden sich demnach dadurch, daß in dem einen Verfahren mindestens ein anderer Produktionsfaktor eingesetzt wird als in dem anderen Produktionsverfahren!

Diese Unterscheidung zwischen Produktionsprozeß und -verfahren erscheint trivial und mag erstaunen. Wenn trotzdem Wert auf eine exakte Begriffsabgrenzung gelegt wird, geschieht dies, um eine eindeutige Definition zu geben und um darauf hinzuweisen, daß die Diskussion eines Produktionsverfahrens eine allgemeinere Betrachtung des Produktionsphänomens ist als die Analyse auf der Basis eines Produktionsprozesses. Zum Tragen kommen diese Unterscheidungen insbesondere bei der Herleitung von Kostenfunktionen, die entweder Abbildung der Kosten eines Produktionsverfahrens oder einer Technologie sind. Für die Beurteilung einer Kostensituation und den Vergleich alternativer Produktionskosten ist es wichtig, die Entstehungsursachen der Kosten zu kennen und Abgrenzungsmöglichkeiten zu besitzen. Dies kann an zwei Beispielen erläutert werden:

Zum Schreiben von Briefen (x) werden mehrere Produktionsfaktoren eingesetzt, wie z.B. eine Sekretärin (A), eine Schreibmaschine (M) oder ein PC (C) sowie Briefpapier (B). Die Produktionsfaktoren Sekretärin, Schreibmaschine und PC werden in Stunden, das Briefpapier in Blättern gemessen. Folgende Produktionsprozesse (P) sind denkbar:

	A	M	C	B	x
P_0	0,5	0,5	0	1	1
P_1	1	1	0	2	2
P_2	0,2	0	1	1	1

Tabelle 1: Beispiele für Produktionsprozesse 1

In den Produktionsprozessen P_0 und P_1 werden die gleichen Faktoren A, M und B in unterschiedlichen Mengen verwendet. Diese Produktionsprozesse gehören zum gleichen Produktionsverfahren. Vergleichen wir den Prozeß P_1 mit dem Prozeß P_2. Im Produktionsprozeß P_1 wird eine Schreibmaschine (M) und im Produktionsprozeß P_2 ein Computer (C) eingesetzt. Die beiden Produktionsprozesse gehören daher zu unterschiedlichen Produktionsverfahren.

Zum Aushub von Erdreich (x) stehen die Faktoren Bagger (B), Baggerführer (BF), Schaufeln (S), Schaufelarbeiter (SA) und ein Bauleiter (BL) zur Verfügung. Alle Faktoreinsätze werden in Stunden, die Menge des ausgehobenen Bodens wird in m^3 gemessen. Fiktiv sind folgende Produktionsprozesse gegeben:[1)]

	B	BF	S	SA	BL	x
P_0	3	3	2	2	1	100
P_1	1	1	5	5	1	100
P_2	2	1	5	5	1	100

Tabelle 2: Beispiele für Produktionsprozesse 2

Zur Erfüllung des Produktionsauftrages werden in den drei Prozessen immer die gleichen Faktoren verwendet; lediglich die Mengen sind verschieden. Die Prozesse gehören demnach zu dem gleichen Produktionsverfahren.

Ein Produktionsverfahren schließt unzählig viele Produktionsprozesse ein. Die Zusammenfassung aller bekannten Produktionsverfahren bildet die Produktionstechnologie bzw. das gesamte in einer Volkswirtschaft zur Verfügung stehende Know-how. Durch Entdeckung und Entwicklung neuer Produktionsverfahren erweitert sich das technische Wissen und unterliegt Veränderungen. In der folgenden Abbildung 1 werden die Unterschiede der eingeführten Begriffe hervorgehoben.

---

1) Dieses Beispiel ist angelehnt an Busse von Colbe/Laßmann (1991) S. 105.

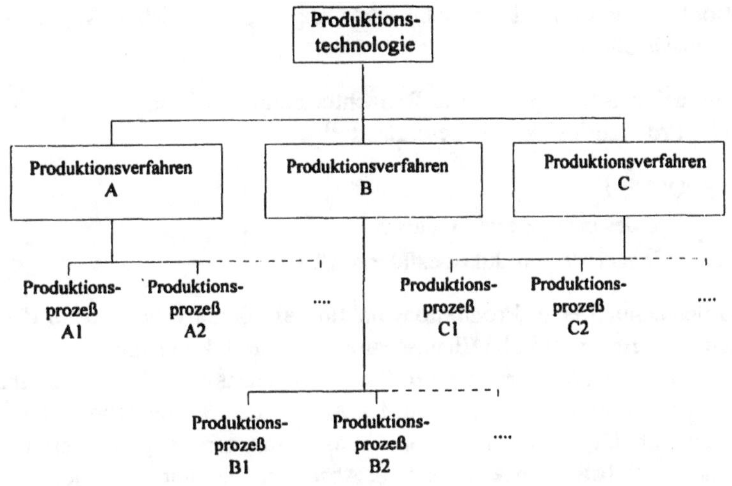

Abb. II.1: Produktionstechnologie, Produktionsverfahren und Produktionsprozeß

Die Gesamtheit des technischen Wissens, die Produktionstechnologie, umfaßt die in einer Volkswirtschaft bekannten Produktionsverfahren A, B und C. Diese stellen ihrerseits die Zusammenfassung aller Produktionsprozesse dar, die jeweils die gleichen Produktionsfaktoren verbinden.

In volks- und betriebswirtschaftlichen Modellen greift man bei der Darstellung der Transformation von Inputfaktoren zu Outputs auf das Konzept der Produktionsfunktion zurück. Eine **Produktionsfunktion** gibt an, welcher Output mit alternativen Mengen von Produktionsfaktoren hergestellt werden kann. Mit Hilfe einer Produktionsfunktion können aus einzelwirtschaftlicher Sicht die technischen Eigenschaften einzelner Produktionsverfahren und für gesamtwirtschaftliche Überlegungen die in einer Volkswirtschaft existierenden Technologien abgebildet werden.[2)]

Die alternativen Blickwinkel sind für unterschiedliche Fragestellungen zweckmäßig. Die Produktionsfunktion ist insofern nichts anderes als eine allgemeine Abbildungsvorschrift, die sich auf Prozesse, Verfahren oder Technologien beziehen kann. Es ist jedoch zur Vermeidung von Mißverständnissen wichtig, in der jeweils vorgenommenen Analyse offenzulegen, welche Art der Transformation die Produktionsfunktion ausdrücken soll. In der Regel werden mit Hilfe einer Produktionsfunktion Produktionsverfahren analysiert. Dies impliziert, daß die Produktionsfaktoren und -mengen homogen sind. Zur

2) Diese Konzepte sind Extreme der Bandbreite möglicher Typen von Produktionsfunktionen. Innerhalb des Bandes existiert eine Vielzahl von Abbildungsvarianten. So können Produktionsfunktionen für Unternehmensgruppen, Branchen, Regionen etc. betrachtet werden.

Vermeidung von Mißverständnissen wird in späteren Diskussionen, für die ein anderes Aggregationsniveau sinnvoll erscheint, stets angegeben, welches Aggregationsniveau die Analysebasis bildet.

Aus Vereinfachungsgründen ist die Betrachtung auf die Produktion eines Gutes mit Hilfe zweier Produktionsfaktoren beschränkt:[3)]

(1) $x = h(v_1, v_2)$

x: Menge des produzierten Gutes X

v_1, v_2: Mengen der Produktionsfaktoren V_1, V_2

Für die Untersuchung einer Produktionsfunktion existieren verschiedene Kriterien. Zunächst kann man fragen, welche Eigenschaften eine Produktionsfunktion aufweist, wenn nur ein Produktionsfaktor variiert wird. Diese Vorgehensweise bezeichnet man als Partialertragskriterium und ist Gegenstand des Abschnittes B. Die Möglichkeit, einen bestimmten Output mit unterschiedlichen Faktoreinsatzmengen produzieren zu können, wird anhand des Substitutionskriteriums in Abschnitt C erläutert. Schließlich interessieren die Auswirkungen proportionaler Mengenvariationen aller eingesetzten Produktionsverfahren, die im Rahmen der Diskussion des Niveaukriteriums in Abschnitt D behandelt werden. Nach der Darstellung der allgemeinen Kriterien werden in Abschnitt E einige spezielle Produktionsfunktionen vorgestellt, die in der Ökonomie häufig Verwendung finden. In Abschnitt F werden verschiedene Anwendungsmöglichkeiten der theoretischen Sachverhalte diskutiert, wobei es insbesondere um gesamtwirtschaftliche Aspekte der technischen Produktionsbedingungen geht. Die Evidenz der einzelnen Kriterien wird abschließend in Abschnitt G kritisch überprüft.

B. Das Partialertragskriterium

1. Begriffserläuterung

Mit Hilfe des **Partialertragskriteriums** wird untersucht, welchen Einfluß die Mengenvariation eines Faktors bzw. die proportionale Variation eines Teils der Faktoren auf den Output ausübt, während die Menge des anderen Faktors konstant gehalten wird. Im folgenden gehen wir davon aus, daß die Menge des Faktors V_1 variiert und die Menge des Faktors V_2 konstant ist.[4)] Für den Fall, daß mehr als zwei Produktionsfaktoren betrachtet werden, kann man V_2 als Composite-Factor auffassen. Dies bedeutet, daß alle Faktoren bis auf V_1 zu einem Faktor zusammengefaßt werden und innerhalb dieser Größe V_2 die Anteilsstruktur der eingesetzten Faktormengen bei Variationen unverändert bleibt. Begriffe, die zur partiellen Betrachtung der Produktionsbedingungen gehö-

---

3) Wir bezeichnen mit kleinen Buchstaben die Variablen, die für die Mengen stehen. Große Buchstaben repräsentieren die Güter bzw. Faktoren selbst.

4) Die entsprechenden Funktionen und Größen für einen variablen Faktor V_2 und einen konstanten Faktor V_1 lassen sich auf analoge Weise ermitteln. Diese werden daher nicht explizit eingeführt.

ren, sind die Partialertragsfunktion, die Grenz- und Durchschnittsproduktivität, die Produktionselastizität, die Kreuzableitung, der Faktorkoeffizient und die Faktorintensität sowie die Konkavität einer Funktion.

2. Merkmale des Partialertragskriteriums

a) Partialertrag und Produktivitäten

Die **Partialertragsfunktion** - oder einfach nur **Ertragsfunktion** - zeigt den Zusammenhang zwischen alternativen Mengen des Faktors V_1 und dem Output X bei gegebener Menge des Faktors V_2 an:

(2) $$x = h(v_1, \bar{v}_2)$$

Ist die Frage von Interesse, wieviel Mengen des Gutes X mit einer Einheit des Faktors V_1 bei konstanter Menge des Faktors V_2 produziert werden können, so ist die **Durchschnittsproduktivitätsfunktion** zu bilden. Sie ergibt sich aus der Division der Partialertragsfunktion durch die eingesetzte Faktormenge:

(3) $$\frac{x}{v_1} = \frac{h(v_1, \bar{v}_2)}{v_1}$$

Man mißt die Durchschnittsproduktivität in einem Punkt durch den Tangens des Winkels, den der Ursprungsstrahl, der durch den betrachteten Punkt verläuft, mit der Abzisse des Koordinatensystems bildet. In der folgenden Abbildung 2 entspricht die Durchschnittsproduktivität im Punkt P_0 dem Tangens des Winkels ß.

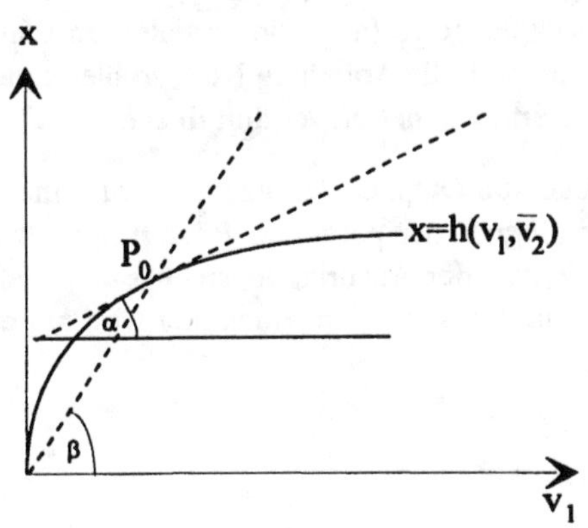

Abb. II.2: Durchschnitts- und Grenzproduktivität

Der Kehrwert der Durchschnittsproduktivität ist der **Faktorkoeffizient** bzw. **Produktionskoeffizient**. Diese Größe gibt an, wie viele Einheiten eines Produktionsfaktors zur

Produktion einer Outputeinheit bei Konstanz des anderen Produktionsfaktors durchschnittlich erforderlich sind. Die zugehörige Funktion kann als **Durchschnittsverbrauchsfunktion**[5)] interpretiert werden. Sie gibt an, wieviel (durchschnittlich) vom Faktor V_1 zur Produktion des Gutes X eingesetzt werden muß.

$$(4) \qquad \gamma_1 = \frac{v_1}{x} = \frac{v_1}{h(v_1, \bar{v}_2)}$$

γ_1: Faktorkoeffizient von V_1

Informationen über die Veränderung des Outputs bei einer Erhöhung des Faktors V_1 um eine infinitesimale Einheit liefert die **Grenzproduktivitätsfunktion.**[6)] Dies ist die erste partielle Ableitung der Partialertragsfunktion. Die Grenzproduktivität in einem Punkt der Partialertragsfunktion ist gleich dem Tangens des Winkels der Tangente an diesen Punkt. In der Abbildung 2 entspricht die Grenzproduktivität im Punkt P_0 dem Tangens des Winkels α.

$$(5) \qquad \frac{\partial x}{\partial v_1} = \frac{\partial h}{\partial v_1} = \frac{\partial h(v_1, \bar{v}_2)}{\partial v_1} = h_1$$

Leitet man die Grenzproduktivitätsfunktion einmal bzw. die Ertragsfunktion ein zweites Mal nach v_1 ab,

$$(6) \qquad \frac{\partial^2 x}{\partial v_1^2} = h_{11}$$

erhält man Informationen über die Veränderung der Grenzproduktivität. Ist die zweite partielle Ableitung der Ertragsfunktion positiv (negativ), dann nimmt die Grenzproduktivität bei zunehmender Einsatzmenge zu (ab). Die Partialertragsfunktion verläuft dann konvex (konkav). Ist die zweite partielle Ableitung Null, so bleibt die Grenzproduktivität unverändert, und die Partialertragsfunktion verläuft linear.

Als Maß für die relative Stärke von Outputänderungen, die aus einer partiellen Inputvariation resultieren, wird der Begriff der partiellen **Produktionselastizität** eingeführt. Dabei wird die relative Änderung der Ausbringungsmenge auf die sie verursachende relative Änderung des Faktoreinsatzes bezogen. Auch hier wird nur ein Faktor bei Konstanz des anderen variiert:

---

5) Diese Funktion wird aus der Verbrauchsfunktion gewonnen, indem man sie durch den Output dividiert. vgl. die Ausführungen in Abschnitt II.E.3.

6) Im folgenden werden die Begriffe Grenzproduktivität und Grenzertrag sowie Durchschnittsproduktivität und Durchschnittsertrag als Synonyme angesehen.

(7) $$\varepsilon(x, v_1) = \frac{\partial x}{\partial v_1}\frac{v_1}{x} \begin{cases} > 1 & \text{überproportional (elastisch)} \\ = 1 & \text{proportional} \\ < 1 & \text{unterproportional (unelastisch)} \end{cases}$$

ε: Produktionselastizität

Ist die Elastizität größer als (kleiner als, gleich) Eins, dann wächst der Output zur Einsatzmenge **überproportional (unterproportional, proportional)**, d.h. die Outputzunahme ist **relativ stärker** als die (**geringer** als die, **gleich** der) Erhöhung der Faktoreinsatzmenge. Die Elastizität ist gegenüber der Steigung einer Funktion aussagefähiger: Sie ist ein dimensionsloses Maß, sie ist unabhängig von der Wahl der Maßeinheit und läßt erkennen, ob eine starke oder eine schwache Reaktion auf Datenänderungen erfolgt.

Graphisch kann die Elastizität durch das Verhältnis zwischen dem Tangens des Winkels der Tangente (tan α) und dem Tangens des Winkels des Ursprungsstrahls (tan β) abgebildet werden.

Von besonderem Interesse sind isoelastische Funktionen. Eine Funktion ist **isoelastisch**, wenn sich die Elastizität für den gesamten Funktionsbereich nicht ändert. Das jeweilige Ausgangsniveau ist für den Elastizitätswert unerheblich. Bei Produktionselastizitäten impliziert dies, daß das Verhältnis von Output und Faktoreinsatz konstant bleibt. Eine relative Veränderung des einen Inputfaktors führt immer zu der gleichen relativen Veränderung des Outputs.

Bei multiplikativer Verknüpfung der Produktionsfaktoren ist es einfacher, die Bestimmung der Produktionselastizitäten über eine Logarithmustransformation vorzunehmen. Um dies zu zeigen, definiert man:

(8) $\alpha = \ln x$ (9) $\beta = \ln v_1$

ln: natürlicher Logarithmus

Aus den totalen Differentialen der Gleichungen (8) und (9) resultiert:

(10) $d\alpha = \frac{1}{x}dx$ (11) $d\beta = \frac{1}{v_1}dv_1$

Bildet man aus (10) und (11) den Quotienten, folgt:

(12) $$\frac{d\alpha}{d\beta} = \frac{\frac{1}{x}dx}{\frac{1}{v_1}dv_1}$$ bzw. (13) $$\frac{d\alpha}{d\beta} = \frac{dx}{dv_1}\frac{v_1}{x} = \varepsilon(x, v_1)$$

Die Differentiale der Funktionen (8) und (9) entsprechen:

(14) $d\alpha = d(\ln x)$ und (15) $d\beta = d(\ln v_1)$

Werden diese Zusammenhänge in Gleichung (13) eingesetzt, dann ist:

(16) $$\frac{d(\ln x)}{d(\ln v_1)} = \frac{dx}{dv_1}\frac{v_1}{x} = \varepsilon\,(x, v_1)$$

Eine Elastizität läßt sich durch Logarithmierung einer Funktion und anschließender Ableitung der transformierten Funktion nach der exogenen Größe berechnen.

Abschließend wird der Begriff der **Faktorintensität** eingeführt. Er gibt Auskunft über das Verhältnis der eingesetzten Faktormengen:

(17) $$\Phi = \frac{v_1}{v_2}$$

Φ: Faktorintensität

Die Faktorintensität zeigt an, wie viele Mengeneinheiten des Faktors V_1 insgesamt pro Einheit des Faktors V_2 eingesetzt werden. Steigt die Faktorintensität eines Faktors, so wird mehr von diesem Faktor pro Einheit des anderen Faktors benötigt.

b) Interdependenzen von Produktivitäten und Produktionselastizität

Nach der getrennten Einführung verschiedener Begriffe, mit deren Hilfe eine erste Beschreibung der Eigenschaften von Produktionsfunktionen möglich ist, werden die Zusammenhänge zwischen den einzelnen Größen hergeleitet. Zunächst wird beantwortet, wovon das Vorzeichen der Steigung der Durchschnittsproduktivitätsfunktion abhängt. Die **Steigung der Durchschnittsproduktivitätsfunktion** gibt an, wie sich die Durchschnittsproduktivität bei zunehmendem Faktoreinsatz verändert. Die Durchschnittsproduktivitätsfunktion in Gleichung (3) wird unter Beachtung der Quotientenregel nach v_1 differenziert:

(18) $$\frac{\partial\left(\frac{x}{v_1}\right)}{\partial v_1} = \frac{\partial\left[\frac{x(v_1)}{v_1}\right]}{\partial v_1} = \frac{\frac{\partial x}{\partial v_1}v_1 - x}{v_1^2} = \frac{\frac{\partial x}{\partial v_1} - \frac{x}{v_1}}{v_1}\begin{cases} >0 \\ =0 \text{ für} \\ <0 \end{cases}\begin{cases} \frac{\partial x}{\partial v_1} > \frac{x}{v_1} \\ \frac{\partial x}{\partial v_1} = \frac{x}{v_1} \\ \frac{\partial x}{\partial v_1} < \frac{x}{v_1} \end{cases}$$

Ist die Grenzproduktivität größer als die Durchschnittsproduktivität, so ist die nächste eingesetzte Einheit produktiver als es die bisher eingesetzten Einheiten im Durchschnitt waren. Die zusätzliche Einheit bewirkt einen Anstieg der Durchschnittsproduktivität. Umgekehrt ist die Reaktion, wenn die Grenzproduktivität unter der Durchschnittsproduktivität liegt. Die Steigung der Durchschnittsproduktivitätsfunktion ist positiv (negativ), wenn die Grenzproduktivität größer (kleiner) als die Durchschnittsproduktivität ist. **Die Grenzproduktivität schneidet die Durchschnittsproduktivität in deren Maximum.**

Die notwendige Bedingung für ein Maximum verlangt, daß die Steigung der Durchschnittsproduktivitätsfunktion gleich Null ist. Diese ist erfüllt, wenn die Grenzproduktivität gleich der Durchschnittsproduktivität ist. Für ein Maximum muß als hinreichende

Bedingung die zweite partielle Ableitung der Durchschnittsproduktivität kleiner als Null sein. Dies läßt sich durch Ableitung der Gleichung (18) nach v_1 zeigen:

$$(19)\quad \frac{\partial^2\left(\frac{x}{v_1}\right)}{\partial v_1^2} = \frac{v_1\left[\frac{\partial^2 x}{\partial v_1^2} - \frac{\partial\left(\frac{x}{v_1}\right)}{\partial v_1}\right] - \left(\frac{\partial x}{\partial v_1} - \frac{x}{v_1}\right)}{v_1^2} < 0$$

Aufgrund der Bedingung der ersten Ordnung für ein Maximum des Durchschnittsertrages ist die Steigung der Durchschnittsproduktiviätsfunktion gleich Null

$$(20)\quad \frac{\partial\left(\frac{x}{v_1}\right)}{\partial v_1} = 0$$

und gemäß der Gleichung (18) sind Grenz- und Durchschnittsertrag identisch:

$$(21)\quad \frac{\partial x}{\partial v_1} = \frac{x}{v_1}$$

Unter diesen Bedingungen reduziert sich die Gleichung (19) zu:

$$(22)\quad \frac{\partial^2\left(\frac{x}{v_1}\right)}{\partial v_1^2} = \frac{\frac{\partial^2 x}{\partial v_1^2}\, v_1}{v_1^2} = \frac{\frac{\partial^2 x}{\partial v_1^2}}{v_1} \overset{!}{<} 0$$

Die Bedingung der zweiten Ordnung für ein Maximum des Durchschnittsertrages ist erfüllt, wenn die partielle Grenzproduktivitätsfunktion im Schnittpunkt mit der Durchschnittsproduktivitätsfunktion fallend verläuft. **Die Grenzproduktivität schneidet das Maximum der Durchschnittsproduktivitätsfunktion von oben.**

Aus dem Verhältnis von Grenz- und Durchschnittsproduktivität lassen sich zudem Aussagen über die partielle Produktionselastizität eines Faktors ableiten:

$$(23)\quad \varepsilon(x, v_1) = \frac{\partial x}{\partial v_1}\frac{v_1}{x} = \frac{\partial x}{\partial v_1} : \frac{x}{v_1} \begin{cases} >1 \\ =1 \\ <1 \end{cases} \text{für} \begin{cases} \frac{\partial x}{\partial v_1} > \frac{x}{v_1} \\ \frac{\partial x}{\partial v_1} = \frac{x}{v_1} \\ \frac{\partial x}{\partial v_1} < \frac{x}{v_1} \end{cases}$$

Die Produktionselastizität ist gleich dem Verhältnis von Grenzproduktivität und Durchschnittsproduktivität. Sie ist größer als (kleiner als, gleich) Eins, d.h. der Output nimmt bei einer Inputänderung überproportional (unterproportional, proportional) zu, wenn die Grenzproduktivität größer als die (kleiner als die, gleich der) Durchschnittsproduktivität ist. Die Interpretation der Gleichungen (18) und (23) verdeutlicht folgenden Zusammenhang zwischen der Steigung der Durchschnittsertragsfunktion und der Elastizität: Ist die Grenzproduktivität größer als die Durchschnittsproduktivität, so ist die Steigung der Durchschnittsproduktivität positiv und die Elastizität größer als Eins. **Daraus ergibt sich, daß eine Elastizität von größer als Eins mit einer positiven Steigung der Durchschnittsproduktivitätsfunktion gleichzusetzen ist und ein fallender Verlauf der Durchschnittsproduktivitätsfunktion eine Elastizität von kleiner als Eins impliziert.** Im Maximum der Durchschnittsproduktivität ist die Produktionselastizität gleich Eins.

Die bisher dargestellten Erkenntnisse und Begriffe sollen beispielhaft an der konkreten Produktionsfunktion

$$(B1) \qquad x = 150 v_1^2 \, v_2^2 - v_1^3 \, v_2^3$$

erläutert werden. Liegt das Einsatzniveau des Faktors V_2 bei 10 Mengeneinheiten, lautet die Partialertragsfunktion:

$$(B2) \qquad x = 15000 v_1^2 - 1000 v_1^3$$

Für die Grenzproduktivität resultiert:

$$(B3) \qquad \frac{\partial x}{\partial v_1} = 30000 v_1 - 3000 v_1^2$$

Das Maximum der Partialertragsfunktion liegt an der Nullstelle der Grenzproduktivitätsfunktion und wird bei $v_1 = 10$ erreicht. Die Ableitung der Gleichung (B3) nach v_1 gibt die Veränderung der Grenzproduktivität an:

$$(B4) \qquad \frac{\partial^2 x}{\partial v_1^2} = 30000 - 6000 v_1$$

Diese Gleichung wird Null an der Stelle $v_1 = 5$. Hier erreicht die Grenzproduktivitätsfunktion ihr Maximum, und die Ertragsfunktion hat ihren Wendepunkt. Zur Ermittlung der Durchschnittsproduktivität dividiert man die Gleichung (B2) durch v_1:

$$(B5) \qquad \frac{x}{v_1} = 15000 v_1 - 1000 v_1^2$$

Die Steigung der Durchschnittsproduktivität errechnet sich aus der Ableitung von Gleichung (B5):

$$(B6) \qquad \frac{\partial \left(\frac{x}{v_1} \right)}{\partial v_1} = 15000 - 2000 v_1$$

Gleichung (B6) wird gleich Null gesetzt. Die Durchschnittsproduktivitätsfunktion erreicht ihr Maximum bei einem Wert von v_1 gleich 7,5.

Die Funktionen der Beispielsgleichungen (B1) bis (B6) sind in der Abbildung 3 dargestellt. Vier Phasen sind für die Interpretation wichtig:

Phase	$x\left(v_1, \overline{v_2}\right)$	$\frac{\partial x}{\partial v_1}$	$\frac{x\left(v_1, \overline{v_2}\right)}{v_1}$	$\varepsilon(x, v_1)$
I	zunehmend überproportional konvex	zunehmend positiv	zunehmend	> 1
II	zunehmend überproportional konkav	abnehmend positiv	zunehmend	> 1
III	zunehmend unterproportional konkav	abnehmend positiv	abnehmend	[0, 1]
IV	abnehmend	abnehmend negativ	abnehmend	< 0

Tabelle 3: Phasen der Partialertragsfunktion

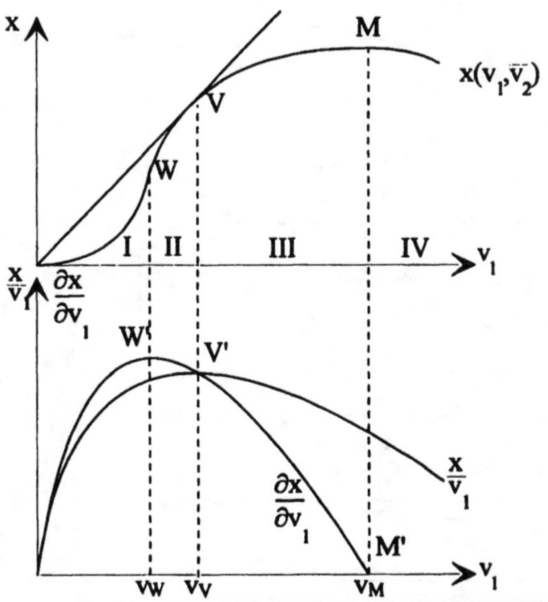

Abb. II.3: Das klassische Ertragsgesetz

In der ersten Phase steigen Durchschnitts- und Grenzertrag. Der Grenzertrag ist größer als der Durchschnittsertrag, d.h. die Erträge nehmen überproportional zum Input zu. Die

Ertragsfunktion verläuft konvex. Am Ende der ersten Phase (Punkt W) erreicht der Grenzertrag sein Maximum ($v_W = 5$). Dies ist der Wendepunkt der Ertragsfunktion. In der zweiten Phase ist der Grenzertrag weiter positiv. Die Zuwächse des Grenzertrages sind jedoch negativ, so daß die Ertragsfunktion konkav verläuft. Da der Grenzertrag weiterhin größer als der Durchschnittsertrag ist, nehmen die Erträge im Vergleich zum Input überproportional zu. Am Ende der zweiten Phase (Punkt V) schneidet der Grenzertrag den Durchschnittsertrag in dessen Maximum ($v_V = 7{,}5$). Der Fahrstrahl aus dem Ursprung wird bei dieser Faktoreinsatzmenge zur Tangente der Ertragsfunktion. In der dritten Phase nehmen Grenz- und Durchschnittserträge ab. Die Produktionszuwächse nehmen nur noch unterproportional zu. Am Ende der dritten Phase (Punkt M) wird die Grenzproduktivität Null und die Ertragsfunktion erreicht ihr Maximum ($v_M = 10$). In Phase IV sind die Grenzerträge negativ, was gleichbedeutend mit einem fallenden Verlauf der Ertragsfunktion ist. Die Durchschnittsproduktionsfunktion verläuft fallend.

Produktionsfunktionen, deren Grenzproduktivitäten erst zunehmen und dann abnehmen, verlaufen nach dem **klassischen Ertragsgesetz** und werden als **klassische Produktionsfunktionen** bezeichnet. Diese Produktionsfunktionen wurden von Jacques Turgot[7] für den landwirtschaftlichen Sektor formuliert und von v. Thünen[8] überprüft.

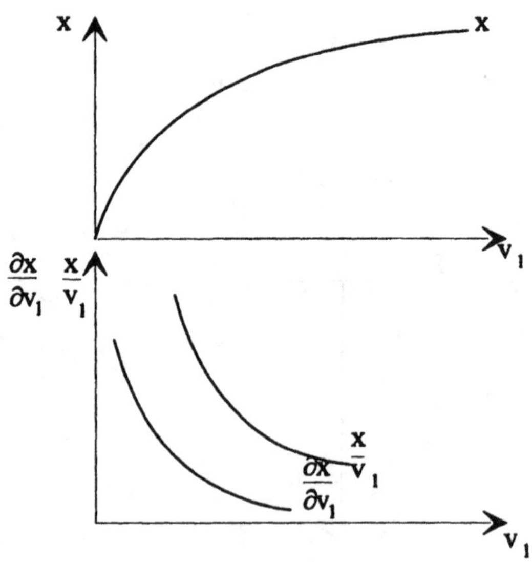

Abb. II.4: Die neoklassische Produktionsfunktion

7) vgl. Turgot (1903)

8) vgl. v. Thünen (1930)

In den meisten theoretischen Modellen, insbesondere für makroökonomische Fragestellungen, wird unterstellt, daß die Grenzproduktivitäten permanent abnehmen. Diese Eigenschaft wird in der Literatur als **Gesetz von ständig abnehmenden Ertragszuwächsen** bezeichnet. Produktionsfunktionen, die diese Eigenschaft aufweisen, heißen **neoklassische Produktionsfunktionen**. Die Verläufe der korrespondierenden Ertrags-, Grenzertrags- und Durchschnittsertragsfunktion einer neoklassischen Produktionsfunktion zeigt die Abbildung 4.

Die Grenzertragsfunktion hat eine negative Steigung, d.h. bei einer Ausdehnung der Produktion werden die Outputzuwächse immer geringer. Die Ertragsfunktion läuft konkav. Da die Grenzerträge kleiner als die Durchschnittserträge sind, verläuft die Durchschnittsertragsfunktion oberhalb der Grenzertragsfunktion und hat ebenfalls eine negative Steigung.

3. Kreuzableitung und Krümmungsverhalten der Produktionsfunktion

Aussagen über die Veränderung der Grenzproduktivität eines Faktors bei Variation eines anderen Faktors können mit Hilfe der **Kreuzableitung** der Produktionsfunktion getroffen werden:[9)]

$$(24) \qquad \frac{\partial^2 x}{\partial v_1 \partial v_2} = h_{12} = h_{21} = \frac{\partial^2 x}{\partial v_2 \partial v_1}$$

Ist die Kreuzableitung positiv, so nimmt die Grenzproduktivität des Faktors V_1 bei einer Erhöhung der Menge des Faktors V_2 zu. Die Kreuzableitungen zweier Faktoren sind gleich, d.h. man erhält die gleichen Ergebnisse unabhängig davon, ob zuerst nach v_1 und dann nach v_2 oder zuerst nach v_2 und dann nach v_1 abgeleitet wird.

Wie können Aussagen über das Krümmungsverhalten von Produktionsfunktionen gewonnen werden? Das Begriffspaar, welches die Krümmung einer Funktion beschreibt, heißt **konkav** und **konvex.** Hinter der Bezeichnung stehen die höheren Ableitungen einer Funktion. Bei einer Funktion, die von mehreren Variablen abhängt, zeigen die Vorzeichen der Minoren die Krümmung an. **Minoren** sind Unterdeterminanten. Diese werden nach einer bestimmten Vorschrift für eine Matrix berechnet.[10)] Bei einer Funktion, die von zwei Variablen abhängt, erfassen die Minoren die zweiten Ableitungen der Funktion. Alternieren die Vorzeichen der Minoren, beginnend mit einem Minuszeichen, dann ist die Matrix negativ definit. Sind die Vorzeichen positiv, heißt die Matrix positiv definit.

Die Veranschaulichung dieser Zusammenhänge setzt an folgendem Matrizensystem an:

---

9) Genaugenommen werden hier beide Faktormengen variiert. Da diese Variationen aber nicht simultan stattfinden, sondern gewissermaßen "nacheinander", kann weiter vom Partialertragskriterium gesprochen werden.

10) vgl. Chiang (1984) S.239 ff und S.337 ff.

(25) $\begin{bmatrix} a_1 & a_2 \end{bmatrix} \begin{bmatrix} h_{11} & h_{12} \\ h_{21} & h_{22} \end{bmatrix} \begin{bmatrix} a_1 \\ a_2 \end{bmatrix} < 0$ (26) $a'Ha < 0$

a´: Zeilenvektor
H: Hesse-Matrix der Ordnung 2 x 2
a: Spaltenvektor

Im Zentrum des Systems steht die **Hesse-Matrix**, die eine Ordnung der zweiten Funktionsableitungen ist. Sie wird eingerahmt von zwei Vektoren, die mit a_1 und a_2 beliebige Parameter beinhalten. Eine **Produktionsfunktion ist konkav**, wenn für beliebige von Null verschiedene Werte a_1 und a_2 die Berechnung des Matrizensystems ergibt:

(27) $h_{11}a_1^2 + 2h_{12}a_1a_2 + h_{22}a_2^2 < 0$

Ist die Ungleichung (27) erfüllt, dann ist die Hesse-Matrix **negativ definit**. Die Vorzeichen der Minoren alternieren, beginnend mit einem Minuszeichen:11)

(28) $h_{11} < 0$ (29) $h_{22} < 0$

(30) $|H| = \begin{vmatrix} h_{11} & h_{12} \\ h_{21} & h_{22} \end{vmatrix} = h_{11}h_{22} - h_{12}^2 > 0$ $|H|$: Hesse-Determinante

Aus der negativen Definitheit folgt, daß die Produktionsfunktion eine konkave Krümmung hat.

Für konvex verlaufende Funktionen berechnet man analog:

(31) $\begin{bmatrix} a_1 & a_2 \end{bmatrix} \begin{bmatrix} h_{11} & h_{12} \\ h_{21} & h_{22} \end{bmatrix} \begin{bmatrix} a_1 \\ a_2 \end{bmatrix} > 0$ (32) $a'Ha > 0$

Ist die Ungleichung (31) erfüllt, dann ist die Hesse-Matrix **positiv definit** und die Ungleichung (33) als Berechnung des Matrizensystems ist positiv.

(33) $h_{11}a_1^2 + 2h_{12}a_1a_2 + h_{22}a_2^2 > 0$

Für die Vorzeichen der Minoren gilt:

(34) $h_{11} > 0$ (35) $h_{22} > 0$

(36) $|H| = \begin{vmatrix} h_{11} & h_{12} \\ h_{21} & h_{22} \end{vmatrix} = h_{11}h_{22} - h_{12}^2 > 0$

Die Produktionsfunktion hat eine konvexe Krümmung.

11) Dabei ist zu beachten, daß die negative Determinante |H| bei gleichzeitig negativer zweiter Ableitung eines Faktors die negative zweite Ableitung des anderen Faktors impliziert.

In Fällen, wo weder (25) noch (31) gilt, **verläuft die Produktionsfunktion weder konkav noch konvex.**[12)]

Zur Illustration werden einige Produktionsfunktionen bezüglich der Krümmung analysiert. Die Produktionsfunktion

$$\text{(B7)} \quad x = v_1^{0,2} v_2^{0,2}$$

ist konkav, da die dazu erforderlichen Voraussetzungen, daß die zweiten Ableitungen negativ sind

$$\text{(B8)} \quad \frac{\partial^2 x}{\partial v_1^2} = -0{,}16 v_1^{-1,8} v_2^{0,2} < 0 \qquad \text{(B9)} \quad \frac{\partial^2 x}{\partial v_2^2} = -0{,}16 v_1^{0,2} v_2^{-1,8} < 0$$

und die Hesse-Determinante $|H|$ *positiv ist,*

$$\text{(B10)} \quad |H| = \begin{vmatrix} -0{,}16 v_1^{-1,8} v_2^{0,2} & 0{,}04 v_1^{-0,8} v_2^{-0,8} \\ 0{,}04 v_1^{-0,8} v_2^{-0,8} & -0{,}16 v_1^{0,2} v_2^{-1,8} \end{vmatrix} = (0{,}16^2 - 0{,}04^2) v_1^{-1,6} v_2^{-1,6} > 0$$

erfüllt werden. Die Produktionsfunktion

$$\text{(B11)} \quad x = v_1^2 v_2^2$$

ist weder konkav noch konvex, da die Determinante der Hesse-Matrix negativ ist:

$$\text{(B12)} \quad \frac{\partial^2 x}{\partial v_1^2} = 2 v_2^2 > 0 \qquad \text{(B13)} \quad \frac{\partial^2 x}{\partial v_2^2} = 2 v_1^2 > 0$$

$$\text{(B14)} \quad |H| = \begin{vmatrix} 2 v_2^2 & 4 v_1 v_2 \\ 4 v_1 v_2 & 2 v_1^2 \end{vmatrix} = -12 v_1^2 v_2^2 < 0$$

Die Produktionsfunktion

$$\text{(B15)} \quad x = v_1^2 + v_2^2$$

hat einen konvexen Verlauf, da die zweiten Ableitungen und die Hesse-Determinante positiv sind:

$$\text{(B16)} \quad \frac{\partial^2 x}{\partial v_1^2} = \frac{\partial^2 x}{\partial v_2^2} = 2 > 0 \qquad \text{(B17)} \quad \begin{vmatrix} 2 & 0 \\ 0 & 2 \end{vmatrix} = 4 > 0$$

---

12) Die Krümmung der Produktionsfunktion spielt eine wichtige Rolle bei der später zu untersuchenden hinreichenden Bedingung für ein Gewinnmaximum. vgl. Abschnitt IV.D.1.

C. Das Substitutionskriterium

1. Begriffserläuterung

Mit Hilfe des **Substitutionskriteriums** wird untersucht, inwieweit unterschiedliche Kombinationsmöglichkeiten der Inputs zur Produktion eines gegebenen Outputniveaus eines Gutes existieren. Hierbei sind zwei wichtige Aspekte zu trennen:

(1) Es besteht die Möglichkeit, durch alternative Produktionsverfahren ein bestimmtes Produkt herzustellen. Die Substitution bezieht sich auf den Austausch von Faktoren bzw. Verfahren. Man spricht von einer **Verfahrenssubstitution.**

(2) Streng von der Verfahrens- bzw. Faktorensubstitution zu trennen ist die Frage nach der Möglichkeit, innerhalb eines bestimmten Produktionsverfahrens mittels **Mengensubstitution** eines Faktors durch Mengen eines anderen qualitativ gleichbleibenden Faktors den gleichen Output zu erzielen.

Auf die Substitutionsmöglichkeiten ohne Verfahrenswechsel beschränken sich die folgenden Überlegungen.[13)] Um Produktionsfunktionen aus diesem Blickwinkel diskutieren zu können, ist es erforderlich, einige Begriffe und deren ökonomische Bedeutung herauszustellen. Hierzu zählen die Isoquante, die Grenzrate der Substitution, Superiorität und Inferiorität von Produktionsfaktoren, die Substitutionselastizität, Limitationalität sowie die Quasi-Konkavität. Des weiteren werden in dem vorliegenden Abschnitt sowohl die Zusammenhänge zwischen den genannten Begriffen untereinander als auch die Beziehungen zum Partialertragskriterium aufgezeigt.

Mit Hilfe der Substitutionsmöglichkeiten lassen sich Produktionsfunktionen in substitutionale und limitationale Produktionsfunktionen einteilen. Eine **substitutionale Produktionsfunktion** liegt vor, wenn ein gegebener Output mit alternativen Faktormengenkombinationen erreicht werden kann. Die aus einer Verringerung der Menge eines Faktors induzierte Senkung des Outputs kann durch eine Erhöhung der Menge eines anderen Faktors kompensiert werden. Dagegen ist ein **limitationaler Produktionsprozeß** dadurch gekennzeichnet, daß bestimmte Outputs nur in technisch festgelegten Faktorverhältnissen ohne Vergeudung von Faktormengen produziert werden können.

2. Merkmale des Substitutionskriteriums

a) Isoquante und Grenzrate der technischen Substitution

Die Möglichkeiten, Mengen eines Faktors durch Mengen eines anderen Faktors bei unverändertem Output ersetzen zu können, werden durch Isoquanten erfaßt. Die **Isoquante** ist der geometrische Ort alternativer Faktormengenkombinationen, die zu dem gleichen Output führt. Will man die Substitutionsmöglichkeiten für mehrere Outputs darstellen, so benötigt man mehrere Isoquanten. Die Gesamtheit aller Isoquanten nennt man **Isoquantenschar**.

---

13) Die Implikationen der Verfahrenssubstitution werden im Abschnitt III.B.4. erörtert.

Eine Isoquante für ein bestimmtes Outputniveau kann aus der Produktionsfunktion

(37) $x_0 = h(v_1, v_2)$

x_0: konstanter Output

durch Auflösung nach v_2 ermittelt werden. In dieser Darstellung ist die Isoquante eine Funktion der Einsatzmenge des Faktors V_2 in Abhängigkeit der Mengen von Faktor V_1 bei konstantem Output:[14)][15)]

(38) $v_2 = v_2(v_1; x_0)$

Die Steigung der Isoquante läßt sich aus der Gleichung (38) ermitteln:

(39) $$\frac{dv_2}{dv_1} = \frac{\partial v_2(v_1; x_0)}{\partial v_1}$$

Für ökonomische Aussagen ist es zweckmäßig, den absoluten Wert der Steigung der Isoquante als **Grenzrate der technischen Substitution** zu definieren: Die Grenzrate der technischen Substitution des Faktors V_1 gibt an, auf wie viele Einheiten vom Faktor V_2 ohne Verringerung des Outputs verzichtet werden kann, wenn eine Einheit von V_1 mehr eingesetzt wird. Die Grenzrate der technischen Substitution gibt somit Auskunft über die technische Ergiebigkeit des Faktors V_1, gemessen in Mengeneinheiten des Faktors V_2. Daher kann man die Grenzrate der technischen Substitution auch als **relative Grenzproduktivität** des Faktors V_1 interpretieren. Formal läßt sie sich darstellen als:

(40) $$GRTS_{v_1}^{v_2} = \left| \frac{dv_2}{dv_1} \right|$$

$GRTS_{v_1}^{v_2}$: Grenzrate der technischen Substitution des Faktors V_1

Welcher Zusammenhang besteht zwischen der Grenzrate der technischen Substitution und den partiellen Grenzproduktivitäten? Um diesen Aspekt aufzuzeigen, wird das totale Differential der Produktionsfunktion gebildet. Das **totale Differential der Produktionsfunktion** gibt die Veränderung des Outputs bei einer Variation beider Faktormengen an. Da sich der Output entlang der Isoquante definitionsgemäß nicht ändert, wird das totale Differential gleich Null gesetzt:

14) Der Verlauf der Isoquante hängt von den Variablen v_1, der Menge des Faktors V_1, und x_0, dem Outputniveau, ab. Ändert sich die Menge des Faktors V_1, so stellt dies eine Bewegung entlang der Kurve dar. Die produzierte Menge ist der Lageparameter der Funktion. Veränderungen dieser Variablen führen zu Bewegungen von einer Isoquante auf eine andere.

15) Im weiteren Verlauf unserer Analysen führen Änderungen der Variable, die vor dem Semikolon steht, zu Bewegungen auf der Kurve. Hinter dem Semikolon folgen die Lageparameter der betrachteten Funktion.

$$(41) \quad dx = h_1 dv_1 + h_2 dv_2 = 0 \qquad \text{bzw.} \qquad (42) \quad \frac{dv_2}{dv_1} = -\frac{h_1}{h_2} = -\frac{\frac{\partial x}{\partial v_1}}{\frac{\partial x}{\partial v_2}}$$

Die Steigung der Isoquante entspricht dem umgekehrten negativen Verhältnis der Grenzproduktivitäten. Sind beide Grenzproduktivitäten positiv bzw. beide negativ, dann fällt die Isoquante; haben die Grenzproduktivitäten unterschiedliche Vorzeichen, dann hat die Isoquante eine positive Steigung. Da die Grenzrate der technischen Substitution als Absolutbetrag der Steigung der Isoquante definiert wurde, folgt:

$$(43) \quad GRTS_{v_1}^{v_2} = \frac{h_1}{h_2}$$

Die Grenzrate der technischen Substitution ist identisch mit dem umgekehrten Verhältnis der Grenzproduktivitäten.

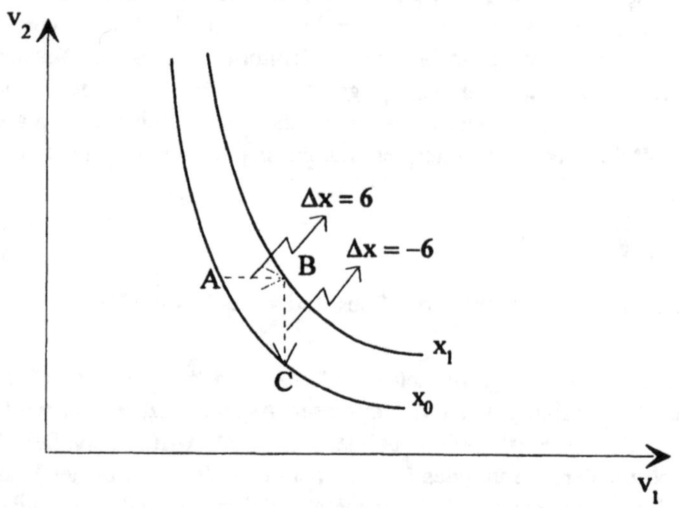

Abb. II.5: Isoquanten und Grenzrate der Substitution

Die Abbildung 5 skizziert zwei Isoquanten. Diese verlaufen fallend und konvex zum Ursprung. Es wird angenommen, daß auf der Isoquante x_0 in Punkt A die Grenzproduktivität für den Faktor V_1 sechs und für den Faktor V_2 drei Einheiten beträgt. Wird nun eine Einheit von V_1 mehr eingesetzt, dann können bei gegebener Menge von V_2 sechs Einheiten mehr produziert werden. Es findet eine Bewegung zum Punkt B der Isoquante x_1 statt. Da der Output gleich bleiben soll, kann der Einsatz von V_2 soweit reduziert werden, bis der Output wieder um sechs Einheiten gesunken ist. Bei einer Produktivität des Faktors V_2 von drei Einheiten ist eine Reduktion des Faktoreinsatzes von V_2 um zwei Einheiten möglich. Wir kehren zur ursprünglichen Isoquante x_0 zurück und erreichen den Punkt C. Die Grenzrate der technischen Substitution des Faktors V_1 beträgt in diesem Beispiel zwei Einheiten von V_2.

Zwei Möglichkeiten stehen für die Berechnung der Grenzrate der technischen Substitution zur Verfügung:

(1) Man entwickelt aus der Produktionsfunktion die Isoquante, differenziert nach der Faktormenge v_2 und bildet den Absolutbetrag.

(2) Man berechnet das Verhältnis der partiellen Grenzproduktivitäten.

Gegeben sei z.B. die Produktionsfunktion:

$$(B18)\quad x = v_1^{0,5} v_2^{0,5}$$

Wird diese Funktion nach der Variablen v_2 aufgelöst, erhält man die Isoquante:

$$(B19)\quad v_2 = x^2 v_1^{-1}$$

Die Steigung der Isoquante und die Grenzrate der technischen Substitution sind:

$$(B20)\quad \frac{dv_2}{dv_1} = -x^2 v_1^{-2} \qquad \text{und.} \qquad (B21)\quad GRTS_{v_1}^{v_2} = x^2 v_1^{-2}$$

Unter Berücksichtigung der Produktionsfunktion (B18) in der Gleichung (B21) gilt:

$$(B22)\quad GRTS_{v_1}^{v_2} = \frac{v_2}{v_1}$$

Alternativ hätte auch die Formel (43) benutzt werden können. Aus der Produktionsfunktion folgt für das Verhältnis der partiellen Grenzproduktivitäten:

$$(B23)\quad GRTS_{v_1}^{v_2} = \frac{h_1}{h_2} = \frac{0,5 v_1^{-0,5} v_2^{0,5}}{0,5 v_1^{0,5} v_2^{-0,5}} = \frac{v_2}{v_1}$$

Beide Methoden führen zur selben Lösung.

b) Krümmung der Isoquante

Neben der Steigung der Isoquante ist für verschiedene ökonomische Betrachtungen das Krümmungsverhalten der Isoquante interessant. Um hierüber Aussagen treffen zu können, wird die Gleichung (39) ein zweites Mal nach der Faktoreinsatzmenge des Faktors V_1 abgeleitet.

$$(44)\quad \frac{d^2 v_2}{dv_1^2} = \frac{\partial^2 v_2(v_1; x_0)}{\partial v_1^2} \begin{cases} >0 & \text{konvex} \\ =0 & \text{linear} \\ <0 & \text{konkav} \end{cases}$$

Die Isoquante verläuft konvex (konkav, linear), wenn die zweite Ableitung der Isoquante positiv (negativ, gleich Null) ist.

Das Krümmungsverhalten der Isoquante und die Veränderung der Grenzrate der technischen Substitution entlang der Isoquante beinhalten die gleichen Aussagen. Um dies zu zeigen, wird die Gleichung (40) nach der Faktoreinsatzmenge von V_1 differenziert:

$$\text{(45)} \qquad \frac{dGRTS_{v_1}^{v_2}}{dv_1} = -\frac{d^2 v_2}{dv_1^2}$$

Die Isoquante verläuft konvex (konkav, linear), wenn die Grenzrate der technischen Substitution entlang der Isoquante abnimmt (zunimmt, konstant bleibt), d.h. die Reduzierung der Einsatzmenge des Faktors V_2 um eine Einheit bedingt, daß die Einsatzmenge des Faktors V_1 überproportional (unterproportional, proportional) zunehmen muß, um denselben Output zu erzielen.

Die nächste Frage betrifft den Zusammenhang zwischen der Krümmung der Isoquante und den partiellen Ableitungen der Produktionsfunktion. Ausgangspunkt ist die Gleichung (42):

$$\text{(46)} \qquad \frac{dv_2}{dv_1} = -\frac{h_1(v_1, v_2)}{h_2(v_1, v_2)}$$

Zur Ermittlung der Krümmung der Isoquante werden beide Seiten nach v_1 differenziert. Zu berücksichtigen ist bei dieser Vorgehensweise, daß die Steigung der Isoquante in der Gleichung in impliziter Schreibweise dargestellt ist. Eine partielle Ableitung nach v_1 würde eine konstante Menge von V_2 implizieren, wodurch die Produktionsmenge geändert wird und man sich nicht mehr auf der gleichen Isoquante bewegt.[16] Eine Variation der Menge v_1 muß mit einer entsprechenden Veränderung der Menge v_2 gemäß der Steigung der Isoquante verbunden sein, damit der Output konstant bleibt. Zu diesem Zweck wird die Funktion der Isoquante

$$\text{(38)} \qquad v_2 = v_2(v_1; x_0)$$

in (46) eingesetzt:

$$\text{(47)} \qquad \frac{dv_2}{dv_1} = -\frac{h_1[v_1, v_2(v_1; x_0)]}{h_2[v_1, v_2(v_1; x_0)]}$$

Unter Anwendung von Quotienten- und Kettenregel folgt für die Ableitung der Gleichung (47):

16) Ausgenommen ist hierbei eine Grenzproduktivität des Faktors V_1 von Null.

(48) $$\frac{d^2v_2}{dv_1^2} = -\frac{\left(h_{11} + h_{12}\frac{dv_2}{dv_1}\right)h_2 - \left(h_{21} + h_{22}\frac{dv_2}{dv_1}\right)h_1}{h_2^2}$$

Der erste Summand in der ersten Klammer entspricht der zweiten partiellen Ableitung der Produktionsfunktion nach v_1. Eine Variation von V_1 führt jedoch zu einer Änderung der Produktionsmenge. Die Menge von V_2 muß reduziert werden, damit der Output konstant bleibt. Die Steigung der Isoquante (dv_2/dv_1) gibt darüber Auskunft, wie stark V_2 verringert werden muß. Die Reduktion von V_2 wirkt über die Kreuzableitung auf die Grenzproduktivität von V_1. Der zweite Summand in der Klammer gibt folglich die Veränderung der Grenzproduktivität des Faktors V_1 an, wenn die Menge v_2 entlang der Isoquante verändert wird. Die erste Klammer stellt daher die totale Ableitung der Grenzproduktivität des Faktors V_1 nach v_1 dar.

Der zweite Klammerausdruck kann analog als die totale Ableitung der Grenzproduktivität des Faktors V_2 nach der Menge v_1 interpretiert werden. Werden die Isoquantensteigungen durch das Verhältnis der Grenzproduktivitäten substituiert und die Klammern ausmultipliziert, folgt:

(49) $$\frac{d^2v_2}{dv_1^2} = -\frac{h_{11}h_2 - h_{12}h_1 - h_{21}h_1 + \frac{h_1^2}{h_2}h_{22}}{h_2^2}$$

Aufgrund der Identität der Kreuzableitungen und nach Erweiterung des Bruches mit h_2 vereinfacht sich der Ausdruck zu:

(50) $$\frac{d^2v_2}{dv_1^2} = -\frac{h_{11}h_2^2 - 2h_{12}h_1h_2 + h_{22}h_1^2}{h_2^3} \begin{cases} > 0 & \text{konvex} \\ = 0 & \text{linear} \\ < 0 & \text{konkav} \end{cases}$$

Die Gleichung (50) erlaubt folgende Interpretationen: Die Isoquante verläuft konvex, d.h. der rechte Ausdruck ist größer als Null, wenn[17)]

(a) die zweiten partiellen Ableitungen negativ und die Kreuzableitungen positiv sind.

(b) die zweiten partiellen Ableitungen und die Kreuzableitungen positiv sind und der Effekt der Kreuzableitungen größer ist als die Effekte der zweiten partiellen Ableitungen.

Für einen konvexen Verlauf der Isoquanten sind daher abnehmende Grenzproduktivitäten nicht notwendig. Es existieren wie bei der Ermittlung der Isoquantensteigung zwei Alternativen zur Berechnung:

(1) Zuerst wird die Isoquante aufgestellt und zweimal nach v_1 differenziert.

---

17) Es wird dabei von positiven Grenzproduktivitäten ausgegangen.

(2) Es wird in einem ersten Schritt das Verhältnis der Grenzproduktivitäten ermittelt und anschließend unter Berücksichtigung der Steigung der Isoquante nach v_1 abgeleitet.

Gegeben sei z.B. die Produktionsfunktion

$$(B24)\quad x = v_1 v_2$$

Für die Isoquante

$$(B25)\quad v_2 = \frac{x}{v_1}$$

folgt als Krümmung:

$$(B26)\quad \frac{d^2 v_2}{dv_1^2} = 2\frac{x}{v_1^3} = 2\frac{v_1 v_2}{v_1^3} = 2\frac{v_2}{v_1^2}$$

Die Steigung der Isoquante kann alternativ über das negative Verhältnis der partiellen Grenzproduktivitäten bestimmt werden:

$$(B27)\quad \frac{dv_2}{dv_1} = -\frac{v_2(v_1)}{v_1}$$

Bei der Ableitung von (B27) nach v_1 ist zu berücksichtigen, daß der Output entlang der Isoquante konstant bleibt. Damit der Output konstant bleibt, ist die Menge von V_2 entsprechend der Steigung der Isoquante zu variieren:

$$(B28)\quad \frac{d^2 v_2}{dv_1^2} = -\frac{\frac{dv_2}{dv_1}v_1 - v_2}{v_1^2} = -\frac{-\frac{v_2}{v_1}v_1 - v_2}{v_1^2} = 2\frac{v_2}{v_1^2}$$

Die Ergebnisse (B26) und (B28) sind identisch.

3. Diskussion der Isoquante

a) Superiorität und Inferiorität

Neben der Veränderung der Grenzrate der technischen Substitution entlang der Isoquante kann auch gefragt werden, wie sich die relative Grenzproduktivität (Grenzrate der Substitution) eines Faktors verändert, wenn partiell die Menge des anderen Faktors zunimmt. Untersucht wird die Veränderung der Grenzrate der technischen Substitution beim Übergang von einer Isoquante zu einer anderen bei variabler Menge des einen Faktors und bei konstanter Menge der anderen Faktoren. Nach einer von Kleinhückelskoten und Spaetling vorgeschlagenen Definition wird der Faktor V_1 als **superior (inferior)** bezeichnet, wenn die relative Grenzproduktivität des Faktors V_1 bei einer partiellen Erhöhung der Menge des Faktors V_2 steigt (sinkt).[18)]

$$(51) \qquad \frac{\partial\, GRTS_{v_1}^{v_2}}{\partial\, v_2} \begin{cases} >0 \\ =0 \\ <0 \end{cases} \qquad V_1 \text{ ist zu } V_2 \begin{cases} \text{superior} \\ \text{weder / noch} \\ \text{inferior} \end{cases}$$

Ausgangspunkt zur Untersuchung des Zusammenhangs zwischen der Veränderung der Grenzrate der technischen Substitution bei einer partiellen Veränderung eines Faktors und den Grenzproduktivitäten bildet die Gleichung (43):

$$(43) \qquad GRTS_{v_1}^{v_2} = \frac{h_1}{h_2}$$

Für eine partielle Veränderung der Menge des Faktors V_2 resultiert:

$$(52) \qquad \frac{\partial\, GRTS_{v_1}^{v_2}}{\partial\, v_2} = \frac{h_{12}h_2 - h_{22}h_1}{h_2^2}$$

Für den Fall einer positiven Kreuzableitung und abnehmender Grenzproduktivitäten führt eine partielle Erhöhung der Menge des Faktors V_2 zu einer Erhöhung der Grenzproduktivität des Faktors V_1 und zu einer Reduktion der Grenzproduktivität des Faktors V_2. Die relative Grenzproduktivität des Faktors V_1 steigt. Der Faktor V_1 ist somit superior. Ist dagegen die Kreuzableitung negativ und nehmen die Grenzproduktivitäten zu, dann resultiert aus einer partiellen Erhöhung der Menge des Faktors V_2 eine Verringerung der Grenzproduktivität des Faktors V_1 und eine Erhöhung der Grenzproduktivität des Faktors V_2. Die relative Grenzproduktivität des Faktors V_1 nimmt ab. Der Faktor V_1 ist inferior. Keine allgemeinen Aussagen bezüglich der Superiorität bzw. der Inferiorität eines Faktors sind bei einer positiven Kreuzableitung und zunehmenden Grenzproduktivitäten sowie bei einer negativen Kreuzableitung und abnehmenden Grenzproduktivitäten möglich.

Ein Faktor kann jedoch nicht über den gesamten Definitionsbereich inferior sein, da er ansonsten niemals eingesetzt würde. Deshalb muß ein für den Produktionsprozeß bedeutsamer Faktor zunächst superior sein. Aus diesen Überlegungen wird auch deutlich, daß Superiorität und Inferiorität stets lokale Eigenschaften sind und nur für eine bestimmte Faktormengenkombination gelten.

b) Der ökonomisch relevante Bereich einer Isoquante

Anhand der Abbildung 6 kann die Frage beantwortet werden, ob der gesamte Verlauf einer Isoquante Relevanz besitzt.

18) vgl. Kleinhückelskoten/Spaetling (1981) S. 523; Bear (1965) S. 287 ff.

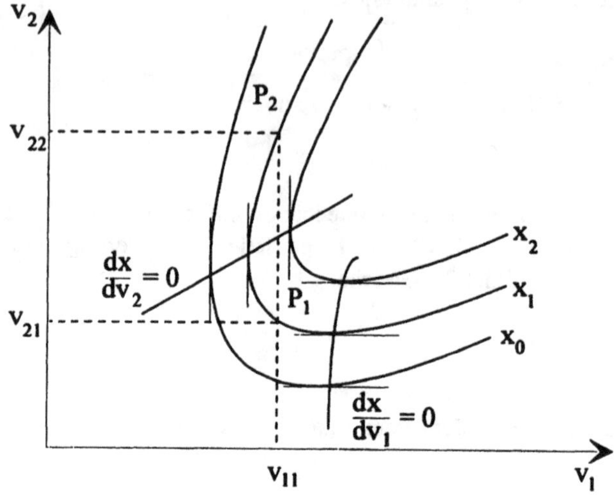

Abb. II.6: Relevante Bereiche einer Isoquante

Das Outputniveau x_1 kann bei gegebener Einsatzmenge v_{11} mit den Mengen v_{21} und v_{22} produziert werden. Die Produktionsstruktur P_2 ist ineffizient, da gegenüber P_1 bei gleichem Einsatzniveau des Faktors V_1 vom Faktor V_2 mehr Einheiten einzusetzen sind. **Für die ökonomische Analyse sind lediglich die Bereiche relevant, in denen die Isoquanten fallend verlaufen.** Produktionsprozesse, die nicht im fallenden Bereich einer Isoquante liegen, sind daher ineffizient. Ineffiziente Produktionsprozesse liegen vor, wenn der Einsatz eines Faktors bzw. die Einsätze mehrerer Faktoren reduziert werden kann bzw. können, ohne daß sich das Outputniveau verändert. Ineffiziente Bereiche liegen vor, wenn die Grenzproduktivitäten der Faktoren kleiner oder gleich Null sind. Die relevanten Bereiche der Isoquanten werden demnach durch die positiven Werte der Grenzproduktivitäten eingegrenzt. Nimmt die Grenzproduktivität des Faktors V_1 (V_2) den Wert Null an, dann hat die Isoquante eine Steigung von Null (unendlich). Verbindet man alle Punkte der Isoquante, die die Steigung von unendlich bzw. die Steigung von Null haben, dann erhält man, falls solche Punkte existieren, sogenannte **Ridge-Lines**. Die Ridge-Lines grenzen den ökonomisch relevanten Bereich der Isoquanten ein. Formal resultieren diese Linien, wenn man die partielle Ableitung nach v_1 bzw. v_2 Null setzt und anschließend nach v_2 bzw. v_1 auflöst.

c) Die Substitutionselastizität

Anstelle der Grenzrate der technischen Substitution wird für viele ökonomische Fragestellungen die **Substitutionselastizität** herangezogen. Sie hilft, die Substituierbarkeit der Faktormengen zu beurteilen und setzt die relative Veränderung des Faktoreinsatzverhältnisses zu einer relativen Veränderung der Grenzrate der Substitution bei gegebenem Outputniveau in Beziehung.[19] Formal kann die Substitutionselastizität σ dargestellt werden als:[20]

$$(53)\qquad \sigma = \frac{d\left(\frac{v_2}{v_1}\right)}{dGRTS_{v_1}^{v_2}} \frac{GRTS_{v_1}^{v_2}}{\frac{v_2}{v_1}} = \frac{d\left(\frac{v_2}{v_1}\right)}{d\left(\frac{h_1}{h_2}\right)} \frac{\frac{h_1}{h_2}}{\frac{v_2}{v_1}}$$

bzw. mit Hilfe der Logarithmustransformation

$$(54)\qquad \sigma = \frac{d\left[\ln\left(\frac{v_2}{v_1}\right)\right]}{d\left[\ln GRTS_{v_1}^{v_2}\right]} = \frac{d\left[\ln\left(\frac{v_2}{v_1}\right)\right]}{d\left[\ln\left(\frac{h_1}{h_2}\right)\right]}$$

σ: Substitutionselastizität

Die Interpretationsmöglichkeiten der Substitutionselastizität werden anhand der Abbildung 7 erläutert. Teil a) der Abbildung zeigt, wie die Substitutionselastizität auf graphischem Wege gefunden werden kann, während Teil b) veranschaulicht, wie die Substitutionselastizität von der Krümmung der Isoquante beeinflußt wird. Im Punkt A wird die Grenzrate der technischen Substitution durch den Tangens des Winkels α_0 und die Faktorintensität durch den Tangens des Winkels β_0 gemessen. Bewegt man sich auf der Isoquante von A nach B, so nehmen sowohl die Grenzrate der technischen Substitution als auch die Faktorintensität ab. Der Tangens des Winkels α_1 und der Tangens des Winkels β_1 sind zurückgegangen. Die so ermittelte Substitutionselastizität ist immer positiv:[21]

$$(55)\qquad \sigma = \frac{(tg\beta_1 - tg\beta_0)}{(tg\alpha_1 - tg\alpha_0)} \frac{tg\alpha_0}{tg\beta_0}$$

Das Niveau der Substitutionselastizität hängt von der Stärke der relativen Veränderungen der Grenzrate der technischen Substitution und der Faktorintensität ab. Verändert sich die Grenzrate der Substitution relativ stärker als das Faktoreinsatzverhältnis, dann ist die Substitutionselastizität kleiner als Eins, im umgekehrten Fall größer als Eins. Die Substitutionselastizität ist um so größer (kleiner), je kleiner (größer) die Veränderung der Grenzrate der technischen Substitution bzw. je schwächer (stärker) die Isoquantenkrümmung ist. Je größer die Substitutionselastizität ist, desto leichter kann ein Faktor durch einen anderen substituiert werden.

19) Das Konzept der Substitutionselastizität wurde von Hicks entwickelt. vgl. Hicks (1932) S. 117

20) Zu den anderen Darstellungsalternativen siehe Hesse/Linde (1976) Band 1 S. 44 ff.

21) Dies gilt nur für konvexe Isoquanten. Bei konkaven Isoquanten nimmt die Grenzrate der technischen Substitution entlang der Isoquante zu.

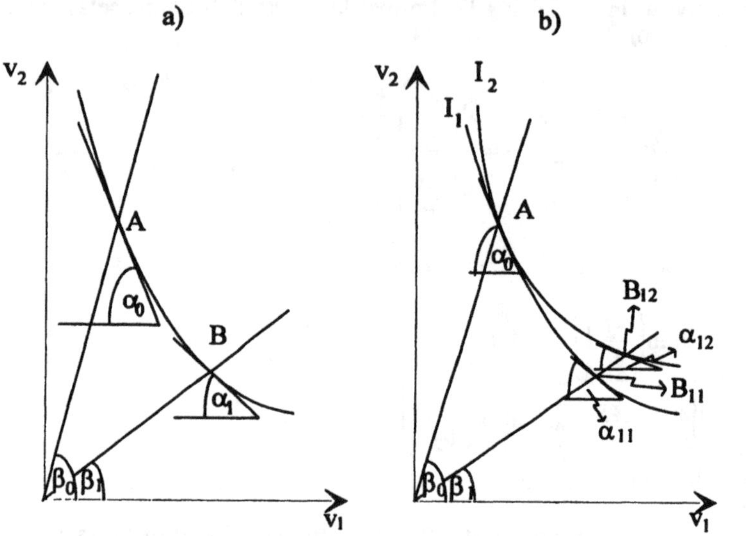

Abb. II.7: Substitutionselastizität und Krümmung der Isoquante

Diesen Substitutionsprozeß zeigt Teil b). Punkt A ist Tangentialpunkt der Isoquanten I_1 und I_2. Beide Isoquanten weisen die gleiche Faktorintensität und die gleiche Grenzrate der technischen Substitution auf. Der Unterschied besteht in den Krümmungen der Isoquanten. Da die Isoquante I_2 stärker gekrümmt ist, weist sie eine geringere Substitutionselastizität auf. Dies kann in der Graphik durch eine Reduktion des Faktoreinsatzverhältnisses von tan β_0 auf tan β_1 gezeigt werden. Die Grenzrate der technischen Substitution verringert sich entlang der Isoquante I_2 auf tan α_{12}, während sie entlang der Isoquante I_1 lediglich auf tan α_{11} zurückgeht. Die Substitutionselastizität ist für die schwächer gekrümmte Isoquante I_1 größer als für die stärker gekrümmte I_2. In den Extremfällen einer linearen bzw. rechtwinkligen Isoquante ist die Substitutionselastizität unendlich bzw. Null, d.h. eine Substitution ist sehr einfach bzw. gar nicht durchführbar.

d) Quasi-Konkavität

Die Diskussion des Substitutionskriteriums schließt mit der Erläuterung des Begriffs **Quasi-Konkavität**. Eine Produktionsfunktion ist quasi-konkav, wenn die Determinante der geränderten Hesse-Matrix positiv ist. Den Rand der Determinante bilden die Grenzproduktivitäten:

$$(56)\qquad |D| = \begin{vmatrix} h_{11} & h_{12} & h_1 \\ h_{21} & h_{22} & h_2 \\ h_1 & h_2 & 0 \end{vmatrix} > 0$$

D: geränderte Hesse-Matrix

Aus der Entwicklung der Determinante nach der dritten Spalte resultiert:

(57) $|D| = h_1(h_{21}h_2 - h_{22}h_1) - h_2(h_{11}h_2 - h_{12}h_1) > 0$

Durch Berechnen der Klammern und unter Beachtung der Identität der Kreuzableitungen folgt:

(58) $|D| = -h_{11}h_2{}^2 + 2h_{12}h_1h_2 - h_{22}h_1{}^2 > 0$

Die Determinante $|D|$ ist mit dem Zähler der Gleichung (50) identisch. Damit kann die besondere Eigenschaft der Produktionsfunktion, die Quasi-Konkavität, mit dem Verlauf der aus der Produktionsfunktion abgeleiteten Isoquanten verknüpft werden. **Bei quasi-konkaven Produktionsfunktionen verlaufen die Isoquanten konvex.**[22)]

Man kann beweisen, daß **konkave Produktionsfunktionen immer quasi-konkav** sind.[23)] Die Konkavität einer Funktion ist gegeben, wenn gilt[24)]

(59) $h_{11}a_1{}^2 + 2h_{12}a_1a_2 + h_{22}a_2{}^2 < 0,$

wobei a_1 bzw. a_2 beliebige von Null verschiedene Werte annehmen dürfen. Substituiert man nun

(60) $a_1 = h_2$ (61) $a_2 = -h_1$

und multipliziert man die Ungleichung mit (-1), dann resultiert die Bedingung (58) für Quasi-Konkavität. Auf gleiche Weise kann man zeigen, daß konvexe Funktionen immer zu quasi-konvexen Produktionsfunktionen führen. Der Umkehrschluß ist jedoch nicht zwingend!

Quasi-Konkavität (-Konvexität) spielt bei der Analyse von Problemen eine Rolle, in denen eine Zielfunktion unter Berücksichtigung einer Nebenbedingung optimiert wird. Der Begriff der Quasi-Konkavität ist schwächer formuliert als der Begriff der Konkavität.

Die Produktionsfunktion

(B29) $x = v_1 v_2$

ist z.B. weder konvex noch konkav, da gilt:

(B30) $h_{11} = 0 = h_{22}$ *und* *(B31)* $|H| = \begin{vmatrix} 0 & 1 \\ 1 & 0 \end{vmatrix} = -1 < 0$

Sie ist aber quasi-konkav, denn für die geränderte Hesse-Matrix folgt:

22) Die Umkehrung "aus konvexen Isoquanten folgen quasi-konkave Produktionsfunktionen" gilt aber nur im Zwei-Faktoren-Fall. vgl. Silberberg (1978) S. 221 ff.. Bei quasi-konvexen Produktionsfunktionen ist die Determinante negativ und die Isoquanten laufen konkav.

23) vgl. Silberberg (1978) S. 105, Henderson/Quandt (1983) S. 385

24) vgl. hierzu die Ausführungen im Abschnitt II.B.3.

$$(B32)\quad |D| = \begin{vmatrix} 0 & 1 & v_2 \\ 1 & 0 & v_1 \\ v_2 & v_1 & 0 \end{vmatrix} = 2v_1v_2 > 0$$

D. Das Niveauertragskriterium

1. Begriffserläuterung

Die Auswirkungen einer proportionalen Variation aller Faktoreinsatzmengen auf den Output werden mit Hilfe des **Niveauertragskriteriums** untersucht. Bei dieser Art der Variation werden zunächst beliebige Mengen der Produktionsfaktoren (v_{10}, v_{20}) festgelegt. Diese Ausgangskombination nennt man **Faktorbündel** oder **Faktorpäckchen**. Zur Veranschaulichung soll die Graphik in Abbildung 8 dienen.

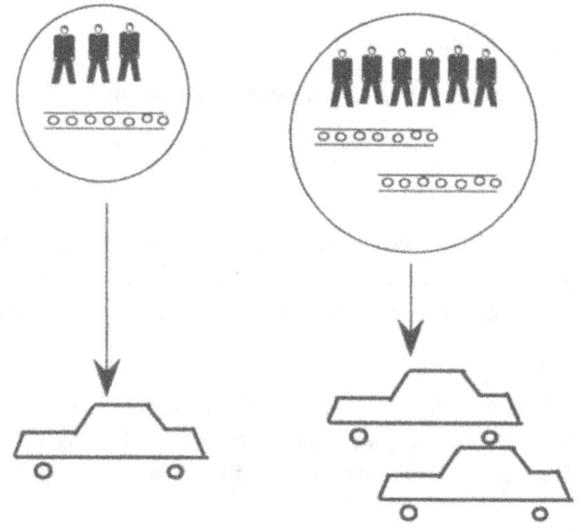

Abb. II.8: Beispiel einer Niveauvariation

In dieser Darstellung besteht ein Faktorbündel aus drei Arbeitskräften und einem Fließband. Der Einsatz eines Faktorbündels ermöglicht die Produktion eines PKW. Setzt man ein weiteres Faktorbündel ein, so steigt die Produktion auf zwei PKW. Insgesamt werden nun sechs Arbeiter und zwei Fließbänder eingesetzt. Das Verhältnis der beiden Produktionsfaktoren ist konstant geblieben.

Die Variation der Menge der eingesetzten Faktorbündel um das zwei-, drei-, vier- oder μ-fache bezeichnet man als **Niveauvariation**, die damit verbundene Outputänderung als **Niveauertrag**. Im Unterschied zur Diskussion der Partialertragsfunktion werden **alle** Produktionsfaktoren eines Produktionsverfahrens in das Faktorbündel aufgenommen und proportional variiert. Von der Struktur her sind Partialertrags- und Niveauertragskriterium ähnlich. Der Unterschied zwischen den beiden Kriterien liegt darin, daß beim Niveauertragskriterium alle Mengen der Produktionsfaktoren proportional variiert werden, während beim Partialertragskriterium mindestens ein Faktor konstant bleibt.

Im folgenden werden die wichtigsten Begriffe, die im Zusammenhang mit dem Niveauertragskriterium stehen - Niveauerträge, Skalenerträge, Skalenelastizität, Homogenität und Homothetik -, erläutert und die Interdependenzen zwischen diesen und den Begriffen, die im Rahmen der Analysen des Partialertrags- und Substitutionskriteriums eingeführt worden sind, aufgezeigt.

2. Merkmale des Niveaukriteriums

a) Niveauertragsfunktion, Skalenerträge und Skalenelastizität

Ein ausgewähltes Faktorbündel kann beliebig variiert werden. Man kann es verdoppeln, halbieren oder um eine infinitesimale Einheit erhöhen. Wichtig ist, daß das Verhältnis der Faktormengen zueinander unverändert bleibt. Die Anzahl der eingesetzten Faktorbündeleinheiten ist das **Skalenniveau.** Das Skalenniveau kennzeichnet die Variable μ. Beträgt das Skalenniveau z.B. zwei, dann werden zwei Einheiten des Faktorpäckchens, d.h. doppelt soviel Faktormengen wie im Ausgangspunkt, eingesetzt. Bei einem Skalenniveau von Eins werden genau die ursprünglich für das Faktorbündel definierten Faktormengen verwendet. Da von teilbaren Faktormengen ausgegangen wird, kann die Anzahl der eingesetzten Faktorbündel, das Skalenniveau, beliebige Werte annehmen. Ein bestimmtes Outputniveau x_0 folgt, wenn ein ausgewähltes Faktorbündel in der Produktionsfunktion Verwendung findet:

(62) $$x_0 = h(v_{10}, v_{10})$$

Werden die Faktoreinsatzmengen proportional erhöht, so erhält man die Niveauertragsfunktion bzw. die Niveauerträge:

(63) $$x = h(\mu v_{10}, \mu v_{20})$$

μ: Skalenniveau

Die **Niveauertragsfunktion (Niveauerträge)** gibt die realisierbare Outputmenge zu alternativen Skalenniveaus bei konstanten Faktoreinsatzverhältnissen an. Um Aussagen darüber treffen zu können, wie sich die Niveauerträge verändern, wenn der Niveauparameter μ variiert, ist die Gleichung (63) nach μ abzuleiten. Die Ableitung heißt **Skalenertragsfunktion oder Niveaugrenzertragsfunktion**:

(64) $$\frac{\partial x}{\partial \mu} = \frac{\partial h(\mu v_{10}, \mu v_{20})}{\partial \mu}$$

Die Skalenertragsfunktion liefert Informationen, wie sich der Output verändert, wenn die eingesetzten Faktorpäckchen um eine infinitesimale Einheit erhöht werden. Mit Hilfe der zweiten Ableitung der Niveauertragsfunktion nach μ können Aussagen über die Krümmung der Niveauertragsfunktion und die Veränderung der Skalenerträge getroffen werden:

$$(65)\quad \frac{\partial^2 x}{\partial \mu^2}\begin{cases} > 0 & \text{konvex (zunehmende Skalenerträge)} \\ = 0 & \text{linear (konstante Skalenerträge)} \\ < 0 & \text{konkav (abnehmende Skalenerträge)} \end{cases}$$

Zunehmende (abnehmende) Skalenerträge bedeuten, daß die Niveaugrenzproduktivität bei einer Variation des Skalenniveaus zunimmt (abnimmt), d.h. die Erhöhung des Faktorpäckchens um eine Einheit führt zu immer größeren (geringeren) Outputsteigerungen. Bei konstanten Skalenerträgen ist eine gleich große Outputsteigerung Folge der Erhöhung des Faktorpäckchens um eine Einheit.

Zur Veranschaulichung betrachten wir die Produktionsfunktion

$$(B33)\quad x = 100 v_1 v_2 - v_1^2 v_2^2$$

Für beliebig vorgegebene Faktormengen resultiert:

$$(B34)\quad x_0 = 100 v_{10} v_{20} - (v_{10})^2 (v_{20})^2$$

Die Niveauertragsfunktion lautet daher:

$$(B35)\quad x = 100\mu^2 v_{10} v_{20} - \mu^4 (v_{10})^2 (v_{20})^2$$

Bei einem Faktorbündel $FB = (v_{10} = 1; v_{20} = 1)$ folgt für die Niveauertragsfunktion:

$$(B36)\quad x = 100\mu^2 - \mu^4$$

Die Tabelle 4 zeigt die Niveau- und Skalenerträge bei alternativen Skalenniveaus. Bei sukzessiver Erhöhung des Skalenniveaus um eine Einheit steigt das Outputniveau zunächst um 99 Einheiten, dann um 285 Einheiten usw. Dies sind die Skalenerträge. Die Tabelle läßt erkennen, daß die Skalenerträge zunächst zunehmen, dann ab $\mu = 5$ abnehmen. Um genau feststellen zu können, bei welchen Faktoreinsatzmengen zunehmende Skalenerträge vorliegen, wird die zweite Ableitung der Niveauertragsfunktion (B36) gebildet:

$$(B37)\quad \frac{\partial^2 x}{\partial \mu^2} = 200 - 12\mu^2$$

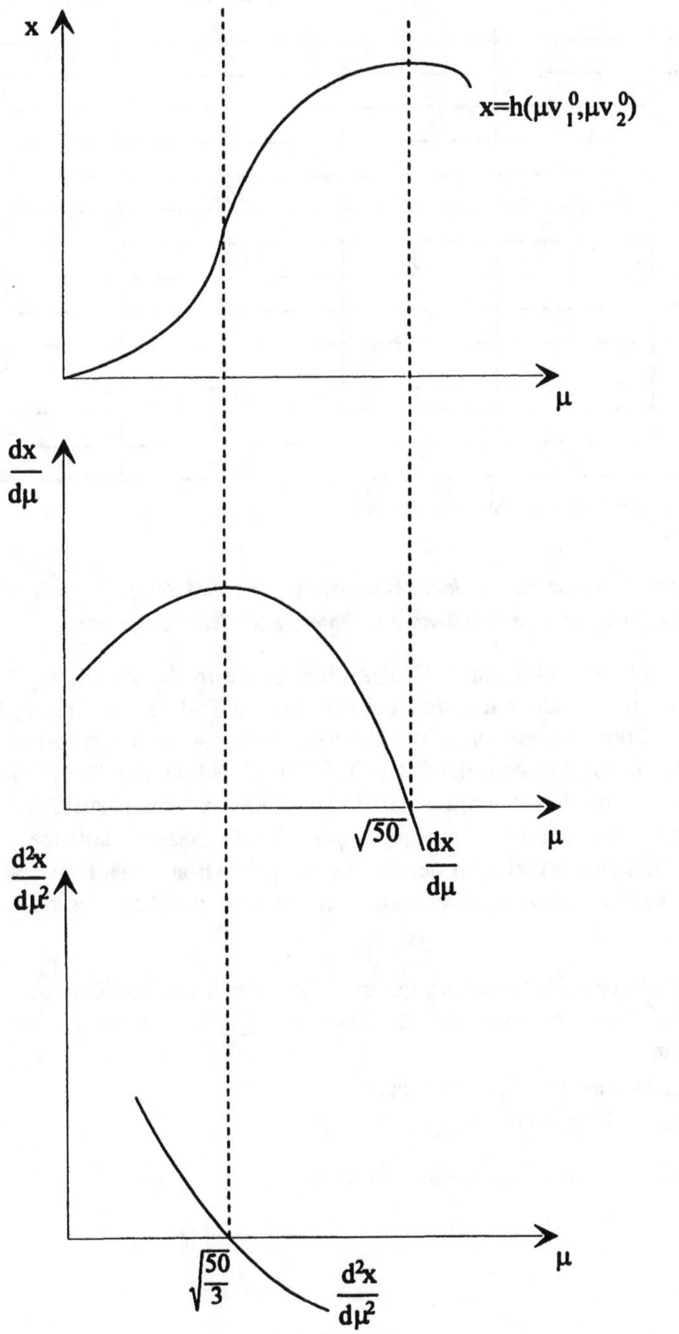

Abb. II.9: Niveau- und Skalenertragsfunktion

μ	v_1	v_2	*Niveauerträge x*	*Skalenerträge dx/dμ*
0	*0*	*0*	*0*	
				99
1	*1*	*1*	*99*	
				285
2	*2*	*2*	*384*	
				435
3	*3*	*3*	*819*	
				525
4	*4*	*4*	*1344*	
				531
5	*5*	*5*	*1875*	
				429
6	*6*	*6*	*2304*	

Tabelle 4: Beispiel einer Niveauvariation

Die zweite Ableitung ist bis zu einem Wert von $\mu = (50/3)^{0,5}$ *größer als Null. Bis dorthin liegen zunehmende, anschließend abnehmende Skalenerträge vor.*

Für die gewählte Produktionsfunktion resultieren die in der Abbildung 9 dargestellte Niveauertrags- und Skalenertragsfunktion. Im oberen Teil der Abbildung 9 ist die Niveauertragsfunktion, im mittleren Teil die Skalenertragsfunktion skizziert. Die Veränderung der Skalenerträge stellt der untere Teil der Abbildung dar. Die Skalenerträge geben den Zuwachs der Niveauerträge an. Sind die Skalenerträge positiv, dann steigen die Niveauerträge. Dies gilt im vorausgegangenen Zahlenbeispiel, solange μ kleiner als $(50/3)^{0,5}$ ist. Bis zum Maximum der Skalenertragsfunktion verläuft die Niveauertragsfunktion konvex und danach konkav. Das Skalenniveau μ hat an dieser Stelle den Wert $50^{0,5}$.

Um die Veränderung der Skalenerträge zu illustrieren, kann alternativ auf das Isoquantensystem zurückgegriffen werden. Zur Darstellung existieren zwei Alternativen. Isoquanten können für

(a) gleiche Differenzen der Inputs oder
(b) gleiche Differenzen der Outputs

in ein Mengendiagramm eingezeichnet werden.

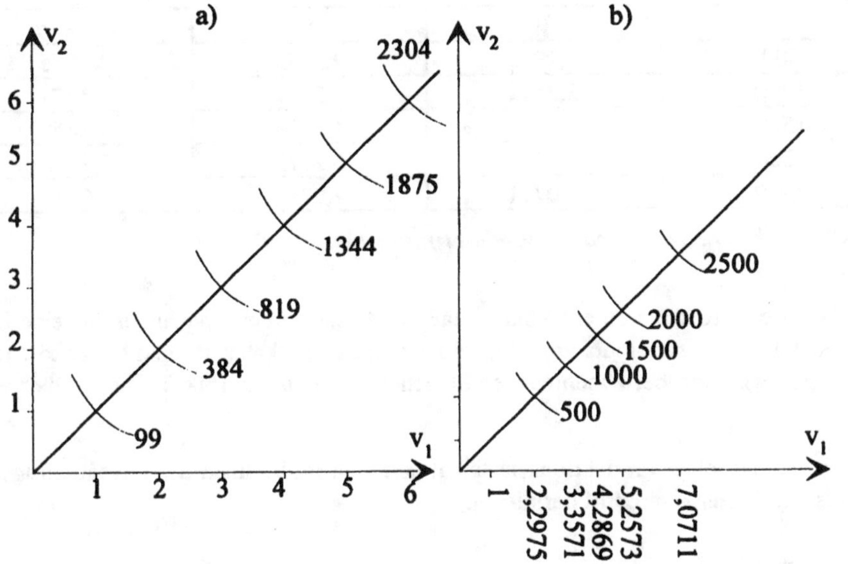

Abb. II.10: Darstellung der Skalenerträge mit Hilfe von Isoquanten

Betrachtet wird zunächst die erste Darstellungsmöglichkeit. Mit einer Faktormengenkombination ($v_1 = 1$; $v_2 = 1$) können 99 Einheiten, mit einer Faktormengenkombination ($v_2 = 2$; $v_2 = 2$) 384 Einheiten usw. produziert werden. Die ermittelten Outputs der alternativen Faktormengenkombinationen sind mit Hilfe von Isoquanten dargestellt. Man erkennt, daß die Outputdifferenzen zwischen gleichweit entfernten Isoquanten im Bereich zunehmender Skalenerträge zunehmen, z.B. 384 - 99 = 285, 819 - 384 = 429, 1344 - 819 = 525, 1875 - 1344 = 531 und im Fall abnehmender Skalenerträge kleiner werden, z.B. 2304 - 1875 = 429. Dementsprechend würde man konstante Skalenerträge durch Isoquanten gleicher Abstände mit konstanten Outputdifferenzen darstellen.

In Teil b) der Abbildung 10 wird gefragt, wieviel zusätzliche Faktorbündel für konstante Outputzuwächse erforderlich sind. Die folgende Tabelle gibt Auskunft über die Faktoreinsätze für verschiedene Outputs:[25)]

25) Die erforderlichen Faktormengen erhält man durch Substitution von $z = \mu^2$ in der Gleichung (B63). Für die Lösung der gemischt quadratischen Gleichung $z^2 - 100z + x = 0$ resultiert: $z_{1,2} = 50 \pm (2500 - x)^{0,5}$

x	μ	v_1	v_2
500	2,2975	2,2975	2,2975
1000	3,3571	3,3571	3,3571
1500	4,2869	4,2869	4,2869
2000	5,2573	5,2573	5,2573
2500	7,0711	7,0711	7,0711

Tabelle 5: Skalenerträge und Faktoreinsatzmengen

Der Abbildung 10 b) ist zu entnehmen, daß die Abstände der Isoquanten, für eine konstante Erhöhung des Outputs um 500, bei zunehmenden Skalenerträgen bis zu $x < 1500$ immer geringer und bei abnehmenden Skalenerträgen ab $x > 1500$ immer größer werden.

Analog zur partiellen Produktionselastizität läßt sich im Rahmen des Niveauertragskriteriums die **Skalenelastizität** definieren:

$$(66) \quad \varepsilon(x, \mu) = \frac{\partial x}{\partial \mu} \frac{\mu}{x}$$

ε: Skalenelastizität

Sie mißt die relative Veränderung des Outputs, die aus einer relativen Veränderung des Prozeßniveaus resultiert. Ist die Skalenelastizität größer als Eins, dann steigt der Output überproportional zur Veränderung des Skalenniveaus. Bei abnehmenden Skalenerträgen steigt das Outputniveau unterproportional und die Skalenelastizität ist kleiner als Eins.

b) Zusammenhänge von Substitution und Niveauvariation

ba) Das Wicksell-Johnson-Theorem

Man kann nachweisen, daß die Skalenelastizität der Summe der partiellen Produktionselastizitäten entspricht. Zu diesem Zweck wird die Niveauertragsfunktion (63) nach μ differenziert:

$$(67) \quad \frac{\partial x}{\partial \mu} = \frac{\partial h}{\partial(\mu v_{10})} \frac{\partial(\mu v_{10})}{\partial \mu} + \frac{\partial h}{\partial(\mu v_{20})} \frac{\partial(\mu v_{20})}{\partial \mu} = \frac{\partial h}{\partial v_1} \frac{\partial(\mu v_{10})}{\partial \mu} + \frac{\partial h}{\partial v_2} \frac{\partial(\mu v_{20})}{\partial \mu}$$

Unter Berücksichtigung von $v_1 = \mu v_{10}$ bzw. $v_2 = \mu v_{20}$ erkennt man, daß die jeweils ersten Faktoren der Summanden die partiellen Grenzproduktivitäten sind. Differenziert man $v_1 = \mu v_{10}$ bzw. $v_2 = \mu v_{20}$ nach μ, so erhält man v_{10} bzw. v_{20}. Die Gleichung (67) vereinfacht sich wegen

$$(68) \quad \frac{\partial v_1}{\partial \mu} = v_{10} \qquad \text{und} \qquad (69) \quad \frac{\partial v_2}{\partial \mu} = v_{20}$$

zu:

(70) $$\frac{\partial x}{\partial \mu} = \frac{\partial h}{\partial v_1} v_{10} + \frac{\partial h}{\partial v_2} v_{20} \quad \text{mit}$$

Gleichung (70) ist die Skalenertragsfunktion. Werden beide Seiten mit μ/x multipliziert, dann folgt:

(71) $$\frac{\partial x}{\partial \mu}\frac{\mu}{x} = \frac{\partial h}{\partial v_1}\frac{\mu v_{10}}{x} + \frac{\partial h}{\partial v_2}\frac{\mu v_{20}}{x} = \frac{\partial h}{\partial v_1}\frac{v_1}{x} + \frac{\partial h}{\partial v_2}\frac{v_2}{x}$$

Das Produkt aus der Grenzproduktivität eines Faktors und dem Verhältnis von Faktormenge und Output entspricht der partiellen Produktionselastizität, so daß gilt:

(72) $$\varepsilon(x,\mu) = \varepsilon(x, v_1) + \varepsilon(x, v_2)$$

Die Skalenelastizität ist identisch mit der Summe der partiellen Produktionselastizitäten. Dieser Zusammenhang wird als **Wicksell-Johnson-Theorem** bezeichnet. Ist die Produktionselastizität eines Faktors größer als Eins, dann ist unter der Voraussetzung einer positiven Elastizität des anderen Faktors die Skalenelastizität immer größer als Eins. Bei partiellen Produktionselastizitäten kleiner als Eins sind keine eindeutigen Schlüsse möglich.

bb) Krümmung der Produktionsfunktion und Skalenerträge

Welcher Zusammenhang besteht zwischen der Art der Skalenerträge und der Krümmung der Produktionsfunktion? Den Ausgangspunkt zur Beantwortung dieser Frage bildet die Gleichung (70) bzw. die Gleichung (64). Wird diese Funktion ein weiteres Mal nach dem Niveauparameter μ abgeleitet, dann resultiert die Veränderung der Skalenerträge:

(73) $$\frac{\partial^2 x}{\partial \mu^2} = \frac{\partial h_1}{\partial v_1}\frac{\partial v_1}{\partial \mu} v_{10} + \frac{\partial h_1}{\partial v_2}\frac{\partial v_2}{\partial \mu} v_{20} + \frac{\partial h_2}{\partial v_1}\frac{\partial v_1}{\partial \mu} v_{10} + \frac{\partial h_2}{\partial v_2}\frac{\partial v_2}{\partial \mu} v_{20}$$

Unter der Berücksichtigung der Gleichungen (68) und (69) vereinfacht sich die Gleichung (73) zu:

(74) $$\frac{\partial^2 x}{\partial \mu^2} = \frac{\partial^2 h}{\partial v_1^2}(v_{10})^2 + \frac{\partial^2 h}{\partial v_1 \partial v_2} v_{10} v_{20} + \frac{\partial^2 h}{\partial v_2 \partial v_1} v_{10} v_{20} + \frac{\partial^2 h}{\partial v_2^2}(v_{20})^2$$

bzw.

(75) $$\frac{\partial^2 x}{\partial \mu^2} = h_{11}(v_{10})^2 + 2h_{12} v_{10} v_{20} + h_{22}(v_{20})^2$$

Die Gleichung (75) läßt sich in Matrixform schreiben als:

(76) $$\frac{\partial^2 x}{\partial \mu^2} = \begin{bmatrix} v_{10} & v_{20} \end{bmatrix} \begin{bmatrix} h_{11} & h_{12} \\ h_{21} & h_{22} \end{bmatrix} \begin{bmatrix} v_{10} \\ v_{20} \end{bmatrix} = v` H v$$

v´: Zeilenvektor

H: Hesse-Matrix
v: Spaltenvektor

Ist die Gleichung (76) für beliebige Werte von v_{10} und v_{20} immer größer als Null, dann ist die Hesse-Matrix H positiv definit, d.h. alle Minoren sind positiv. Die Produktionsfunktion verläuft konvex und es liegen zunehmende Skalenerträge vor. Ist die Gleichung (76) für beliebige Werte von v_{10} und v_{20} immer negativ, dann ist die Hesse-Matrix H negativ definit und die Minoren haben alternierende Vorzeichen, die mit einem Minuszeichen beginnen. Die Produktionsfunktion hat eine konkave Krümmung, und es liegen abnehmende Skalenerträge vor. Ist die Determinante der Matrix H gleich Null, dann verläuft die Produktionsfunktion linear. Es resultieren konstante Skalenerträge. Für Produktionsfunktionen, die nicht definit sind, können keine eindeutigen Aussagen über die Skalenerträge getroffen werden.

3. Homogene und homothetische Produktionsfunktionen

a) Eigenschaften homogener Produktionsfunktionen

In volkswirtschaftlichen Modellen wird oft mit **homogenen Produktionsfunktionen** gearbeitet. Eine Produktionsfunktion ist **homogen**, wenn unabhängig von den ursprünglichen Faktoreinsatzmengen eine proportionale Steigerung aller Produktionsfaktoren um das μ-fache eine Erhöhung der Produktionsmenge auf das μ^m-fache bewirkt. Bei homogenen Produktionsfunktionen führt eine Niveauvariation zu:[26)]

(77) $x = h[\mu v_{10}, \mu v_{20}] = \mu^m h(v_{10}, v_{20})$ bzw.

(78) $x = \mu^m x_0$
m: Homogenitätsgrad

Der **Homogenitätsgrad** m der Produktionsfunktion gibt an, in welchem Ausmaß eine proportionale Erhöhung der Faktoreinsatzmengen den Output erhöht. Die Eigenschaften einer homogenen Produktionsfunktion sollen im folgenden anhand verschiedener Fragen untersucht werden.

Zuerst wird der Zusammenhang zwischen dem Homogenitätsgrad und der Veränderung der Skalenerträge bzw. der Skalenelastizität untersucht. Bildet man für (78) die zweite partielle Ableitung nach μ, so gilt:

(79) $$\frac{\partial^2 x}{\partial \mu^2} = m(m-1)\mu^{m-2} x_0 \begin{cases} >0 \\ =0 \\ <0 \end{cases} \text{für} \quad \begin{cases} m>1 \\ m=1 \\ m<1 \end{cases}$$

Ein Homogenitätsgrad von größer als (kleiner als, gleich) Eins führt zu zunehmenden (abnehmenden, konstanten) Skalenerträgen.

26) Funktionen, die nicht in die Form der Gleichung (78) transformiert werden können, sind nicht homogen.

Die Skalenelastizität der Niveauertragsfunktion (78) ist:

(80) $$\frac{\partial x}{\partial \mu}\frac{\mu}{x} = m\mu^{m-1} x_0 \frac{\mu}{x} = \frac{m\mu^m x_0}{x}$$

Wird im Nenner x durch die Produktionsfunktion (78) substituiert, folgt für die Skalenelastizität:

(81) $$\frac{\partial x}{\partial \mu}\frac{\mu}{x} = m$$

Bei homogenen Produktionsfunktionen entspricht die Skalenelastizität dem Homogenitätsgrad. Da die Skalenelastizität gleich der Summe der partiellen Produktionselastizitäten ist, ist die **Summe der Produktionselastizität und der Homogenitätsgrad ebenfalls gleich.**

Welche Auswirkungen haben die partiellen Grenzproduktivitäten auf den Output bei homogenen Produktionsfunktionen? Ausgangspunkt ist die Definitionsgleichung homogener Produktionsfunktionen (77). Werden beide Seiten nach μ abgeleitet, dann folgt:

(82) $$\frac{\partial h}{\partial(\mu v_{10})}\frac{\partial(\mu v_{10})}{\partial \mu} + \frac{\partial h}{\partial(\mu v_{20})}\frac{\partial(\mu v_{20})}{\partial \mu} = m\mu^{m-1} h(v_{10}, v_{20})$$

bzw.

(83) $$h_1(\mu v_{10}, \mu v_{20}) v_{10} + h_2(\mu v_{10}, \mu v_{20}) v_{20} = m\mu^{m-1} x_0$$

Die Gleichung (83) ist allgemeingültig und gilt also auch für $\mu=1$.

(84) $$h_1 v_{10} + h_2 v_{20} = m x_0$$

Das Produkt von Homogenitätsgrad und Produktionsmenge entspricht der Summe der mit den Faktormengen gewichteten Grenzproduktivitäten. Dieser Zusammenhang wird als **Euler-Theorem** bezeichnet.

Sind bei homogenen Produktionsfunktionen Aussagen über die Homogenität ihrer ersten partiellen Ableitungen möglich? Die homogene Produktionsfunktion (77) ist wieder Grundlage der Betrachtung. Die Ableitung nach der Menge v_{10} ergibt:

(85) $$\frac{\partial h}{\partial(\mu v_{10})}\frac{\partial(\mu v_{10})}{\partial v_{10}} = \mu^m \frac{\partial h}{\partial v_{10}}$$ bzw. (86) $$\frac{\partial h}{\partial(\mu v_{10})}\mu = \mu^m \frac{\partial h}{\partial v_{10}}$$

Dividiert man beide Seiten der Gleichung (86) durch μ, folgt:

(87) $$\frac{\partial h}{\partial v_1} = \mu^{m-1}\frac{\partial h}{\partial v_{10}}$$

Analog folgt für den Faktor V_2:

(88) $$\frac{\partial h}{\partial v_2} = \mu^{m-1} \frac{\partial h}{\partial v_{20}}$$

Für die ersten partiellen Ableitungen der Produktionsfunktion ergibt sich ein Homogenitätsgrad von (m-1).

Wie verändert sich bei homogenen Produktionsfunktionen die Grenzrate der technischen Substitution bei einer proportionalen Faktormengenvariation? Die Grenzrate der technischen Substitution ist definiert als:

(43) $$\mathrm{GRTS}_{v_1}^{v_2} = \frac{h_1}{h_2}$$

Unter Berücksichtigung der Grenzproduktivitäten gemäß der Gleichungen (87) und (88) folgt:

(89) $$\frac{\frac{\partial h}{\partial v_1}}{\frac{\partial h}{\partial v_2}} = \frac{\mu^{m-1} \frac{\partial h}{\partial v_{10}}}{\mu^{m-1} \frac{\partial h}{\partial v_{20}}} = \frac{\frac{\partial h}{\partial v_{10}}}{\frac{\partial h}{\partial v_{20}}}$$

Bei einer proportionalen Variation aller Faktormengen bleibt die Grenzrate der technischen Substitution unverändert.

Kann für homogene Produktionsfunktionen eine Beziehung zwischen den Größen Durchschnittsproduktivität und Faktorintensität abgeleitet werden? Die Niveauertragsfunktion lautet:

(90) $$\mu^m x_0 = h(\mu v_{10}, \mu v_{20})$$

Wird für den Niveauparameter μ in der Gleichung (90) der reziproke Wert der Faktormenge

(91) $$\mu = \frac{1}{v_{10}}$$

eingesetzt, dann kann die Durchschnittsproduktivität des Faktors V_1 bei linear-homogenen Produktionsfunktionen geschrieben werden als:

(92) $$\frac{x_0}{v_{10}} = h\left(\frac{v_{10}}{v_{10}}, \frac{v_{20}}{v_{10}}\right)$$ bzw. (93) $$\frac{x_0}{v_{10}} = h\left(\frac{v_{20}}{v_{10}}\right)$$

Bei linear-homogenen Produktionsfunktionen ist die Durchschnittsproduktivität eines Faktors eine Funktion der Faktorintensität. Stellt V_1 den Produktionsfaktor Arbeit (A) und V_2 das Kapital (C) dar, gilt:

(94) $$\frac{x}{A} = f\left(\frac{C}{A}\right)$$

Die Durchschnittsproduktivität des Faktors Arbeit ist eine Funktion der Kapitalintensität. Sie nimmt zu, wenn die Kapitalintensität steigt. Insbesondere in der Wachstumstheorie finden linear-homogene Produktionsfunktionen wegen dieser Eigenschaft Verwendung.

b) Homothetische Produktionsfunktionen

Produktionsfunktionen, die aus einer monotonen Transformation einer homogenen Produktionsfunktion hervorgehen, werden als **homothetisch** bezeichnet.

$$x = g\left[h\left(v_1, v_2\right)\right] \tag{95}$$

g: monotone Transformationsvorschrift

$h(v_1, v_2)$: homogene Produktionsfunktion

Homogene Produktionsfunktionen sind Spezialfälle homothetischer Produktionsfunktionen. Für das Verhältnis der Grenzproduktivitäten einer transformierten homogenen Produktionsfunktion gilt:

$$\frac{\dfrac{\partial g}{\partial v_1}}{\dfrac{\partial g}{\partial v_2}} = \frac{\dfrac{\partial g}{\partial h}\dfrac{\partial h}{\partial v_1}}{\dfrac{\partial g}{\partial h}\dfrac{\partial h}{\partial v_2}} = \frac{\dfrac{\partial h}{\partial v_1}}{\dfrac{\partial h}{\partial v_2}} \tag{96}$$

Die Grenzrate der technischen Substitution ändert sich durch eine monotone Transformation nicht. Da die Grenzrate der technischen Substitution einer homogenen Produktionsfunktion bei einer Niveauvariation konstant bleibt, muß dies auch bei einer homothetischen Produktionsfunktion gelten. **Die Grenzrate der technischen Substitution ist bei einer proportionalen Variation aller Faktoreinsatzmengen konstant.**

Die folgende Abbildung 11 illustriert den Zusammenhang zwischen einer Niveauvariation und einer isoklinen Variation bei homothetischen bzw. nicht-homothetischen Produktionsfunktion. Entlang des Fahrstrahls im Teil a) der Abbildung werden die Faktoreinsatzmengen proportional verändert. Die Grenzraten der technischen Substitution sind an den Stellen der Isoquanten, an denen sie vom Fahrstrahl geschnitten werden, identisch. Die Produktionsfunktion ist homothetisch. Die Verbindungslinie der Punkte auf den Isoquanten mit gleich großer Grenzrate der technischen Substitution heißt **Isokline**. Bei homogenen bzw. homothetischen Produktionsfunktionen stimmen Niveau- und isokline Variation überein. Die Isoklinen verlaufen bei homothetischen Produktionsfunktionen als Fahrstrahl aus dem Ursprung. Eine isokline Variation der Produktionsfaktoren kann, muß aber nicht mit einer Niveauvariation identisch sein. Im Teil b) der Abbildung 11 ist der Fall einer nicht-homothetischen Produktionsfunktion dargestellt. Isokline Variation und Niveauvariation fallen auseinander. Die Unterscheidung der beiden Variationen ist für den Zusammenhang zwischen dem Verlauf der Grenzkosten und den Skalenerträgen von Bedeutung.[27)]

27) vgl. Abschnitt III.C.3.b)

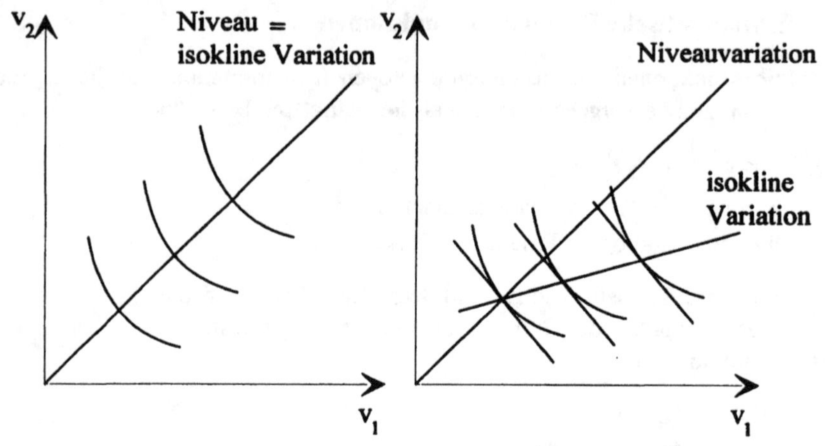

Abb. II.11: Niveauvariation und isokline Variation

Die linear-homogene Produktionsfunktion

$$(B38)\quad x = v_1 v_2$$

kann z.B. durch die monotone Transformation

$$(B39)\quad g = x^2 + x^{2,5}$$

zur homothetischen Produktionsfunktion

$$(B40)\quad x = v_1^2 v_2^2 + v_1^{2,5} v_2^{2,5}$$

transformiert werden. Durch diese Transformation ändert sich die Grenzrate der technischen Substitution nicht, denn es gilt weiterhin:

$$(B41)\quad GRTS_{v_1}^{v_2} = \frac{2v_1v_2^2 + 2,5v_1^{1,5}v_2^{2,5}}{2v_1^2v_2 + 2,5v_1^2v_2^{1,5}} = \frac{v_2(2v_1v_2 + 2,5v_1^{1,5}v_2^{1,5})}{v_1(2v_1v_2 + 2,5v_1^{1,5}v_2^{1,5})} = \frac{v_2}{v_1}$$

Die Grenzrate der technischen Substitution der Funktion (B41) ist identisch mit der Grenzrate der ursprünglichen Produktionsfunktion (B38).

E. Spezielle Produktionsfunktionen

1. Einführung

Die Instrumente, mit deren Hilfe der Produktionsprozeß eines Gutes dargestellt werden kann, waren bisher Gegenstand der allgemein gehaltenen Diskussion. Welchen Beitrag leisten nun Partialertrags-, Substitutions- und Niveauertragskriterium, wenn konkrete Typen von Produktionsfunktionen betrachtet werden? Aus der Vielzahl möglicher Produktionsfunktionen werden die Cobb-Douglas-, die Leontief- und die CES-Produktionsfunktionen exemplarisch betrachtet. Diese Funktionen besitzen spezielle Eigenschaften, und erlangen deshalb in der ökonomischen Analyse besondere Bedeutung. Sie ermöglichen die Darstellung bzw. Annäherung wirtschaftlicher Phänomene und bilden Entscheidungsgrundlagen für wirtschaftspolitische Fragestellungen.

Die **Cobb-Douglas-Produktionsfunktion**[28] ist Basis vieler empirischer Arbeiten, wie z.B. bei der Schätzung des volkswirtschaftlichen Produktionspotentials oder bei Überlegungen zum Arbeitsmarkt und der Beschäftigungspolitik. Aufgrund ihrer Analysemöglichkeiten und didaktischen Vorzüge eignet sie sich zur Veranschaulichung elementarer mikroökonomischer Produktionszusammenhänge bei substitutionalen Prozessen.

Die **Leontief-Produktionsfunktion** beschreibt einen limitationalen Produktionsprozeß. Die Zuordnung zwischen Einsatzfaktoren und Produktionsmenge ist eindeutig. Bei limitationalen Produktionsprozessen ist das Verhältnis von Faktoreinsatz zum Output fest vorgegeben. Ohne Vergeudung von Faktoreinsatzmengen kann von den Faktoren auf den Output, aber auch vom Output auf den Faktoreinsatz geschlossen werden. Diese Umkehrung ist bei substitutionalen Produktionsfunktionen nicht möglich, da ein bestimmtes Outputniveau mit alternativen Faktormengenkombinationen produziert werden kann. Limitationale Produktionsfunktionen finden in vielen volkswirtschaftlichen und betriebswirtschaftlichen Fragestellungen Anwendung, so z.B. bei der logistischen Produktionsplanung oder bei der Auswertung von Input-Output-Tabellen innerhalb der Volkswirtschaftlichen Gesamtrechnung.

Die **CES-Produktionsfunktion** ist eine Funktion, die aufgrund bestimmter Elastizitätseigenschaften häufig Anwendung findet. Mit ihrer Hilfe versucht man Probleme des internationalen Handelns auf makroökonomischer Ebene ebenso zu erklären wie aus einzelwirtschaftlicher Sicht die Produktvielfalt und Güterqualitäten. Es kann gezeigt werden, daß die Cobb-Douglas- und die Leontief-Produktionsfunktion Spezialfälle der CES-Produktionfunktion sind.

---

28) Diese neoklassische Produktionsfunktion wurde von C.H. Cobb und P.H. Douglas entwikkelt. vgl. Cobb/Douglas (1928) S. 139 ff.

In den nächsten Schritten werden diese konkreten Produktionsfunktionen analysiert und das Partialertrags-, das Substitutions- und das Niveauertragskriterium schrittweise abgehandelt.

2. Die Cobb-Douglas-Produktionsfunktion

Cobb und Douglas schätzten mit Hilfe gesamtwirtschaftlicher Daten die Produktionsmöglichkeiten mehrerer Länder. Sie ermittelten nahezu konstante Produktionselastizitäten für Arbeit und Kapital, die in ihrer Summe nahe bei Eins lagen. Die Produktionselastizität für den Faktor Arbeit entsprach annähernd der Lohnquote in den untersuchten Ländern annähernd entsprach. Daraus folgerten sie einen linear-homogenen Funktionsverlauf der volkswirtschaftlichen Produktionsfunktion. Die Cobb-Douglas-Produktionsfunktion hat die allgemeine formale Gestalt:

(97) $x = Av_1^{\alpha}v_1^{\beta}$ $\qquad A > 0$ und $0 < \alpha, ß < 1$

A, α, ß: Parameter

Aus dem Blickwinkel des Partialertragskriteriums können die entsprechenden Grenz- und Durchschnittsproduktivitäten festgehalten werden:

	Produktionsfunktion: $x = Av_1^{\alpha}v_1^{\beta}$	
Produktionsfaktoren	V_1	V_2
Grenzproduktivität	$A\alpha v_1^{\alpha-1}v_2^{\beta}$	$A\beta v_1^{\alpha}v_2^{\beta-1}$
Durchschnittsproduktivität	$Av_1^{\alpha-1}v_2^{\beta}$	$Av_1^{\alpha}v_2^{\beta-1}$
Produktionselastizität	α	β

Tabelle 6: Grenz- und Durchschnittsproduktivitäten der Cobb-Douglas-Produktionsfunktion

Die Grenz- und Durchschnittsproduktivitäten der Cobb-Douglas-Produktionsfunktion sind immer positiv. Der Vergleich der Produktivitäten zeigt, daß

(98) $\frac{\partial x}{\partial v_1} = \alpha \frac{x}{v_1}$ $\qquad$ und wegen $\alpha < 1$: $\qquad$ (99) $\frac{\partial x}{\partial v_1} < \frac{x}{v_1}$

ist und für den Faktor V_2 analog

(100) $\frac{\partial x}{\partial v_2} = \beta \frac{x}{v_2}$ $\qquad$ und wegen $\beta < 1$: $\qquad$ (101) $\frac{\partial x}{\partial v_2} < \frac{x}{v_2}$

gilt. **Die Grenzproduktivität einer Cobb-Douglas-Produktionsfunktion ist immer kleiner als die Durchschnittsproduktivität.** Für die Veränderung der Grenzproduktivitäten, der zweiten partiellen Ableitungen der Produktionsfunktion

(102) $\frac{\partial^2 x}{\partial v_1^2} = A\alpha(\alpha-1)v_1^{\alpha-2}v_2^{\beta}$ (103) $\frac{\partial^2 x}{\partial v_2^2} = A\beta(\beta-1)v_1^{\alpha}v_2^{\beta-2}$

und für die Veränderung der Durchschnittsproduktivitäten folgt:

(104) $\frac{\partial\left(\frac{x}{v_1}\right)}{\partial v_1} = A(\alpha-1)v_1^{\alpha-2}v_2^{\beta}$ (105) $\frac{\partial\left(\frac{x}{v_2}\right)}{\partial v_2} = A(\beta-1)v_1^{\alpha}v_2^{\beta-2}$

Da die beiden Parameter α und ß jeweils kleiner als Eins sind, **nehmen Grenzproduktivitäten und Durchschnittsproduktivitäten bei steigenden Inputs ab.**

Die Produktionselastizitäten der Faktoren V_1 und V_2 können durch das Verhältnis von Grenz- und Durchschnittsproduktivität ermittelt werden:

(106) $\varepsilon(x, v_1) = \alpha$ (107) $\varepsilon(x, v_2) = \beta$

Die partielle Elastizität eines Faktors einer Cobb-Douglas-Produktionsfunktion ist konstant und entspricht seinem Exponenten. Es handelt sich um eine isoelastische Produktionsfunktion.[29)] Da die Elastizitäten α und β jeweils kleiner Eins sind, nimmt der Output der Cobb-Douglas-Produktionsfunktion unterproportional zu einer partiellen Erhöhung der Faktormengen zu.

Weiterhin ist die Auswirkung einer partiellen Veränderung des Lageparameters auf die Grenzproduktivität des anderen Faktors von ökonomischen Interesse. Die Grenzproduktivitätsfunktion des Faktors V_1 wird zu diesem Zweck nach v_2 partiell abgeleitet:

(108) $\frac{\partial^2 x}{\partial v_1 \partial v_2} = A\alpha\beta v_1^{\alpha-1}v_2^{\beta-1}$

Die Kreuzableitung der Cobb-Douglas-Produktionsfunktion ist positiv. Eine Erhöhung des Lageparameters V_2 führt zu einer Erhöhung der Grenzproduktivität von V_1.[30)]

Das Substitutionskriterium verdeutlicht die Austauschbarkeit der Inputfaktoren, die zum gleichen Output führen. Für die Isoquante einer Cobb-Douglas-Produktionsfunktion erhält man:

(109) $v_2 = x^{1/\beta}A^{-1/\beta}v_1^{-\alpha/\beta}$

Die Steigung bzw. die Krümmung sind an der ersten bzw. zweiten Ableitung der Isoquante abzulesen:

29) vgl. Abschnitt II.B.2.b)

30) Da die Kreuzableitungen einer Funktion übereinstimmen, ist die Veränderung der Grenzproduktivität des Faktors V_2 aufgrund einer Änderung der Faktormenge v_1 mit der Gleichung (108) identisch.

(110) $\frac{dv_2}{dv_1} = -\frac{\alpha}{\beta} x^{1/\beta} A^{-1/\beta} v_1^{(-\alpha/\beta)-1} < 0$

(111) $\frac{d^2v_2}{dv_1^2} = \frac{\alpha}{\beta}\left(\frac{\alpha}{\beta}+1\right) x^{1/\beta} A^{-1/\beta} v_1^{(-\alpha/\beta)-2} > 0$

Die Isoquanten der Cobb-Douglas-Produktionsfunktion verlaufen fallend und konvex von unten. Für die Cobb-Douglas-Produktionsfunktion läßt sich außerdem nachweisen, daß die Substitutionselastizität immer Eins beträgt. Hierzu eignet sich die Anwendung der Formel:

(54) $\sigma = \frac{d\left[\ln\left(\frac{v_2}{v_1}\right)\right]}{d\left[\ln GRTS_{v_1}^{v_2}\right]} = \frac{d\left[\ln\left(\frac{v_2}{v_1}\right)\right]}{d\left[\ln\left(\frac{h_1}{h_2}\right)\right]}$

Das Verhältnis der partiellen Grenzproduktivitäten lautet für die konkrete Funktion:

(112) $\frac{h_1}{h_2} = \frac{\alpha v_2}{\beta v_1}$

Logarithmieren wir beide Seiten und stellen die Gleichung nach der Logarithmusfunktion des Faktoreinsatzverhältnisse um, resultiert:

(113) $\ln\left(\frac{v_2}{v_1}\right) = \ln\left(\frac{h_1}{h_2}\right) - \ln\left(\frac{\alpha}{\beta}\right)$

Durch Differenzierung der Gleichung (113) folgt:

(114) $\sigma = \frac{d\left[\ln\left(\frac{v_2}{v_1}\right)\right]}{d\left[\ln\left(\frac{h_1}{h_2}\right)\right]} = 1$

Die Substitutionselastizität der Cobb-Douglas-Produktionsfunktion beträgt Eins.

Welche Krümmung hat die Cobb-Douglas-Produktionsfunktion? Die Determinante der zweiten partiellen Ableitungen hat folgende Gestalt:

(115) $|H| = \begin{vmatrix} A\alpha(\alpha-1)v_1^{\alpha-2}v_2^{\beta} & A\alpha\beta v_1^{\alpha-1}v_2^{\beta-1} \\ A\alpha\beta v_1^{\alpha-1}v_2^{\beta-1} & A\beta(\beta-1)v_1^{\alpha}v_2^{\beta-2} \end{vmatrix}$ bzw.

(116) $|H| = A^2\alpha\beta(1-\alpha-\beta)v_1^{2\alpha-2}v_2^{2\beta-2}$

Da die Grenzproduktivitäten abnehmen, verläuft die Produktionsfunktion konkav, wenn die Determinante $|H|$ größer als Null ist. In diesem Fall ist die Summe der Produktionselastizitäten von α und β kleiner Eins. Die Minoren der Determinante haben alternierende Vorzeichen, die Funktion ist negativ definit. Ist die Summe der Exponenten größer als Eins, dann verläuft die Produktionsfunktion weder konkav noch konvex, da alle Minoren negative Vorzeichen haben. Die Funktion ist weder positiv noch negativ definit.[31)]

Schließlich wird die Cobb-Douglas-Produktionsfunktion anhand des Niveaukriteriums untersucht. Den Ausgangspunkt bilden wieder beliebige Niveaus der Faktoreinsatzmengen, die zu einem Output von x_0 führen:

$$(117)\quad x_0 = A(v_{10})^{\alpha}(v_{20})^{\beta}$$

Für die Niveauertragsfunktion resultiert:

$$(118)\quad x = A(\mu v_{10})^{\alpha}(\mu v_{20})^{\beta} = A\mu^{\alpha+\beta}(v_{10})^{\alpha}(v_{20})^{\beta} = \mu^{m} x_0$$
$$m = \alpha + \beta$$

Die Cobb-Douglas-Produktionsfunktion gehört zur Klasse der homogenen Produktionsfunktionen. Der Homogenitätsgrad einer Cobb-Douglas-Produktionsfunktion entspricht der Summe seiner Exponenten. Beträgt diese Eins, wie es Cobb und Douglas ungefähr empirisch ermittelt haben, dann liegt eine linear-homogenen Produktionsfunktion vor.

Für die Skalenerträge (Niveaugrenzerträge) folgt:

$$(119)\quad \frac{\partial x}{\partial \mu} = m\mu^{m-1} x_0$$

Aussagen über die Veränderung der Skalenerträge bei einer Variation des Prozeßniveaus können durch Bildung der zweiten Ableitung von (118) nach dem Niveauparameter getroffen werden:

$$(120)\quad \frac{\partial^2 x}{\partial \mu^2} = m(m-1)\mu^{m-2} x_0 \begin{cases} >0 \\ =0 \\ <0 \end{cases} \quad \text{für} \quad \begin{cases} m>1 \\ m=1 \\ m>1 \end{cases}$$

Die Summe der Exponenten und damit die Summe der partiellen Produktionselastizitäten bestimmt, welche Art der Skalenerträge eine Cobb-Douglas-Produktionsfunktion hat. **Ist die Summe der partiellen Elastizitäten größer als (gleich, kleiner als) Eins, dann liegen zunehmende (konstante, abnehmende) Skalenerträge vor.**

31) vgl. die Gleichungen (27) bis (30) im Abschnitt II.B.3.

Die Produktionsfunktion

$$\text{(B42)} \quad x = v_1^{0,6} v_2^{0,6}$$

hat abnehmende Grenzproduktivitäten. Da die Summe der Exponenten größer als Eins ist, ist die Determinante der partiellen Ableitungen negativ. Wir haben hier ein Beispiel für eine Produktionsfunktion, die weder konkav noch konvex verläuft. Gleichzeitig liegen zunehmende Skalenerträge vor. Weiterhin erkennt man am Homogenitätsgrad, daß die Skalenerträge zunehmen, obwohl abnehmende Grenzproduktivitäten vorliegen.

3. Limitationale Produktionsfunktionen

a) Ein-Güter-Fall

Limitationale Produktionsfunktionen sind dadurch gekennzeichnet, daß für ein bestimmtes Outputniveau genau festgelegt ist, wieviel Mengen von den verschiedenen Faktoren benötigt werden. Für die Produktion eines Autos benötigt man z.B. einen Motor und ein Lenkrad. Zur Produktion zweier Autos sind entsprechend zwei Lenkräder und zwei Motoren erforderlich. Die Faktoreinsatzmengen werden proportional zum Output erhöht. Die zugrunde liegende Produktionsstruktur ist diesem Beispiel linear und gleichzeitig limitational. Produktionsfunktionen mit diesen Eigenschaften werden als **linar-limitationale Produktionsfunktionen** bezeichnet. Sie stellen Spezialfälle der limitationalen Produktionsfunktionen dar. Die Eigenschaften linear-limitationaler Produktionsfunktionen werden im folgenden untersucht, wobei sich die Analyse auf die Betrachtung zweier Faktoren beschränkt. Der Herstellungsprozeß eines Gutes mit zwei Faktoren kann durch folgende algebraische Form beschrieben werden:

$$\text{(121)} \quad x = \min\left(\frac{1}{\gamma_1} v_1; \frac{1}{\gamma_2} v_2\right)$$

min: Minimum

γ_i: Faktorkoeffizient des Faktors i

Die **Faktorkoeffizienten** γ_i geben an, wieviel Faktoreinheiten vom Faktor V_1 bzw. V_2 zur Produktion einer Outputeinheit benötigt werden.

$$\text{(122)} \quad \gamma_1 = \frac{v_1}{x} \qquad\qquad \text{(123)} \quad \gamma_2 = \frac{v_2}{x}$$

Der Faktorkoeffizient entspricht dem Kehrwert der Durchschnittsproduktivität. Bei linear-limitationalen Produktionsfunktionen sind die Faktorkoeffizienten konstant. Wird die Gleichung (121) nach den Verbrauchsmengen aufgelöst, erhält man die Verbrauchsfunktionen:[32)]

(124) $v_1 = \gamma_1 x$ (125) $v_2 = \gamma_2 x$

Diese geben an, wieviel Mengen der Faktoren für alternative Outputmengen erforderlich sind. Für eine bestimmte Produktionsmenge sind die erforderlichen Faktoreinsatzmengen fest vorgegeben. So werden z.B. zur Produktion einer Outputeinheit γ_1 Einheiten von V_1 und γ_2 Einheiten von V_2 benötigt. Ausgehend von dieser Faktoreinsatzmengenkombination führt eine partielle Erhöhung der Einsatzmenge eines Faktors zu keiner Änderung des Outputs. **Die Isoquanten einer limitationalen Produktionsfunktion verlaufen daher rechtwinklig.** Den ökonomisch relevanten Bereich der Isoquanten bilden ausschließlich die Eckpunkte der Isoquanten, die durch die Faktorkoeffizienten eindeutig bestimmt sind. Die anderen Kombinationen auf den Isoquanten sind ineffizient, da eine partielle Reduzierung der Menge eines Faktors zu keiner Outputreduktion führt. Bei limitationalen Produktionsfunktionen ist es demnach nicht möglich, ausgehend von einem Eckpunkt einer Isoquante, durch Erhöhung eines Faktors bei konstantem Output den Einsatz eines anderen Faktors zu reduzieren. **Die Grenzrate der technischen Substitution ist unendlich groß bzw. die Substitutionselastizität gleich Null.**[33)] Bei limitationalen Produktionsfunktionen ist eine Diskussion über die Austauschbarkeit der Faktoren nicht sinnvoll.

Um die Partialertragsfunktionen für V_1 aus der Produktionsfunktion ableiten zu können, wird für V_2 eine bestimmte Einsatzmenge unterstellt. Dann können maximal v_2/γ_2 Outputeinheiten produziert werden. Zur Produktion dieses Outputniveaus benötigt man $\gamma_1 v_2/\gamma_2$ Einheiten des Faktors V_1. Die Partialertragsfunktion für V_1 hat die algebraische Form:

$$(126) \quad x = \begin{cases} \dfrac{1}{\gamma_1} v_1 & \text{für } v_1 \leq \dfrac{\gamma_1}{\gamma_2} v_2 \\ \dfrac{1}{\gamma_2} v_2 & \text{für } v_1 > \dfrac{\gamma_1}{\gamma_2} v_2 \end{cases}$$

Aus der Partialertragsfunktion können die Grenzproduktivitätsfunktion

32) Die hier definierte Verbrauchsfunktion ist eine zwingende Einsatzvorschrift, da zur Produktion des Gutes X ein bestimmtes Einsatzverhältnis der Faktormengen notwendig ist. Dagegen ist die Verbrauchsfunktion für eine substitutionale Produktionsfunktion die Verbindung der Faktor- bzw. Produktionskoeffizienten bei alternativen Outputniveaus. Man kann dies folgendermaßen begründen: Bei limitationalen Produktionsfunktionen ist die Verbrauchsfunktion von vornherein (ex ante) bekannt, da sie sich aus der Technologie zwingend ergibt. Bei substitutionalen Produktionsfunktionen kann sie erst nach Ermittlung der optimalen Produktionsstruktur (ex post) bestimmt werden. vgl. Abschnitt III.B.6.

33) Rein formal gesehen müßte man, da die Steigung in einem Punkt nicht definiert ist, als Ergebnis festhalten, daß die Grenzrate der technischen Substitution nicht definiert ist.

$$(127)\quad \frac{\partial x}{\partial v_1}\begin{cases}\frac{1}{\gamma_1} \\ 0\end{cases} \text{für} \begin{cases} v_1 \leq \frac{\gamma_1}{\gamma_2} v_2 \\ v_1 > \frac{\gamma_1}{\gamma_2} v_2 \end{cases}$$

und die Durchschnittsproduktivitätsfunktion abgeleitet werden:

$$(128)\quad \frac{x}{v_1}\begin{cases}\frac{1}{\gamma_1} \\ \frac{1}{\gamma_2}\frac{v_2}{v_1}\end{cases} \text{für} \begin{cases} v_1 \leq \frac{\gamma_1}{\gamma_2} v_2 \\ v_1 > \frac{\gamma_1}{\gamma_2} v_2 \end{cases}$$

Die Produktionselastizität für V_1 kann durch Division der Grenz- durch die Durchschnittsproduktivitätsfunktion ermittelt werden:

$$(129)\quad \varepsilon(x, v_1) = \begin{cases}1 \\ 0\end{cases} \text{für} \begin{cases} v_1 \leq \frac{\gamma_1}{\gamma_2} v_2 \\ v_1 > \frac{\gamma_1}{\gamma_2} v_2 \end{cases}$$

Als nächstes wird untersucht, welche Art der Skalenerträge die vorliegende Produktionsfunktion hat. Ausgehend von einer effizienten Faktormengenkombination führt eine proportionale Erhöhung aller Faktormengen zu:

$$(130)\quad \mu^m x_0 = \min\left(\frac{1}{\gamma_1}\mu v_{10}, \frac{1}{\gamma_2}\mu v_{20}\right) = \mu \min\left(\frac{1}{\gamma_1} v_{10}, \frac{1}{\gamma_2} v_{20}\right) = \mu x$$

$$m = 1$$

Da die betrachtete Produktionsfunktion definitionsgemäß linear-limitational ist, ist sie auch linear-homogen. Die formale Überprüfung der Niveauvariation und die Analyse der Skalenerträge ist in diesem Fall tautologisch. Dies hat seine Ursache in der Annahme konstanter Faktorkoeffizienten. Wären diese variabel, läge eine nicht-linear-limitationale Produktionsfunktion vor, und der Homogenitätsgrad kann von Eins abweichen.

Zur Illustration der Eigenschaften limitationaler Produktionsfunktionen wird folgende Produktionsfunktion betrachtet:

(B43) $x = \min(2v_1; 0{,}5v_2)$

Ohne Beachtung der Minimum-Vorschrift liefert die Zahl Zwei für den Inputfaktor V_1 *die Information, daß mit einer Einheit von* V_1 *zwei Outputeinheiten produziert werden können. Man benötigt für eine Outputeinheit eine halbe Inputeinheit von* V_1. *Der Faktorkoeffizient* γ_1 *beträgt daher 0,5. Für den Faktor* V_2 *können wir in gleicher Weise einen Faktorkoeffizient von Zwei ermitteln. Zur Produktion einer Outputmenge sind da-*

her zwei Mengen von V_2 notwendig. Im v_1/v_2-Diagramm in Teil a) der Abbildung 12 kann durch die Kombination von $v_1 = 0,5$ und $v_2 = 2$ ein Output von einer Einheit dargestellt werden. Wieviel Inputeinheiten sind für zwei Outputeinheiten notwendig? Da eine Outputeinheit den Einsatz einer halben Einheit von V_1 und zwei Einheiten von V_2 erfordert, werden jetzt eine Einheit von V_1 und vier Einheiten von V_2 benötigt (Punkt D). Die Verbrauchsfunktionen für die Einsatzfaktoren sind:

(B44) $v_1 = \frac{1}{2}x$ *und* *(B45)* $v_2 = 2x$

Wählt man die Kombination $v_1 = 0,5$ und $v_2 = 2$ (Punkt A) und erhöht den Einsatz des Faktors V_2 auf vier Einheiten, dann gelangt man zum Punkt B. Werden die Mengen $v_1 = 0,5$ und $v_2 = 4$ in die Produktionsfunktion eingesetzt

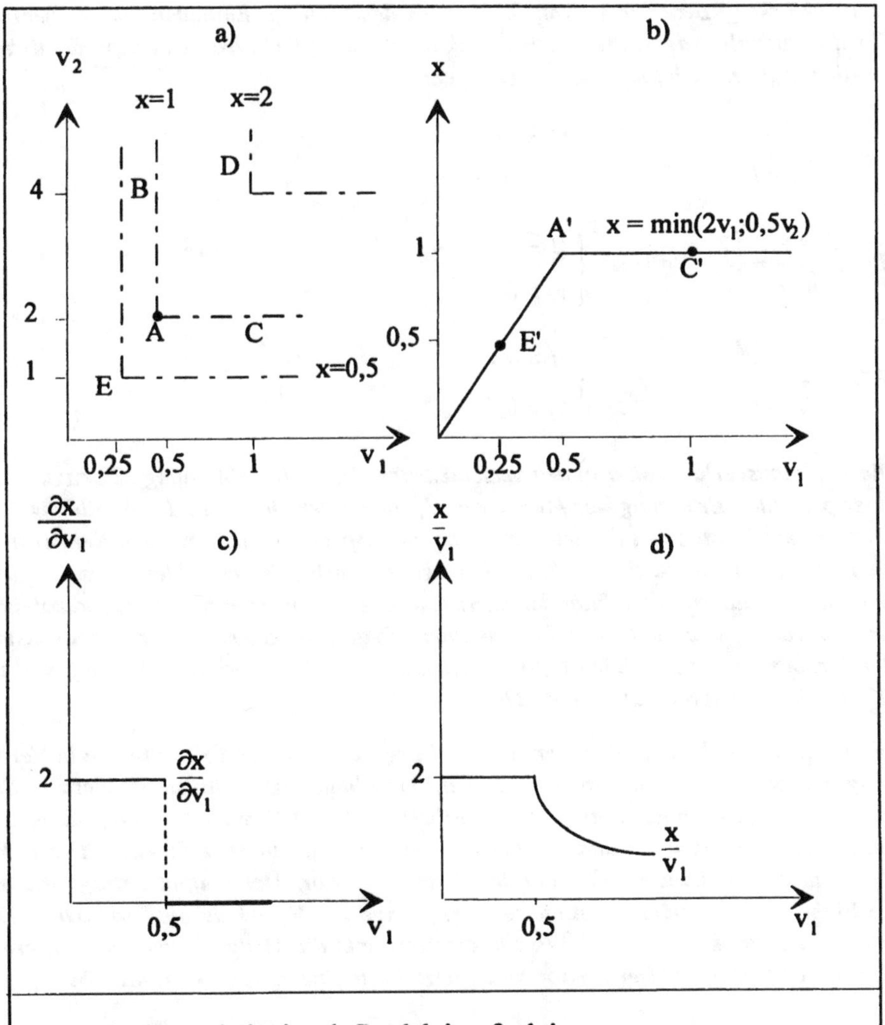

Abb. II.12: Limitationale Produktionsfunktion

$$x = min(2 \cdot 0{,}5; 0{,}5 \cdot 4) = min(1;2) = 1$$

dann sieht man, daß der Output unverändert bleibt. Die Punkte A und B liegen auf der gleichen Isoquante. Würde man ausgehend von A die Einsatzmenge von V_1 partiell erhöhen (Punkt C), dann würde sich der Output ebenfalls nicht ändern. Die Isoquanten verlaufen also rechtwinklig. Die Kombinationen B und C sind ineffizient, da vom Faktor V_1 bzw. V_2 mehr Einheiten eingesetzt werden, als für den Output in Höhe von Eins erforderlich ist.

Wie verlaufen für das vorgestellte Beispiel die Partialertragsfunktionen? Es wird angenommen, daß vom Faktor V_2 zwei Einheiten zur Verfügung stehen, so daß ein maximaler Output von Eins produziert werden kann. Wieviel Mengen des Faktors V_1 sind für das durch die Menge des limitierenden Faktors V_2 vorgegebene Outputniveau erforderlich? Hierzu ist das Outputniveau mit dem Faktorkoeffizienten zu multiplizieren. Bei einem Faktorkoeffizient für V_1 von 0,5 werden demnach 0,5 Einheiten von V_1 benötigt. Für die Partialertrags-, die Grenzproduktivitäts- und die Durchschnittsproduktivitätsfunktion ergeben sich folgende Beziehungen:

$$\text{(B46)} \quad x = \begin{cases} 2v_1 \\ 1 \end{cases} \quad \text{für} \quad \begin{cases} v_1 \le 0{,}5 \\ v_1 > 0{,}5 \end{cases}$$

$$\text{(B47)} \quad \frac{\partial x}{\partial v_1} = \begin{cases} 2 \\ 0 \end{cases} \quad \text{für} \quad \begin{cases} v_1 \le 0{,}5 \\ v_1 > 0{,}5 \end{cases}$$

$$\text{(B48)} \quad \frac{x}{v_1} = \begin{cases} 2 \\ \frac{1}{v_1} \end{cases} \quad \text{für} \quad \begin{cases} v_1 \le 0{,}5 \\ v_1 > 0{,}5 \end{cases}$$

Die Funktionsverläufe sind in den verschiedenen Teilen der Abbildung 12 skizziert. Bei einer partiellen Erhöhung der Menge von V_1 nimmt der Output in der Abbildung 12 b) bis zu einem Einsatz von 0,5 um die Durchschnittsproduktivität bzw. den Kehrwert des Faktorkoeffizienten zu. Bei darüber hinausgehenden Erhöhungen bleibt das Outputniveau der Partialertragsfunktion konstant. Die Grenz- und Durchschnittsproduktivitätsfunktion von V_1 in c) und d) sind bis zu einem Faktorniveau von 0,5 Einheiten konstant. Bei darüber hinaus gehenden Inputeinheiten sinkt die Grenzproduktivität auf Null und die Durchschnittsproduktivität auf $1/v_1$.

Die sukzessive Erhöhung der Menge V_1 bei gegebener Menge v_2 kann auch in Verbindung mit dem Isoquantensystem in Teil a) der Abbildung 12 illustriert werden. Setzt man von V_1 0,25 Einheiten ein, dann resultiert der Punkt E im Faktormengendiagramm auf der Isoquante x = 0,5 und der Punkt E′ auf der Partialertragsfunktion. Der Faktor V_1 ist in dieser Konstellation der limitierende Faktor. Der Output beträgt maximal 0,5 Einheiten. Eine partielle Änderung der Menge von V_1 erhöht die Produktion. Dies gilt bis zum Punkt A bzw. A′. Wird in diesem Punkt die Menge v_1 ausgedehnt, erhöht sich der Output nicht. Der Faktor V_2 ist jetzt der limitierende Faktor. Man bewegt sich

auf der Isoquante x = 1 vom Punkt A zum Punkt C bzw. auf der Partialertragsfunktion vom Punkt A' zum Punkt C'.

Die Partialanalyse der limitationalen Produktionsfunktionen wirft die Frage auf, warum ein konstantes Niveau von V_2 eingesetzt wird. Eine mögliche Erklärung dafür, daß der Faktor V_2 in einem bestimmten Intervall nicht variabel ist, liegt in der Nichtteilbarkeit des Faktors. Wird die Annahme der Teilbarkeit aufgehoben und werden Ganzzahligkeitsbedingungen eingeführt, ändert sich die Ausgangssituation der Fragestellung. Maschinen sind beispielsweise nicht beliebig teilbar. Wird eine Maschine angeschafft, dann kann mit dieser Maschine eine bestimmte Produktionsmenge maximal produziert werden. Dieser fixe Faktor legt die Kapazitätsgrenze fest. Die **Kapazitätsgrenze** gibt an, wieviel Mengen in der Unternehmung unter Beachtung eines kurzfristig nicht ausdehnbaren und nicht teilbaren Faktors maximal produziert werden können. Wenn die geplante Produktion unter der Kapazitätsgrenze liegt, dann muß die Maschine trotzdem gekauft werden. Wieviel Arbeitskräfte benötigt werden, hängt vom Produktionsniveau ab. Im Bereich bis zur Kapazitätsgrenze der Maschine ist die menschliche Arbeitskraft u.U. ein variabler Faktor. Die hier beschriebene Partialertragsfunktion hat dann Gültigkeit. Will man über die Kapazitätsgrenze hinaus produzieren, dann muß eine zusätzliche Maschine installiert werden. Bis zur nächsten Kapazitätsgrenze ist dann die Einsatzmenge der Maschinen konstant. Einen Produktionsfaktor, der in einem bestimmten Intervall fix ist, nennt man **intervall-fixen Faktor**.

b) Mehr-Güter-Fall

Wie verändert sich die Situation, wenn zur Produktion verschiedener Güter die gleichen Produktionsfaktoren benötigt werden und mehrere limitationale Produktionstechnologien zur Verfügung stehen? Im Spezialfall der Produktion zweier Güter mit zwei Produktionsfaktoren erhält man für die Faktorverbräuche folgende Verbrauchsfunktionen:

(131) $\psi_{1A}x_A + \psi_{1B}x_B = v_{1A} + v_{1B} = v_1$

(132) $\psi_{2A}x_A + \psi_{2B}x_B = v_{2A} + v_{1B} = v_2$

$v_{1A}, v_{1B}, v_{2A}, v_{2B}$: Faktormengen von V_1 und V_2 in den Prozessen A und B
x_A, x_B: Gütermengen von X_A und X_B
ψ_{1A}, ψ_{2A}: Faktorkoeffizienten von V_1 und V_2 im Prozeß A[34)]
ψ_{1B}, ψ_{2B}: Faktorkoeffizienten von V_1 und V_2 im Prozeß B

Die Multiplikation des Faktorkoeffizienten mit der jeweiligen gewünschten Produktionsmenge gibt an, wieviel Mengeneinheiten des betrachteten Faktors im betrachteten Produktionsprozeß benötigt werden. Der gesamte Verbrauch eines Faktors ist gleich der Summe der Faktorverbräuche in beiden Prozessen.

---

34) Dabei geben die ersten Indizes den betreffenden Faktor, die zweiten Indices das zu produzierende Gut an. Der Faktorkoeffizient ψ_{1B} gibt an, wieviel Mengen des Faktors V_1 zur Produktion einer Einheit des Gutes X_B benötigt werden.

Das Gleichungssystem kann mit Hilfe von Matrizen formuliert und die Verbrauchsfunktionen in die einzelnen Komponenten Faktorkoeffizient, Produktionsergebnis und Faktorverbrauch zerlegt werden.

(133) $$\begin{bmatrix} \psi_{1A} & \psi_{1B} \\ \psi_{2A} & \psi_{2B} \end{bmatrix} \begin{bmatrix} x_A \\ x_B \end{bmatrix} = \begin{bmatrix} v_1 \\ v_2 \end{bmatrix}$$ bzw. (134) $\Psi x = v$

Ψ: Faktorkoeffizientenmatrix

x: Produktionsvektor

v: Verbrauchsvektor

Zur Illustration diene folgendes Beispiel: Vom Gut X_A sollen 10, von Produkt X_B 20 Einheiten produziert werden. Die Faktorkoeffizienten sind $\psi_{1A} = 1$, $\psi_{1B} = 2$, $\psi_{2A} = 2$ und $\psi_{2B} = 4$. Daraus ergibt sich als Gleichungssystem:

(B49) $$\begin{bmatrix} 1 & 2 \\ 2 & 4 \end{bmatrix} \begin{bmatrix} 10 \\ 20 \end{bmatrix} = \begin{bmatrix} 1 \cdot 10 + 2 \cdot 20 = 50 \\ 2 \cdot 10 + 4 \cdot 20 = 100 \end{bmatrix}$$

Um den Produktionsauftrag zu erfüllen, müssen von V_1 50 Einheiten, von V_2 100 Einheiten eingesetzt werden.

Häufig ist zur Produktion von Endprodukten der Einsatz von Vorleistungen bzw. Zwischenprodukten notwendig. Für den Fall, daß zur Produktion zweier Güter zwei Zwischenprodukte und zur Produktion der Zwischenprodukte drei Produktionsfaktoren erforderlich sind, folgt ein mehrstufiges Matrizensystem. Zuerst werden die Mengen der benötigten Zwischenprodukte berechnet:

(135) $$\begin{bmatrix} \gamma_{1A} & \gamma_{1B} \\ \gamma_{2A} & \gamma_{2B} \end{bmatrix} \begin{bmatrix} x_A \\ x_B \end{bmatrix} = \begin{bmatrix} z_A \\ z_B \end{bmatrix}$$ bzw. (136) $\Gamma x = z$

Γ: Matrix der Endproduktkoeffizienten

x: Gütermengenvektor

z: Vektor der Vorleistungen bzw. Zwischenproduktmengen

Anschließend kann der Faktorverbrauch bestimmt werden. Dazu stehen alternative Wege zur Verfügung. Man multipliziert die Mengen der Zwischenprodukte mit den jeweiligen Produktionskoeffizienten,

(137) $$\begin{bmatrix} \beta_{1A} & \beta_{1B} \\ \beta_{2A} & \beta_{2B} \\ \beta_{3A} & \beta_{3B} \end{bmatrix} \begin{bmatrix} z_A \\ z_B \end{bmatrix} = \begin{bmatrix} v_1 \\ v_2 \\ v_3 \end{bmatrix}$$ bzw. (138) $Bz = v$

B: Matrix der Vorleistungs- bzw. Zwischenproduktkoeffizienten

oder man sucht als Lösung die kompakte Darstellung des mehrstufigen Problems. Die notwendigen Mengen der Produktionsfaktoren können ohne vorausgegangene Berechnung der Zwischenprodukte abgeleitet werden. Zu diesem Zweck wird die Gleichung (135) in die Gleichung (137) eingesetzt. Es resultiert ein integriertes Matrizensystem:

$$(139)\quad \begin{bmatrix} \beta_{1A} & \beta_{1B} \\ \beta_{2A} & \beta_{2B} \\ \beta_{3A} & \beta_{3B} \end{bmatrix} \begin{bmatrix} \gamma_{1A} & \gamma_{1B} \\ \gamma_{2A} & \gamma_{2B} \end{bmatrix} \begin{bmatrix} x_A \\ x_B \end{bmatrix} = \begin{bmatrix} \psi_{1A} & \psi_{1B} \\ \psi_{2A} & \psi_{2B} \\ \psi_{3A} & \psi_{3B} \end{bmatrix} \begin{bmatrix} x_A \\ x_B \end{bmatrix} = \begin{bmatrix} v_1 \\ v_2 \\ v_3 \end{bmatrix}$$

bzw.

$$(140)\quad \mathrm{B}\Gamma x = \Psi x = v$$

Für den bereits bekannten Produktionsplan unter Beachtung der hypothetischen Koeffizientenmatrix B für die Vorleistungen bzw. Zwischenprodukte

$$(B50)\quad \begin{bmatrix} 0 & 5 \\ 3 & 8 \\ 1 & 1 \end{bmatrix} = B$$

und unter der Annahme, daß die bisherigen Einsatzfaktoren ihrerseits Zwischenprodukte sind, lautet die Gleichung (139)

$$(B51)\quad \begin{bmatrix} 0 & 5 \\ 3 & 8 \\ 1 & 1 \end{bmatrix} \begin{bmatrix} 1 & 2 \\ 2 & 4 \end{bmatrix} \begin{bmatrix} 10 \\ 20 \end{bmatrix} = \begin{bmatrix} v_1 \\ v_2 \\ v_3 \end{bmatrix} \qquad bzw.$$

$$(B52)\quad \begin{bmatrix} 0 & 5 \\ 3 & 8 \\ 1 & 1 \end{bmatrix} \begin{bmatrix} 50 \\ 100 \end{bmatrix} = \begin{bmatrix} v_1 \\ v_2 \\ v_3 \end{bmatrix} = \begin{bmatrix} 500 \\ 950 \\ 150 \end{bmatrix}$$

Gleichung (B51) ist das komplette Matrizensystem von Vorleistungs- und Endproduktskoeffizienten sowie der Endnachfrage. Um die gewünschte Endnachfrage produzieren zu können, müssen von den Faktoren V_1, V_2 und V_3 die Einheiten $v_1 = 500$, $v_2 = 950$ und $v_3 = 150$ eingesetzt werden.

4. CES-Produktionsfunktionen

Produktionsfunktionen, die als **CES-Produktionsfunktionen** bezeichnet werden, erhalten diesen Namen durch die Eigenschaft, daß ihre Substitutionselastizität auf allen Isoquanten für alle Kombinationen der Faktoreinsatzmengen konstant ist. Aus dieser Definition wird deutlich, daß es sich bei der Cobb-Douglas-Produktionsfunktion und der Leontief-Produktionsfunktion um Spezialfälle aus der Klasse der CES-Produktionsfunktionen handelt. Bei der Cobb-Douglas-Produktionsfunktion kann der konstante Wert Eins für die Substitutionselastizität abgeleitet werden, bei der Leontief-Produktionsfunktion ist der Wert gleich Null. Produktionsfunktionen, deren Substitutionselastizität nicht konstant sind, bezeichnet man als **VES-Produktionsfunktionen**.[35]

Speziell die CES-Produktionsfunktion wurde von Arrow, Chenery, Minhas und Solow eingeführt.[36] Die gewöhnliche CES-Produktionsfunktion weist als Spezialfall einer homogenen CES-Funktion die folgende Gestalt auf:[37]

$$(141) \quad x = A\left[\delta v_1^{-\rho} + (1-\delta)v_2^{-\rho}\right]^{-v/\rho} \quad \text{mit} \quad A>0,\ 0\leq\delta\leq 1,\ v\geq 0,\ \rho>0$$

A, δ, v, ρ: Parameter

Der Parameter A wird als technischer Effizienzparameter bezeichnet, da das Qualitätsniveau der Technologie seine Größe bestimmt. A berücksichtigt die Änderungen in der Produktionsfunktion, die sich gemäß des technischen Fortschritts ergeben.[38] Die übrigen Parameter sind die Distributionsparameter δ bzw. $(1-\delta)$, der Skalenparameter v und der Substitutionsparameter ρ. Diese sollen bei der Ableitung der Eigenschaften der CES-Produktionsfunktion näher beschrieben werden.

Zur Erläuterung des Partialertragskriteriums kann für die CES-Produktionsfunktion die Durchschnittsproduktivität ermittelt werden als:[39]

$$(142) \quad \frac{x}{v_1} = \frac{A\left[\delta v_1^{-\rho} + (1-\delta)v_2^{-\rho}\right]^{-v/\rho}}{v_1}$$

Die Grenzproduktivität von V_1 ist die erste Ableitung der Produktionsfunktion unter Berücksichtigung eines bestimmten Einsatzniveaus von V_2:

$$(143) \quad \frac{\partial x}{\partial v_1} = A\left(-\frac{v}{\rho}\right)\left[\delta v_1^{-\rho} + (1-\delta)v_2^{-\rho}\right]^{(-v/\rho)-1}\left[(-\rho)\delta v_1^{-\rho-1}\right]$$

---

35) CES ist die Abkürzung für constant elasticity of substitution, VES bedeutet analog variable elasticity of substitution.

36) vgl. Arrow/Chenery/Minhas/Solow (1961) S. 228 ff.

37) Die hier vorgestellte CES-Produktionsfunktion wird als gewöhnliche CES-Produktionsfunktion bezeichnet. Durch monotone Transformationen kann sie zu der Klasse der homothetischen CES-Produktionsfunktionen erweitert werden. Der allgemeinste Fall der CES-Produktionsfunktion, die nicht-homothetischen CES-Produktionsfunktionen, wird ausgehend von der Eigenschaft der CES-Produktionsfunktionen ermittelt: Es handelt sich um die Lösung der Differentialgleichung, die eine konstante Substitutionselastizität definiert.

38) Bei dieser Formulierung ist der durch Veränderungen des Parameters A berücksichtigte technische Fortschritt Hicks-neutral. Bei konstanter Faktorintensität bleibt die Grenzrate der technischen Substitution unverändert. Auf weitere Ausführungen bezüglich der Wirkungsweise des technischen Fortschritts auf die Produktionstechnologie soll an dieser Stelle verzichtet werden. vgl. dazu Hansen (1993) S. 10 ff.

39) Wir beschränken uns auf die explizite Betrachtung des Faktors V_1.

Setzt man in die Gleichung (143) die Durchschnittsproduktivität gemäß der Gleichung (142) ein, vereinfacht sich (143) zu:

$$(144)\quad \frac{\partial x}{\partial v_1} = \frac{v\delta v_1^{-\rho}}{\delta v_1^{-\rho} + (1-\delta)v_2^{-\rho}} \frac{x}{v_1}$$

Für die partielle Produktionselastizität des Faktors V_1 gilt daher:

$$(145)\quad \varepsilon(x, v_1) = \frac{v\delta v_1^{-\rho}}{\delta v_1^{-\rho} + (1-\delta)v_2^{-\rho}}$$

Was kann über das Outputniveau gesagt werden, wenn der Einsatz des Faktors V_1 gleich Null ist? Für $v_1 = 0$ ergibt sich aus der Gleichung (141):

$$(146)\quad x = \left[A(1-\delta)v_2\right]^{v}$$

Zur Ermittlung der Substitutionselastizität wird zunächst die Grenzrate der technischen Substitution durch das Verhältnis der negativen Grenzproduktivitäten beider Faktoren berechnet:

$$(147)\quad GRTS_{v_1}^{v_2} = \left(\frac{1-\delta}{\delta}\right)\left(\frac{v_2}{v_1}\right)^{(1+\rho)} < 0$$

Werden beide Seiten der Gleichung (147) logarithmiert, nach $\ln(v_1/v_2)$ aufgelöst und nach der logarithmierten Grenzrate der technischen Substitution differenziert, folgt:[40)]

$$(148)\quad \sigma = \frac{1}{1+\rho}$$

Der Substitutionsparameter ρ bestimmt die Größe der Substitutionselastizität. Abschließend wird für die vorgestellte CES-Produktionsfunktion der Homogenitätsgrad festgestellt. Ausgangspunkt ist die Niveauertragsfunktion:

$$(149)\quad \mu^m x_0 = A\left[\delta(\mu v_{10})^{-\rho} + (1-\delta)(\mu v_{20})^{-\rho}\right]^{-v/\rho}$$

Um den Homogenitätsgrad m zu bestimmen, wird das Skalenniveau μ ausgeklammert:

$$(150)\quad \mu^m x_0 = \left(\mu^{-\rho}\right)^{-v/\rho} A\left[\delta(v_{10})^{-\rho} + (1-\delta)(v_{20})^{-\rho}\right]^{-v/\rho} \qquad \text{bzw.}$$

$$(151)\quad \mu^m x_0 = \left(\mu^{-\rho}\right)^{-v/\rho} x_0$$

40) Die Berechnung erfolgt analog zur Berechnung der Substitutionselastizität einer Cobb-Douglas-Funktion durch Gleichung (114).

Der Homogenitätsgrad ist demnach gleich ν:

(152) $m = \nu$

Der Skalenparameter ν ist Ausdruck dafür, welche Art der Skalenerträge vorliegen.

Der Grund für die Einführung der CES-Produktionsfunktion in die Produktionstheorie lag in der Zielsetzung, eine mathematische Funktion zu finden, die homogen ist, eine konstante Substitutionselastizität für die Faktoren Arbeit und Kapital aufweist und die Möglichkeit intersektoral unterschiedlicher Substitutionselastiztitäten offenläßt.[41] Die CES-Produktionsfunktionen sind nach ihrer Einführung in die Ökonomie vielfach für theoretische und empirische Analysen verwendet worden.

F. Diskussion und Anwendungen

1. Schätzung des Produktionspotentials

Die Anwendung der Cobb-Douglas-Produktionsfunktion auf volkswirtschaftliche Fragestellungen kann anhand der von der Deutschen Bundesbank durchgeführten Schätzung einer makroökonomischen Produktionsfunktion gezeigt werden. Die Deutsche Bundesbank möchte mit Hilfe der Cobb-Douglas-Produktionsfunktion die Größen Produktionspotential und tatsächliche Produktion ermitteln. Das **Produktionspotential** wird von der Bundesbank als "diejenige gesamtwirtschaftliche Produktionsleistung" definiert, "die mit den verfügbaren Produktionsfaktoren Arbeit und Sachkapital sowie dem Energieeinsatz unter Berücksichtigung des technischen Fortschritts bei 'normaler' Nutzung erbracht werden kann". Die normale Nutzung der Faktoren stellt einen Nutzungsgrad dar, bei dem die im Stabilitäts- und Wachstumsgesetz genannten Ziele in größtmöglicher Annäherung realisiert sind.[42][43] Die Schätzergebnisse der Produktionsfunktion sind Ausgangsdaten für wirtschaftspolitische Entscheidungen unterschiedlicher Träger. Zum einen ist der Auslastungsgrad als Verhältnis von tatsächlicher zu potentieller Produktion ein Indikator für die konjunkturelle Situation. Zum anderen ist das Produktionspotential eine Orientierungsgröße für die wirtschaftspolitischen Maßnahmen der Bundesbank. Sie ist Grundlage der potentialorientierten Geldpolitik. Darüber hinaus stellt die Regierung ihre mittelfristige Haushaltspolitik auf das Wachstum des Produktionspotentials ab.

Die Schätzung des Produktionspotentials und der tatsächlichen Produktion wird mit einer gesamtwirtschaftlichen Produktionsfunktion von der Bundesbank ermittelt, die hochaggregierte Größen verknüpft.

---

41) vgl. Arrow/Chenery/Minhas/Solow (1961) S. 225 f.

42) Deutsche Bundesbank (1981) S. 32

43) Stetiges und angemessenes Wirtschaftswachstum, Stabilität des Preisniveaus, hoher Beschäftigungsstand und außenwirtschaftliches Gleichgewicht sind die Ziele des Stabilitäts- und Wachstumsgesetzes.

Die Produktionsfunktion hatte anfangs die folgende Gestalt:[44]

$Y = 0{,}183K^{0{,}378}A^{0{,}689}e^{t\ 0{,}014}$

Y: Bruttoinlandsprodukt (Mrd. DM in Preisen von 1962)
K: Genutzter Sachkapitalbestand (Mrd. DM in Preisen von 1962)
A: Arbeitsvolumen (Mrd. Std.)
e^t: technischer Fortschritt

Die Produktionsfunktion wurde 1981 durch Berücksichtigung des Faktors Energie modifiziert.[45] Seitdem werden die Schätzungen auf folgender Basis durchgeführt:

$Y = CK^{\alpha}A^{\beta}E^{\gamma}e^{0{,}5\varepsilon t}e^{u}$

Y: Bruttoinlandsprodukt (Mrd. DM in Preisen von 1970)
C: Niveaukonstante
K: Genutzter Sachkapitalbestand (Mrd. DM in Preisen von 1970)
A: Arbeitsvolumen (Mrd. Std.)
E: Primärenergieverbrauch (Mio. t SKE)
e: technischer Fortschritt
α: Produktionselastizität des Kapitals ß: Produktionselastizität der Arbeit
γ: Produktionselastizität der Energie ε: Fortschrittsrate
t: Zeitfaktor u: Zufallsvariable

Für die Zeiträume 1961 bis 1974 und 1975 bis 1980 wurden folgende Parameter geschätzt:[46]

Zeitraum	α	β	γ	ε
1961-1974	0,207	0,796	0,104	3,53
1975-1980	0,187	0,639	0,212	2,78

Tabelle 7: Koeffizienten der Cobb-Douglas-Produktionsfunktion

Die Faktoreinsatzmengen, die zur Ermittlung der tatsächlichen Produktion notwendig sind, werden aus den Informationen verschiedener Institutionen ermittelt. So liefert das Institut für Arbeitsmarkt- und Berufsforschung (IAB) bei der Bundesanstalt für Arbeit die Werte zur Berechnung des Arbeitsvolumens. Der Einsatz des Kapitals wird aus dem Sachanlagenbestand abgeleitet, der auf Befragungsergebnissen des Ifo-Instituts für Wirtschaftsforschung beruht. Informationen zum Sachanlagenbestand und dessen Ausla-

44) Deutsche Bundesbank (1973) S. 33
45) Deutsche Bundesbank (1981) S. 37
46) vgl. Oppenländer (1988) S. 7

stungsgrad stellt das Statistische Bundesamt bereit. Die Informationen für den Energieeinsatz liefert der Arbeitskreis Energiebilanzen. Zu den Potentialwerten gelangt man durch eine Korrektur der tatsächlichen Einsatzmengen der Produktionsfaktoren. So werden beim Faktor Arbeit zu den tatsächlichen Erwerbstätigen die (registrierten) Arbeitslosen addiert, wobei diese Arbeitslosigkeit um die friktionelle Arbeitslosigkeit[47] vermindert wird. Der Faktor Kapital wird insofern korrigiert, als von den Bestandswerten Abschläge einbehalten werden. Dies ist notwendig, da Abgänge bei den Sachanlagen aufgrund von Rezessionen und strukturellen Anpassungen zu verzeichnen sind und weil nicht näher definierte Investitionen im Bereich Umweltschutz die eigentliche Produktion verzerren.

Das Produktionspotential weist aufgrund der Berechnungen sinkende reale Wachstumsraten auf. In der Zeit von 1963 bis 1970 betrug das Wachstum jährlich etwa 4,5 %, in der ersten Hälfte der 70er Jahre 3,5 % und in der zweiten Hälfte dann 2,5 %. Diese Verringerung des Wachstums wird auf einen Rückgang der Investitionstätigkeit wegen gestiegener Lohnkosten, fiskalischer Lasten, Ölpreisschüben und zunehmender Konkurrenz durch Schwellenländer zurückgeführt. Der Auslastungsgrad des Produktionspotentials weist teilweise eine starke Unterauslastung auf. Der Faktor Arbeit ist der "Bremsfaktor" bei diesen Werten. Das Arbeitsvolumen verringerte sich durch Arbeitszeitverkürzungen. Aus demographischen Gründen sank das Arbeitsangebot in den 70er Jahren, bevor es gegen Ende der 70er anstieg und sich die Tendenz umkehrte. Kapital ist demgegenüber ein Wachstumsfaktor, der die hemmende Wirkung des Arbeitsvolumens überkompensieren konnte. Dies gilt trotz der schon oben angesprochenen rückläufigen Investitionstätigkeit. Die Entwicklung von Arbeits- und Kapitaleinsatz spiegelt sich in der gestiegenen Kapitalintensität der Produktion wider, was auch Folge der Substitution von Energie durch Kapital ist. Das Wachstum des Energieeinsatzes blieb als Konsequenz der Ölkrisen hinter dem Wachstum des Sozialprodukts zurück.

2. Die Input-Output-Tabelle

Im Rahmen der Volkswirtschaftlichen Gesamtrechnung wird mit Hilfe von **Input-Output-Tabellen** eine systematische Übersicht über die güter- und produktionsmäßigen Verflechtungen zwischen den Wirtschaftssektoren einer Volkswirtschaft angestrebt. Die Input-Output-Tabellen sind Grundlage der sektoralen und regionalen Strukturpolitik. Außerdem ist man bemüht, Informationen über Interdependenzen zu erhalten und Auswirkungen einer Nachfrageveränderung in einem Sektor, z.B. in der Automobilindustrie, auf andere Sektoren zu prognostizieren. Die **Input-Output-Analyse** basiert zumeist auf der Annahme linear-limitationaler Produktionstechnologien.

---

47) Als friktionelle Arbeitslosigkeit wird die Arbeitslosigkeit bezeichnet, die durch die zeitlichen und finanziellen Erfordernisse der Arbeitsplatzsuche entsteht. Selbst wenn die Anzahl der offenen Stellen mit der Zahl der Arbeitslosen übereinstimmt, kommt es zu Reibungen bei Neueinstellungen durch die Vermittlung von Arbeitsanbieter und Arbeitsnachfrager.

Um den Bezug zur limitationalen Produktionsfunktion als technische Produktionsbedingung herzustellen, werden die Ausführungen am Produktionskonto eines Sektors in einer Volkswirtschaft veranschaulicht.

Produktionskonto	
Vorleistungskäufe (V) - von Unternehmen des gleichen Sektors - von anderen inländischen Unternehmen - von ausländischen Unternehmen Abschreibungen (D) indirekte Steuern - Subventionen (T_i-Sub) Nettowertschöpfung (NW)	Vorleistungsverkäufe (V) - an Unternehmen des gleichen Sektors - an andere inländische Unternehmen Verkäufe von Konsumgütern (C_H) Verkäufe von Industriegütern (I_B) Verkäufe an den Staat (C_{St}) Exporte (Ex)
	Produktionswert

Tabelle 8: Der Aufbau des Produktionskontos eines Sektors

Im **Produktionskonto** werden alle Transaktionen, die mit der Aktivität Produktion in Verbindung stehen, monetär erfaßt. Auf der rechten Seite findet man die monetäre Bewertung der produzierten Güter. Die gesamte rechte Seite gibt den **Produktionswert** bzw. die **gesamte Güterverwendung** des Sektors an. Subtrahiert man hiervon die in den Unternehmen eingesetzten Vorleistungen (Vorleistungskäufe), erhält man die **Bruttowertschöpfung**. Werden Abschreibungen und die um die Subventionen reduzierten indirekten Steuern verrechnet, ergibt sich die **Nettowertschöpfung**. Eine Drehung der rechten Seite des Produktionskontos um 90° führt zur Grundstruktur der Input-Output-Tabelle und zeigt davon eine Spalte und eine Zeile. Bei Berücksichtigung aller Sektoren entsteht die komplette Input-Output-Tabelle der Volkswirtschaft.

Input-Output-Tabellen sind folgendermaßen aufgebaut: Neben einer Vorleistungsmatrix sind eine Endnachfrage- und eine Primäraufwandsmatrix in der Tabelle integriert. Dadurch können die Produktionsergebnisse in Form von Wertschöpfungszahlen[48)] abgelesen werden. Das gesamte Güteraufkommen sowie die gesamte Verwendung der Produkte einer Volkswirtschaft werden transparent. Die **Vorleistungs- bzw. Zentralmatrix** zeigt die Verflechtungen der einzelnen Wirtschaftssektoren und macht gelieferte und empfangenen Leistungen der jeweiligen Bereiche sichtbar. Die **Endnachfragematrix** verdeutlicht, welche Produkte die einzelnen Sektoren hergestellt haben und wer die Abnehmer dieser Produkte sind. Sie weist den Beitrag zum gesamtwirtschaftlichen Endprodukt aus. Die **Primäraufwandsmatrix** beinhaltet Aufwendungen, die keine Vorleistungen der Sektoren sind. Dies sind z.B. Importe, Abschreibungen und Faktoreinkommen aus Arbeit und Kapital.

48) Die Tabellen werden in der Regel wertmäßig berechnet, obwohl auch eine mengenmäßige Darstellung der Beziehungen denkbar ist. Die wertmäßige Analyse erfolgt auf der Basis laufender Preise als Ab-Werk-Preise. vgl. v.d. Lippe (1990) S. 179 ff.

OUTPUT

		S_0	$..S_2$	$...S_8$	$\Sigma_2=S_0-S_8$	C_H	C_{St}	I_B	Ex	Σ_4	$\Sigma_6=\Sigma_2+\Sigma_4$
	S_0										
	S_2		**I**	V_{28} 5.000 (0,1)				**II**			
I	S_8										50.000
N	Σ_1										
P	D										
U	T_i-Sub		**III**								
T	Löhne										
	$Eink_U$										
	Σ_3										
	Im										
	$\Sigma_5=\Sigma_1+\Sigma_3$ +Im			50.000							

Σ_1 Vorleistungskäufe

Σ_2 Vorleistungsverkäufe

Σ_3 Bruttowertschöpfung

Σ_4 Endnachfrage

Σ_5 Gesamtes Güteraufkommen

Σ_6 Gesamte Güterverwendung

I Vorleistungsmatrix II Endnachfragematrix III Primäraufwandsmatrix

Tabelle 9: Input-Output-Tabelle

Da in den Spalten die Inputs eines Sektors und in den Zeilen die Outputs eines Sektors erfaßt sind, stimmen Zeilen- und Spaltensummen für einen Sektor stets überein. Die Input-Output-Tabelle kann in drei Quadranten eingeteilt werden, die die bereits charakterisierten Matrizen aufnehmen. Dem Quadranten I, die Vorleistungsmatrix, ist die Verflechtung der inländischen Sektoren zu entnehmen. Die Zeilen dieser Matrix zeigen den Ausstoß und die Spalten die Einsatzstruktur der Sektoren. Im Quadranten II stehen die Produktionsziffern der Endprodukte. Die Verwendung der Güter in staatlichen und privaten Konsumbereichen, zu Investitionszwecken und für den Außenhandel ist erkennbar. Quadrant III, die Primäraufwandsmatrix, enthält die primären Inputs, die Faktorleistungen. Die Summe einer Zeile entspricht dem gesamten Output eines Sektors, dem Produktionswert. Das gesamte Güteraufkommen ist gleich der gesamten Güterverwendung und stellt den Produktionswert einer Volkswirtschaft dar. Bereinigt man den Produktionswert um die Vorleistungskäufe und die Importe, gelangt man zur Bruttowertschöpfung einer Volkswirtschaft.

Die Input-Output-Tabelle stellt die Basis für die Input-Output-Analyse dar. Hierzu werden verschiedene Koeffizienten gebildet. Diese geben für unterschiedliche Fragestellungen den Beitrag eines Sektors bezogen auf alle bzw. einige Vorleistungen zum Produktionswert an und entsprechen den Faktorkoeffizienten einer limitationalen Produktionsfunktion.[49] Es gibt im einzelnen Vorleistungs-, Lohn- und Importkoeffizienten als Deskriptionsgrößen der erbrachten Leistungen und Outputkoeffizienten als Maß für die Beanspruchung anderer Sektoren.[50] In der Tabelle ist für das Feld V_{28} - Zeile 2 und Spalte 8 - zu sehen, daß der Sektor 2 Vorleistungen in Höhe von 5.000 Einheiten an den Sektor 8 abgegeben hat. Gleichzeitig kann die Verflechtung dieser beiden Sektoren mit Hilfe eines Inputkoeffizienten beschrieben werden. Bildet man den Quotienten der Vorleistungen des Sektors 2 an den Sektor 8 und des Produktionswerts des Sektors 8, erhält man den Wert 0,1. Das Ergebnis von 0,1 besagt, daß für eine Outputeinheit des Sektors 8 0,1 Einheiten an Vorleistungen aus dem Sektor 2 benötigt werden. Weiterhin gilt: Steigt der Output im Sektor 8 um eine Einheit, dann werden vom Sektor 2 zusätzlich 0,1 Einheiten an Vorleistungen benötigt.

Besteht die Volkswirtschaft beispielsweise aus drei Sektoren, folgt aus den ersten beiden Quadranten der Input-Output-Tabelle das Gleichungssystem:

(153) $$\begin{bmatrix} \gamma_{11} & \gamma_{12} & \gamma_{13} \\ \gamma_{21} & \gamma_{22} & \gamma_{23} \\ \gamma_{31} & \gamma_{32} & \gamma_{33} \end{bmatrix} \begin{bmatrix} y_1 \\ y_2 \\ y_3 \end{bmatrix} + \begin{bmatrix} x_1 \\ x_2 \\ x_3 \end{bmatrix} = \begin{bmatrix} y_1 \\ y_2 \\ y_3 \end{bmatrix}$$ bzw.

(154) $\Gamma y + x = y$ oder (155) $(I - \Gamma)y = x$

I: Einheitsmatrix

Γ: Vorleistungsmatrix

x: Vektor der Endnachfrage

y: Vektor der Produktionswerte

Mit Hilfe des Gleichungssystems kann die Frage beantwortet werden, wie sich die Endnachfrage verändert, wenn die Produktionswerte eines oder mehrerer Produkte Schwankungen unterworfen sind. Man kann Wirkungen von Endnachfrageveränderungen im Konjunkturzyklus auf die gesamte Produktion und damit die Konsequenzen für die Beschäftigungssituation einer Volkswirtschaft abschätzen. Formt man die Gleichung (155) um, können die jeweiligen Produktionswerte der Sektoren

(156) $$(I - \Gamma)^{-1} x = y$$

bestimmt werden. Das Ergebnis gibt Aufschluß über die erforderliche Produktionsstruktur einer Volkswirtschaft. Mit Hilfe der Gleichung (156) können Prognosen über die Entwicklung einer Volkswirtschaft aufgestellt werden.

---

49) vgl. Abschnitt II.E.3.

50) Inputkoeffizienten heißen auch technische Koeffizienten oder Produktionskoeffizienten, während Outputkoeffizienten auch Verteilungskoeffizienten genannt werden.

Dies soll anhand eines einfachen Beispiels einer geschlossenen Volkswirtschaft mit zwei Sektoren erläutert werden. Folgende Informationen liegen vor:

Input/Output	*Sektor1*	*Sektor2*	Σ	*Endnachfrage*	*Output gesamt*
Sektor 1	40	40	80	20	100
Sektor 2	10	20	30	170	200
Σ	50	60			300
Wertschöpfung	50	140			
Input gesamt	100	200	300		

Tabelle 10: Ausgangssituation

Der gesamte Produktionswert der Volkswirtschaft beträgt 300 Einheiten. Die Matrix der Vorleistungskoeffizienten ist:

$$(B53)\quad \begin{bmatrix} \frac{40}{100}=0,4 & \frac{40}{200}=0,2 \\ \frac{10}{100}=0,1 & \frac{20}{200}=0,1 \end{bmatrix}$$

Für das gegebene Beispiel nimmt die Verflechtungsgleichung (153) folgende Form an, wobei die Vorleistungsmatrix durch die Matrix der Vorleistungskoeffizienten ersetzt wird:

$$(B54)\quad \begin{bmatrix} 0,4 & 0,2 \\ 0,1 & 0,1 \end{bmatrix}\begin{bmatrix} 100 \\ 200 \end{bmatrix}+\begin{bmatrix} 20 \\ 170 \end{bmatrix}=\begin{bmatrix} 100 \\ 200 \end{bmatrix}$$

In einem Konjunkturabschwung sinkt die Nachfrage nach den Endprodukten des Sektors 2 auf 150 Einheiten. Wie verändern sich die Vorleistungen und die Produktionswerte der Sektoren? Diese Frage läßt sich beantworten, wenn im Gleichungssystem (153) die Koeffizientenmatrix (B53) und die neue Endnachfrage von 20 bzw. 150 eingesetzt wird:

$$(B55)\quad \begin{bmatrix} 0,4 & 0,2 \\ 0,1 & 0,1 \end{bmatrix}\begin{bmatrix} y_1 \\ y_2 \end{bmatrix}+\begin{bmatrix} 20 \\ 150 \end{bmatrix}=\begin{bmatrix} y_1 \\ y_2 \end{bmatrix}$$

Man erhält als Gleichgewichtswerte die Produktionsergebnisse:

$$y_1 \approx 92 \qquad \text{und} \qquad y_2 \approx 177$$

Die neue Input-Output-Tabelle kann mit Hilfe des Gleichungssystems

$$(B56) \quad \begin{bmatrix} 0{,}4 & 0{,}2 \\ 0{,}1 & 0{,}1 \end{bmatrix} \begin{bmatrix} 92 \\ 177 \end{bmatrix} + \begin{bmatrix} 20 \\ 150 \end{bmatrix} \approx \begin{bmatrix} 92 \\ 177 \end{bmatrix}$$

ausgedrückt werden. Überträgt man die Werte in eine neue Input-Output-Tabelle, wobei nun die Vorleistungskoeffizienten wieder in Vorleistungswerte umgerechnet werden, folgt:[51]

Input/Output	*Sektor1*	*Sektor2*	*Σ*	*Endnachfrage*	*Output gesamt*
Sektor 1	*37*	*35*	*72*	*20*	*92*
Sektor 2	*9*	*18*	*27*	*150*	*177*
Σ	*46*	*53*			*265*
Wertschöpfung	*46*	*124*			
Input gesamt	*92*	*177*	*265*		

Tabelle 11: Ergebnisse nach Datenänderung

Aus den Berechnungen erkennt man:

(1) Der Output des Sektors 2 verringert sich absolut stärker als die Endnachfrage nach dessen Produkten.

(2) Obwohl die Endnachfrage des Sektors 1 sich nicht verändert hat, ist der Produktionswert aufgrund geringer benötigter Vorleistungen der Sektoren 1 und 2 gesunken.

(3) Die Reduktion der Endnachfrage nach dem Produkten des Sektors 2 um 20 Einheiten reduziert den gesamten Produktionswert der Volkswirtschaft um 35 Einheiten.

G. Evidenz der Kriterien

1. Grundlegende Fragen

In den vorausgegangenen Abschnitten wurden drei Kriterien zur Untersuchung von Produktionsfaktoren diskutiert. Diese Kriterien sollen hinsichtlich ihrer Plausibilität und Bedeutung näher erläutert werden. Dabei interessieren folgende Fragestellungen, die wir in den nächsten Punkten sukzessiv behandeln werden:

(1) Existieren zunehmende Grenzproduktivitäten bei partieller Inputveränderung?

(2) Ist eine Substitution der Einsatzfaktoren innerhalb eines Produktionsverfahrens möglich?

---

51) Die Werte in der Tabelle sind gerundet.

(3) Wie verändert sich der Output bei einer proportionalen Variation der Inputs?

Damit wir diese Fragen in den Gliederungspunkten 2 bis 4 dieses Abschnittes diskutieren und angemessen beantworten können, ist vorab eine grundlegende Erläuterung des Begriffs **Produktionsfaktor** erforderlich. Die technischen Bedingungen der Produktion werden entscheidend von Art und Umfang der Produktionsfaktoren beeinflußt und erlauben je nach Abgrenzung der folgenden Aspekte unterschiedliche Interpretationen:

(a) Sind die eingesetzten Produktionsfaktoren homogen?

(b) Welche Produktionsfaktoren werden in eine Produktionsfunktion aufgenommen?

(c) Wie werden die eingesetzten Produktionsfaktoren gemessen?

zu (a):

Zur Produktion einer bestimmten Menge eines Gutes existieren in der Regel unterschiedliche Produktionsverfahren, wobei ein Produktionsverfahren eine bestimmte Technik der Produktion beschreibt.[52)] Ein Produkt kann unter Verwendung verschiedener Techniken handwerklich-manuell, handwerklich-maschinell, durch Reihenfertigung oder durch Automatisierung produziert werden. Jedes dieser Produktionsverfahren kann mit Hilfe einer Produktionsfunktion dargestellt werden, die wir als **Produktionsverfahrensfunktion** definieren:

(157) $x_j = f\left(v_{1j}, v_{2j}, \ldots, v_{Mj}\right)$

j: Anzahl der Produktionsverfahren

M: Anzahl der Produktionsfaktoren

Die einzelnen Produktionsfaktoren werden hier als homogen definiert, d.h. die Qualität der Faktoren ist konstant. Eine Produktionsverfahrensfunktion stellt somit die Beziehung zwischen qualitativ gleichen Faktoreinsatzmengen und dem Output dar. Ändert sich auch nur die Qualität eines Faktors, z.B. durch den Übergang von manueller Fertigung zu maschineller Fertigung oder durch Substitution angelernter Arbeiter durch Facharbeiter, dann liegt ein anderes Produktionsverfahren vor.[53)] Wir benötigen zur Erfassung des neuen Produktionsverfahrens eine andere Produktionsfunktion. Es handelt sich hier also um eine **Substitution von Produktionsfaktoren bzw. -verfahren**. Welches Produktionsverfahren aus Sicht einer Unternehmung das effizientere Verfahren ist, kann a priori nicht beantwortet werden. Die Antwort auf diese Frage hängt von mehreren Einflußgrößen ab:

- Zielsetzung der Unternehmung
- Produktivitätsdifferenzen der eingesetzten Faktoren
- Preisdifferenzen der eingesetzten Faktoren
- Produktionsniveau
- Kapitalkosten

---

52) vgl. hierzu auch die einleitenden Bemerkungen in Abschnitt II.A.

53) vgl. Gutenberg (1976) S. 299

Gemeinsam ist diesen Aspekten, daß sie eine einzelwirtschaftliche Entscheidungsebene beschreiben und bei der Auswahl eines ökonomisch effizienten Produktionsverfahrens und der Suche nach den minimalen Verbrauchsmengen bei unterschiedlichen Verfahren helfen sollen.

Möchte man dagegen die einfachen, großen produktiven Gesetzmäßigkeiten einer ganzen Volkswirtschaft erklären, dann benötigt man eine **makroökonomische Produktionsfunktion**. Um diese gesamtwirtschaftlichen Zusammenhänge einfach darstellen zu können, werden die Produktionsfaktoren i.d.R. zu den beiden Aggregaten Arbeit und Kapital zusammengefaßt:

(158) $x = f(A,C)$

In den makroökonomischen Produktionsfunktionen sind alle realisierten Produktionsverfahren erfaßt, d.h. das Problem der Auswahl des effizienten Produktionsverfahrens für die einzelnen Unternehmen ist bereits gelöst. Die in einer makroökonomischen Produktionsfunktion eingesetzten Produktionsfaktoren sind nicht homogen. Die Verwendung makroökonomischer Produktionsfunktionen ist aufgrund der hohen Aggregationsstufe nicht unumstritten. Um zum Produktionsfaktor Kapital zu gelangen, müssen Gebäude, Maschinen und Werkzeuge mit Hilfe von Faktorpreisen bewertet werden. Sie sind erst nach monetärer Bewertung aggregierbar. Dabei entsteht eine Vielzahl von Problemen, die diskussionswürdig ist. Insbesondere beeinflussen die Faktorpreise als Bewertungsgrundlage den Übergang von einem zum anderen Produktionsverfahren. Werden verschiedene Produktionsverfahren zur Produktionsfunktion zusammengefaßt, dann sind die Eigenschaften der Produktionsfunktion nicht unabhängig von den Bewertungsgrößen. Die Produktivität oder Substituierbarkeit der Faktoren verlieren den Charakter rein technischer Bedingungen und unterliegen monetären Einflüssen. Eine unfruchtbare Vermengung zwischen technischen Eigenschaften und ökonomischen Bedingungen ist die Folge.

Als Fazit bleibt: Es gibt keine einheitliche Verwendung des Begriffs Produktionsfunktion, und diese wird auch nicht angestrebt. Je nachdem, welches Problem zu analysieren ist, benötigt man eine andere Art der Produktionsfunktion. Für betriebswirtschaftliche Probleme sind Produktionsverfahrensfunktionen und für volkswirtschaftliche Fragestellungen eher gesamtwirtschaftliche Produktionsfunktionen geeignet. Die Typen von Produktionsfunktionen unterscheiden sich bezüglich des Aggregationsniveaus der Faktoren und deren Homogenität.

zu (b)

Die zweite Frage ist, welche Produktionsfaktoren überhaupt in eine Produktionsfunktion aufgenommen werden sollen. Die Beantwortung dieser Frage ist zum einen damit verbunden, welche Faktoren insgesamt beachtet werden, und zum anderen, welche dieser Faktoren der Entscheidungsträger, z.B. die Unternehmung, selber kontrollieren kann. Bei **variablen Faktoren** hängt die Einsatzmenge des Faktors vom Produktionsniveau ab. **Fixe Faktoren** sind dagegen vom Outputniveau unabhängig. Die fixen Faktoren können wir danach untergliedern, ob sie für die betreffende Unternehmung steuerbar sind (**unternehmensinterne fixe Faktoren**) oder ob die Unternehmung auf diese Faktoren keinen Einfluß ausüben kann (**unternehmensexterne fixe Faktoren**).

Welches sind die Ursachen für interne und externe fixe Faktoren? Unternehmensinterne fixe Faktoren sind darauf zurückzuführen, daß ihr Einsatz nur bis zu einem bestimmten Niveau ausgedehnt werden kann. So sind z.B. die Arbeitszeit eines Firmeneigentümers oder der landwirtschaftlich fruchtbare Boden nur in begrenztem Umfang variierbar. Von dem Aspekt der begrenzten Verfügbarkeit und Ausdehnung zu trennen ist die Existenz fixer Faktoren, die mit dem Planungshorizont der Unternehmung und der technischen Unteilbarkeit bestimmter Faktoren in Zusammenhang steht. Sind Investitionsgüter wie Gebäude und Maschinen fest installiert, so ist der Einsatz dieser Faktoren bis zu einer bestimmten Kapazität unabhängig von der Produktion. Diese fixen Faktoren können jedoch langfristig verändert werden.

Die unternehmensexternen Faktoren können in naturgebundene, wie z.B. das Wetter, oder in ökonomische eingeteilt werden. Die ökonomischen externen Effekte treten als positive oder negative externe Effekte auf. **Positive externe Effekte** liegen vor, wenn die Ausweitung der Produktion eines anderen Betriebes bzw. die Erhöhung der Menge eines bestimmten Faktors die Produktion des betrachteten Faktors verbessert. Sie existieren beispielsweise, wenn die Abwärme bei einer Zunahme der Energieerzeugung in einem Kraftwerk zunimmt, und sich dadurch die Produktionsbedingungen einer Obstplantage verbessern.[54)] **Negative externe Effekte** liegen vor, wenn sich durch eine Tätigkeit einer Unternehmung die Produktionsbedingungen einer anderen Unternehmung verschlechtern. Dies ist möglich, wenn die Fischfangergebnisse durch die Einleitung von gefährlichen Abwässern eines Industrieunternehmens beeinträchtigt werden oder sich die Anbaubedingungen in der Landwirtschaft durch gefilterte Abgase von Industrieunternehmen verschlechtern.

Welche dieser genannten Faktoren sollen in einer Produktionsfunktion aufgenommen werden? Die Antwort auf diese Frage hängt von dem jeweiligen Untersuchungsgegenstand ab. Stehen die Entscheidungen einer Unternehmung im Mittelpunkt der Analyse, so erscheint es sinnvoll, nur die Produktionsfaktoren in die Produktionsfunktion aufzunehmen, die das einzelne Unternehmen zumindest langfristig und in einem bestimmten Intervall steuern kann. Will man hingegen gesamtwirtschaftliche Fragen diskutieren, dann ist es naheliegend, die wechselseitigen Effekte der in einer Branche tätigen Unternehmen sowie die wechselseitigen Effekte zwischen den in verschiedenen Branchen tätigen Unternehmen und die staatlichen Aktivitäten miteinzubeziehen.

zu (c):

Kommen wir zu der Messung der Faktoreinsätze. Die Unterscheidung zwischen Bestands- und Verbrauchsfaktoren ist hierfür wichtig. **Verbrauchsfaktoren** verlieren im Unterschied zu den **Bestands- oder Potentialfaktoren** im Produktionsprozeß ihre eigene Identität. Beispiele für Verbrauchsfaktoren sind Strom und Öl. Bestandsfaktoren

---

54) vgl. Hesse/Linde (1979) S. 138

sind u.a. Maschinen und Gebäude. Während der Einsatz der Verbrauchsfaktoren meßbar ist, treten bei der Ermittlung des Einsatzes der Potentialfaktoren Probleme auf. Der Einsatz der Potentialfaktoren kann grundsätzlich als Strom- oder als Bestandsgröße erfaßt werden. Die alleinige Existenz (Bestand) einer Maschine in einer Unternehmung garantiert jedoch noch keine Produktion, sondern erst der Einsatz der Maschine im Produktionsprozeß. Aus diesem Grunde wäre es sinnvoll, die Leistungsabgabe einer Maschine (Faktorleistung) z.B. in Maschinenstunden (Ströme) zu ermitteln. Dies ist häufig aber nicht möglich, so daß man über die Messung der Bestände zum Faktoreinsatz gelangen muß. Diese Vorgehensweise erfolgt schrittweise: Zunächst werden die Anlagen und Gebäude monetarisiert, und anschließend wird für den so ermittelten Kapitalstock der Auslastungsgrad berechnet. Diese Vorgehensweise wirft wiederum das Problem auf, daß es zu einer Vermischung von technischen und ökonomischen Bedingungen kommt. Eine befriedigende Messung aller Produktionsfaktoren ist aus den beschriebenen Gründen nur mit Einschränkungen zu erreichen. Fixe Faktoren können nur sinnvoll Verwendung finden, wenn die Faktoren als Bestandsgrößen gemessen werden. Mißt man die Einsätze über Ströme, dann ändert sich bei höherer Produktion die Leistungsabgabe der betrachteten Faktoren. An der Kapazitätsgrenze der Inputs ist keine zusätzliche Leistungsabgabe möglich.

2. Existenz zunehmender Grenzerträge

Zur Verdeutlichung der ökonomischen Aussagekraft von zunehmenden Grenzerträgen betrachten wir die Bearbeitung einer bestimmten landwirtschaftlichen Fläche mit Düngemitteln. Bei zunächst geringem Düngemitteleinsatz ist das Verhältnis von eingesetzten Düngemitteln zur Anbaufläche sehr gering, so daß bei partieller Erhöhung des Düngereinsatzes zunächst zunehmende Ertragszuwächse beobachtbar sind. Ab einem bestimmten Einsatzniveau des Düngemittels erreicht dieser Faktor im Verhältnis zur Ackerfläche ein solches Niveau, daß die Ertragszuwächse abnehmen. Der Einsatz des Düngemittels kann sich sogar schädlich auf den Boden auswirken, so daß die Ertragszuwächse negativ werden. An dieser Stelle taucht sofort die Frage auf, ob es überhaupt möglich ist, den Düngereinsatz bei Konstanz aller anderen Faktoren zu erhöhen. Benötigen wir nicht für die Ausdehnung des Düngereinsatzes zusätzliche Arbeitsstunden? Man sollte an dieser Stelle das Partialertragskriterium nicht zu kleinlich auf die ausschließliche Variation eines Faktors beziehen. In einer weiten Fassung können wir auch von einer partiellen Variation sprechen, wenn einige Faktoren proportional variiert werden und mindestens ein anderer benötigter Faktor konstant gehalten wird. Der Faktor V_1 wird als Faktorbündel definiert.[55)] Benötigt man für das Verstreuen von 1 kg Dünger stets 10 Arbeitsstunden, dann kann man z.B. eine Einheit von V_1 als genau diese Faktoreinsatzmengenkombination definieren. Werden von V_1 drei Einheiten eingesetzt, so impliziert dies die Verwendung von 3 kg Dünger und 30 Arbeitsstunden.

Insbesondere von Gutenberg wurde die Relevanz des Ertragsgesetzes für die industrielle Produktion in Frage gestellt, da die Voraussetzung der Konstanz eines Faktors zur Ab-

55) vgl. die Ausführungen in Abschnitt II.B.1.

leitung des Ertragsgesetzes in der Realität nie erfüllt sei.[56) In diesem Zusammenhang interessieren folgende Aspekte:

(a) Sind Produktionsbereiche mit zunehmenden Grenzproduktivitäten gemessen worden?

(b) Gibt es Gründe dafür, daß zunehmende Grenzerträge existieren, jedoch nicht meßbar sind?

Diesen beiden Fragen ist Krelle ausführlich nachgegangen.[57) Die von ihm geführte Diskussion soll an dieser Stelle kurz zusammengefaßt werden: Empirisch ermittelte Produktionsfunktionen weisen konstante oder abnehmende, aber kaum zunehmende Grenzerträge auf. Während für die landwirtschaftliche Produktion einige Autoren mit Produktionsfunktionen arbeiten, die Bereiche zunehmender Grenzerträge besitzen, wurden für die industrielle Produktion konstante und abnehmende Grenzerträge ermittelt. Die geringe Wahrscheinlichkeit, daß zunehmende Grenzerträge gemäß der Empirie existieren, bedeutet keineswegs, daß zunehmende Grenzerträge nicht auftreten können. Empirische Produktionsfunktionen können sich nur mit der realisierten Produktion beschäftigen.

Krelle erklärt die (theoretische) Existenz von Bereichen zunehmender Grenzerträge folgendermaßen: Werden bei der Produktion Verbrauchsfaktoren und Bestandsfaktoren eingesetzt, wobei der Einsatz der Bestandsfaktoren beschränkt ist, können dadurch Bereiche zunehmender Grenzerträge auftreten, wenn der Einsatz der Bestandsfaktoren der Menge der Verbrauchsfaktoren nicht angepaßt ist. Ineffizienzen sind eine mögliche Folge des Mißverhältnisses. Beispiele sind die Bebauung eines zu großen Ackerbodens oder der Einsatz eines zu großen Maschinenparks für die vorhandene Arbeitsmenge. Sind die zu großen Mengen der Bestandsfaktoren aufgrund vorliegender Unteilbarkeiten nicht zu umgehen, so kann weiterhin von einem effizienten Produktionsverfahren gesprochen werden. Ist jedoch eine Reduktion der Bestandsfaktormenge technisch möglich, d.h. die Bebauung einer geringeren Bodenfläche, so sind die zunehmenden Grenzerträge nur Resultat der Vergeudung und der Anwendung eines ineffizienten Produktionsverfahrens. Die zunehmenden Grenzerträge des Düngemitteleinsatzes sind u.U. darauf zurückzuführen, daß das Verhältnis von Dünger und Boden zu Beginn des Düngereinsatzes relativ ungünstig ist und durch die Ausweitung des Düngeeinsatzes eine Verbesserung des Verhältnisses zwischen Dünger und Boden erzielt wird. Warum aber wird der zu bearbeitende Boden nicht einfach reduziert, um das Verhältnis zu verbessern? Ist es möglich, die bewirtschaftete Fläche zu verkleinern, ohne daß sich die Ausbringungsmenge verändert, dann wurde vorher ein ineffizientes Produktionsverfahren betrachtet. Die Ursache der zunehmenden Grenzproduktivität, die Ineffizienz, kann beseitigt werden.

Betrachten wir alternativ den Faktor Arbeit. Ein Arbeiter, der morgens seinen Arbeitsplatz aufsucht, wird in der Regel einige Zeit (Minuten) benötigen, um sich wieder an

---

56) vgl. Gutenberg (1976) S. 318 ff. Eine kritische Auseinandersetzung mit der von Gutenberg geäußerten Kritik findet der interessierte Leser bei Pohmer/Bea (1977) S. 82 ff.

57) vgl. Krelle (1969) S. 28 ff.

seinem Arbeitsplatz zurechtzufinden. In dieser "Anlaufphase" nimmt zunächst die Grenzproduktivität zu. Andererseits wird irgendwann der Zeitpunkt kommen, an dem er aufgrund körperlicher oder geistiger Anstrengungen ermüdet, so daß ab diesem Punkt die Arbeitsproduktivität sinkt. Betrachtet man also den Einsatz eines Arbeitnehmers, so läßt sich durchaus ein ertragsgesetzlicher Verlauf der Partialertragsfunktion erklären. Ursache sind physisch und psychisch bedingte Leistungsschwankungen.

Die Diskussion kann mit der Feststellung beendet werden, daß zunehmende Grenzproduktivitäten bzw. -erträge theoretisch als Resultat von Unteilbarkeiten denkbar sind. Fehlen diese Unteilbarkeiten, ist die Existenz zunehmender Grenzproduktivitäten jedoch Folge ineffizienter Produktionsverfahren oder, wie beim Faktor Arbeit, Resultat natürlicher Leistungschwankungen.

3. Substitutionalität versus Limitationalität

Kommen wir zu den Substitutionsmöglichkeiten von Faktormengen in einem Produktionsverfahren. Zur Illustration greifen wir nochmals das Beispiel zum Aushub eines Bodens auf, welches im Überblick am Anfang dieses Kapitels eingeführt wurde.[58] Beim Ziehen von Kanalgräben können 50 m^3 Erde an einem Tag entweder von einem Arbeiter mit Schaufel und zwei Bagger mit Baggerführern oder von 15 Arbeitern mit Schaufeln und einem Bagger mit Baggerführer ausgeschachtet werden. Dieses Beispiel veranschaulicht, daß bei der Produktion gleichzeitig substitutionale als auch limitationale Beziehungen zwischen den Faktoren auftreten können. Es besteht eine Limitationalität zwischen den Faktoren Bagger und Baggerführern sowie Arbeitern und Schaufeln, jedoch eine Substitutionalität zwischen den Faktorpärchen Bagger/Baggerführern und Schaufeln/Arbeiter.

Ist die beschriebene Substitutionalität der Faktormengen auch in der industriellen Fertigung anzutreffen? In einem Stahlwerk kann bei Einsatz eines Lichtbogenofens elektrische Energie teilweise durch das Einblasen von Sauerstoff substituiert werden, da hierdurch Eisen und Kohlenstoff verbrannt werden. Die bei der Verbrennung freiwerdende Wärme steht als Energie zur Verfügung. In chemischen Prozessen können bestimmte Reaktionen durch alternative Druck-Temperatur-Kombinationen verwirklicht werden.[59] In vielen anderen Fällen der industriellen Produktion werden Faktormengensubstitutionen in gegebenen Produktionsverfahren jedoch kaum oder nur begrenzt anzutreffen sein. Substituierbar sind aber Produktionsverfahren. Diese Substituierbarkeit kann anhand der Abbildung 13 verdeutlicht werden: In den Teilen a) bis c) sind die notwendigen Faktoreinsatzmengen von drei verschiedenen Produktionsverfahren dargestellt. Die Faktoren V_{20}, V_{21} und V_{22} sowie die Faktoren V_{10}, V_{11} und V_{12} unterscheiden sich bezüglich der Qualität und sind daher inhomogen. Betrachten wir als Beispiel die Anfertigung von Briefen. Der Faktor V_2 könnte für eine mechanische Schreibmaschine, eine elektrische Schreibmaschine oder ein Textverarbeitungssystem nebst PC stehen. Der Faktor V_1 entspricht dann den jeweils benötigten Arbeitsstunden der un-

58) vgl. Abschnitt II.A.

59) vgl. Ellinger, Haupt (1990) S. 32 ff.

terschiedlich ausgebildeten Schreibkräfte. Die in den jeweiligen Verfahren notwendigen Faktormengen lassen sich nicht ohne weiteres vergleichen bzw. aggregieren, ähnlich wie man Äpfel und Birnen nicht aggregieren kann. Eine Aggregation gelingt nur, wenn die Faktoren auf eine einheitliche Dimension gebracht werden. Dies ist durch Bewertung der Faktoreinsatzmengen mit den entsprechenden Preisen bzw. Lohnsätzen möglich und in Teil d) dargestellt. Dort sind alle Faktoren von V_2 unter Kapital C und alle Faktoren von V_1 unter Arbeit A subsummiert. An den Achsen stehen aber nicht mehr die Faktormengen, sondern die Kosten der entsprechenden Faktoren. Der Punkt P_1 beschreibt z.B. die für eine Produktionseinheit notwendigen Kapital- und Arbeitskosten. In der Abbildung 13 d) wurde unterstellt, daß das Verfahren 1 relativ kapitalintensiv, das Verfahren 3 relativ arbeitsintensiv ist. Da wir auch durch Kombination der Produktionsverfahren eine gewünschte Outputmenge produzieren können, gibt die Verbindungslinie $P_0P_1P_2$ die möglichen Kombinationen der Faktormengen A und C zur Produktion einer gegebenen Outputmenge an. Die Verbindungslinie stellt die Isoquante der aggregierten Produktionsfunktion dar. Betrachten wir eine Vielzahl von Produktionsverfahren, so erhalten wir einen konvexen Verlauf der Isoquante. Zu beachten ist bei dieser Herleitung die Abhängigkeit des Verlaufs der Isoquante von den Faktorpreisen. Sinkt z.B. der Faktorpreis für V_{20}, dann verschiebt sich der Punkt P_0 nach unten. Man erkennt, daß die technischen Eigenschaften der Produktionsfunktion mit ökonomischen Eigenschaften vermengt werden.

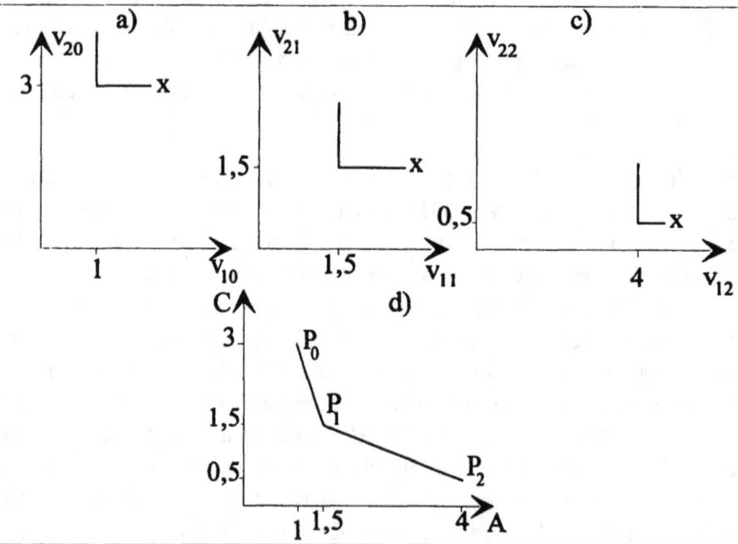

Abb. II.13: Aggregation limitationaler Produktionsverfahren zur substitutionalen makroökonomischen Produktionsfunktion

Die Frage nach der Substitutionalität der Produktionsfaktoren hängt von dem Niveau des Aggregationsstandes ab. Bei der Betrachtung eines Produktionsverfahrens existieren nur geringe Substitutionsmöglichkeiten. Werden die Faktorverbräuche über die monetäre Bewertung zu Kapital- und Arbeitskosten aggregiert, dann erhalten wir eine substitutionale Produktionsfunktion. Ob zwischen Kapital und Arbeit Substitutionsmöglichkeiten bestehen, ist in Relation zu der unterstellten Planungsperiode zu sehen. Hat eine Unternehmung ein Produktionsverfahren bereits installiert, so sind kurzfristig nur geringe Substitutionsmöglichkeiten gegeben. In einer langfristigen Betrachtungsweise, bei der die Frage nach der Installierung einer Produktionsfunktion im Mittelpunkt steht, kann die Unternehmung zwischen alternativen Kapital- und Arbeitszeitkombinationen wählen.

4. Zunehmende versus abnehmende Skalenerträge

Das Problem bei der Diskussion der Skalenerträge besteht darin, ob man dieses Kriterium auf ein bestimmtes Produktionsverfahren bezieht oder ob man Qualitätsveränderungen der Faktoren zuläßt. Es ist für die Interpretation entscheidend, ob unterschiedliche Produktionsverfahren, und damit aggregierte und makroökonomische Produktionsfunktionen betrachtet werden, oder ob man eine einzelne Unternehmung analysiert und einzelwirtschaftliche Aspekte betont. Bezieht man sich auf ein gegebenes Produktionsverfahren, erfaßt und variiert man tatsächlich **alle** eingesetzten Produktionsfaktoren in der gleichen Qualität, so ist in der Regel zu vermuten, daß der Output proportional zum Input steigt. Baut man neben einer bestehenden Fabrik eine zweite identische Fabrik, so wird sich der Output wahrscheinlich ebenfalls verdoppeln.

In der Literatur werden als Argumente für zunehmende Skalenerträge Spezialisierungsvorteile bei Kapital, Beschäftigten und Management vorgebracht:[60] Angenommen, es werden in einem ersten Betrieb Drehbänke eingesetzt. Bei einer höheren Auflagenzahl kann es sich als sinnvoll erweisen, anstelle der Drehbänke Drehautomaten für die gesamte Produktion einzusetzen. Der Einsatz von Drehautomaten kann aufgrund konstruktionstechnischer Besonderheiten nicht in so kleine Einheiten zerlegt werden, daß auch bei einem geringen Produktionsniveau der Faktor sinnvoll ausgelastet wird. Der Grund für die zunehmenden Skalenerträge ist hier in der Nichtteilbarkeit von Produktionsfaktoren zu sehen. Ab einem bestimmten Produktionsniveau ist Arbeitsteilung sinnvoll, und spezialisierte Arbeitskräfte werden eingesetzt, anstatt jeden Arbeiter eine Vielzahl von unterschiedlichen Tätigkeiten ausführen zu lassen. Als klassisches Beispiel kann die Einführung des Magnetbandes bei der Autoproduktion angeführt werden, dessen Einsatz eine weitgehende Spezialisierung der Arbeitskräfte erfordert, die lediglich eine bestimmte Verrichtung mit speziellen Werkzeugen durchzuführen haben. Auch das Management erlebt durch Arbeitsteilung und Spezialisierung eine Effizienzsteigerung. Diese rührt zum Teil auch daher, daß mit der Dezentralisierung der Entscheidungsgewalt auch der Informationsbedarf der spezialisierten Manager (Verkaufsmanager, Finanzmanager, Personalmanager etc.) zurückgeht. Darüber hinaus wird die für große Betriebe lohnende Mechanisierung (Datenverarbeitung, Kommunikationstechnik) zu Zeitersparnissen im Informations- und Entscheidungsprozeß führen.

60) Zur weiteren Diskussion siehe z.B. Kaufer (1980) S. 66 ff., Koutsoyiannis (1989) S. 126 ff.

Die in den Beispielen auftretenden **zunehmenden Skalenerträge sind auf den Wechsel des Produktionverfahrens zurückzuführen.** Es wird ein Produktionsfaktor durch einen anderen ersetzt. Eine qualitative Verbesserung der Produktionsfaktoren **ist aber nicht mehr kompatibel mit der Definition der Skalenerträge.** Es werden nicht alle Faktoren proportional variiert, sondern einige Faktoren durch andere, qualitativ bessere, Faktoren substituiert. Diese Veränderungen sind mit einer Niveauvariation im Prinzip nicht vereinbar. Um es mit den Worten von Gutenberg auszudrücken, handelt es sich hier um eine Abfolge von Produktionsfunktionen.[61)] Zu anderen Ergebnissen kommt man jedoch, wenn aggregierte Faktoren, im Extemfall eine gesamtwirtschaftliche Produktionsfunktion, untersucht werden. Hier sind Verfahrenswechsel implizit im Funktionszeichen der Produktionsfunktion enthalten. Eine Faktorsubstitution durch einen neuen, qualitativ hochwertigen Input ist zulässig.

Bisher wurden ausschließlich Gründe für zunehmende Skalenertäge aufgeführt. **Für abnehmende Skalenerträge spricht,** daß der Koordinationsaufwand in der Verwaltung bei zunehmender Produktion ansteigt und der Input für gleichbleibende Outputerhöhungen überproportional zunehmen muß. Die Entscheidungsprozesse werden verzögert, da der notwendige Informationsfluß in den einzelnen Managementebenen stockt (Bürokratisierung), und der Koordinationsaufwand steigt.

Häufig werden quantitative und qualitative Beschränkungen der Faktoren als Ursache für abnehmende Skalenerträge genannt. So ist z.B. in der Landwirtschaft oder im Bergbau die gleiche Bodenqualität nur begrenzt verfügbar. Die Existenz derartiger Beschränkungen führt tendenziell zu abnehmenden Skalenerträgen. Wieder tritt das Problem des Verfahrenswechsels und der Variation der Faktorqualitäten bei der Anwendung des Niveauertragskriteriums auf. In den angeführten Beispielen ist der Erklärungsversuch von abnehmenden Skalenerträgen zudem durch die begrenzte Verfügbarkeit eines Produktionsfaktors problematisch, da gerade die Niveauvariation die proportionale Variation aller Produktionsfaktoren voraussetzt. Wenn aber die Begrenztheit der Faktoren verhindert, daß die Inputgrößen proportional erhöht werden können, liegt streng genommen **keine Niveauvariation**, sondern eine partielle Variation vor.

Abschließend sollte noch darauf hingewiesen werden, daß die Art der Skalenerträge auch vom Umfeld der Unternehmung abhängt. Externe Effekte können einen entscheidenden Einfluß auf die Skalenerträge einer Branche oder einer ganzen Volkswirtschaft haben. Produzieren z.B. alle Unternehmen einer Branche mit konstanten Skalenerträgen und es liegen positive (negative) technische externe Effekte vor, dann produziert die gesamte Branche mit zunehmenden (abnehmenden) Skalenerträgen. Aus diesem Grund ist es also wichtig, immer konkret darauf zu verweisen, ob die Produktionsfunktion externe und interne Einsatzfaktoren berücksichtigt. Werden in einer Produktionsfunktionen qualitativ gleiche Faktoren proportional verändert, dann erhalten wir, bis auf wenigen Ausnahmen, konstante Skalenerträge. Eine Produktionsverfahrensfunktion wird daher in der Regel immer konstante Skalenerträge aufweisen. Das Niveauertragskriterium erhält nur dann eine sinnvolle ökonomische Aussagekraft, wenn, wie in den makroökonomi-

61) vgl. Gutenberg (1976) S. 429

schen Produktionsfunktionen, mögliche Qualitätsänderungen der Faktoren formal zugelassen werden. So werden in empirischen Untersuchungen, besonders bei makroökonomischen Fragestellungen, die Produktionsfaktoren zu Arbeit und Kapital aggregiert und in Geldeinheiten gemessen, so daß Qualitätsänderungen der Produktionsfaktoren bei unterschiedlichen Outputniveaus erfaßt werden. Die Möglichkeit zunehmender bzw. abnehmender Skalenerträge ist gegeben. Neben der Problematik der Aggregation von Produktionsfaktoren[62)] und der Zusammenfassung von Produktionsfaktoren zu sinnvollen Gruppen[63)] taucht aber wieder das Problem auf, daß die technischen Eigenschaften der Produktionsfunktion nicht mehr unabhängig von ökonomischen Einflußgrößen sind. Wann ein Produktionsverfahren durch ein anderes substituiert wird, hängt daher nicht nur von den Produktivitätsunterschieden und dem Outputniveau, sondern auch von den Bewertungsmaßstäben und den Preisunterschieden alternativer Verfahren ab.

H. Zusammenfassung

Mit einer übersichtlichen Darstellung der Begriffe und Ergebnisse des II. Kapitels schließt die Betrachtung der technischen Bedingungen der Produktion ab. Der Gliederung folgend werden in drei Kästen die wichtigsten Begriffe zum Partialertrags-, Substitutions- und Niveauertragskriterium zusammengestellt.

Produktionsfunktion	$x = h(v_1, v_2)$
Grenzproduktivität	$\frac{\partial x}{\partial v_1} = \frac{\partial h}{\partial v_1} = \frac{\partial h(v_1, \overline{v}_2)}{\partial v_1} = h_1$
Durchschnittsproduktivität	$\frac{x}{v_1} = \frac{h(v_1, \overline{v}_2)}{v_1}$
Faktorkoeffizient	$\gamma_1 = \frac{v_1}{x} = \frac{v_1}{h(v_1, \overline{v}_2)}$
Produktionselastizität	$\varepsilon(x, v_1) = \frac{dx}{dv_1}\frac{v_1}{x} = \frac{d(\ln x)}{d(\ln v_1)}$
Faktorintensität	$\Phi = \frac{v_1}{v_2}$
Kreuzableitung	$\frac{\partial^2 x}{\partial v_1 \partial v_2} = h_{12} = h_{21} = \frac{\partial^2 x}{\partial v_2 \partial v_1}$

62) vgl. Abschnitt II.G.1.

63) vgl. Hesse/Linde Band 1 (1976) S. 16

Konkavität	$h_{11}a_1^2 + 2h_{12}a_1a_2 + h_{22}a_2^2 < 0$ bzw. $h_{11} < 0 \qquad h_{22} < 0$ $\lvert H\rvert = \begin{vmatrix} h_{11} & h_{12} \\ h_{21} & h_{22} \end{vmatrix} = h_{11}h_{22} - h_{12}^2 > 0$
Konvexität	$h_{11}a_1^2 + 2h_{12}a_1a_2 + h_{22}a_2^2 > 0$ bzw. $h_{11} > 0 \qquad h_{22} > 0$ $\lvert H\rvert = \begin{vmatrix} h_{11} & h_{12} \\ h_{21} & h_{22} \end{vmatrix} = h_{11} h_{22} - h_{12}^2 > 0$

Kasten I: Partialertragskriterium

In Kasten I findet man die zentralen Begriffe, die bei Variation eines Produktionsfaktors und bei Konstanz des anderen Produktionsfaktors relevant sind. Einen Überblick über die Ergebnisse, die bezüglich des Substitutionskriteriums abgeleitet wurden, findet man in Kasten II.

Isoquante	$v_2 = v_2(v_1; x_0)$
Grenzrate der technischen Substitution	$GRTS_{v_1}^{v_2} = \left\lvert \frac{dv_2}{dv_1} \right\rvert = \frac{h_1}{h_2}$
Krümmung	$\frac{d^2v_2}{dv_1^2} = \frac{d^2v_2(v_1;x_0)}{dv_1^2} \begin{cases} >0 & \text{konvex} \\ =0 & \text{linear} \\ <0 & \text{konkav} \end{cases}$ $\frac{dGRTS_{v_1}^{v_2}}{dv_1} = -\frac{d^2v_2}{dv_1^2}$ $\frac{d^2v_2}{dv_1^2} = -\frac{h_{11}h_2^2 - 2h_{12}h_1h_2 + h_{22}h_1^2}{h_2{}^3}$

Superiorität/Inferiorität	$\frac{\partial\, GRTS_{v_1}^{v_2}}{\partial v_2} \begin{cases} >0 \\ =0 \\ <0 \end{cases} V_1 \text{ ist zu } V_2 \begin{cases} \text{superior} \\ \text{weder / noch} \\ \text{inferior} \end{cases}$ $\frac{\partial\, GRTS_{v_1}^{v_2}}{\partial v_2} = \frac{h_{12}h_2 - h_{22}h_1}{h_2^2}$
Quasi-Konkavität	$\lvert D\rvert = \begin{vmatrix} h_{11} & h_{12} & h_1 \\ h_{21} & h_{22} & h_2 \\ h_1 & h_2 & 0 \end{vmatrix} > 0$ $\lvert D\rvert = h_1(h_{21}h_2 - h_{22}h_1) - h_2(h_{11}h_2 - h_{12}h_1) > 0$ $\lvert D\rvert = -h_{11}h_2^2 + 2h_{12}h_1h_2 - h_{22}h_1^2 > 0$
Substitutionselastizität	$\sigma = \frac{d\left(\frac{v_2}{v_1}\right)}{dGRTS_{v_1}^{v_2}} \frac{GRTS_{v_1}^{v_2}}{\frac{v_2}{v_1}} = \frac{d\left(\frac{v_2}{v_1}\right)}{d\left(\frac{h_1}{h_2}\right)} \frac{\frac{h_1}{h_2}}{\frac{v_2}{v_1}}$ bzw. $\sigma = \frac{d\left[\ln\left(\frac{v_2}{v_1}\right)\right]}{d\left[\ln GRTS_{v_1}^{v_2}\right]} = \frac{d\left[\ln\left(\frac{v_2}{v_1}\right)\right]}{d\left[\ln\left(\frac{h_1}{h_2}\right)\right]}$

Kasten II: Substitutionskriterium

Kasten III veranschaulicht die Erkenntnisse des Niveauertragskriteriums. Von besonderen Interesse sind die homogenen Produktionsfunktionen, für die die Ergebnisse gesondert aufgeführt werden.

	allgemeine Produktionsfunktion	**homogene Produktionsfunktion**
Niveauertragsfunktion	$x = h(\mu v_{10}, \mu v_{20})$	$x = \mu^m x_0$
Skalenertragsfunktion	$\frac{\partial x}{\partial \mu} = \frac{\partial h(\mu v_{10}, \mu v_{20})}{\partial \mu}$	$x_0 = m\mu^{m-1}x_0)$
Skalenelastizität	$\varepsilon(x, \mu) = \frac{\partial x}{\partial \mu} \frac{\mu}{x}$	$\varepsilon(x,\mu) = m$
Wicksell-Johnson	$\varepsilon(x,\mu) = \varepsilon(x, v_1) + \varepsilon(x, v_2)$	

Kasten III: Niveauertragskriterium

Die drei Kriterien sind mit diesen Kästen nicht ausreichend abgedeckt: Insbesondere bezüglich der Zusammenhänge zwischen den erwähnten Begriffen ist eine intensive Beschäftigung mit den Ausführungen dieses Kapitels zu empfehlen.

Abschließend soll ein Überblick über die drei Typen von Produktionsfunktionen, die in größerem Umfang betrachtet wurden, gegeben werden.

	Cobb-Douglas	**linear-limitational**	**CES**
Funktion	$Av_1^{\alpha}v_1^{\beta}$	$\min\left(\frac{1}{\gamma_1}v_1; \frac{1}{\gamma_2}v_2\right)$	$A\left[\delta v_1^{-\rho}+(1-\delta)v_2^{-\rho}\right]^{-\frac{\nu}{\rho}}$
Grenzproduktivität	$A\alpha v_1^{\alpha-1}v_2^{\beta}$ bzw. $A\beta v_1^{\alpha}v_2^{\beta-1}$	$\begin{cases}\frac{1}{\gamma_1} & \text{für } v_1 \le \frac{\gamma_1}{\gamma_2}v_2 \\ 0 & \text{für } v_1 > \frac{\gamma_1}{\gamma_2}v_2\end{cases}$	$\frac{A\left[\delta v_1^{-\rho}+(1-\delta)v_2^{-\rho}\right]^{-\frac{\nu}{\rho}}}{v_1}$
part. Produktionselastizität	α bzw. β	0 bzw. 1	$\frac{\nu\delta v_1^{-\rho}}{\delta v_1+(1-\delta)v_2^{-\rho}}<1$
Substitutionselastizität	1	0	$\frac{1}{1+\rho}$
Homogenitätsgrad	$\alpha+\beta$	1	ν

Kasten IV: Spezielle Produktionsfunktionen

III. Die ökonomischen Bedingungen der Produktion..87

III. Die ökonomischen Bedingungen der Produktion

A. Überblick

Im vorausgegangenen Kapitel wurden die technischen Eigenschaften der Produktion mit Hilfe von Produktionsfunktionen dargestellt. Die bei der Produktion entstehenden Kosten blieben unberücksichtigt. Das vorliegende Kapitel III bezieht nun die Kosten in die Analyse mit ein. Es werden folgende Fragen untersucht:

(1) Welche Möglichkeiten der Kombination der Einsatzfaktoren bestehen bei gegebenen Faktorpreisen und gegebenem Budget?

(2) Wie können die minimalen Produktionskosten bei alternativen Outputs erfaßt werden?

(3) Welche Antworten können auf Fragen zum Arbeitsmarkt, zum technischen Fortschritt und zur unternehmensinternen Effizienz gegeben werden?

Die Frage (1) spricht das Strukturproblem an. Im Abschnitt B wird untersucht, in welchem Verhältnis die Mengen verschiedener Produktionsfaktoren einzusetzen sind, damit ein bestimmtes Unternehmensziel erreicht werden kann. Das Ziel kann in der Minimierung der Kosten eines bestimmten Outputs oder in der Maximierung des Outputs bei gegebenen Kosten bestehen. Die zweite Frage behandelt die Ableitung einer funktionalen Beziehung von minimalen Kosten und alternativen Produktionsmengen. Das Problem der Ermittlung der Kostenfunktion steht im Mittelpunkt des Abschnittes C. Zum Ende des vorliegenden Kapitels werden in Abschnitt D die wirtschaftspolitischen Implikationen der ökonomischen Produktionsbedingungen erläutert. Es geht um die Auswirkungen von Arbeitszeitverkürzung und Lohnforderungen, Rationalisierungs- oder Erweiterungsinvestititonen durch technischen Fortschritt sowie Ineffizienzen, die durch diskretionäre Handlungsspielräume der Wirtschaftssubjekte hervorgerufen werden.

B. Die Lösung des Strukturproblems

1. Einführung

Zur Lösung der Frage nach der optimalen Kombination der Faktoreinsatzmengen, dem **Strukturproblem**, benötigt man Informationen über die Produktionsfunktion sowie über die Kosten, die durch den Einsatz der Produktionsfaktoren entstehen. Die Kosten, die bei alternativem Einsatz der Produktionsfaktoren anfallen, stehen im Mittelpunkt des folgenden Gliederungspunktes 2. In den Abschnitten 3 und 4 werden alternative Formulierungen des Strukturproblems behandelt. Die Bedingungen für die Realisierung der Minimalkostenkombination einerseits und für die Outputmaximierung andererseits werden hergeleitet. Das Strukturproblem bei limitationalen Produktionsfunktionen behandelt Abschnitt 5. Einflüsse der Änderungen exogener Größen auf die Minimalkostenkombination für einen vorgegebenen Output werden im Rahmen der komparativen Statik in den Abschnitten 6 und 7 untersucht. Diese Diskussion liefert Informationen über den Verlauf der konditionalen Faktornachfragefunktionen und über den Verlauf des Expansionspfades.

2. Die Kostengleichung

Für die weitere Analyse werden folgende Annahmen für die betrachtete Unternehmung gesetzt:

(1) Die Unternehmung kann die Faktorpreise durch ihre Faktornachfrage nicht beeinflussen. Die Faktorpreise sind gegeben.

(2) Die Unternehmung kann jede beliebige Faktormenge zu dem gegebenen Faktorpreis erhalten. Es existieren keine Mengenrestriktionen.

Die Unternehmung kann nur Entscheidungen über den Umfang der eingesetzten Menge treffen. Sie verhält sich als **Mengenanpasser.**[1] Die Kosten der Produktion ergeben sich durch:

(1) $K = K_f + q_1 v_1 + q_2 v_2$

K: Kosten

v_i: Menge des Faktors V_i

q_i: Preis für eine Einheit des Faktors V_i

K_f: fixe Kosten

Die Gleichung (1) bezeichnet man als Kostengleichung. Die **Kostengleichung** gibt die Kosten in Abhängigkeit der eingesetzten Faktormengen an. In Gleichung (1) wird die Existenz eines fixen Faktors unterstellt. Ein fixer Faktor ist zwar zur Produktion notwendig, aber die Kosten, die der Faktor verursacht, sind unabhängig vom Outputniveau. So sind z.B. die Kosten für die Miete eines geleasten Fahrzeuges zum Teil unabhängig von den gefahrenen Kilometern.

Die beiden in der Kostengleichung aufgenommenen Produktionsfaktoren V_1 und V_2 sind variabel und führen dementsprechend zu variablen Kosten. Wird ein bestimmtes Kostenniveau K_0 vorgegeben und die Kostengleichung nach v_2 aufgelöst, so erhält man die **Isokostenlinie.** Sie gibt an, welche Kombinationen der Faktoreinsatzmengen zum gleichen Kostenniveau K_0 führen bzw. welche Mengen von V_2 bei alternativen Mengen von V_1 und gegebenen Kosten eingesetzt werden können:

(2) $$v_2 = \frac{K_0 - K_f}{q_2} - \frac{q_1}{q_2} v_1$$

K_0: konstantes Kostenniveau

In der Abbildung 1a) ist der Verlauf der Isokostenlinie K_0 für gegebene Faktorpreise, gegebene Fixkosten und ein vorgegebenes Kostenniveau K_0 dargestellt. Die Achsenabschnitte geben an, wieviel Mengen eines Faktors maximal eingesetzt werden können, wenn auf den Einsatz des jeweils anderen Faktors verzichtet wird.

---

1) Damit ist allein die Situation auf dem Faktormarkt bzw. Beschaffungsmarkt beschrieben. Der Absatzmarkt wird in Kapitel IV problematisiert.

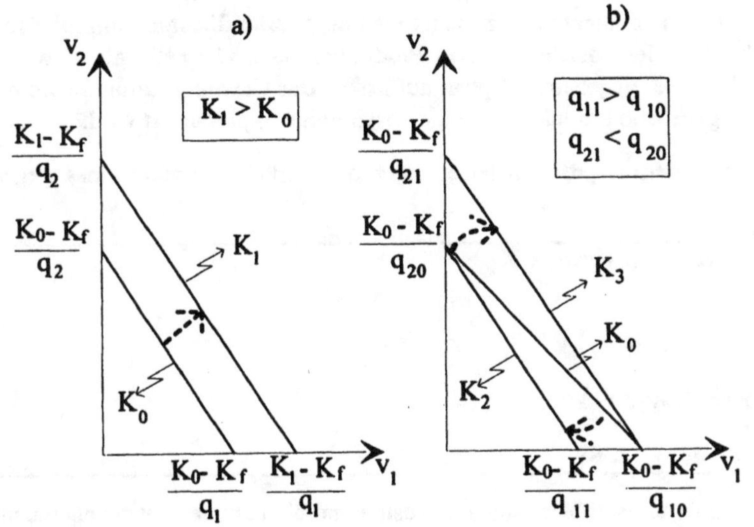

Abb. III.1: Die Isokostenlinie

Die Steigung der Isokostenlinie beträgt:

(3) $\frac{dv_2}{dv_1} = -\frac{q_1}{q_2} < 0$

Der Absolutbetrag der Steigung der Isokostenlinie q_1/q_2 entspricht dem relativen Marktpreis des Faktors V_1 und wird in Mengeneinheiten des Faktors V_2 gemessen. Beträgt das Faktorpreisverhältnis z.B. fünf Einheiten, dann kann man bei gleichen Kosten statt einer Einheit von V_1 fünf Einheiten von V_2 kaufen. Eine Erhöhung des Kostenniveaus auf K_1 verschiebt die Isokostenlinie parallel nach rechts oben. Eine Erhöhung des Faktorpreises q_1 bzw. Reduzierung des Faktorpreises q_2 führt zu einem steileren Verlauf der Isokostenlinie. Soll von V_1 eine Einheit mehr eingesetzt werden, so fällt die Reduktion der Menge des Faktors V_2 größer aus als in der Ausgangssituation, da der relative Preis von V_1 gestiegen ist. Diese Datenänderungen stellt die Abbildung 1b) dar. Die Isokostenlinie dreht sich im v_2-Achsenabschnitt nach innen (K_2), wenn der Preis für V_1 steigt, und sie dreht sich im v_1-Achsenabschnitt bei einer Preissenkung für V_2 nach außen (K_3).

3. Minimalkostenkombination bei substitutionaler Produktion

a) Formale Analyse

Als nächstes wird die Kombination der Faktoreinsatzmengen abgeleitet, die bei gegebenen Faktorpreisen zu den minimalen Kosten der Produktion eines bestimmten Outputniveaus führt. Diese Kombination bezeichnet man als **Minimalkostenkombination**. Man kann das Problem der kostenminimalen Produktion auch alternativ als Gewinnmaximierungsproblem bei gegebenem Output auffassen. Das Gewinnmaximum wird dort erreicht, wo die gegebene Produktionsmenge kostenminimal produziert wird.

Das Kostenminimierungsproblem lautet unter der Berücksichtigung eines gegebenen Outputniveaus:

(4) $$\min_{v_1, v_2} \; K = v_1 q_1 + v_2 q_2 + K_f$$

u.d.R. $x = h(v_1, v_2)$

endogen: K, v_1, v_2

exogen: q_1, q_2, x, K_f

In diesem Optimierungsproblem sind die Kosten und die Faktoreinsatzmengen endogen, die Faktorpreise sowie der Output und die fixen Kosten exogen. Das Minimierungsproblem kann mit Hilfe des Lagrange-Ansatzes gelöst werden.[2)]

(5) $$\min_{v_1, v_2, \lambda} \; L = K_f + q_1 v_1 + q_2 v_2 + \lambda\left[x - h(v_1, v_2)\right]$$

Die Lagrange-Variable λ garantiert, daß die zu maximierende Funktion und die Nebenbedingung die gleiche Dimension aufweisen. Die Kosten werden in DM und der Output in Mengen gemessen. Die Lagrange-Variable hat die Aufgabe, die Outputeinheiten in Kosteneinheiten zu transformieren. Damit die Nebenbedingung mit der zu maximierenden Funktion verglichen werden kann, wird der Output mit einer Variablen der Dimension DM/Mengeneinheit multipliziert. Eine Erhöhung des Einsatzes eines Faktors erhöht den Output und trägt dazu bei, daß die Nebenbedingung erfüllt wird. Dieser Vorgang führt aber gleichzeitig zu steigenden Kosten. Die Auswirkungen beider Effekte werden in der Lagrange-Funktion berücksichtigt. Die notwendigen Bedingungen des Optimierungsproblems lauten:

(6) $$\frac{\partial L}{\partial v_1} = q_1 - \lambda h_1 = 0$$

(7) $$\frac{\partial L}{\partial v_2} = q_2 - \lambda h_2 = 0$$

(8) $$\frac{\partial L}{\partial \lambda} = x - h(v_1, v_2) = 0$$

Da die Grenzproduktivitäten und die Faktorpreise positiv sind, hat der Lagrange-Multiplikator λ ein positives Vorzeichen. Aus (6) und (7) folgt:

---

2) Die Lagrange-Methode ist ein mathematischer Lösungsweg zur Bestimmung eines Optimums, wenn neben der Zielfunktion, die optimiert werden soll, eine bzw. mehrere Nebenbedingung(en) Berücksichtigung finden.

(9) $\lambda = \frac{q_1}{h_1} = \frac{q_2}{h_2}$

Eine Umstellung dieser Gleichung liefert als notwendige Bedingung für die Minimalkostenkombination:

(10) $\frac{h_1}{h_2} = GRTS_{v_1}^{v_2} = \frac{q_1}{q_2}$

Die minimalen Kosten für ein gegebenes Outputniveau werden erreicht, wenn die Grenzrate der technischen Substitution dem Faktorpreisverhältnis entspricht. Aus den notwendigen Bedingungen für ein Kostenminimum (8) und (10) können die kostenminimalen Faktoreinsatzmengen v_1 und v_2 bei bekannter Produktionsfunktion bestimmt werden. Die hinreichende Bedingung für ein Kostenminimum fordert, daß die Determinante der geänderten Hesse-Matrix des Minimierungsproblems ein negatives Vorzeichen hat:

(11) $$|G| = \begin{vmatrix} -\lambda h_{11} & -\lambda h_{12} & -h_1 \\ -\lambda h_{21} & -\lambda h_{22} & -h_2 \\ -h_1 & -h_2 & 0 \end{vmatrix} < 0$$

G: geänderte Hesse-Matrix des Minimierungsproblems

Wird $(-\lambda)$ ausgeklammert, resultiert:

(12) $$|G| = -\lambda \begin{vmatrix} h_{11} & h_{12} & h_1 \\ h_{21} & h_{22} & h_2 \\ h_1 & h_2 & 0 \end{vmatrix} = -\lambda |D| \qquad |G| < 0, \text{ wenn } |D| > 0$$

Das Vorzeichen der Determinante von D ist positiv, wenn die Isoquanten konvex verlaufen bzw. die Produktionsfunktion quasi-konkav ist. Daraus folgt: Die Bedingung der zweiten Ordnung ist erfüllt, d.h. die Determinante $|G|$ ist negativ, wenn **die Isoquanten konvex verlaufen bzw. die Produktionsfunktion quasi-konkav ist.**[3)]

b) Graphische Analyse

Die notwendigen Bedingungen (8) und (10) sollen mit Hilfe der Abbildung 2 a) erläutert werden. Die notwendige Bedingung (8) wird durch die Isoquante x berücksichtigt, die die Faktormengenkombinationen zur Produktion eines vorgegebenen Outputs x darstellt. Zur Erläuterung der Gleichgewichtsbedingung (10) betrachten wir die Faktoreinsatzstruktur P_1, die Kosten in Höhe von K_1 verursacht. In P_1 ist die Grenzrate der technischen Substitution größer als das Faktorpreisverhältnis. Es gilt beispielsweise:

$$GRTS_{v_1}^{v_2} = 5 > 1 = \frac{q_1}{q_2}$$

3) vgl. Gleichungen (56) ff. in Abschnitt II.C.3.d)

Wird eine Einheit von V_1 zusätzlich eingesetzt, so können gemäß der Grenzrate der technischen Substitution fünf Einheiten von V_2 eingespart werden. Für die fünf Einheiten von V_2 erhält man am Beschaffungsmarkt fünf Einheiten von V_1. Da jedoch nur eine Einheit von V_1 benötigt wird, um das Outputniveau bei einer Reduktion von V_2 um fünf Einheiten konstant zu halten, beträgt die Kostenersparnis der Unternehmung durch die Umstrukturierung vier Mengeneinheiten von V_1. Die Kosten können auf diese Weise solange reduziert werden, bis die Gleichgewichtsbedingung (10) erfüllt ist. Im Tangentialpunkt P^* stimmen Grenzrate der technischen Substitution und Faktorpreisverhältnis überein. Die kostenminimale Faktormengenkombination (v_1^*, v_2^*) liegt im Punkt P^*. Es entstehen Kosten in Höhe von K_0.

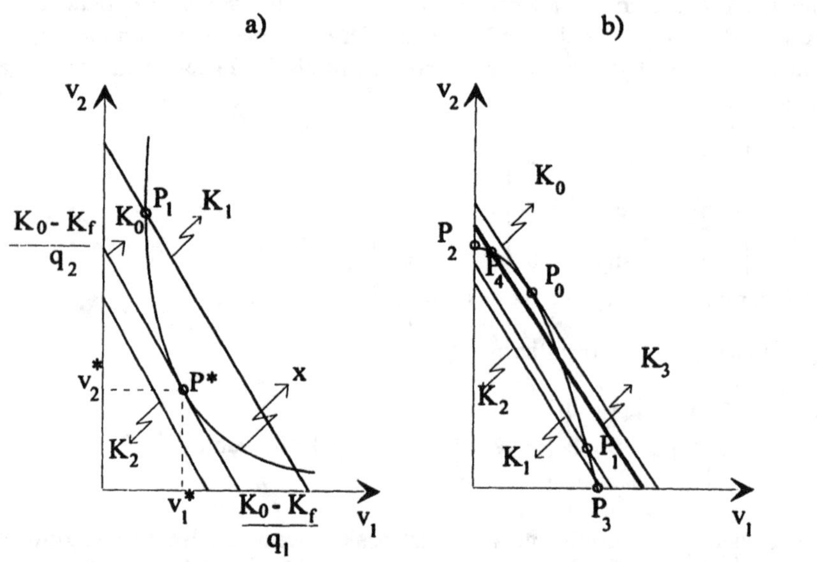

Abb. III.2: Kostenminimierung bei substitutionaler Produktionsfunktion

Aufgrund der Bedingung der zweiten Ordnung liegt kein Kostenminimum im Tangentialpunkt vor, wenn die Isoquante konkav verläuft. Zur Illustration betrachten wir die Abbildung 2 b). Im Punkt P_0, wo Kosten in Höhe von K_0 entstehen, ist die Bedingung der ersten Ordnung erfüllt. Dieser Tangentialpunkt stellt jedoch kein Kostenminimum, sondern ein Kostenmaximum dar. Bei einer Bewegung entlang der Isoquante nach rechts, z.B. zum Punkt P_1, nimmt die Grenzrate der technischen Substitution des Faktors V_1 zu. Sie ist größer als der relative Faktorpreis. In einer solchen Konstellation führt, wie bereits bei der Interpretation der notwendigen Bedingung erläutert, eine Erhöhung der Menge des Faktors V_1 zu einer Verringerung der Kosten. So ergeben sich bei der Produktionsstruktur P_1 Kosten gemäß K_1. Da bei einer konkaven Isoquante die Steigung bei Reduktion des Faktors V_1 - absolut - weiter zunimmt, vergrößert sich die Differenz zwischen der relativen Grenzproduktivität des Faktors V_1 und seinem relativen Preis, so daß weitere Erhöhungen der Faktoreinsatzmenge von V_1 entlang der Isoquante zu weiteren Kosteneinsparungen führen. Diese sind solange realisierbar, bis der Faktor V_2 nicht mehr eingesetzt wird (P_3). Zu den gleichen Ergebnissen gelangt man, wenn ausgehend von P_0 die Menge des Faktors V_1 entlang der Isoquante reduziert wird. Bei einer konkaven Isoquante nimmt die Steigung absolut und somit die Grenzrate der technischen Substitution bei einer Reduktion von V_1 ab, so daß, z.B. in Punkt P_4, der auf der Isokostenlinie K_3 liegt, die relative Grenzproduktivität des Faktors V_1 kleiner als der relative Faktorpreis ist. Weitere Reduktionen der Menge von V_1 führen zu weiteren Kosteneinsparungen. Diese sind wiederum solange möglich, bis der Faktor V_1 nicht mehr eingesetzt wird (P_2). Bei konkaven Isoquanten erhält man somit Randlösungen. Welche der beiden Randlösungen, P_2 oder P_3, führt zu den geringeren Kosten? Dies hängt vom Faktorpreis- und vom Durchschnittsproduktivitätsverhältnis ab. Der Faktor V_1 wird ausschließlich eingesetzt, wenn die Ausgaben für den Faktor V_1 für eine weitere Outputeinheit (bei $v_2 = 0$) kleiner sind als die Ausgaben für den Faktor V_2 (bei $v_1 = 0$). Die Ausgaben einer Outputeinheit berechnet sich aus dem Produkt von Faktorkoeffizient und Faktorpreis:

$$(13) \quad \frac{v_1}{x} q_1 < \frac{v_2}{x} q_2 \qquad \text{bzw.} \qquad (14) \quad \frac{q_1}{q_2} < \frac{\frac{x}{v_1}}{\frac{x}{v_2}}$$

Das Verhältnis der Durchschnittsproduktivitäten bezeichnet man als **relative Durchschnittsproduktivität**. Der Faktor V_1 wird, wie in der Abbildung 2 Teil b) dargestellt ist, ausschließlich eingesetzt, wenn der relative Preis des Faktors V_1 kleiner ist als seine relative Durchschnittsproduktivität. Die Unternehmung wird in P_3 bei einem Kostenniveau K_2 produzieren. Entspricht der relative Preis der relativen Durchschnittsproduktivität, d.h. die betrachtete Kostengleichung verbindet die beiden Eckpunkte der Isoquante, führen beide Eckpunkte zu den gleichen Kosten.

4. Outputmaximierung bei substitutionaler Produktion

a) Formale Analyse

In Abschnitt 3 wurde ein gegebenes Outputniveau unterstellt. Nun sollen die Bedingungen für eine maximale Produktionsmenge hergeleitet werden, wenn ein bestimmtes Kostenbudget zur Verfügung steht. Das Problem der Outputmaximierung bei gegebenem Kostenniveau kann wie folgt formuliert werden:

$$(15)\quad \max_{v_1, v_2} x = h(v_1, v_2)$$

$$\text{u.d.R.}\; K = K_f + q_1 v_1 + q_2 v_2$$

endogen: x, v_1, v_2

exogen: q_1, q_2, K, K_f

In diesem Maximierungsproblem sind der Output sowie die Faktoreinsatzmengen endogen, die Faktorpreise, die Kosten und die fixen Kosten exogen. Der Lagrange-Ansatz lautet:

$$(16)\quad \max_{v_1, v_2, \lambda} L = h(v_1, v_2) + \lambda(K - K_f - q_1 v_1 - q_2 v_2)$$

Die Lagrange-Variable hat die Aufgabe, die Kosten der Produktion in Outputeinheiten zu transformieren. Sie hat die Dimension Mengeneinheit/DM. Die notwendigen Bedingungen werden durch die ersten partiellen Ableitungen bestimmt:

$$(17)\quad \frac{\partial L}{\partial v_1} = h_1 - \lambda q_1 = 0 \qquad (18)\quad \frac{\partial L}{\partial v_2} = h_2 - \lambda q_2 = 0$$

$$(19)\quad \frac{\partial L}{\partial \lambda} = K - K_f - q_1 v_1 - q_2 v_2 = 0$$

Aus (17) und (18) folgt:

$$(20)\quad \frac{h_1}{h_2} = GRTS_{v_1}^{v_2} = \frac{q_1}{q_2}$$

Aus dem Modell der Outputmaximierung resultiert, wie aus dem Modell der Kostenminimierung, **daß die Grenzrate der technischen Substitution dem Faktorpreisverhältnis entsprechen muß.**[4] Aus (19) und (20) können bei bekannter Technologie die outputmaximalen Faktoreinsatzmengen v_1 und v_2 bestimmt werden. Die hinreichende Bedingung für ein Maximum fordert, daß die Determinante der geänderten Hesse-Matrix des Maximierungsproblems positiv ist:

$$(21)\quad |I| = \begin{vmatrix} h_{11} & h_{12} & -q_1 \\ h_{21} & h_{22} & -q_2 \\ -q_1 & -q_2 & 0 \end{vmatrix} > 0$$

I: geränderte Hesse-Matrix des Maximierungsproblems

Die Bedingung ist erfüllt, wenn die Isoquante konvex verläuft, d.h. wenn die Produktionsfunktion quasi-konkav ist. Zur Überprüfung substituieren wir die Faktorpreise, die

---

4) vgl. Gleichung (10)

aus den Gleichungen (17) und (18) ermittelt werden können:

$$(22) \quad q_1 = \frac{h_1}{\lambda} \qquad\qquad (23) \quad q_2 = \frac{h_2}{\lambda}$$

Die Determinante lautet dann:

$$(24) \quad |I| = \begin{vmatrix} h_{11} & h_{12} & -h_1/\lambda \\ h_{21} & h_{22} & -h_2/\lambda \\ -h_1/\lambda & -h_2/\lambda & 0 \end{vmatrix} = \frac{1}{\lambda^2} \begin{vmatrix} h_{11} & h_{12} & h_1 \\ h_{21} & h_{22} & h_2 \\ h_1 & h_2 & 0 \end{vmatrix} = \frac{1}{\lambda^2}|D|$$

Die Determinante $|I|$ ist größer als Null, wenn die Determinante der geränderten Hesse-Matrix D größer als Null ist. Aus dem Vergleich von (12) und (24) folgt, daß die hinreichenden Bedingungen beider Probleme erfüllt sind, wenn die Produktionsfunktion quasi-konkav ist.

b) Graphische Analyse

Die notwendigen Bedingungen des Outputmaximierungsproblems werden anhand der Abbildung 3 veranschaulicht. Die Restriktion (19) ist durch die Isokostenlinie K und die alternativen Produktionsmengen x_0, x_1, x_2 sind durch die entsprechenden Isoquanten abgebildet. Zur Erläuterung des Problems unterstellen wir zunächst die Realisierung der Produktionsstruktur P_1, bei der die Grenzrate der technischen Substitution von V_1 größer als das Faktorpreisverhältnis ist. Gilt z.B.

$$GRTS_{V_1}^{V_2} = 5 > 1 = \frac{q_1}{q_2},$$

dann können bei einer Erhöhung von V_1 um eine Einheit fünf Einheiten von V_2 eingespart werden. Am Beschaffungsmarkt erhält man für die fünf Einheiten von V_2 fünf Einheiten von V_1, d.h. man bekommt vier Einheiten mehr von V_1 als benötigt werden, um die Produktion konstant zu halten. Diese vier zusätzlichen Einheiten können nun in der Produktion verwendet werden, so daß der Output über das ursprüngliche Niveau x_2 ansteigt. Eine Erhöhung des Outputs bei gegebenem Kostenniveau ist solange möglich, bis die Bedingung (20) erfüllt ist. Im Tangentialpunkt P^* entspricht die Grenzrate der technischen Substitution dem Faktorpreisverhältnis. Es wird x_0 produziert.

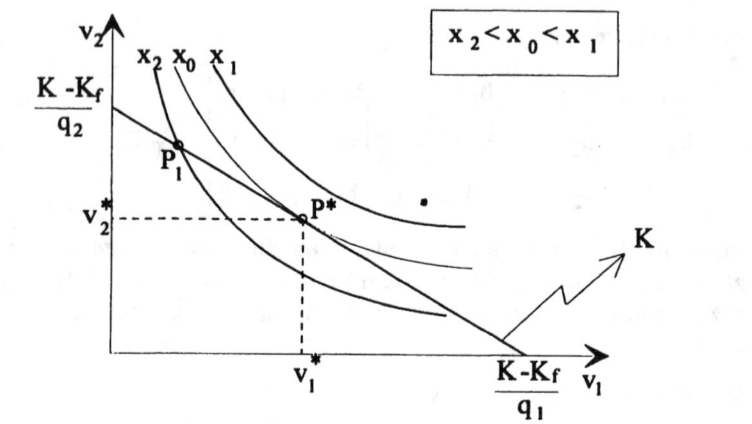

Abb. III.3: Outputmaximierung bei substitionaler Produktionsfunktion

Anhand eines Beispiels soll gezeigt werden, wie man für ein vorgegebenes Produktionsniveau die minimalen Kosten ermitteln kann. Folgende Informationen seien bekannt:

(B1) $x = v_1 v_2,\ x = 100,\ q_1 = q_2 = 5,\ K_f = 0$

Zur Herleitung der Minimalkostenkombination wird die Grenzrate der technischen Substitution gleich dem Faktorpreisverhältnis gesetzt:

(B2) $\frac{v_2}{v_1} = 1$ *bzw.* $v_2 = v_1$

Substituiert man die Faktormenge v_2 aus der Gleichung (B2) in die Produktionsfunktion und berücksichtigt den Output von 100, dann resultiert:

(B3) $100 = v_1^2$

Die Minimalkostenkombination liegt bei einer Einsatzmenge der Faktoren V_1 und V_2 von jeweils 10 Einheiten und führt zu Kosten von 100.

Anhand derselben Produktionsfunktion soll nun gezeigt werden, wie man bei vorgegebenem Kostenbudget und gegebenen Faktorpreisen das maximal mögliche Outputniveau berechnen kann. Folgende Daten liegen vor:

(B5) $x = v_1 v_2,\ K = 100,\ q_1 = q_2 = 5,\ K_f = 0$

Aus der Bedingung Grenzrate der technischen Substitution gleich Faktorpreisverhältnis folgt:

$$(B6)\quad \frac{v_2}{v_1} = 1 \qquad bzw. \quad v_2 = v_1 \quad .$$

Wird dieses Resultat in die Kostengleichung eingesetzt, dann resultiert aus den Beispielswerten:

$$(B7)\quad 100 = 5v_1 + 5v_1 = 10v_1$$

Der maximale Output beträgt 100. Die optimale Produktionsstruktur wird bei einem Faktoreinsatz von jeweils 10 Einheiten erreicht.

5. Das Strukturproblem bei limitationaler Produktion

Wie bereits dargestellt worden ist, wird bei einer limitationalen Produktionsfunktion die Produktionsstruktur durch die Produktionstechnik vorgegeben.[5)] Die Produktionsstruktur ist unabhängig von den Faktorpreisen. **Bei limitationalen Produktionsfunktionen existiert kein Strukturproblem.** Stattdessen spricht man hier von einer Strukturvorgabe.

Im folgenden soll die Ermittlung der Kosten aus einer limitationalen Produktionsfunktion an einem Beispiel erläutert werden. Gegeben sei eine limitationale Produktionsfunktion:

$$(B9)\quad x = min(2v_1; 0,5v_2)$$

Die Faktorkoeffizienten sind $\gamma_1 = 0,5$ und $\gamma_2 = 2$. Es sollen 100 Outputeinheiten produziert werden. Die Faktorpreise betragen jeweils 5 Einheiten, und es entstehen keine fixen Kosten. Gesucht sind für den vorgegebenen Output die geringsten Kosten. Hierzu werden die Faktorverbrauchsfunktionen aufgestellt, die zu jedem vorgegebenen Output die erforderlichen Faktormengen angeben. Die Verbrauchsfunktion eines Faktors bei linear-limitationaler Produktionstechnologie entspricht dem Produkt aus Produktionskoeffizient des Faktors und dem Output. Die benötigten Faktoreinsatzmengen sind bei einem Output von 100:

$$(B10)\quad v_1 = \gamma_1 x = 0,5 \cdot 100 = 50 \qquad\qquad (B11)\quad v_2 = \gamma_2 x = 2 \cdot 100 = 200$$

Die Multiplikation der benötigten Faktormengen mit den Faktorpreisen liefert die Produktionskosten.

$$(B12)\quad K(x = 100) = 5 \cdot 50 + 5 \cdot 200 = 1250$$

Der geforderte Output von 100 Einheiten führt zu Kosten in einer Höhe von 1250 Einheiten.

---

5) vgl. Abschnitt II.E.3.

Anhand der vorgegebenen Produktionsfunktion (B9) soll des weiteren gezeigt werden, wie man den maximalen Output für ein vorgegebenes Budget berechnen kann. Das Kostenbudget beträgt 1250, die Faktorpreise betragen 5 Einheiten, und es fallen keine fixen Kosten an. Zunächst wird gefragt, wie groß die Produktionskosten für eine produzierte Einheit sind. Hierzu werden die Faktorpreise mit den Produktionskoeffizienten multipliziert:

$$(B13)\quad K(x=1)=0{,}5\cdot 5+2\cdot 5=12{,}5$$

Bei der Produktion einer Outputeinheit fallen Kosten in einer Höhe von 12,5 Einheiten an. Bei einem Budget von 1250 Geldeinheiten kann ein Output von 100 Einheiten produziert werden. Benötigt werden dazu - gemäß den Faktorverbrauchsfunktionen (B10) und (B11) - 50 Einheiten von V_1 und 200 Einheiten von V_2.

Welches Produktionsverfahren wählt ein Unternehmen, wenn es über zwei limitationale Produktionsverfahren verfügt? Im folgenden wird eine Unternehmung betrachtet, die zwei verschiedene Produktionsverfahren in den Betrieben A und B einsetzt. Die Investitionen sind bereits getätigt, so daß Kosten der Installation sowie der Finanzierung der Investitionen außer acht gelassen werden können. Zusätzlich wird angenommen, daß in den beiden Verfahren A und B die gleichen qualitativen variablen Faktoren verwendet werden. Die Faktoren haben in den Verfahren unterschiedliche Produktionskoeffizienten. Die Produktionsfunktionen werden gegeben durch:

$$(25)\quad x_A=\min\left(\frac{v_{1A}}{\gamma_{1A}};\frac{v_{2A}}{\gamma_{2A}}\right)\qquad\qquad (26)\quad x_B=\min\left(\frac{v_{1B}}{\gamma_{1B}};\frac{v_{2B}}{\gamma_{2B}}\right)$$

Sind für beide Faktoren die Koeffizienten eines Verfahrens geringer, so führt dieses Verfahren immer zu den geringeren Kosten. Ist der Koeffizient eines Faktors im Verfahren A kleiner und der Koeffizient des anderen Faktors im Verfahren A größer, dann stellt sich die Frage, welches Verfahren zu den geringeren Kosten führt. Die Antwort ist davon abhängig, ob die Isokostenlinie steiler oder flacher als die Verbindungslinie der Eckpunkte der Isoquanten verläuft.

Wie man in Abbildung 4 sehen kann, ist das Verfahren A günstiger, wenn die Isokostenlinie durch K_0 dargestellt werden kann. In diesem Fall ist die Steigung der Isokostenlinie absolut kleiner als die Steigung der Verbindungslinie der Eckpunkte der Isoquanten x_A und x_B, die das gleiche Outputniveau repräsentieren. Verläuft die Isokostenlinie, wie durch K_1 dargestellt, steiler als die Verbindungslinie, dann ist das Verfahren B günstiger. Keine eindeutige Lösung liegt vor, wenn die Steigung der Isokostenlinie der Steigung der Verbindungslinie zwischen den beiden effizienten Faktorkombinationen P_A und P_B entspricht. Beide Verfahren führen zu den gleichen Produktionskosten. Auch eine Kombination beider Verfahren führt zu den gleichen Kosten.

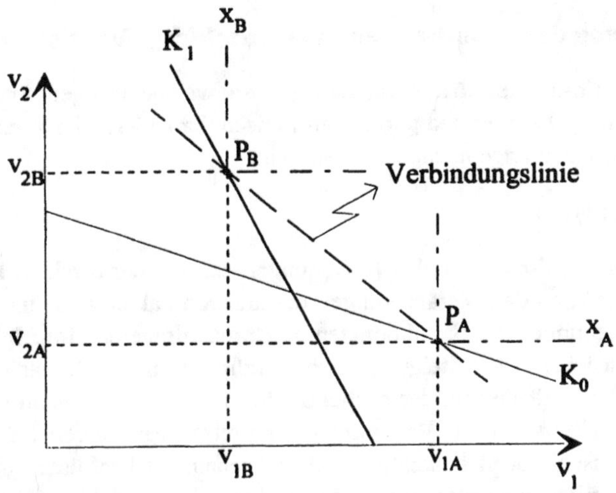

Abb. III.4: MKK bei zwei limitationalen Produktionsfunktionen

Festzuhalten bleibt, daß das Verfahren A um so eher verwendet wird,

(a) je größer der relative Preis des Faktors ist, der bei diesem Produktionsverfahren einen geringeren Faktorkoeffizienten aufweist,

(b) je größer der Unterschied zwischen den jeweiligen Produktionskoeffizienten bei dem geringer benötigten Faktor ist,

(c) je kleiner die Differenz der Produktionskoeffizienten bei dem stärker benötigten Faktor ist.

Ein Unternehmen verfügt über zwei limitationale Produktionsverfahren:

(B14) $x_A = min(0{,}5v_1; 2v_2)$ *(B15)* $x_B = min(2v_1; 0{,}5v_2)$

Die Faktorkoeffizienten der jeweiligen limitationalen Verfahren A und B lauten:

(B16) $\gamma_{1A} = 2 \quad \gamma_{2A} = 0{,}5$ *(B17)* $\gamma_{1B} = 0{,}5 \quad \gamma_{2B} = 2$

Beide Faktorpreise betragen fünf Geldeinheiten. Für die Kosten der Produktion einer Outputeinheit folgt daher:

(B18) $K_A(x = 1) = 2 \cdot 5 + 0{,}5 \cdot 5 = 12{,}5$

(B19) $K_B(x = 1) = 0{,}5 \cdot 5 + 2 \cdot 5 = 12{,}5$

In diesem Fall führen beide Verfahren zu den gleichen Kosten.

6. Die konditionale Faktornachfrage

a) Die Steigung der konditionalen Faktornachfragefunktion

Die **konditionale Faktornachfragefunktion** gibt an, welche Mengen von V_1 bei alternativen Preisen dieses Faktors und gegebenen Preisen der anderen Faktoren sowie einer gegebenen Produktionsmenge nachgefragt werden:

$$v_1 = v_1(q_1; q_2, x) \tag{27}$$

Veränderungen des Preises q_1 stellen Bewegungen entlang der direkten konditionalen Faktornachfragefunktion dar. Veränderungen der anderen Faktorpreise und des Outputs bewirken Verschiebungen der konditionalen Faktornachfragefunktion. In diesem Abschnitt wird zunächst die Steigung der konditionalen Faktornachfragefunktion untersucht, d.h. die Veränderung der nachgefragten Faktormenge, wenn sich der Preis des betrachteten Faktors ändert. Variationen der Preise des anderen Faktors und des Outputs werden anschließend behandelt. Um die genannten Einflüsse auf die Faktornachfrage herausstellen zu können, wird das Gleichungssystem (6) bis (8) total differenziert:

$$-\lambda h_{11} dv_1 - \lambda h_{12} dv_2 - h_1 d\lambda = -dq_1 \tag{28}$$

$$-\lambda h_{21} dv_1 - \lambda h_{22} dv_2 - h_2 d\lambda = -dq_2 \tag{29}$$

$$-h_1 dv_1 - h_2 dv_2 = -dx \tag{30}$$

$$\begin{bmatrix} -\lambda h_{11} & -\lambda h_{12} & -h_1 \\ -\lambda h_{21} & -\lambda h_{22} & -h_2 \\ -h_1 & -h_2 & 0 \end{bmatrix} \begin{bmatrix} dv_1 \\ dv_2 \\ d\lambda \end{bmatrix} = \begin{bmatrix} -dq_1 \\ -dq_2 \\ -dx \end{bmatrix} \tag{31}$$

Da wir die partiellen Auswirkungen der Änderung des Faktorpreises von V_1 untersuchen, werden die Änderungen des Preises von V_2 und die Änderungen des Outputs gleich Null gesetzt. Nach Anwendung der Cramerschen Regel folgt für den Einfluß des Faktorpreises q_1 auf die Menge v_1:

$$\frac{dv_1}{dq_1} = \frac{\begin{vmatrix} -1 & -\lambda h_{12} & -h_1 \\ 0 & -\lambda h_{22} & -h_2 \\ 0 & -h_2 & 0 \end{vmatrix}}{|G|} \tag{32}$$

Wird die Determinante des Zählers nach der ersten Spalte entwickelt, resultiert:

$$\frac{dv_1}{dq_1} = \frac{h_2^2}{|G|} < 0 \tag{33}$$

Da die Determinante $|G|$ aufgrund der hinreichenden Bedingung für ein Kostenminimum negativ ist,[6)] folgt: Die **Steigung der konditionalen Faktornachfragefunktion ist negativ.** Die Steigung ist absolut um so größer, je kleiner die Determinante von $|G|$ ausfällt. Aus der Gleichung (12) geht hervor, daß die Determinante absolut um so größer ist, je stärker die Isoquante gekrümmt ist. Daraus folgt, daß die nachgefragte Menge des Faktors V_1 um so stärker bei einer Preiserhöhung zurückgeht, je geringer die Isoquante gekrümmt ist.

b) Preisänderungen anderer Faktoren und Faktornachfrage

Für die Auswirkung einer Veränderung des Faktorpreises q_2 auf die Lage der konditionalen Faktornachfragekurve resultiert nach Anwendung der Cramerschen Regel auf das Gleichungssystem (31):

$$\text{(34)} \quad \frac{dv_1}{dq_2} = \frac{\begin{vmatrix} 0 & -\lambda h_{12} & -h_1 \\ -1 & -\lambda h_{22} & -h_2 \\ 0 & -h_2 & 0 \end{vmatrix}}{|G|}$$

Die Entwicklung der Determinante des Zählers in Gleichung (34) nach der ersten Spalte liefert:

$$\text{(35)} \quad \frac{dv_1}{dq_2} = \frac{-h_1 h_2}{|G|} > 0$$

Der Faktoreinsatz von V_1 nimmt zu, d.h. **die konditionale Faktornachfrage verschiebt sich bei steigendem Preis des anderen Faktors nach rechts.** Bei jedem Faktorpreis q_1 wird die Unternehmung nach der Erhöhung von q_2 mehr Mengen von V_1 einsetzen.

Der Grad der Verschiebung der konditionalen Nachfragefunktion hängt von der Krümmung der Isoquante ab. Dies erfaßt die Determinante $|G|$. Je stärker die Isoquante gekrümmt ist, desto größer wird G absolut und desto geringer ist die Verschiebung der konditionalen Faktornachfragefunktion.

c) Graphische Darstellung von Faktorpreisänderungen

Die abgeleiteten Ergebnisse werden in der Abbildung 5 veranschaulicht. Für ein vorgegebenes Outputniveau x_0 wird im Ausgangspunkt die Faktoreinsatzstruktur P_0 gewählt, die auf der Isokostenlinie K_0 liegt. Eine Erhöhung des Faktorpreises q_1 führt in Teil a) zu einem steileren Verlauf der Isokostenlinie. Bei unveränderter Produktionsstruktur P_0 entstehen Produktionskosten in Höhe von K_1'. Die Produktionsstruktur P_0 ist jedoch nicht mehr kostenminimal. Der relative Faktorpreis ist größer als die Grenzrate der technischen Substitution des Faktors V_1. Die Substitution von Mengen des Faktors V_1 durch Mengen des Faktors V_2 reduziert die Produktionskosten. Die neue Minimalkostenkombination liegt in P_1. Bei dem neuen Faktorpreis in P_1 sind die Produktionskosten K_1 geringer als in P_0. Die Menge des Faktors V_1 wird reduziert. Aus diesem

6) vgl. Gleichung (11)

Grunde hat die konditionale Faktornachfragefunktion eine negative Steigung. Dies wird im unteren Teil der Abbildung sichtbar.

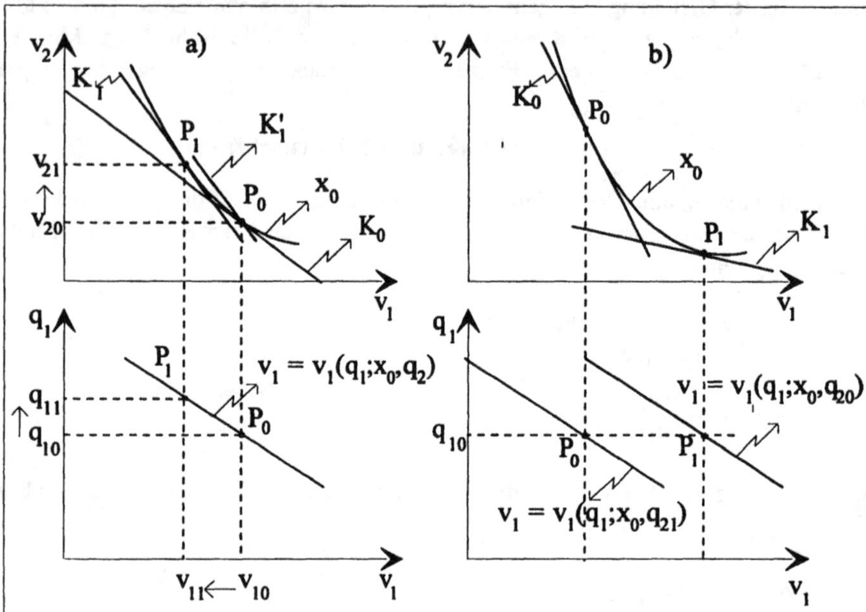

Abb. III.5: Konditionale Faktornachfrage

Der Einfluß einer Änderung des Faktorpreises von V_2 auf die Nachfrage von Faktor V_1 wird anhand der Abbildung 5 b) erklärt. Ausgangspunkt der Betrachtung bildet die Minimalkostenkombination P_0. Eine Erhöhung des Faktorpreises q_2 führt zu einem flacheren Verlauf der Isokostenlinie K_1. Die neue Minimalkostenkombination wird in P_1 erreicht. Diese ist durch eine Zunahme der Menge von V_1 und einem Rückgang der Menge von V_2 gekennzeichnet. Eine Erhöhung des Preises eines anderen Faktors führt, wie im unteren Teil der Abbildung 5 b) dargestellt, zu einer Rechtsverschiebung der Faktornachfragefunktion von V_1. Bei gleichem Preis q_{10} wird mehr von V_1 eingesetzt.

Vollkommen unelastische Nachfrageverläufe resultieren bei limitationalen Produktionstechnologien und bei konkaven Isoquanten. Betrachten wir zunächst den in Teil a) der Abbildung 6 dargestellten Fall einer limitationalen Produktionstechnologie.

Eine Veränderung des Faktorpreises, dargestellt durch den steileren Verlauf der Isokostenlinie K_1 gegenüber K_0, hat keinen Einfluß auf die Minimalkostenkombination P_0. Die optimale Produktionsstruktur ist durch das Produktionsverfahren vorgegeben. Die Faktornachfragefunktion verläuft vollkommen preisunelastisch.

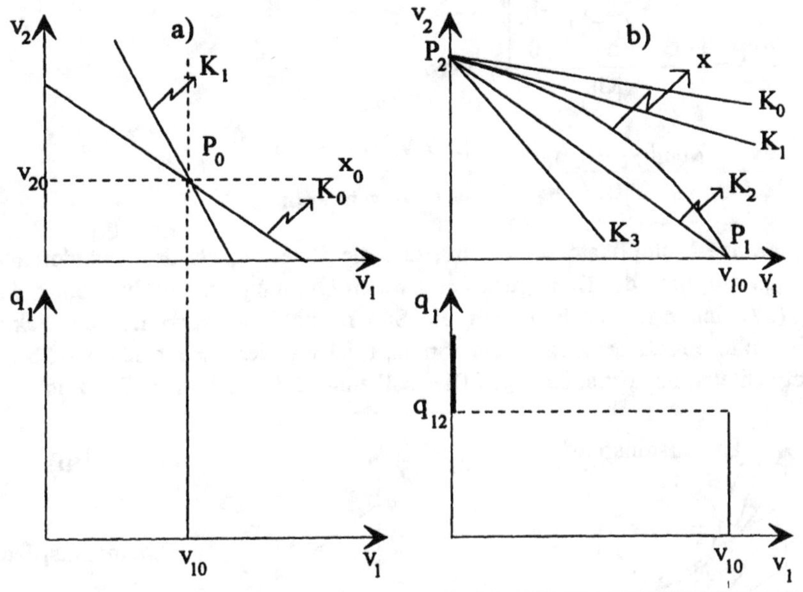

Abb. III.6: Preisunelastische Faktornachfrage

Wenden wir uns dem Funktionsverlauf der konditionalen Faktornachfrage bei konkaven Isoquanten zu. Den Ausgangspunkt der Betrachtung bildet die Kostengleichung K_0 in der Abbildung 6 b). Bei diesem Faktorpreisverhältnis fragt die Unternehmung die Menge v_{10} nach. Erhöht sich der Faktorpreis für V_1, dann verläuft die Isokostenlinie K_1 steiler. Bei dieser Isokostenlinie ist die relative Durchschnittsproduktivität des Faktors V_1 immer noch größer als sein relativer Faktorpreis, so daß weiterhin in P_1 produziert wird. Die Faktornachfrage bleibt von der Preisänderung unberührt. Ab einem kritischen Preisniveau des Faktor V_1 von q_{12} - dargestellt mit Hilfe der Isokostenlinie K_2 - entsprechen sich relative Durchschnittsproduktivität und relativer Faktorpreis. Wird dieses Preisniveau überschritten, dann produziert die Unternehmung in P_2 und die Faktornachfrage für V_1 geht auf Null zurück. Der Verlauf der Faktornachfrage ist im unteren Teil der Abbildung 6 b) skizziert. Unterhalb des kritischen Faktorpreises q_{12} verläuft die Faktornachfrage von V_1 völlig preisunelastisch. Oberhalb findet der Faktor keine Verwendung.

d) Outputänderungen und Faktornachfrage

Welchen Einfluß hat eine Outputänderung auf die Faktornachfrage? Analog zu den bisherigen Datenänderungen erhält man aus dem Gleichungssystem (31):

$$(36)\quad \frac{dv_1}{dx} = \frac{\begin{vmatrix} 0 & -\lambda h_{12} & -h_1 \\ 0 & -\lambda h_{22} & -h_2 \\ -1 & -h_2 & 0 \end{vmatrix}}{|G|} \quad \text{bzw.}$$

$$(37)\quad \frac{dv_1}{dx} = \frac{\lambda(h_1 h_{22} - h_2 h_{12})}{|G|} \quad \begin{cases} > 0, V_1 \text{ ist superior} \\ < 0, V_1 \text{ ist inferior} \end{cases}$$

Der Lagrange-Multiplikator ist positiv, und die Determinante der geränderten Hesse-Matrix ist aufgrund der Bedingung der zweiten Ordnung negativ. Im Zähler der Gleichung (37) finden wir die Bedingung für Superiorität bzw. Inferiorität des Faktors V_1. Ob die Faktoreinsatzmenge zu- oder abnimmt, ist von der Superiorität bzw. Inferiorität des betrachteten Faktors abhängig.[7)] Dies soll anhand der Abbildung 7 gezeigt werden.

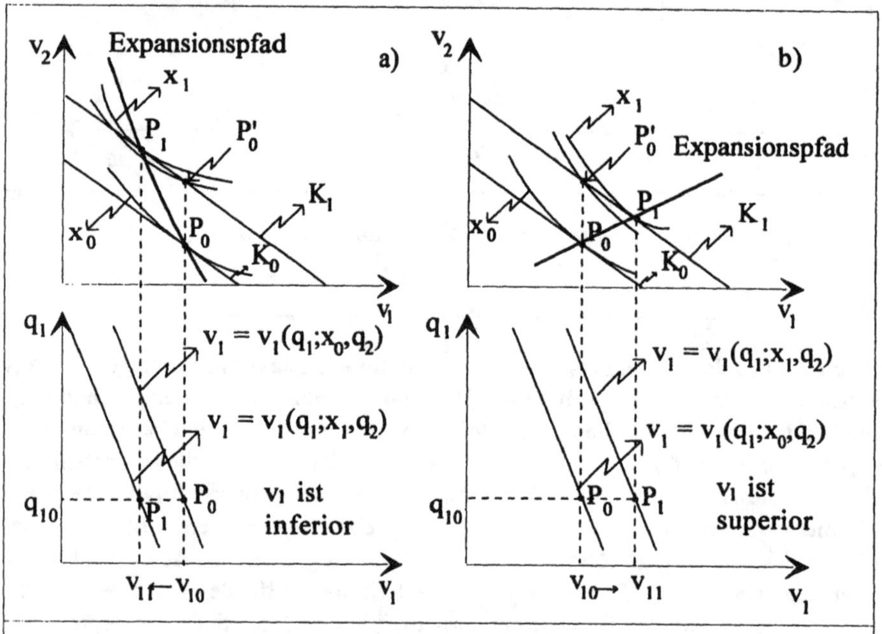

Abb. III.7: Superiorität und Inferiorität der Produktionsfaktoren

Im Teil a) der Abbildung führt eine partielle Erhöhung der Menge des Faktors V_2 zu einer Verringerung der Grenzrate der technischen Substitution, d.h. der Faktor V_1 ist inferior, d.h. in P_0' ist die Grenzrate der technischen Substitution geringer als in P_0. Für den Output x_0 ergibt sich als Minimalkostenkombination die Produktionsstruktur gemäß P_0. Soll x_1 produziert werden, ist die Einsatzmenge von V_1 nicht länger optimal. Für v_{10}

7) vgl. hierzu die Ausführungen zur Superiorität und Inferiorität in Abschnitt II.C.3.a)

schneidet die Isokostenlinie K_1, die bei konstant gebliebenen Faktorpreisen eine Parallele zu K_0 sein muß, die Isoquante x_1 in P_0'. In P_0' ist die Grenzrate der technischen Substitution kleiner als das Faktorpreisverhältnis. Die Menge des Faktors V_1 wird reduziert. Die konditionale Faktornachfragefunktion verschiebt sich bei einer Outputerhöhung nach links. Im Teil b) der Abbildung steigt die Grenzrate der technischen Substitution bei einer partiellen Erhöhung der Menge des Faktors V_2, d.h. der Faktor V_1 ist superior. In P_0' ist nun die Grenzrate der technischen Substitution größer als das Faktorpreisverhältnis. Die Menge des Faktors V_1 steigt. Bei gleichem Faktorpreis fragt die Unternehmung mehr Mengen des Faktors V_1 nach. Die konditionale Faktornachfragefunktion verschiebt sich nach rechts.

7. Der Expansionspfad

Der **Expansionspfad** stellt die Verbindungslinie aller Minimalkostenkombinationen dar. Da die Faktorpreise hier als konstant angenommen werden und in den Minimalkostenkombinationen die Steigungen der Isoquanten dem Faktorpreisverhältnis entsprechen, bleibt die Grenzrate der technischen Substitution entlang des Expansionspfades konstant,[8)] was eine **isokline Variation** darstellt.

Die Steigung des Expansionspfades entspricht dem Verhältnis der Reaktionen der Faktornachfrage auf Outputänderungen. Verschieben sich beide Faktornachfragefunktionen bei einer Outputerhöhung nach rechts, d.h. die Faktoren V_1 und V_2 sind superior, dann verläuft der Expansionspfad, wie in der Abbildung 7 b) dargestellt, mit positiver Steigung. Verschiebt sich eine Faktornachfragefunktion nach rechts, die andere nach links, d.h. ein Faktor ist superior, der andere inferior, dann ist die Steigung des Expansionspfades, wie in der Abbildung 7 a) dargestellt, negativ.[9)]

Die Verläufe der Expansionspfade bei homothetischen und nicht-homothetischen Produktionsfunktionen werden in der Abbildung 8 dargestellt. Ist der Expansionspfad, wie in Teil a) eine Gerade aus dem Ursprung, so bleibt neben der Grenzrate der technischen Substitution das Faktoreinsatzverhältnis entlang des Expansionspfades konstant. In diesem Falle entspricht die Bewegung entlang des Expansionspfades einer Niveauvariation. Homothetische und somit auch homogene Produktionsfunktionen weisen diese Eigenschaft auf.[10)] Bei nicht-homothetischen Produktionsfunktionen fallen Niveauvariation und Expansionspfad auseinander. Entlang des Expansionspfades ändert sich bei nicht-homothetischen Produktionsfunktionen das Faktoreinsatzverhältnis. Dies ist in Teil b) dargestellt.

---

8) Es sei ausdrücklich darauf hingewiesen, daß dieses Ergebnis unter der Annahme des Mengenanpasserverhaltens auf dem Faktormarkt abgeleitet worden ist.

9) Für den später zu diskutierenden Zusammenhang zwischen Skalenerträgen und Kostenfunktionen ist der Verlauf des Expansionspfades wichtig.

10) vgl. Abschnitt II.D.3.b)

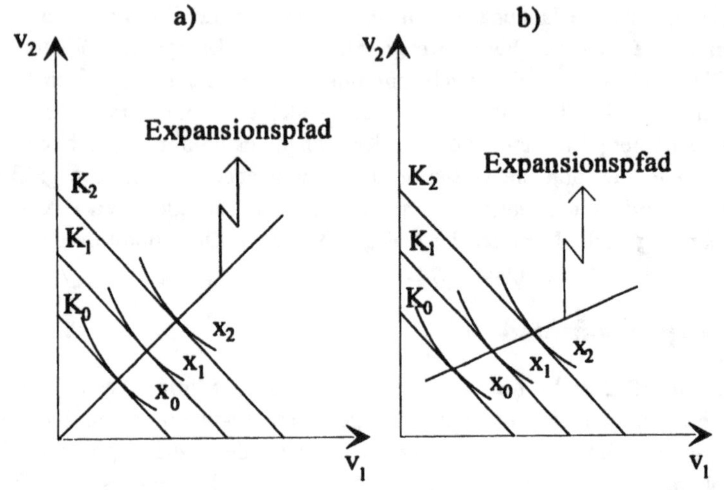

Abb. III.8: Der Expansionspfad

Wir wollen beispielhaft den Expansionspfad einer Cobb-Douglas-Produktionsfunktion berechnen. Zu diesem Zweck wird das Verhältnis der partiellen Grenzproduktivitäten gleich dem Faktorpreisverhältnis gesetzt:

(B20) $$\frac{\alpha}{\beta}\frac{v_2}{v_1} = \frac{q_1}{q_2}$$ bzw. (B21) $$v_2 = \left(\frac{\beta}{a}\frac{q_1}{q_2}\right)v_1$$

Der Expansionspfad verläuft linear aus dem Ursprung und ist um so steiler, d.h. pro Einheit von V_1 werden mehr Einheiten von V_2 benötigt, je größer die Produktionselastizität des Faktors V_2 und der Preis des Faktors V_1 bzw. je kleiner die Produktionselastizität des Faktors V_1 und der Preis des Faktors V_2 ist.

*Betrachten wir nun den Expansionspfad einer limitationalen Produktionsfunktion. Der Expansionspfad, der bei limitationalen Produktionsfunktionen auch als **Prozeßgerade** bezeichnet wird, lautet:*

(B22) $$\frac{v_1}{\gamma_1} = \frac{v_2}{\gamma_2}$$ bzw. (B23) $$v_2 = \frac{\gamma_2}{\gamma_1}v_1$$

Der Expansionspfad der linear-limitationalen Produktionsfunktion verläuft um so steiler, je größer der Faktorkoeffizient für V_2 und je geringer der Faktorkoeffizient für V_1 ist. Im Unterschied zur Cobb-Douglas-Produktionsfunktion wird der Faktor V_2 hier um so intensiver genutzt, je geringer seine Produktivität ausfällt. Die Faktorpreise haben keinen Einfluß auf die Steigung des Expansionspfades. Da die Faktorkoeffizienten bei linear-limitationalen Produktionsfunktionen konstant sind, verläuft der Expansionspfad *als Gerade aus dem Ursprung.*

C. Die Kostenfunktion

1. Einführung

Welche Faktoreinsatzmengen für einen gegebenen Output zu minimalen Kosten führen, stand bisher im Mittelpunkt der Analyse. Werden die kostenminimalen Faktoreinsatzmengen in die Kostengleichung eingesetzt, so erhält man die minimalen Kosten zur Produktion eines gegebenen Outputs. Man könnte für jeden beliebigen Output die minimalen Kosten durch Aufstellung der jeweiligen Minimalkostenkombination gewinnen. Dieser Weg ist aber umständlich. Deshalb wird eine Funktion abgeleitet, die für **jeden beliebigen Output bei gegebenen Faktorpreisen direkt die minimalen Kosten** angibt. Diese Funktion bezeichnet man als **Kostenfunktion.**

(38) $K = K(x; q_1, q_2)$

Im Abschnitt 2 wird die Herleitung von Kostenfunktionen dargestellt. Danach werden in Abschnitt 3 die unterschiedlichen Möglichkeiten und Instrumente zur Beschreibung des Kostenverlaufs erläutert und neben einer Analyse von Grenz- und Durchschnittskosten der Begriff der Kostenelastizität eingeführt. Anschließend erfolgt eine Diskussion der Determinanten des Verlaufs der Kostenfunktion. Ihren Abschluß finden die Ausführungen mit den Bestimmungsgründen der langfristigen Kostenfunktion.

2. Beschreibung der Kostenfunktion

a) Formale Herleitung einer Kostenfunktion

Zur Herleitung der Kostenfunktion stehen folgende Gleichungen zur Verfügung:

(39)	$x = h(v_1, v_2)$	Produktionsfunktion
(40)	$K = q_1 v_1 + q_2 v_2 + K_f$	Kostengleichung
(41)	$v_2 = v_2(v_1; q_1, q_2)$	Expansionspfad
	endogene Variablen: K, v_1, v_2	
	exogene Variablen: q_1, q_2, K_f, x	

Die Gleichung (39) liefert Informationen über den technischen Zusammenhang zwischen den Inputs und den Outputs. Aus der Gleichung (40) erhält man Informationen über die Kosten des Einsatzes der Produktionsfaktoren. Die Gleichung (41) garantiert die Realisierung der Minimalkostenkombination. Das Gleichungssystem (38) bis (41) enthält drei Gleichungen und drei endogene Variablen. Um direkt Aussagen darüber treffen zu können, welche Kosten bei alternativen Outputs und gegebenen Faktorpreisen entstehen, müssen die Faktormengen aus dem Gleichungssystem eliminiert werden. Dies kann z.B. dadurch geschehen, daß der Expansionspfad in die Kostengleichung und die Produktionsfunktion eingesetzt wird. Auf diese Weise wird die endogene Größe v_2 eliminiert, so daß das Gleichungssystem nur noch aus zwei endogenen Variablen und zwei Gleichungen besteht. Wird nun die Produktionsfunktion nach v_1 aufgelöst und anschließend in die Kostengleichung eingesetzt, so erhält man die Kostenfunktion.

Zur Verdeutlichung wollen wir die Kostenfunktion aus der Produktionsfunktion

(B24) $x = v_1 v_2$

exemplarisch ermitteln. Der Expansionspfad dieser Produktionsfunktion lautet:

(B25) $v_2 = \frac{q_1}{q_2} v_1$

Substituieren wir den Expansionspfad in die Produktions- und die Kostengleichung, folgt:

(B26) $x = \frac{q_1}{q_2} v_1^2$ *(B27)* $K = 2q_1 v_1 + K_f$

Wird Gleichung (B26) nach v_1 aufgelöst und in die Kostengleichung eingesetzt, resultiert die Kostenfunktion:

(B28) $K = 2(q_1 q_2)^{1/2} x^{1/2} + K_f$

Bei der Herleitung der Kostenfunktion aus einer limitationalen Produktionsfunktion muß beachtet werden, daß durch die Produktionskoeffizienten das Strukturproblem gelöst wird. Die Kostenfunktion erhält man durch Substitution der Faktorverbrauchsfunktionen

(B29) $v_1 = \gamma_1 x$ *(B30)* $v_2 = \gamma_2 x$

in die Kostengleichung:

(B31) $K = q_1\gamma_1 x + q_2\gamma_2 x + K_f$ bzw. *(B32)* $K = (q_1\gamma_1 + q_2\gamma_2)x + K_f$

Die Kostenfunktion einer linear-limitationalen Produktionsfunktion ist daher stets eine lineare Funktion.

b) Kostenarten und ihre Bedeutung

Die Kosten der Produktion können in fixe und variable Kosten zerlegt werden.

(42) $K = K_f + K_v(x)$

Während die **fixen Kosten** unabhängig von der Produktionsmenge entstehen, sind die **variablen Kosten** outputabhängig. Die Fixkosten können dahingehend untergliedert werden, ob sie vermeidbar oder unvermeidbar sind. Fixkosten, die nicht mehr vermeidbar sind, werden als **Sunk-Costs** bezeichnet. Diese Kosten entstehen aufgrund von Entscheidungen, die in der Vergangenheit getätigt wurden und nicht reversibel sind.

Am besten läßt sich der Unterschied zwischen den beiden Arten der fixen Kosten an einem Beispiel erläutern: Betrachten wir z.B. eine Unternehmung, die einen Fotokopierer 6 Monate für 500 DM mietet. Weiter wird angenommen, daß der Vertrag nicht kündbar ist und die Unternehmung den Kopierer auch nicht weiter vermieten kann. Die Kosten für die Miete fallen unabhängig von der Anzahl der Kopien an und stellen daher fixe Kosten dar. Die Kosten sind in dieser Situation unvermeidbar, es handelt sich um Sunk-Costs. Die Situation ist aber anders zu beurteilen, wenn die Unternehmung den Vertrag vorzeitig lösen kann. Ist dies ohne Kosten möglich, dann stellen die 500 Geldeinheiten zwar fixe Kosten dar, die jedoch grundsätzlich vermeidbar bzw. reversibel wären. Dies sind keine Sunk-Costs. Erhält die Unternehmung bei vorzeitiger Auflösung des Vertrages nur 300 DM zurück, dann stellen die 200 DM unvermeidbare fixe Kosten und die 300 DM vermeidbare fixe Kosten dar. Ob Sunk-Costs vorliegen oder nicht, hängt also vom jeweiligen Zeitpunkt einer Entscheidung ab. Überlegt eine Unternehmung, einen Fotokopierer zu mieten, dann liegen vermeidbare fixe Kosten vor. Hat die Unternehmung den Vertrag bereits abgeschlossen, dann treten möglicherweise Kosten auf, die nicht mehr rückgängig gemacht werden können.

Es handelt sich bei den Sunk-Costs um Aufwendungen für die Unternehmenstätigkeit, insbesondere Kapitalinvestitionen, die bei der Aufgabe des Unternehmens nicht liquidierbar sind. Man kann sie als produktionsspezifische Kapitalgüter bezeichnen, die durch die Spezialisierung in einer Volkswirtschaft notwendig geworden sind. Neben den Kapitalgütern gehören zu den Sunk-Costs alle sonstigen Aufwendungen zur Aufnahme und Schließung eines Betriebes. Dies können u.a. Gerichts- und Anwaltskosten, Werbeetats, Kosten für Sozialpläne, staatliche Auflagen bei Schließung eines Betriebes, Kosten durch Auflösung langfristiger Verträge sowie Kosten für die Aufrechterhaltung von Serviceleistungen langlebiger Güter sein. Die Trennung zwischen unvermeidbaren und vermeidbaren fixen Kosten ist für Entscheidungen, die Produktion einer bestimmten Menge durchzuführen oder nicht, von wichtiger Bedeutung. Weiterhin spielen Sunk-Costs für die Frage, ob der Marktzutritt für eine Unternehmung rentabel ist, eine große Rolle.[11)]

Für ökonomische Fragestellungen interessiert neben der Einteilung in variable und fixe Kosten, wie sich die Kosten bei einer Erhöhung der Produktionsmenge um eine Einheit verändern. Über diese Veränderung geben die **Grenzkosten** Auskunft. Die Grenzkostenfunktion ist formal die erste Ableitung der Kostenfunktion nach der Produktionsmenge. Die Grenzkosten der gesamten Kosten entsprechen den Grenzkosten der variablen Kosten.

$$(43) \quad \frac{dK}{dx} = K' = \frac{dK_v}{dx}$$

---

11) Der Begriff Sunk-Costs ist eng verbunden mit der Theorie der bestreitbaren Märkte (Theory of Contestable Markets). Märkte sind dann bestreitbar, wenn der Marktzutritt bzw. -austritt leicht möglich ist und zu keinen unvermeidbaren fixen Kosten führt. Mit diesen Problemen werden wir uns noch in den nächsten Kapiteln beschäftigen. vgl. Abschnitt V.D.

Informationen über die Kosten je Mengeneinheit erhält man aus der **totalen Durchschnittskostenfunktion** (DTK):

(44) $$\frac{K}{x} = \frac{K_f}{x} + \frac{K_v}{x}$$ (45) $$DTK = DFK + DVK$$

Die durchschnittlichen Gesamtkosten setzen sich aus den **durchschnittlichen variablen Kosten** (DVK) und den **durchschnittlichen Fixkosten** (DFK) zusammen.

Im folgenden wird allgemein der Zusammenhang zwischen dem Vorzeichen der Steigung der Kurve der durchschnittlichen totalen Kosten und der Differenz hergeleitet, die zwischen den totalen Durchschnittskosten und den Grenzkosten besteht. Hierzu wird die Kurve der durchschnittlichen totalen Kosten nach x differenziert:

(46) $$\frac{d\left[\frac{K(x)}{x}\right]}{dx} = \frac{K'(x)x - K(x)}{x^2}$$ bzw. (47) $$\frac{d(DTK)}{dx} = \frac{K'(x) - DTK}{x}$$

Daraus folgt:

(48) $$\frac{dDTK}{dx}\begin{cases} > 0 \\ = 0 \\ < 0 \end{cases} \text{wenn} \begin{cases} DTK < K' \\ DTK = K' \\ DTK > K' \end{cases}$$

Die Grenzkostenkurve schneidet die Funktion der durchschnittlichen totalen und die Funktion der durchschnittlichen variablen Kosten in deren Minima.[12] Die Funktion der durchschnittlichen totalen (variablen) Kosten verläuft ansteigend (fallend), wenn die Grenzkostenfunktion oberhalb (unterhalb) der Funktion der durchschnittlichen totalen (variablen) Kosten verläuft. Sind die Grenzkosten größer als die totalen Durchschnittskosten, dann verursacht jede weitere produzierte Einheit höhere Kosten als vorher jede Einheit im Durchschnitt verursacht hat. Daher müssen die Durchschnittskosten zunehmen. Die hinreichende Bedingung, daß im Schnittpunkt der Durchschnittskostenfunktion und der Grenzkostenfunktion ein Minimum vorliegt, läßt sich, da die zweite partielle Ableitung der Durchschnittskostenfunktion für ein Minimum größer als Null sein muß, wie folgt herleiten:

(49) $$\frac{d^2DTK}{dx^2} = \frac{x\left(K'' - \frac{dDTK}{dx}\right) - (K' - DTK)}{x^2} > 0$$

Aufgrund der Bedingung der ersten Ordnung für ein Minimum müssen

(50) $$\frac{dDTK}{dx} = 0$$ und (51) $$K' = DTK$$

12) Die Zusammenhänge für die DVK-Funktion lassen sich formal analog darstellen.

erfüllt sein. Deshalb reduziert sich die Gleichung (49) zu:

$$(52)\quad \frac{dDTK^2}{dx^2} = \frac{K''}{x} > 0$$

Die Bedingung der zweiten Ordnung für ein Kostenminimum ist erfüllt, wenn die Grenzkosten steigend verlaufen. Die Grenzkostenfunktion schneidet die Durchschnittskostenfunktion in deren Minimum von unten.[13)]

Über die relative Veränderung der Kosten bei einer relativen Veränderung des Inputs gibt die **Kostenelastizität** Auskunft:

$$(54)\quad \varepsilon(K,x) = \frac{dK}{dx}\frac{x}{K} \qquad \text{bzw.} \qquad (54)\quad \varepsilon(K,x) = \frac{dK/dx}{K/x}$$

Die Kostenelastizität läßt sich aus dem Verhältnis von Grenz- zu Durchschnittskosten berechnen. Ist die Kostenelastizität größer als (kleiner als, gleich) Eins, d.h. die Grenzkosten sind größer als (kleiner als, gleich) die (den) Durchschnittskosten, dann steigen die Kosten überproportional (unterproportional, proportional) zum Output und die Durchschnittskostenfunktion hat eine positive (negative, konstante) Steigung.[14)]

c) Graphische Darstellung

Die Kostenfunktionen einer ertragsgesetzlichen Produktionsfunktion sind in der Abbildung 9 dargestellt. Im oberen Teil sind die gesamten Kosten, die variablen Kosten und die fixen Kosten eingezeichnet, wobei sich die gesamten Kosten aus der Summe der variablen und der fixen Kosten für jede beliebige Produktionsmenge ergeben. Im unteren Teil sind die korrespondierenden Verläufe der Grenz- und Durchschnittskosten dargestellt. Die Grenzkostenfunktion ist gleich der Steigung der Kostenfunktion und der Veränderung der variablen Kosten. Dies ist der Tangens des Winkels der Tangente im betrachteten Punkt. Die Grenzkosten sind immer positiv, d.h. eine Erhöhung der Produktion ist nur bei zusätzlichem Faktoreinsatz möglich. Nehmen die Grenzkosten zu (ab), dann verläuft die Kostenfunktion konvex (konkav). Im Minimum der Grenzkostenfunktion (P_0') erreicht die Kostenfunktion ihren Wendepunkt (P_0). In diesem Punkt ist die Steigung der Kostenfunktion am geringsten. Die durchschnittlichen totalen Kosten errechnen sich durch das Verhältnis der Kosten zu gesamter Produktionsmenge. Graphisch ermittelt man die totalen Durchschnittskosten in einem Punkt durch den Tangens des Winkels des Ursprungstrahls durch den betrachteten Punkt der Kostenfunktion. Im Minimum der totalen Durchschnittskosten (P_1') sind die Grenzkosten gleich den totalen Durchschnittskosten. Fahrstrahl und Tangente sind identisch. Sind die Grenzkosten größer als die totalen Durchschnittskosten, dann hat die totale Durchschnittskosten-

13) Die Beziehung zwischen Grenzkosten und Durchschnittskosten ist analog zu den Interdependenzen von Grenzproduktivität und Durchschnittsproduktivität. vgl. Abschnitt II.B.2.a)

14) Die Begründung erfolgt annalog zur Begründung des Zusammenhanges zwischen Produktionselastizität und Verlauf der Durchschnittsproduktivität in Kapitel II.B.2.b)

funktion eine positive Steigung. Gleiches gilt für die variablen Durchschnittskosten. Die durchschnittlichen fixen Kosten nehmen bei Outputsteigerungen immer ab.

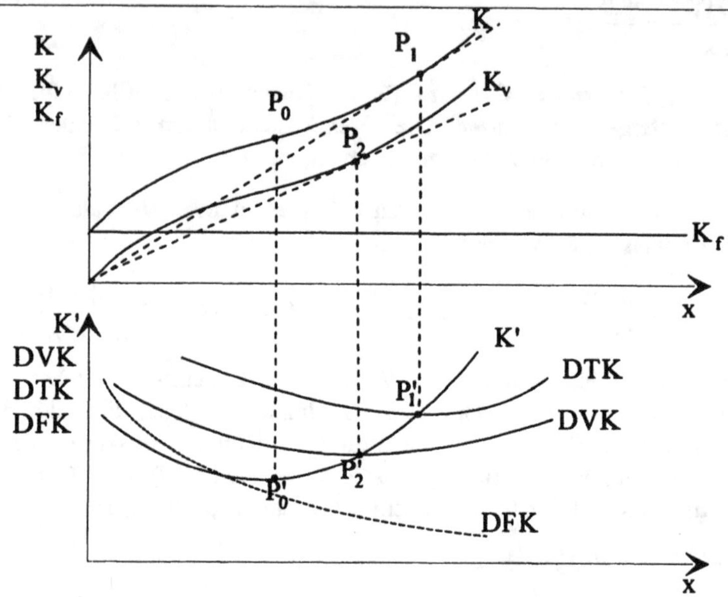

Abb. III.9: Ertragsgesetzliche Produktion und Kosten

3. Kostenverlauf und Einflußgrößen

a) Krümmung der Produktionsfunktion

Zunächst fragen wir nach dem Zusammenhang zwischen dem Verlauf der Produktionsfunktion und dem Kostenverlauf. Zu diesem Zweck wird auf das Kostenminimierungsproblem zurückgegriffen. Unter Anwendung des Envelope-Theorems folgt aus der Lagrange-Funktion (5):[15)]

$$\text{(55)} \quad \frac{\partial L}{\partial x} = \frac{\partial K}{\partial x} = \lambda$$

Der Lagrange-Multiplikator entspricht den Grenzkosten. Um die Eigenschaften der Grenzkostenfunktion ableiten zu können, ist das Gleichungssystem (6) bis (8) total zu differenzieren. Daraus resultiert das bei der Diskussion der Faktornachfrage abgeleitete

15) Nach dem Envelope-Theorem entspricht die Ableitung der Lagrange-Funktion nach einer exogenen Größe der Ableitung der Zielfunktion (hier die Kostenfunktion) nach der exogenen Größe, wenn die notwendigen Bedingungen erfüllt sind. vgl. Silberberg (1978) S. 168 ff.

Gleichungssystem (31). Nach Anwendung der Cramerschen Regel folgt:

(56) $$\frac{d\lambda}{dx} = \frac{\begin{vmatrix} -\lambda h_{11} & -\lambda h_{12} & 0 \\ -\lambda h_{21} & -\lambda h_{22} & 0 \\ -h_1 & -h_2 & -1 \end{vmatrix}}{|G|}$$

(57) $$\frac{d\lambda}{dx} = \frac{-\lambda^2\left(h_{11}h_{22} - h_{12}^2\right)}{|G|}$$

Da die Determinante $|G|$ aufgrund der Bedingung der zweiten Ordnung für ein Kostenminimum kleiner als Null sein muß, hängt das Vorzeichen der Veränderung der Grenzkosten von dem Vorzeichen des Klammerausdrucks ab. Dieser Ausdruck entspricht der Hesse-Determinante der Produktionsfunktion mit umgekehrtem Vorzeichen:

(58) $$-|H| = -\begin{vmatrix} h_{11} & h_{12} \\ h_{21} & h_{22} \end{vmatrix} = -h_{11}h_{22} + h_{12}^2$$

Die Grenzkosten verändern sich somit gemäß der folgenden Gleichung:

(59) $$\frac{d\lambda}{dx} = \frac{d^2K}{dx^2}\begin{cases} >0 \\ =0 \\ <0 \end{cases} \quad \text{wenn} \quad \begin{cases} |H|>0 \\ |H|=0 \\ |H|<0 \end{cases}$$

Für die Erfüllung der hinreichenden Bedingung der Minimalkostenkombination muß die Isoquante konvex verlaufen. Diese Eigenschaft wird aber von konvexen Produktionsfunktionen nicht erfüllt. Nur konkave bzw. weder konkave noch konvexe Produktionsfunktionen können die Bedingung der Quasi-Konkavität erfüllen. Bei diesen Funktionen sind die zweiten partiellen Ableitungen negativ. Zwischen Grenzkosten und Krümmung der Produktionsfunktion bestehen daher folgende Zusammenhänge:

(a) Konkave Produktionsfunktionen führen zu zunehmenden Grenzkosten ($|H| > 0$).
(b) Lineare Produktionsfunktionen führen zu konstanten Grenzkosten ($|H| = 0$),
(c) Produktionsfunktionen, die weder konvex noch konkav sind, führen zu abnehmenden Grenzkosten ($|H| < 0$).

Verläuft die Produktionsfunktion konvex, d.h. die Isoquanten verlaufen konkav, dann erhält man immer eine Randlösung. Es kann dann nicht auf die Gleichung (59) zurückgegriffen werden. Bei konvexen Funktionen wird nur ein Faktor eingesetzt. Da bei konvexen Produktionsfunktionen die partiellen Grenzproduktivitäten zunehmen, werden für infinitesimale Outputsteigerungen jeweils geringere zusätzliche Faktoreinheiten benötigt. Da der Faktorpreis gegeben ist, folgt: Bei konvexen Produktionsfunktionen resultieren abnehmende Grenzkosten.

b) Skalenerträge

Für homothetische Produktionsfunktionen kann der Zusammenhang zwischen Skalenerträgen und Grenzkosten wie folgt abgeleitet werden. Aus der Kostengleichung erhält man für alternative Skalenniveaus eines gegebenen Faktorbündels:

(60) $$K = \mu(q_1 v_{10} + q_2 v_{20}) = c\mu \qquad \text{mit} \qquad c = q_1 v_{10} + q_2 v_{20}$$

Der Parameter c gibt den Preis einer Einheit eines Faktorbündels an. Wird aus der Niveauertragsfunktion

(61) $x = f(\mu)$

die Umkehrfunktion $\mu = f^{-1}(x)$ gebildet und in (60) eingesetzt, folgt:

(62) $K = cf^{-1}(x)$

Die Kostenfunktion entspricht somit der mit c multiplizierten Umkehrfunktion der Niveauertragsfunktion. Für die Bestimmung der Grenzkostenfunktion muß die Gleichung (62) nach x abgeleitet werden. Hierzu wird die Regel für das Differenzieren für Umkehrfunktionen angewendet:

(63) $f^{-1}(x)' = \frac{1}{f'(x)} \quad \text{mit} \quad \frac{df^{-1}}{dx} = \frac{1}{\frac{df(\mu)}{dx}}$

Für die Grenzkosten resultiert:

(64) $\frac{dK}{dx} = \frac{d\left[cf^{-1}(x)\right]}{dx} = \frac{c}{f'(\mu)}$

Veränderungen der Grenzkosten hängen von der zweiten Ableitung der Niveauertragsfunktion f (μ) ab. Die zweite Ableitung der Niveauertragsfunktion ist für zunehmende Skalenerträge positiv und für abnehmende Skalenerträge negativ. Daraus resultiert, daß sich **die Veränderung der Grenzkosten invers zu der Veränderung der Skalenerträge verhält**. Bei zunehmenden Skalenerträgen resultieren abnehmende, bei konstanten Skalenerträgen konstante und bei abnehmenden Skalenerträgen zunehmende Grenzkosten. Liegen abnehmende Skalenerträge vor, nimmt die Outputsteigerung bei einer infinitesimalen Erhöhung des Skalenniveaus ab. Soll der Output immer um eine Einheit steigen, dann muß das Skalenniveau überproportional zum Output steigen. Bei gegebenen Faktorpreisen resultieren dadurch zunehmende Kosten für jede weitere Outputeinheit. Die Grenzkosten nehmen zu. Für zunehmende Skalenerträge gilt: Bei einer infinitesimalen Erhöhung des Skalenniveaus und zunehmenden Skalenerträgen verändert sich der Output überproportional. Für eine gleichbleibende Outputsteigerung sind unterproportionale Erhöhungen des Skalenniveaus notwendig. Bei gegebenen Faktorpreisen sinken dadurch die Grenzkosten.

Der Zusammenhang von Kosten und Niveauvariation ist in Abbildung 10 skizziert. Im Diagramm a) ist die Niveauertragsfunktion eingezeichnet. Ausgehend von einem bestimmten Skalenniveau μ_0 resultiert ein Output von x_0. Die Kosten für alternative Faktorpäckchen sind gemäß der Gleichung (60) im Teil b) dargestellt. Die Steigung der Funktion entspricht dem Preis eines Faktorpäckchens c. Die für jedes Faktorbündel resultierenden Kosten und Outputs werden in den Teil d) der Abbildung übertragen, wobei bezüglich des Outputs die Hilfsfunktion x = x im Teil c) benötigt wird. Anhand der Krümmung der Niveauertragsfunktion sind Aussagen über die Art der Skalenerträge und anhand der Krümmung der Kostenfunktion sind Aussagen bezüglich der Änderung der Grenzkosten möglich. Das Faktorpäckchen μ_0 liegt im Wendepunkt der Niveauertragsfunktion.

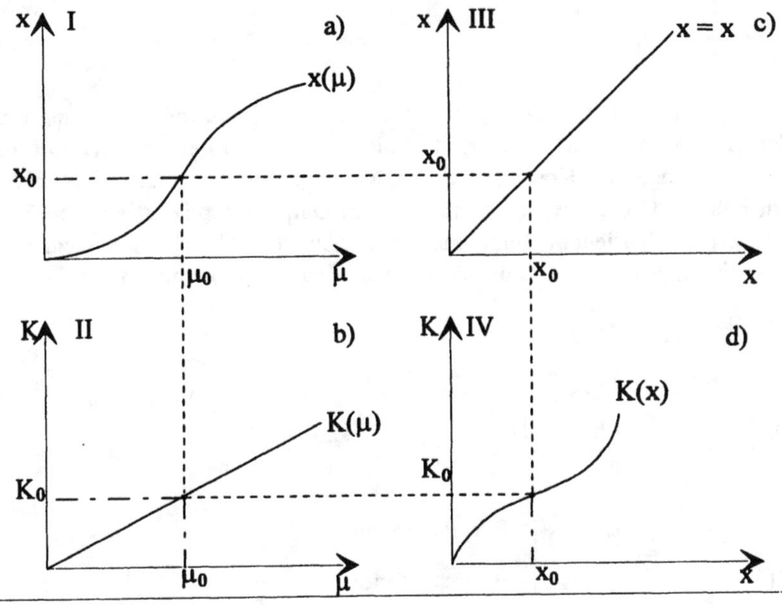

Abb. III.10: Grenzkosten und Skalenerträge

Die Skalenerträge sind konstant. Das korrespondierende Outputniveau x_0 liegt im Wendepunkt der Kostenfunktion. Dort sind die Grenzkosten konstant. Bei einem Einsatzniveau unter μ_0 ist die Niveauertragsfunktion konvex. Die Skalenerträge nehmen zu. Gleichzeitig befindet man sich links von x_0, wo die Steigung der Kostenfunktion abnimmt. Werden mehr als μ_0 Faktorbündel eingesetzt, dann hat die Skalenertragsfunktion eine abnehmende Steigung, was gleichzusetzen ist mit abnehmenden Skalenerträgen. Der korrespondierende Bereich der Kostenfunktion weist zunehmende Grenzkosten auf.

Hierzu ein Zahlenbeispiel. In der Ausgangssituation werden die Faktormengen in Höhe von $v_{10} = v_{20} = 1$ eingesetzt und eine Einheit X produziert. Für eine Erhöhung der Produktion auf zwei Einheiten müssen die Faktormengen auf $v_{11} = v_{21} = 3$ und für eine Erhöhung der Produktion auf drei Einheiten müssen die Faktormengen auf $v_{12} = v_{22} = 4$ steigen. Betragen die Faktorpreise jeweils 10 Geldeinheiten, dann nehmen die Kosten bei einer Erhöhung des Outputs von einer auf zwei Einheiten um 40 Geldeinheiten, bei einer Erhöhung von zwei auf drei Outputeinheiten um 20 Geldeinheiten zu, so daß die Grenzkosten abnehmen. Die abnehmenden Grenzkosten sind Folge der zunehmenden Skalenerträge.

c) Grenzkosten und Faktorpreise

Als nächstes wird der Einfluß der Faktorpreise auf die Kosten diskutiert. Unter Anwendung des Envelope-Theorems folgt:

$$(65)\quad \frac{\partial L}{\partial q_1} = \frac{\partial K}{\partial q_1} = v_1$$

Die Kosten steigen für jeden beliebigen Output bei einer Faktorpreiserhöhung um das Niveau der eingesetzten Faktormenge, d.h. die neue Kostenfunktion verläuft immer oberhalb der ursprünglichen Kostenfunktion. Gleiches gilt für die totalen Durchschnittskosten. Ein höheres Kostenniveau bei alternativen Outputs impliziert aber noch nicht, daß die Grenzkosten bei jedem Output zunehmen. Aus dem Gleichungssystem der notwendigen Bedingungen für die Minimalkostenkombination (31) erhalten wir:

$$(66)\quad \frac{d\lambda}{dq_1} = \frac{\begin{vmatrix} -\lambda h_{11} & -\lambda h_{12} & -1 \\ -\lambda h_{21} & -\lambda h_{22} & 0 \\ -h_1 & -h_2 & 0 \end{vmatrix}}{|G|} \qquad \text{bzw.}$$

$$(67)\quad \frac{d\lambda}{dq_1} = \frac{\lambda(h_1 h_{22} - h_2 h_{12})}{|G|} \begin{cases} > 0, V_1 \text{ ist superior} \\ < 0, V_1 \text{ ist inferior} \end{cases}$$

Über das Vorzeichen der Veränderung der Grenzkosten entscheidet der Klammerausdruck. Vergleicht man diesen Ausdruck mit der Definition von Superiorität und Inferiorität, so stellt man fest, **daß die Grenzkosten zunehmen, wenn der Faktor V_1 superior ist und abnehmen, wenn der Faktor V_1 inferior ist.**[16] Wir erhalten also das überraschende Ergebnis, daß die Grenzkosten bei einer Faktorpreiserhöhung sinken können. Um dieses Ergebnis näher begründen zu können, wird Abbildung 11 betrachtet.[17] Zur Vereinfachung wird der Faktorpreis von V_2 gleich Eins gesetzt. An der Ordinate können neben dem Faktoreinsatz V_2 die Kosten der Produktion abgelesen werden ($K/q_2 = K$ für $q_2 = 1$). Zur Produktion der Menge x_0 stellt der Tangentialpunkt der Isoquante mit der für einen gegebenen Faktorpreis q_{10} korrespondierenden Isokostenlinie K_0 die Minimalkostenkombination P_0 dar. Soll der Output auf x_1 steigen, dann erhält man die Minimalkostenkombination P_1. Die Erhöhung der Kosten durch die gestiegene Produktion, die Grenzkosten, ergeben sich aus der Differenz der Ordinatenabschnitte der beiden Isokostenlinien K_0 und K_1 (dK_0). Wenn der Faktorpreis auf q_{11} steigt, dann liegt die Minimalkostenkombination zur Produktion der Menge x_0 in P_0', die Minimalkostenkombination für x_1 bei P_1'. Aus dem Vergleich der Ordinatenabschnitte der Isokostenlinien K_0' und K_1' erhält man die Grenzkosten dK_1 zu dem höheren Faktorpreis q_1.

16) vgl. Abschnitt II.C.3.a)

17) siehe auch Silberberg (1978) S. 198

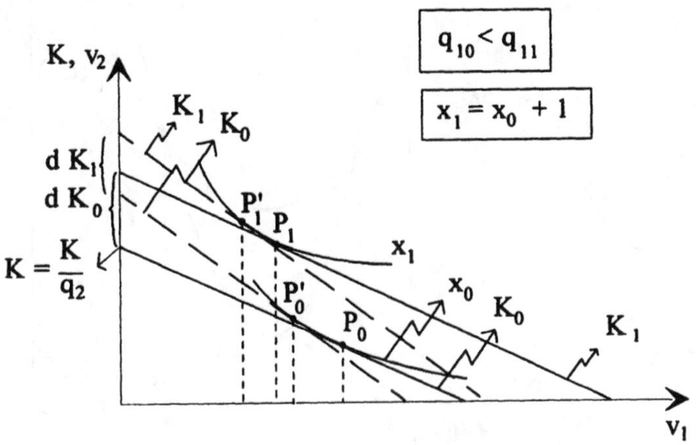

Abb. III.11: Inferiorität und Grenzkosten

Aus der Graphik erkennt man folgende Ungleichung:

$$dK(q_{10}) > dK(q_{11}) \quad \text{und} \quad q_{10} < q_{11}$$

Die Grenzkosten haben sich bei einer Erhöhung des Faktorpreises demnach reduziert.

Die Auswirkung der Veränderung der Faktorpreise auf den Grenzkostenverlauf zeigt die Abbildung 12. Die Grenzkosten können bei einer Erhöhung des Faktorpreises zu- oder, wie mit Hilfe der Abbildung 11 gezeigt wurde, abnehmen. Beide Möglichkeiten sind in der Abbildung 12 dargestellt. Die Grenzkosten vor Faktorpreiserhöhung werden durch K_0' (q_{10}) und nach Faktorpreiserhöhung durch K_1' (q_{11}) dargestellt. Die Abbildung 12a) zeigt eine Situation, in der die Grenzkostenfunktion K_1' immer oberhalb der Funktion K_0' verläuft. Der Vergleich dieser Kostenverläufe läßt erkennen, daß der höhere Faktorpreis von q_1 im Vergleich zu q_0 immer zu höheren Grenzkosten bei jedem Output führt. In Teil b) ist eine andere Reaktion zu beobachten. Im Outputintervall x_u bis x_o liegen die Grenzkosten K_1' trotz des höheren Faktorpreises q_1 unter den Grenzkosten K_0', die sich bei einem Faktorpreis q_0 einstellen. Dies kann aber nicht für sämtliche Produktionsmengen gelten. Bis zu einer Produktionsmenge (x_u) und ab einem bestimmten Produktionsniveau (x_o) müssen die Grenzkosten bei einem steigenden Output größer werden, da ansonsten die Kosten bei einem höheren Faktorpreis für vorgegebene Outputs sinken würden. Nur die temporäre Inferiorität des Faktors V_1 kann zu der im Intervall (x_u, x_o) liegenden überraschenden Kostenentwicklung führen.

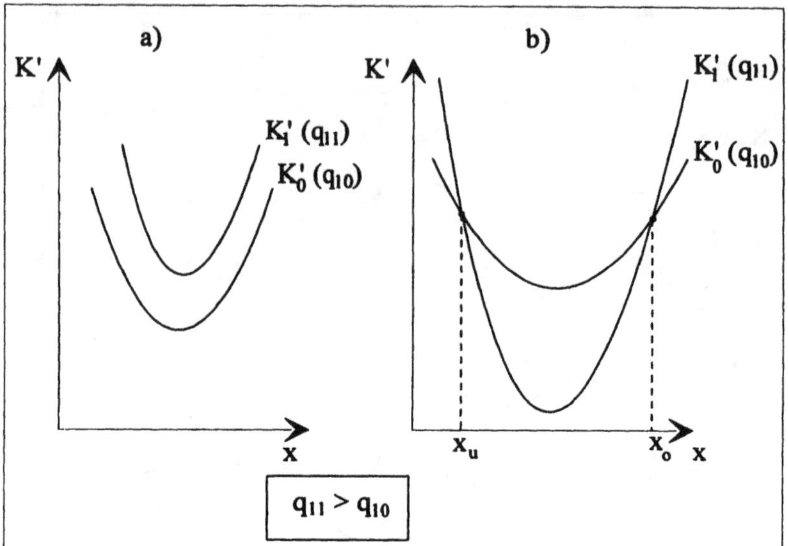

Abb. III.12: Grenzkosten und Faktorpreise

d) Unteilbarkeiten und Faktormengenrestriktionen

Bei der Betrachtung der Skalenerträge wurde davon ausgegangen, daß alle Faktoren variabel sind. Nun ist dies in der Realität nicht immer gegeben. Einige Faktoren sind aus technischen Gründen nicht beliebig teilbar, d.h. unabhängig vom Produktionsniveau muß von diesen Faktoren eine bestimmte Mindestmenge eingesetzt werden. Andere Faktoren sind aufgrund von Mengenrestriktionen nicht beliebig ausdehnbar, wie z.B. die landwirtschaftlich nutzbare Anbaufläche.

Die daraus resultierenden Konsequenzen sollen anhand folgender Produktionsfunktion verdeutlicht werden:

(B33) $x = v_1^{0,5} v_2^{0,5}$

Wenn die Faktorpreise jeweils 10 Geldeinheiten betragen, erhält man für beliebig variierbare Faktoren als Expansionspfad und als Kostenfunktion:

(B34) $v_2 = v_1$ *und* *(B35)* $K = 20x$

Um den Einfluß von Unteilbarkeiten und Mengenrestriktionen zeigen zu können, wird angenommen, daß

(a) aus technischen Gründen vom Faktor V_2 *mindestens 100 Einheiten eingesetzt werden müssen und*

(b) von Faktor V_1 *nicht mehr als 900 Einheiten zur Verfügung stehen.*

Die Konsequenzen dieser Restriktionen werden mit Hilfe des Faktormengendiagramms in der Abbildung 13 a) verdeutlicht.

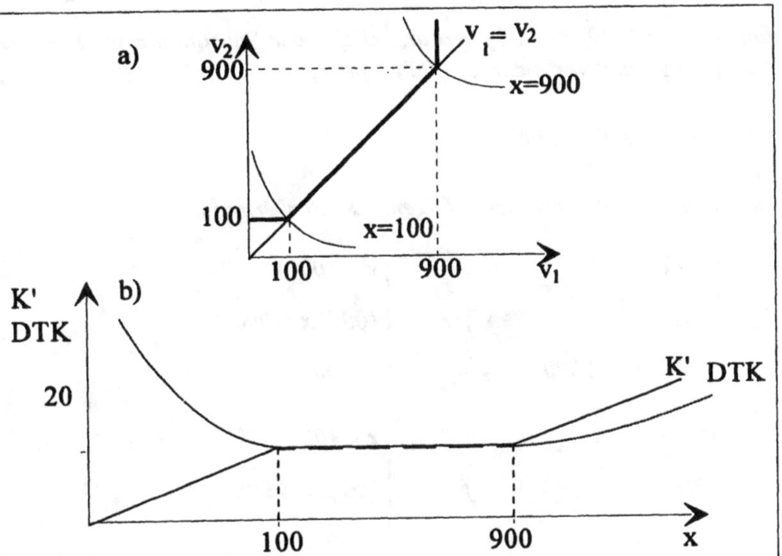

Abb. III.13: Kosten bei Unteilbarkeit und begrenzten Ressourcen

Der Expansionspfad ohne Berücksichtigung der Restriktionen (a) und (b) wird durch die Funktion $v_2 = v_1$ dargestellt. Wird die eingeschränkte Teilbarkeit des Faktors V_2 betrachtet, erhält man bei einer Menge von $v_2 = 100$ aus dem Expansionspfad die Faktoreinsatzmenge von Faktor V_1 mit 100 Einheiten. Setzt man die Mengen von jeweils 100 Einheiten in die Produktionsfunktion ein, liefern diese einen Output von 100. Sinkt der Output unter 100 Einheiten, dann wird bei unverändertem Einsatz des Faktors V_2 die Faktoreinsatzmenge von V_1 reduziert. Bis zu einer Produktionsmenge von 100 ist der Faktor V_2 demnach fix und der Faktor V_1 variabel. Die Berücksichtigung der fixen Menge von V_2 in der Produktionsfunktion und der Kostengleichung liefert:

(B36) $x = 10v_1^{0,5}$ *und* *(B37)* $K = 1000 + 10v_1$

Wird Gleichung (B36) nach v_1 aufgelöst und in (B37) eingesetzt, dann folgt:

(B38) $K = 0{,}1x^2 + 1000$ *für* $x < 100$

Betrachtet man die begrenzte Verfügbarkeit des Faktor V_1, dann erhält man zu einer Menge von V_1 von 900 Einheiten aus dem Expansionspfad eine Faktormenge von V_2 von 900. Mit dieser Faktormengenkombination kann ein Output von 900 erzielt werden. Soll der Output darüber hinaus ausgedehnt werden, dann kann dies nur durch eine partielle Variation von V_2 geschehen. Der Faktor V_1 ist fix, der Faktor V_2 hingegen variabel. Aus der Produktionsfunktion und der Kostengleichung resultiert:

(B39) $x = 30v_2^{0,5}$ (B40) $K = 9000 + 10v_2$

Die Auflösung von (B39) nach v_2 und anschließender Substitution in (B40) liefert die Kosten für einen Output von mehr als 900 Einheiten:

(B41) $K = \frac{1}{90}x^2 + 9000 \quad \text{für } x > 900$

Aus diesen Überlegungen resultieren folgende Kostenverläufe:

$$\text{(B42)} \quad K = \begin{cases} 0,1x^2 + 1000 \\ 20x \\ 1/90x^2 + 9000 \end{cases} \quad \text{für} \quad \begin{cases} x < 100 \\ 100 \le x \le 900 \\ x > 900 \end{cases}$$

$$\text{(B43)} \quad K' = \begin{cases} 0,2x \\ 20 \\ 1/45x \end{cases} \quad \text{für} \quad \begin{cases} x < 100 \\ 100 \le x \le 900 \\ x > 900 \end{cases}$$

$$\text{(B44)} \quad DTK = \begin{cases} 0,1x + 1000x^{-1} \\ 20 \\ 1/90x + 9000x^{-1} \end{cases} \quad \text{für} \quad \begin{cases} x < 100 \\ 100 \le x \le 900 \\ x > 900 \end{cases}$$

In Teil b) der Abbildung 13 werden die Grenzkosten und die totalen Durchschnittskosten dargestellt. Bei der Produktion des Gutes X sinken die totalen Durchschnittskosten mit zunehmendem Ausstoß zuerst und erreichen bei einem Produktionsniveau von $x = 100$ ihr Minimum. Bis zur Faktorrestriktion des Faktors V_1 von 900 Einheiten wird auf der Basis der unterstellten Produktionsfunktion mit konstanten Skalenerträgen und Grenzkosten produziert. Greift die Faktorrestriktion von V_1, kommt es zu steigenden Durchschnittskosten.

Aus unseren Ausführungen können wir als Ergebnis ableiten, **daß Unteilbarkeiten tendenziell zu sinkenden, Faktorrestriktionen zu steigenden totalen Durchschnittskosten führen**. Das Outputniveau, bei dem das Minimum der Durchschnittskosten erreicht wird, bezeichnet man als **mindestoptimale Outputmenge oder mindestoptimale Betriebsgröße (MOB).**[18] Die mindestoptimale Betriebsgröße stellt ein Kriterium dar, mit dem beurteilt werden kann, wie viele Unternehmen maximal einen Markt effizient versorgen können. Liegt die mindestoptimale Betriebsgröße bei 200 und

18) Der Begriff der Betriebsgröße wird nicht einheitlich angewandt. Manchmal wird er auf die Ausbringungsmenge und manchmal auf das Niveau der limitierenden Faktoreinsatzmenge bezogen. Wir verstehen unter einer Betriebsgröße die tatsächliche Ausbringungsmenge eines Unternehmens.

beträgt das Nachfragepotential einer Volkswirtschaft 1000, dann können 5 Betriebe die Produktion der gesamten Nachfrage zu gleichen Teilen volkswirtschaftlich effizient durchführen. Die Frage nach der volkswirtschaftlich effizienten Ausbringungsmenge wird im nächsten Abschnitt nochmals aufgegriffen, wenn die Bestimmungsgründe und Implikationen von langfristigen Kostensituationen einer Unternehmung diskutiert werden.

4. Langfristige Kostenfunktionen

a) Allgemeine Überlegungen

Bisher wurden implizit kurzfristige Kostenfunktionen betrachtet. Dies kommt in der Berücksichtigung der fixen Kosten zum Ausdruck. Diese fixen Kosten entstehen durch die Wahl eines bestimmten Produktionsverfahrens. Nochmals sei darauf hingewiesen, daß ein Produktionsverfahren sich von einem anderen Produktionsverfahren durch den Einsatz verschiedener Faktoren unterscheidet, und daß mit Hilfe einer Produktionsfunktion immer die technischen Möglichkeiten in einem Produktionsverfahren abgebildet werden. In jedem Produktionsverfahren existieren unteilbare Faktoren. Stehen diese unteilbaren und begrenzt verfügbaren Faktoren in einem limitationalen Verhältnis zu den variablen Faktoren, dann kann der Output nicht unbegrenzt ansteigen. Dabei ist es unerheblich, ob die variablen Faktoren zueinander limitational oder substitutional sind. Das Niveau des Einsatzes dieser unteilbaren Faktoren stellt ab einer bestimmten Produktionsmenge einen Engpaßfaktor dar. Kurzfristig gilt daher: Wenn ein bestimmtes Produktionsverfahren und das Niveau bestimmter Engpaßfaktoren gewählt worden sind, die kurzfristig nicht ausgedehnt werden können, dann existiert eine Kapazitätsgrenze. Unter **Kapazitätsgrenze** verstehen wir die maximal mögliche Ausbringungsmenge bei gegebenen Mengen mindestens eines limitierenden Faktors.[19)] Die Ursache für die Existenz kurzfristiger Kapazitätsgrenzen liegt darin, daß die Unternehmung mit ihrer Investitionsentscheidung das Produktionsverfahren und das Niveau der unteilbaren Produktionsfaktoren festgelegt hat, wobei die unteilbaren Faktoren in limitationaler Beziehung zu den teilbaren Faktoren stehen. Ausdehnungen der variablen Einsatzfaktoren führen an der Kapazitätsgrenze lediglich zu höheren Produktionskosten, aber nicht zu höheren Ausbringungsmengen. Die Grenzproduktivität der variierbaren Produktionsfaktoren an der Kapazitätsgrenze ist daher Null.

Betrachtet wird noch einmal die Landwirtschaft. Die zu bearbeitende Bodenfläche sei gegeben. Ein bestimmter Ertrag kann durch unterschiedliche Einsatzmengen der Faktorpäckchen

- Arbeiter, die Unkraut zupfen, und
- Arbeiter, die Dünger streuen,

erzielt werden. Die beiden variablen Faktorpäckchen stehen in einer substitutionalen Beziehung. Bei der gegebenen Anbaufläche ist jedoch nicht jeder beliebige Output durch den Einsatz der variablen Faktoren zu erzielen. Wäre dies möglich, könnte man den

19) Der Begriff Kapazitätsgrenze wird in der Literatur nicht einheitlich verwendet.

weltweiten Bedarf an Nahrungsmitteln in einem Blumentopf produzieren. Der Produktionsfaktor Boden ist limitational zu den anderen Produktionsfaktoren.

b) Multiple und mutative Variation

In diesem Abschnitt wird untersucht, wie eine Unternehmung die Kapazität eines Betriebes erweitern kann. Dabei existieren zwei grundsätzliche Alternativen:

(a) Die Erweiterung wird bei Beibehaltung des Produktionsverfahrens vorgenommen. Die Ausdehnung erfolgt ohne technische Umgestaltung. Man spricht in diesem Zusammenhang von einer **multiplen Anpassung**.

(b) Die Erweiterung wird durch Veränderung des Produktionsverfahrens vorgenommen. Sie ist mit technischen Umstellungen verbunden. Man spricht dann von einer **mutativen Anpassung**.

Eine multiple Anpassung bedeutet nichts anderes als eine Ausdehnung der Niveaus der bereits verwendeten fixen und variablen Faktoren. Eine multiple Variation liegt nach unseren Vorstellungen z.B. vor, wenn zu einem vorhandenen LKW ein weiterer gekauft wird. Die LKW stellen einen sprungfixen Faktor dar. Der Kostenverlauf für den Einsatz eines, zweier, dreier LKW ist in der folgenden Abbildung 14 abgebildet, wobei die Variable x die Maßeinheit für das Ladegewicht eines LKW, hier 7,5 Tonnen, angibt.

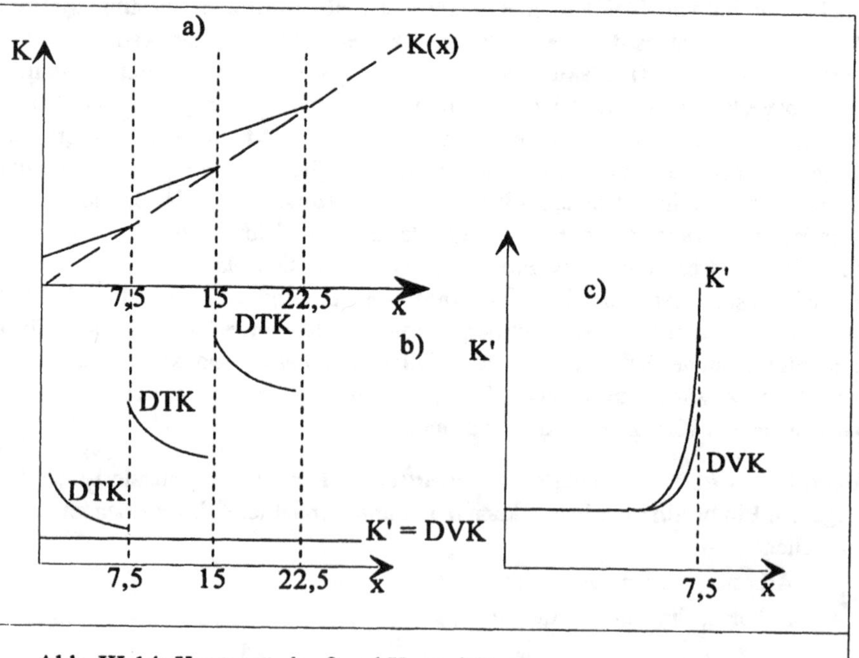

Abb. III.14: Kostenverlauf und Kapazitätsgrenze

In Teil a) der Abbildung 14 ist der Kostenverlauf und in Teil b) der Abbildung sind die korrespondierenden variablen und totalen Durchschnittskosten sowie die Grenzkostenfunktionen eingezeichnet. Die Grenzkosten und die variablen Durchschnittskosten sind bis zur jeweiligen Kapazitätsgrenze konstant. Die totalen Durchschnittskosten nehmen stets ab. Die mindestoptimale Betriebsgröße liegt an der Kapazitätsgrenze. Eine derartige Kostenstruktur entsteht, wenn die Produktionsfunktion in den variablen Faktoren linear-homogen ist.

Es schließt sich die Frage nach der Allgemeingültigkeit der in den Teilen a) und b) dargestellten Kostenverläufen bei limitierenden unteilbaren Faktoren an. In der Nähe der Kapazitätsgrenze werden die vorhandenen fixen Produktionsanlagen immer stärker eingesetzt bzw. geben die vorhandenen unteilbaren Faktoren eine immer größere Leistung ab. Die Produktion läuft auf Hochtouren. Nehmen in einer solchen Situation nicht die Kosten überproportional zum Output zu, so daß die variablen Durchschnittskosten und die Grenzkosten in der Nähe der Kapazitätsgrenze ansteigen?[20] In dem Teil c) der Abbildung 14 wurde ein solcher Kostenverlauf skizziert. Führt die Erhöhung der variablen Durchschnittskosten zu einem Anstieg der totalen Durchschnittskosten, dann wird die optimale Betriebsgröße vor der Kapazitätsgrenze erreicht. Wie bei der Analyse des Niveauproblems eines Mengenanpassers im nächsten Kapitel gezeigt wird, spielt der Verlauf der Grenzkosten an der Kapazitätsgrenze für die hinreichende Bedingung eines Gewinnmaximums eine entscheidende Bedeutung.

Bei der mutativen Anpassung werden Faktoren gegeneinander substituiert. Es handelt sich also um eine Variation des Produktionsverfahrens. Wie verlaufen die Kostenfunktionen bei einer mutativen Anpassung? Zu diesem Zweck ermittelt man zuerst die Kostenfunktionen alternativer Produktionsfunktionen bei alternativen möglichen Niveaus der unteilbaren Faktoren. Die unterschiedlichen Produktionsverfahren unterscheiden sich durch die Qualität der fixen Faktoren. Fixe Faktoren mit höherer Produktivität haben in der Regel höhere Anschaffungskosten. Ansonsten wären sie anderen fixen Faktoren mit minderer Qualität und den damit verbundenen Produktionsverfahren immer überlegen. Dies führt dazu, daß technisch überlegene Produktionsfaktoren bei geringerem Output höhere Kosten aufweisen als technisch weniger anspruchsvolle Verfahren. Erst ab einer bestimmten Produktionsmenge führt das Verfahren mit einer ausgereifteren Technik zu niedrigeren Kosten als das bisher eingesetzte Verfahren. Bildet man die Umhüllungskurve der Kostenfunktionen der alternativen Produktionsverfahren, dann erhält man die **langfristige Kostenfunktion**. Entlang dieser langfristigen Kostenfunktion sind sowohl die variablen Produktionsfaktoren als auch die kurzfristig fixen Faktoren variabel. Die Umhüllungskurve bezeichnet man als **Envelope**. Auf ähnliche Weise kann man die langfristigen Durchschnittskostenkurven sowie die langfristigen Grenzkostenkurven ermitteln.

In der Abbildung 15 sind mögliche Verläufe der langfristigen Durchschnittskostenfunktionen aus den Kostenverläufen der jeweiligen Produktionsverfahren abgeleitet. Im Teil a) ist eine u-förmig verlaufende langfristige Durchschnittskostenkurve als Umhüllungskurve der durch die verschiedenen Verfahren bedingten kurzfristigen Durchschnittskostenkurven eingezeichnet. Sie weist zuerst eine fallende, dann eine nahezu

20) Die gleiche Ansicht vertreten Henrichsmeyer/Gans/Evers (1988) S. 138 ff.

konstante und schließlich eine zunehmende Steigung auf. In Teil b) verläuft die langfristige Kostenfunktion linear, in Teil c) degressiv und in d) progressiv. Dementsprechend hat die langfristige Durchschnittskostenkurve in b) eine Steigung von Null, in c) eine negative und in d) eine positive Steigung. Zudem wird sichtbar, daß nur die in Teil b) skizzierte Envelope eine Verbindung der Minima der jeweiligen kurzfristigen Durchschnittskosten ist. Verläuft die langfristige Durchschnittskostenfunktion fallend oder steigend, dann haben die Durchschnittskosten in dem Berührungspunkt zur Umhüllungskurve ebenfalls eine negative bzw. positive Steigung. Nur wenn die langfristige Durchschnittskostenfunktion eine Parallele zur Abzisse ist, kann sie als Verbindungslinie der kurzfristigen minimalen Durchschnittskosten interpretiert werden. Die Unternehmung erreicht ihre optimale Betriebsgröße, als langfristig optimale Mischung von fixen und variablen Kosten, im Minimum der in Teil a) abgebildeten langfristigen Durchschnittskostenkurve. Bei einer stetig fallenden Kurve wie in c) gelangt die Unternehmung zu diesem Punkt, wenn die Durchschnittskosten bei einer zunehmenden Ausbringungsmenge sich nur noch geringfügig bzw. gar nicht mehr verringern.

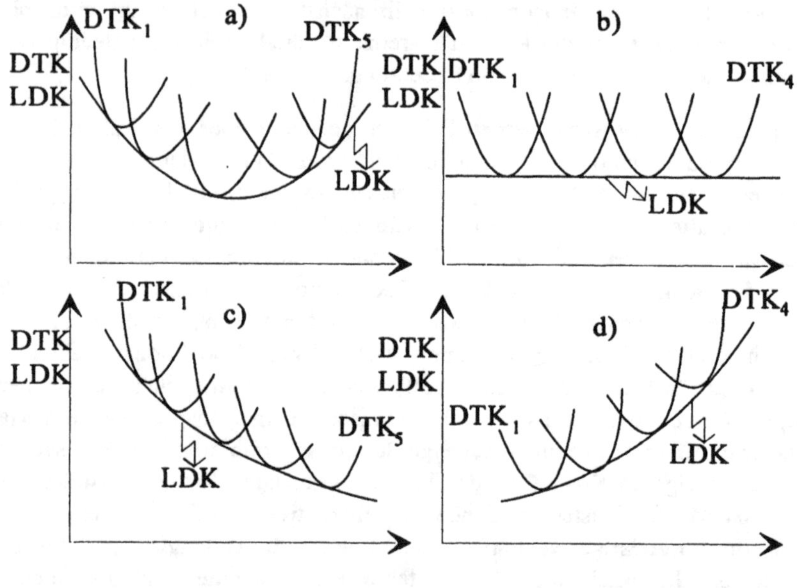

Abb. III.15: Alternative Verläufe langfristiger Kostenkurven bei mutativer Anpassung

Die erläuterten Zusammenhänge werden im folgenden formalisiert. Zu diesem Zweck werden die gesamten Kosten in variable und fixe Kosten aufgeteilt:

$$(68) \quad K(x,g) = K_v(x,g) + K_f(g) \qquad \text{mit} \quad \frac{dK_v(x,g)}{dg} < 0; \frac{dK_f(g)}{dg} > 0$$

g: Qualität des Produktionsverfahrens

Variable und fixe Kosten hängen von der Qualität des gewählten Produktionsverfahrens ab. Die variablen Kosten sinken mit einer verbesserten technischen Qualität des Verfahrens, während die fixen Kosten zunehmen. Ein Produktionsverfahren ist durch eine bestimmte Ausprägung von g festgelegt:

(69) $K(x,\bar{g}) = K_v(x,\bar{g}) + K_f(\bar{g})$
$\bar{g}$: gegebenes Verfahren

Man kann nun für alle möglichen Ausprägungen von g die korrespondierende Kostenfunktion ermitteln. Aus der so entstehenden Schar von Kostenfunktionen werden für alternative Outputs die jeweils minimalen Kosten und das entsprechende Produktionsverfahren gesucht. Zur Vereinfachung gehen wir von unendlich vielen Verfahren aus. Die Gleichung (68) wird nach g differenziert und gleich Null gesetzt:

(70) $$\frac{dK(x,g)}{dg} = \frac{dK_v(x,g)}{dg} + \frac{dK_f(g)}{dg} = 0$$

Die aus der anschließenden Auflösung nach g resultierende Funktion liefert für alternative Outputniveaus das kostenminimale Verfahren:

(70a) $g = f(x)$

Nach Substitution der Gleichung (70a) in die Gleichung (68) erhält man die minimalen Kosten bei alternativen Outputniveaus:

(71) $K = K_v[x, f(x)] + K_f[f(x)] = K(x)$

Dies ist die langfristige Kostenfunktion. Sie weist keine fixen Kostenbestandteile mehr auf. Aus dieser Funktion kann das Minimum der langfristigen totalen Durchschnittskosten und die optimale Betriebsgröße unter Berücksichtigung der Verfahrensqualität ermittelt werden.

Im folgenden Beispiel soll die Ermittlung der Kostenfunktion (71) aufgezeigt werden.[21] *Die Kosten in Abhängigkeit des Outputs und der Qualität des Verfahrens werden bestimmt durch:*

(B45) $K = 0{,}04x^3 - 0{,}9x^2 + (11-g)x + 5g^2$

Die Ableitung nach der Verfahrensqualität ergibt:

(B46) $\frac{dK}{dg} = -x + 10g = 0$ *(B47)* $g = \frac{1}{10}x$

Aus (B47) erhält man für vorgegebene Outputniveaus das jeweils kostengünstigste Produktionsverfahren. Wird für g die Gleichung (B47) in die Kostenfunktion (B45) eingesetzt, dann erhalten wir die langfristige Kostenfunktion bei alternativen Produktions-

21) vgl. Henderson /Quandt (1983) S. 89 ff.

verfahren in Abhängigkeit der Outputmenge:

$$(B48)\quad K = 0{,}04x^3 - 0{,}9x^2 + 11x - 0{,}1x^2 + 0{,}05x^2 = 0{,}04x^3 - 0{,}95x^2 + 11x$$

Zur Bestimmung der Ausbringungsmenge im Minimum der langfristigen Durchschnittskostenkurve werden die langfristigen durchschnittlichen totalen Kosten:

$$(B49)\quad DTK = 0{,}04x^2 - 0{,}95x + 11$$

nach x differenziert:

$$(B50)\quad \frac{dDTK}{dx} = 0{,}08x - 0{,}95 = 0 \quad \Rightarrow x = 95/8 \approx 16$$

Setzt man diese Menge in die Gleichung (B47) ein, folgt:

$$(B51)\quad g = \frac{1}{10}x \Rightarrow g \approx 1{,}6$$

Die langfristig mindestoptimale Ausbringungsmenge liegt bei ungefähr 16 Mengeneinheiten und führt zu einer Verfahrensqualität von ca. 1,6. Der im Beispiel berechnete Wert für die langfristig optimale Qualität des Produktionsverfahrens von 1,6 kann im Sinne eines Indexes interpretiert werden. Auf der Basis einer monetären Bewertung kann man verschiedene Niveaus von Faktorausstattungen bzw. Qualitäten vergleichen. Wird dieser Vergleichswert z.B. mit 1 Mio. GE angegeben, dann kann man die zu anderen Produktionsverfahren gehörende Faktorausstattung wertmäßig bestimmen.

Abschließend soll nochmals darauf hingewiesen werden, daß es zu Fehlinterpretationen der langfristigen Kostenfunktion bzw. der Umhüllungskurve kommen kann, wenn man die grundlegenden Überlegungen aus den Augen verliert: die Bestimmung der **optimalen Verfahrensqualität ist eine strategische Unternehmensentscheidung,** die das Management im Rahmen der langfristigen Unternehmensplanung trifft, bevor mit der Produktion begonnen wird. Betrachtungen, die zu einem späteren Zeitpunkt angestellt werden, wenn eine bestimmte Produktionskapazität eingerichtet worden ist, müssen bei einer Umgestaltung der Produktionsabläufe Kosten berücksichtigen, die keine Relevanz in der Anfangskalkulation besaßen. Sogenannte **Umbau- und Rüstkosten** sind **nicht** in der langfristigen Kostenkurve enthalten. Den Sachverhalt, daß nach der Entscheidung über das Produktionsverfahren eine Reduktion der Produktion zu höheren Kosten führt als vor der Entscheidung, nennt man **Kostenremanenz.**

c) Implikationen für den Kostenverlauf

Betrachtet werden zunächst die Eigenschaften einer Produktionsverfahrensfunktion, die durch eine gegebene Qualität der Produktionsfaktoren gekennzeichnet sind. Weiterhin wird davon ausgegangen, daß keine Restriktionen bezüglich der jeweiligen Mengen eines Faktors existieren. Werden nun tatsächlich alle Faktoren proportional variiert, dann erscheinen konstante Skalenerträge plausibel, woraus ein linearer Verlauf der

Durchschnittskosten und der Grenzkosten resultiert.[22] Existieren Unteilbarkeiten, dann treten in bestimmten Intervallen fallende Durchschnittskosten auf. Ein weiterer Grund für fallende Durchschnittskosten besteht in der Möglichkeit des Verfahrenswechsels. Ab einem bestimmten Produktionsniveau lohnt sich der Einsatz technisch hochwertiger Produktionsverfahren. Wie bereits erläutert worden ist, können ab einer bestimmten Größe Spezialisierungsvorteile genutzt und anspruchsvollere Technologien eingesetzt werden. Der Grund für die Rentabilitätsschwelle ist in den hohen Fixkosten anspruchsvollerer Technologien und in den Unteilbarkeiten bestimmter Faktoren zu sehen, die den Einsatz eines Verfahrens erst ab einem bestimmten Auslastungsgrad effizient werden lassen. So kann z.B. ein Auto per Hand oder durch Automation gefertigt werden. Wird nur ein Auto oder wenige Autos produziert, dann erscheint die Installation einer Fertigungsinsel bzw. -straße wenig sinnvoll. Erst ab einer gewissen Produktionsgröße wird sich die Verwendung rentieren. Vergleicht man die Automatenfertigung mit der manuellen Fertigung, so bedingt erstere höhere Fixkosten, verursacht aber niedrigere variable Kosten. Die Implementierung der Fertigungsautomaten ist erst ab einem bestimmten Outputniveau sinnvoll. Der Übergang zu höherwertigen Verfahren führt tendenziell zu einem fallenden Verlauf der Durchschnittskosten. Hinzu kommt die Vermutung, daß größere Unternehmen über bessere Konditionen auf den Beschaffungsmärkten sowie über Vorteile im Absatzbereich wie z.B. Großversand verfügen. Beide Argumente stützen zusätzlich die Vermutung fallender Durchschnittskosten. Setzen sich die hier aufgeführten Größenvorteile unbegrenzt fort? Es muß berücksichtigt werden, daß die Möglichkeiten des Verfahrenswechsel beschränkt sind, denn irgendwann wird ja mit dem anspruchsvollsten technischen Verfahren produziert. Die Möglichkeiten, die Durchschnittskosten durch Verfahrenswechsel zu reduzieren, enden an dieser Stelle. Bis zu einer bestimmten Produktionsmenge können die Durchschnittskosten durch Verfahrenswechsel verringert werden. Danach wird schließlich das bei gegenwärtigem Stand der Technik qualitativ hochwertigste Verfahren verwendet. Liegen in diesem Verfahren konstante Skalenerträge vor, dann sind die Durchschnittskosten ab dieser Produktionsmenge konstant.

Welche Argumente können für einen Anstieg der Durchschnittskosten angegeben werden? Im Verwaltungsbereich wachsen die Kommunikations- und Kontrollprobleme überproportional zum Output. Im Vertrieb müssen zusätzliche Absatzschichten erschlossen werden, was ebenfalls zu höheren Durchschnittskosten führen kann. Der zur Verfügung stehende Bestand an Ressourcen in einer Volkswirtschaft ist sowohl quantitativ begrenzt als auch nicht in gleicher Qualität für die Produktion zu nutzen. Die quantitative und qualitative Begrenztheit der Ressourcen verursacht tendenziell eine Zunahme der durchschnittlichen totalen Kosten.

Eine Zusammenfassung der Ergebnisse zeigt: Die Möglichkeiten der Spezialisierung durch Verfahrenswechsel im Sinne einer mutativen Anpassung führen zunächst zu sinkenden Durchschnittskosten. Ab einer bestimmten Produktionsmenge wird die Produktion nur noch durch multiple Anpassung ausgedehnt. Schließlich führen qualitative

22) vgl. die Diskussion über die Skalenerträge in III.C.3.c)

und quantitative Einschränkungen der Faktoren sowie zunehmende Organisationsprobleme zu steigenden Durchschnittskosten. Für die Durchschnittskostenfunktion ergibt sich dann ein Verlauf, wie er in der Abbildung 13 b) dargestellt worden ist. Es ist aus verschiedenen Gründen für eine Volkswirtschaft wichtig, Kenntnisse über den Verlauf der langfristigen Durchschnittskostenkurve in den verschiedenen Branchen zu besitzen. Werden abnehmende Durchschnittskosten in einem Produktionssektor festgestellt, so produziert dieser mit zu kleiner, unteroptimaler, Betriebsgröße. Eine Vergrößerung der Betriebe durch Zusammenschluß würde zu einer Kostenreduktion bei gleichem Outputniveau führen. Liegen dagegen zunehmende Durchschnittskosten vor, so wird in zu großen Betrieben produziert. Eine Reduzierung der Unternehmensgrößen, eine Entflechtung, würde bei gleichem Output den Ressourceneinsatz reduzieren und die Effizienz erhöhen. Für die Beurteilung von Fusionen stellen daher die Kostenverläufe ein wichtiges Kriterium dar. Andererseits ist es für eine Volkswirtschaft bei Vorliegen von abnehmenden Durchschnittskosten sinnvoll, die internationale Arbeitsteilung zu fördern. Dies gilt insbesondere für volkswirtschaftlich kleine Länder. Die nationale Nachfrage ist in diesen Ländern zur Erreichung der mindestoptimalen Betriebsgrößen zu gering. Durch Spezialisierung auf bestimmte Produkte und eine Öffnung nationaler Märkte können die Durchschnittskosten der Produktion verringert werden. Dies erklärt, warum kleine Länder, wie z.B. Belgien oder die Niederlande, größere Exportquoten als volkswirtschaftlich große Länder, wie z.B. die USA, aufweisen.[23)]

d) Empirischer Befund

Die Monopolkommission hat in ihrem 6. Hauptgutachten Ausmaß und Ursachen der Betriebsgrößenvorteile in 18 Branchen für die Bundesrepublik Deutschland untersucht. Die Ergebnisse sind in der folgenden Tabelle festgehalten. Dargestellt sind alternative Produktgruppen, die in Branchen zusammengefaßt sind. Diese Angaben werden verbunden mit Aussagen zur **mindestoptimalen technischen Betriebsgröße (MOTB)**. Im Unterschied zur mindestoptimalen Betriebsgröße bzw. der optimalen Qualität eines Produktionsverfahrens werden in der mindestoptimalen technischen Betriebsgröße lediglich die technischen Produktionskosten betrachtet, so daß z.B. Transport- und Verwaltungskosten nicht enthalten sind. In der zweiten Spalte findet man das jeweilige Ausmaß der mindestoptimalen technischen Betriebsgröße und in der dritten Spalte den Stückkostennachteil, der den Produzenten entsteht, wenn nur ein Drittel der mindestoptimalen Produktionsmenge hergestellt wird. Die Angaben in Spalte Zwei können folgendermaßen interpretiert werden: In der Produktgruppe PKW liegt die MOTB bei 500 Tsd. Fahrzeugen pro Jahr. Dies bedeutet, daß in dieser Branche 500 Tsd. PKW produziert werden müssen, um das Minimum der langfristigen Durchschnittskostenkurve der Branche zu erreichen. Dies heißt nicht, daß diese Ausbringungsmenge auch tatsächlich realisiert wird. So ist es denkbar, daß die Unternehmen der Branche ihren Gewinn maximieren wollen und die gewinnmaximale Ausbringungsmenge aller Anbieter von der volkswirtschaftlich betriebsoptimalen Menge abweicht.

---

23) Neben den genannten Vorteilen der Spezialisierung erklärt auch die auf bestimmte Ressourcen beschränkte Verfügbarkeit der Volkswirtschaft die hohe Exportquote der kleinen Länder.

Produktgruppe	mindestoptimale technische Betriebsgröße (MOTB) (Produktionsmenge/Jahr)	Herstellstückkostennachteil bei einem Drittel der MOTB[1]	technisch bedingte Konzentration		tatsächliche Konzentration: Anteil der drei größten Anbieter	
			Anteil eines MOTB-Anbieters 1984 (%)	Anteil von drei MOTB-Anbietern 1984 (%)	am Produktionswert der Güterklasse 1984 (%)	an der Produktionsmenge der Produktgruppe 1984 (%)
Pkw	500 Tsd. Einheiten/Jahr	hoch	14	42	64,2	64,8
Lkw	200 Tsd. Einheiten/Jahr	hoch	100	> 100	91,3–97,6	97,9
Ackerschlepper	100–120 Tsd. Einheiten/Jahr	hoch	> 100	> 100	69,9	.
Mähdrescher	20 Tsd. Einheiten/Jahr	mittel	> 100	> 100	.	100
Motorräder	200 Tsd. Einheiten/Jahr	.	> 100	> 100	.	100
Kühl- u. Gefrierschränke	1,5 Mio. Einheiten/Jahr	hoch	56	> 100	69,5	.
Reifen	9 Mio. Stück/Jahr	mittel	25	75	60,5	.
Unterhaltungselektronik						
– Farbfernsehgeräte	1,3–2,2 Mio. Stück/Jahr	gering	33–56	100	38,2	.
– Videorecorder	0,8–1,0 Mio. Stück/Jahr		62–77	> 100	.	.
Digitale Telefonvermittlungseinrichtungen	0,4–0,5 Mio. Anschlußeinheiten/Jahr	mittel	11–17	33–51	69,7	.
Elektron. Schreibmaschinen	500 Tsd. Stück/Jahr	mittel	70	> 100	99,0	100
Mineralölprodukte	10 Mio. t/Jahr	gering	14	42	43,6–61,7	.
Chemische Grundstoffe						
– Äthylen	0,5 Mio. t/Jahr	mittel	16	48	46,0	.
– Ammoniak	0,55 Mio. t/Jahr	mittel	28	87	89,0	.
– Schwefelsäure	0,35 Mio. t/Jahr	mittel	12	36	45,8	.
Stahl						
– integriertes Hüttenwerk	9,6–12 Mio. t/Jahr	hoch	31	93	47,9–62,5	.
– Ministahlwerk	0,7–0,8 Mio. t/Jahr	hoch	2	6		
Zement	1,3 Mio. t/Jahr	hoch	5	15	47,6	.
Bier	2,8 Mio. hl/Jahr	mittel	3	9	11,5	.
Zigaretten	70 Mrd. Stück/Jahr	gering	44	> 100	62,0	.
Tiefdruckerzeugnisse		gering	.	.	.	.
Regionale Abonnementtageszeitungen	150–180 Tsd. Exemplare/Tag	hoch	.	.	.	.

Keine Angabe =

[1] Der Herstellstückkostennachteil wird als gering, mittel bzw. hoch bezeichnet, wenn er unter 5 %, zwischen 5 und 10 % bzw. über 10 % beträgt.

Wird diese mindestoptimale Produktionsmenge um mehr als ein Drittel unterschritten, dann steigen die totalen Durchschnittskosten um mehr als 10 Prozent.[24)]

D. Diskussion und Anwendungen

1. Anmerkungen zum Strukturproblem

a) Die Kapitalmangelarbeitslosigkeit

Als eine wichtige Aufgabe der makroökonomischen Theorie kann die Erklärung von Arbeitslosigkeit gesehen werden. Hierzu existiert eine Vielzahl von Theorien. In diesem Abschnitt soll anhand von limitationalen Produktionsprozessen eine mögliche Ursache von Arbeitslosigkeit erklärt werden. Den Ausgangspunkt bilden folgende Annahmen:

(a) Die Produktion in den Betrieben ist durch limitationale Prozesse gekennzeichnet.
(b) Der Kapitalstock ist in jedem Betrieb gegeben.

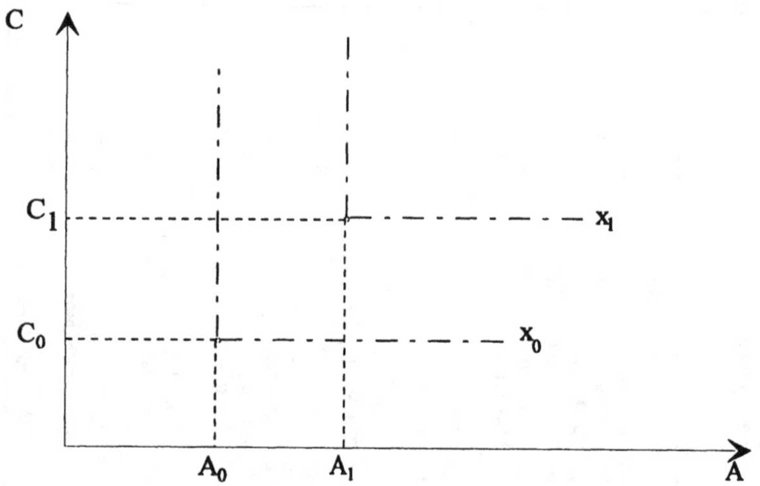

Abb. III.16: Kapitalmangelarbeitslosigkeit

Der volkswirtschaftlich gegebene Kapitalstock betrage, wie in der Abbildung 16) dargestellt, C_0. Unter Berücksichtigung der Durchschnittsproduktivität des Faktors Kapital kann maximal ein Output von x_0 produziert werden. Für diesen Output sind Arbeits-

24) vgl. Monopolkommission (1986) S. 265. Die Tabelle wurde entnommen aus Schmidt (1993) S. 83. Zur vertiefenden Diskussion vgl. Hofmann (1986) S. 131 ff.

stunden in Höhe von A_0 erforderlich. Ein Einsatz des Faktors Arbeit über das Niveau von A_0 hinaus führt zu keiner weiteren Outputsteigerung. Übersteigt die Anzahl der in der Volkswirtschaft vorhandenen Arbeitsstunden das für den Kapitalstock benötigte Niveau an Arbeitsstunden, dann entsteht Arbeitslosigkeit. Da diese Arbeitslosigkeit ihre Ursache in einem zu geringen Kapitalstock hat, wird sie als **Kapitalmangelarbeitslosigkeit** bezeichnet. Verfügt die Volkswirtschaft über ein Potential an Arbeitsstunden in Höhe von A_1, dann entsteht, gemessen in Arbeitsstunden, Arbeitslosigkeit in Höhe von $A_1 - A_0$.

Welche Ursachen werden für die Existenz dieser Arbeitslosigkeit angeführt? Als Hauptargument wird das Lohnniveau genannt. Ein in der Vergangenheit zu hohes Lohnniveau hat dazu geführt, daß die Renditeerwartungen seitens der Unternehmer sich verschlechtert haben und Investitionen, die zu einem erweiterten Kapitalstock geführt hätten, ausgeblieben sind. Empirische Ergebnisse scheinen eine rückläufige Ausstattung der Arbeitsplätze mit Kapital zu bestätigen. Wie kann diese Arbeitslosigkeit abgebaut werden? Durch eine expansive Nachfragepolitik kann der Staat die Produktion nicht erhöhen. Eine expansive Nachfragepolitik wird sich bei Vorliegen von Kapitalmangelarbeitslosigkeit allein in höheren Preisen und einer höheren Staatsverschuldung niederschlagen. Der Abbau dieser Arbeitslosigkeit kann nur durch Erweiterungsinvestitionen. Für die in der Abbildung 16 dargestellte Situation der Kapitalmangelarbeitslosigkeit müßte der Kapitalstock auf C_1 ausgedehnt werden. Entsprechend dieser Kapitalstockerhöhung sind Investitionen notwendig. Bis diese Investitionen Erfolg zeigen und auf den Arbeitsmarkt durchschlagen, vergeht Zeit. Die Erhöhung der Investitionen setzt verbesserte Gewinnerwartungen voraus, die durch eine zurückhaltende Lohnpolitik, verbesserte Steuervorschriften oder optimistische Zukunftserwartungen der Produzenten erzielt werden können. Diese Instrumente setzen an der gesamtwirtschaftlichen Angebotsseite an. Daher bezeichnet man eine solche Politik auch als **Angebotspolitik**.

Kapitalmangelarbeitslosigkeit lag und liegt in der ehemaligen DDR vor. Im Unterschied zu den kapitalistischen Wirtschaftssystemen westlicher Staaten wurden die Arbeitskräfte jedoch weiterbeschäftigt, so daß eine "versteckte" Kapitalmangelarbeitslosigkeit entstand. Durch die Wiedervereinigung Deutschlands wurde diese Art der Arbeitslosigkeit offengelegt. Die Unternehmen mußten bzw. müssen sich dem Wettbewerb mit Unternehmen aus anderen Regionen stellen, so daß die Überbesetzung mit Arbeitskräften nicht mehr getragen werden kann. Die Belegschaft in den Betrieben, die privatisiert bzw. saniert worden sind, wird reduziert. Zwar sind zur Zeit Kapazitäten in den neuen Bundesländern ungenutzt, was eigentlich gegen Kapitalmangelarbeitslosigkeit spricht, jedoch entspricht die Qualität des vorhandenen Kapitalstocks nicht den Erfordernissen eines international wettbewerbsfähigen Industrielandes. Empirischen Untersuchungen zufolge liegt der Anteil des Kapitalstocks, der westlichen Standards entspricht, lediglich bei ca. 30 %.[25)] Es liegt in den neuen Bundesländern daher eine "qualitative" Kapitalmangelarbeitslosigkeit vor, die nur durch Investitionen abgebaut werden kann.

25) vgl. Siebert (1992) S. 51

Kapitalmangelarbeitslosigkeit tritt auch in vielen Entwicklungsländern auf. Diese verfügen über einen relativ geringen Kapitalstock und können somit nur unzureichend Arbeitsplätze bereitstellen. Diesen Sachverhalt verdeutlicht ebenfalls die Abbildung 16. Wird davon ausgegangen, daß ein Entwicklungsland über eine Technologie limitationaler Natur verfügt und einen bestimmten Output x_0 produziert, dann kann nur eine bestimmte Menge an Arbeit nachgefragt werden. Liegt diese Menge unter dem Vollbeschäftigungsniveau, so herrscht Arbeitslosigkeit.

b) Substitutionselastizität und Einkommensverteilung

In diesem Abschnitt wird untersucht, wie eine Veränderung des Lohn-Zins-Verhältnisses auf die Verteilung von Zins- und Lohneinkommen wirkt. Dabei wird von einem vorgegebenen Produktionsniveau ausgegangen. Eine Veränderung des Lohn-Zins-Verhältnisses beeinflußt die Kapitalintensität der Produktion. Dies kann formal mit der bereits eingeführten Substitutionselastizität erfaßt werden. Die **Substitutionselastizität** gibt die relative Veränderung des Faktoreinsatzverhältnisses bei einer relativen Veränderung des Faktorpreisverhältnisses an, wenn die minimalen Kosten bei gegebenem Output realisiert werden sollen:[26)]

$$(72) \quad \sigma = \frac{\partial(v_2 / v_1)}{\partial(q_1 / q_2)} \frac{q_1 / q_2}{v_2 / v_1}$$

Je größer die Substitutionselastizität ist, desto stärker ist die relative Veränderung des Faktoreinsatzverhältnisses bei einer relativen Veränderung des Faktorpreisverhältnisses. Man spricht von einer elastischen Reaktion, wenn die Elastizität absolut größer als Eins ist, von einer unelastischen Reaktion, wenn der Betrag der Elastizität kleiner Eins ist. Bei einer elastischen (unelastischen) Reaktion steigt das Faktoreinsatzverhältnis v_2/v_1 überproportional (unterproportional) zur Veränderung des Faktorpreisverhältnisses q_2/q_1.

Definiert man die Substitutionselastizität als Veränderung des Verhältnisses von Kapital und Arbeit (C/A) zur Veränderung der Relation von Nominallohn und Zinsatz (w/i), dann gilt:

$$(73) \quad \sigma = \frac{\partial(C / A)}{\partial(w / i)} \frac{w / i}{C / A}$$

Um die Analyse der Auswirkungen einer Veränderung des Lohn-Zins-Verhältnisses auf die Verteilung der genannten Einkommensarten durchführen zu können, wird eine Hilfsvariable z eingeführt, die das Verhältnis von Kapital- zu Arbeitseinkommen mißt:

$$(74) \quad z = \frac{iC}{wA} = \frac{C / A}{w / i}$$

Unter Berücksichtigung der Abhängigkeit der Kapitalintensität vom Lohn-Zins-Verhältnis folgt:

---

26) vgl. Abschnitt II.C.3.c)

(75) $$z = \frac{\frac{C}{A}\left(\frac{w}{i}\right)}{\frac{w}{i}}$$

Nimmt z bei einer Erhöhung des Lohn-Zins-Verhältnis zu (ab), dann hat sich das Einkommen der Arbeitnehmer zum Kapitaleinkommen relativ verschlechtert (verbessert). Ein Erhöhung des Lohn-Zins-Verhältnis führt bei gegebener Kapitalintensität zu einer relativen Verbesserung der Einkommen der Arbeitnehmer, aber durch die relative Verteuerung des Faktors Arbeit wird dieser durch den Faktor Kapital ersetzt. Dadurch bedingt nehmen die Einkommen der Arbeitnehmer wieder ab. Zur Gewinnung detaillierterer Informationen wird die Gleichung (75) unter Beachtung der Quotientenregel differenziert:

(76) $$\frac{\partial z}{\partial\left(\frac{w}{i}\right)} = -\left(\frac{w}{i}\right)^{-2}\frac{C}{A} + \left(\frac{w}{i}\right)^{-1}\frac{\partial\left(\frac{C}{A}\right)}{\partial\left(\frac{w}{i}\right)}$$

Eine Erweiterung des zweiten Terms mit (C/A) und das Ausklammern von $(w/i)^{-2}$ auf der rechten Seite ergibt folgende Beziehung:

(77) $$\frac{\partial z}{\partial\left(\frac{w}{i}\right)} = -\left(\frac{w}{i}\right)^{-2}\frac{C}{A}\left[-1 + \frac{\partial\left(\frac{C}{A}\right)}{\partial\left(\frac{w}{i}\right)}\frac{\frac{w}{i}}{\frac{C}{A}}\right]$$

Unter Beachtung der Definition der Substitutionselastizität in Gleichung (73) vereinfacht sich der Ausdruck zu:

(78) $$\frac{\partial z}{\partial\left(\frac{w}{i}\right)} = \left(\frac{w}{i}\right)^{-2}\frac{C}{A}(\sigma - 1)$$

Die Veränderung der Einkommensposition der Arbeitnehmer hängt daher ausschließlich von der Substitutionselastizität ab:

(79) $$\frac{\partial z}{\partial\left(\frac{w}{i}\right)}\begin{cases} > 0 \\ = 0 \\ < 0 \end{cases} \text{wenn gilt:} \quad \begin{cases} \sigma > 1 \\ \sigma = 1 \\ \sigma < 1 \end{cases}$$

Eine Erhöhung des Lohn-Zins-Verhältnisses führt nur dann zu einer relativen Verbesserung der Situation der Arbeitnehmer, wenn die Substitutionselastizität kleiner als Eins ist. Ist sie größer Eins, dann reduzieren sich sogar die relativen Einkommensanteile der Arbeitnehmer. Bei einer Substitutionselastizität von Eins treten keine Umverteilungen auf.

Bei der Interpretation der abgeleiteten Ergebnisse muß zum einen beachtet werden, daß die Produktion als gegeben angenommen wird. Zum anderen können aus diesen Überlegungen keine direkten Rückschlüsse auf die Lohnquote gezogen werden, da ein Teil des Gesamteinkommens in einer Volkswirtschaft auch in die Unternehmensgewinne fließt. Diese Gewinne sind bei der Analyse nicht berücksichtigt worden.[27]

c) Diskussion der Arbeitszeitverkürzung

Im Mittelpunkt der Auseinandersetzungen bei den Tarifverhandlungen zwischen Arbeitnehmern und Arbeitgebern steht seit Beginn der 80er Jahre die Diskussion um die Reduzierung der wöchentlichen Arbeitszeit. Die möglichen Effekte sollen im folgenden diskutiert werden. Für die Untersuchung der Auswirkungen der Arbeitszeitverkürzung werden zunächst folgende Annahmen gesetzt:

(1) Die Arbeitszeitverkürzung erfolgt ohne Lohnausgleich.
(2) Die Arbeitszeitverkürzung hat keinen Einfluß auf die Grenzproduktivität des Faktors Arbeit.
(3) Der Faktor Arbeit ist homogen. Die Arbeitsplätze sind beliebig teilbar.
(4) Die gesamtwirtschaftliche Nachfrage ist konstant.
(5) Es existiert kein technischer Fortschritt.

Arbeiten beispielsweise 20 Millionen Erwerbstätige im Durchschnitt 40 Stunden in der Woche, dann resultiert ein von den Unternehmen benötigtes Arbeitszeitvolumen pro Woche in Höhe von 800 Millionen Arbeitsstunden. Wird nun die durchschnittliche Arbeitszeit auf 39 Stunden reduziert, so werden unter den getroffenen Annahmen 20,512 Millionen Arbeitskräfte benötigt. Eine Kürzung der Wochenarbeitszeit um eine Stunde reduziert die Arbeitslosenzahl um mehr als eine halbe Million. Um eine Arbeitslosigkeit in Höhe von 2 Millionen Personen abzubauen, müßte nach dieser Rechnung die wöchentliche Arbeitszeit auf etwa 36 Stunden gesenkt werden.

Im folgenden soll geprüft werden, welche Auswirkungen sich bezüglich der Modellergebnisse durch eine Verletzung der getroffenen Annahmen ergeben. Dazu sollen schrittweise die Annahmen (1) und (2) modifiziert werden. Als erstes wird die Annahme (1) durch die Annahme (1') substituiert:

(1') Die Arbeitnehmer erhalten einen vollen Lohnausgleich.

Wenn die Arbeitnehmer z.B. bei einem ursprünglichen Stundenlohnsatz von 10 DM bei einer Arbeitszeit von 40 Stunden ein Wocheneinkommen von 400 DM erzielen, dann müßte bei einer Reduktion der Arbeitszeit auf 39 Stunden der Lohnsatz auf ca. 10,26 DM steigen, damit das Wocheneinkommen von 400 DM erhalten bleibt. Die Auswirkungen können graphisch mit Hilfe der Minimalkostenkombination illustriert werden.

---

27) Der Einfluß von Lohnforderungen auf die Lohnquote wird im Abschnitt VI.D.3. untersucht.

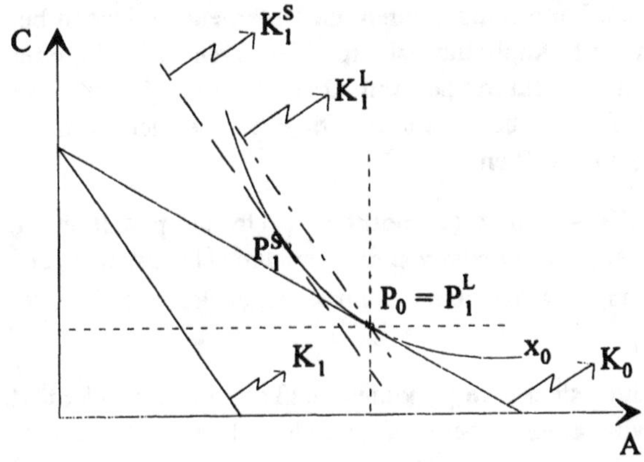

Abb. III.17: Arbeitszeitverkürzung und Lohn-Zins-Relation

In der Abbildung 17 sind zwei unterschiedliche makroökonomische Produktionsfunktionen, eine limitationale und eine substitutionale, mit den Faktoreinsätzen Kapital und Arbeit eingezeichnet. Im Ausgangspunkt gelte die Isokostenlinie K_0, so daß die Faktormengenkombinationen in P_0 die jeweilige Minimalkostenkombination für beide Produktionstechnologien darstellen. Durch den geforderten Lohnausgleich steigt das Lohn-Zins-Verhältnis, so daß die neue Kostengleichung K_1 steiler verläuft. Die Reaktion der Unternehmungen auf die Veränderung des Lohn-Zins-Verhältnisses hängt in erster Linie von dem Niveau der Substitutionselastizität ab. Da diese bei einer limitationalen Produktionsfunktion den Wert Null annimmt, findet hier keine Veränderung der kostenminimalen Produktion statt, d.h. die Erhöhung des Lohn-Zins-Verhältnis hat keinen Einfluß auf die Minimalkostenkombination. Diese liegt wie im Ausgangspunkt bei $P_0 = P_1{}^L$. Bei einer substitutionalen Produktionsfunktion verändert sich das kostenminimale Faktoreinsatzverhältnis und die neue Minimalkostenkombination liegt bei $P_1{}^S$.

Die Veränderung der Arbeitszeit fällt um so größer aus,
- **je größer die Substitutionselastizität ist.**
- **je größer die Veränderung des Lohn-Zins-Verhältnisses ist.**

Bei einer substitutionalen Produktionsfunktion sinkt somit die für den gegebenen Output x_0 benötigte Anzahl der Arbeitsstunden, so daß dem beschäftigungsfördernden Effekt der Verkürzung der Arbeitszeit ein kompensierender Effekt gegenübersteht. Welcher Effekt stärker ausfällt, ist empirisch schwer überprüfbar, da beide Effekte nicht zeitgleich wirken. Kurzfristig überwiegen in der Praxis limitationale Verfahren, da die

Unternehmen nicht sofort ihre vorhandenen Anlagen gegen kapitalintensivere Anlagen austauschen. Darum dürfte kurzfristig ein expansiver Effekt von der Arbeitszeitverkürzung ausgehen. Langfristig werden die Unternehmen jedoch bei neuen Investitionsentscheidungen auf kapitalintensivere Verfahren zurückgreifen, so daß der Substitutionseffekt an Bedeutung gewinnt. Ob dadurch der in der kurzen Frist wirkende expansive Effekt auf die Arbeitskräftenachfrage kompensiert wird, ist nur schwer abzuschätzen und daher umstritten.

Als nächstes wird die Annahme (2) modifiziert. Um die partiellen Auswirkungen herausarbeiten zu können, wird wieder von der Annahme (1) ausgegangen.

(2') Die Verkürzung der Arbeitszeit führt zu einer Produktivitätssteigerung des Faktors Arbeit.

Hinter dieser Annahme steckt die Hypothese, daß mit zunehmender täglicher Arbeitszeit die Grenzproduktivität eines Arbeiters (zumindest ab einem bestimmten Niveau) sinkt. Wird nun die letzte Arbeitsstunde, d.h. die unproduktivste Arbeitsstunde, bei den bisher beschäftigten Arbeitnehmern gestrichen und durch Arbeitsstunden neuer Beschäftigter ersetzt, dann steigt die Produktivität des Faktors Arbeit. Diese Annahme beinhaltet zwei Implikationen:

(a) Die Grenzrate der technischen Substitution

$$GRTS_A^C = \frac{f_A}{f_C}$$

nimmt zu, d.h. die neuen Isoquanten verlaufen steiler als die ursprünglichen.

(b) Isoquanten des neuen Produktionsverfahrens, die den gleichen Output wie die Isoquanten des alten Verfahrens anzeigen, verlaufen aufgrund der Produktivitätssteigerung näher an den Achsen.

Betrachten wir die Abbildung 18 a). Aufgrund des steileren Verlaufs der Isoquante stellt die Faktoreinsatzstruktur P_0 nicht mehr die Minimalkostenkombination nach der Produktivitätssteigerung dar. Zu dem unveränderten Kostenniveau K_0 wird der maximal mögliche Output in P_0' erreicht. Diese Struktur ist durch einen erhöhten Einsatz des Faktors Arbeit und eine Verringerung des Faktors Kapital bei gleichem Kostenniveau gekennzeichnet. Dieser Effekt wird als **Substitutionseffekt** bezeichnet. In P_0' ist aber der Output gestiegen. Da angenommen worden ist, daß das Outputniveau konstant bleiben soll, muß für das Isoquantensystem des neuen Verfahrens die Isoquante gefunden werden, die das gleiche Outputniveau darstellt wie vor der Datenänderung. Dies soll für die Isoquante x_0^{neu} gelten. Die Bewegung von P_0' nach P_1 stellt den **Niveaueffekt** der Produktivitätserhöhung dar. Aufgrund des Substitutionseffektes wird die Arbeitszeit ausgedehnt, durch den Niveaueffekt wird die Arbeitszeit, wenn der Faktor Arbeit superior ist, verringert. In den Abbildungen a), b) und c) sind die drei möglichen Szenarien dargestellt:

(a) Der Niveaueffekt ist absolut größer als der Substitutionseffekt. Die Arbeitszeit sinkt von A_0 auf A_1.

(b) Der Niveaueffekt entspricht dem Substitutionseffekt. Die Arbeitszeit bleibt konstant ($A_0 = A_1$).

(c) Der Niveaueffekt ist absolut kleiner als der Substitutionseffekt. Die Arbeitszeit steigt von A_0 auf A_1.

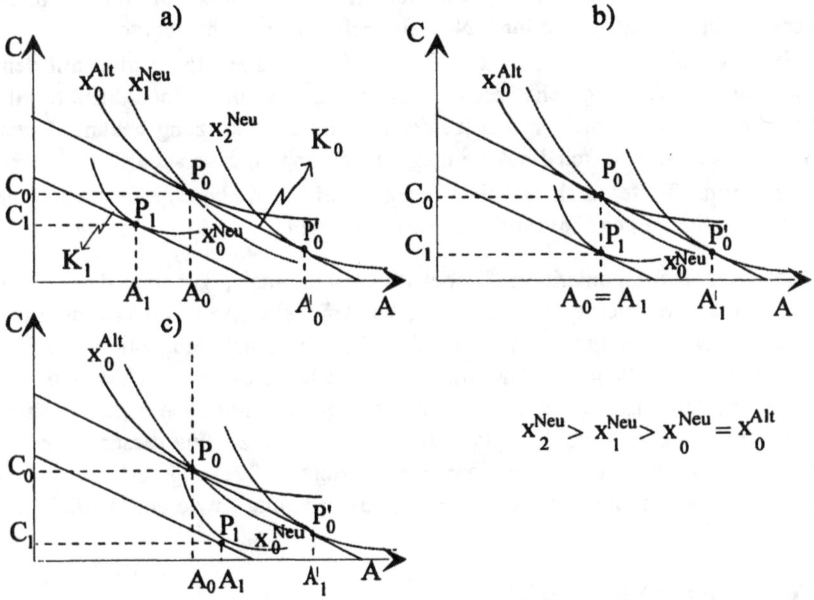

Abb. III.18: Arbeitszeitverkürzung und Produktivitätssteigerung

Für die Auswirkung der Produktivitätssteigerung durch die Verkürzung der Arbeitszeit auf den Arbeitskräfteeinsatz bleibt festzuhalten: **Da aufgrund des Substitutionseffektes die benötigte Arbeitszeit steigt, aufgrund des Niveaueffektes aber sinkt, können keine eindeutigen Aussagen über die Entwicklung der Arbeitskräftenachfrage abgeleitet werden.** Der Kapitalstock wird aufgrund des Substitutionseffektes reduziert. Ist der Faktor Kapital superior, dann ist auch der Niveaueffekt für Kapital negativ. Der Kapitalstock verringert sich aufgrund des negativen Substitutions- und Niveaueffektes.

Aus unserer partiellen Analyse der Arbeitszeitverkürzung und dem daraus abgeleiteten Produktivitätsfortschritt folgt unabhängig vom Verfahren und den Substitutions- bzw. Niveaueffekten, daß die Kosten der Produktion sinken ($C_1 < C_0$). Dieses partiell gültige Ergebnis steht u.a. im Hintergrund der Diskussion, wenn Gewerkschaften einen Lohnausgleich bei Reduzierung der Arbeitszeit fordern. Sie wollen an der Kostenersparnis der Arbeitszeitverkürzung beteiligt werden.

Die vorausgegangenen Ausführungen dienten dem Zweck, die Anwendungsmöglichkeiten der mikroökonomischen Elemente für wirtschaftspolitische Entscheidungen aufzuzeigen. Selbstverständlich sind einige zusätzliche Probleme, die hier nicht betrachtet werden konnten, zu berücksichtigen:[28]

(1) Auswirkungen auf die gesamtwirtschaftliche Nachfrage sind zu beachten. So können sich beispielsweise die Einkommen der Haushalte durch die Arbeitszeitverkürzung verändern, wodurch Nachfrageeffekte ausgelöst werden.
(2) Arbeit ist kein homogener Faktor. Das Profil der Arbeitslosen muß mit den Anforderungen der neu geschaffenen Arbeitsplätze übereinstimmen. Strukturelle Arbeitslosigkeit kann nicht mit Hilfe der Arbeitszeitverkürzung bekämpft werden. Sie wird eventuell durch die Arbeitszeitverkürzung noch verschärft.
(3) Wachstumseffekte durch technischen Fortschritt sind ebenso wie die Kosten für Neueinstellungen und Investitionen einzubeziehen.

Der Einsatz des Instrumentariums "Arbeitszeitverkürzung" führt nur dann zum gewünschten Effekt, wenn eine bestimmte Art der Arbeitslosigkeit, die **Wachstumsdefizitarbeitslosigkeit**, vorliegt. Diese Arbeitslosigkeit ist durch Stagnation des langfristigen gesamtwirtschaftlichen Wachstums gekennzeichnet, wobei die Ursachen in Sättigungstendenzen der Nachfrage und in angebotsseitigen Hemmnissen zu sehen sind. Die Arbeitszeitverkürzung ist eine defensive Strategie zur Reduzierung dieser Arbeitslosigkeit. Alternative Strategien sind die offensiv ausgerichtete Stärkung der Nachfrage oder angebotsorientierten Produktions- und Innovationsförderung sowie eine zurückhaltende Lohnpolitik.

2. Technischer Fortschritt

In diesem Abschnitt werden die Auswirkungen des technischen Fortschritts auf den Verlauf der langfristigen Durchschnittskostenkurve untersucht. Durch Entdeckung neuer Produktionsverfahren im Zuge von Wachstum und Strukturveränderungen ist der Stand der Technik ständig in Bewegung. Technischer Fortschritt kann verschiedene Dimensionen haben, die sich über alternative Mechanismen auf den Wachstumsprozeß auswirken. Es wird unterstellt, daß technischer Fortschritt, als Abstraktion vielfältiger Innovations- und Entwicklungsprozesse einer Volkswirtschaft, die Produktionstechnologie nachhaltig beeinflußt. Aus diesem Blickwinkel ist technischer Fortschritt Ursache kapitalintensiver Produktionsverfahren. Dies hat die Implikation, daß neuere Produktionsverfahren in der Regel zu höheren Fixkosten für kostspieligere neue Produktionsstätten führen, aber niedrigere variable Kosten aufgrund der gestiegenen Produktionseffizienz aufweisen als die herkömmlichen Verfahren. Diese Überlegungen sind in der Abbildung 19 dargestellt. Das Produktionsverfahren, welches vor der technischen Neuerung eingesetzt wird, führt zu den totalen Durchschnittskosten DTK_0. Das neue Verfahren hat die Durchschnittskosten DTK_1. Es ist kapitalintensiver, d.h. jede Produktionsmenge wird mit höherem Kapitaleinsatz und niedrigeren Arbeitsstunden also bei höherer Kapitalintensität produziert.

28) Zur weiteren Diskussion siehe z.B. Pätzold (1991) S. 327 ff., Kromphardt (1987) S. 231 ff.

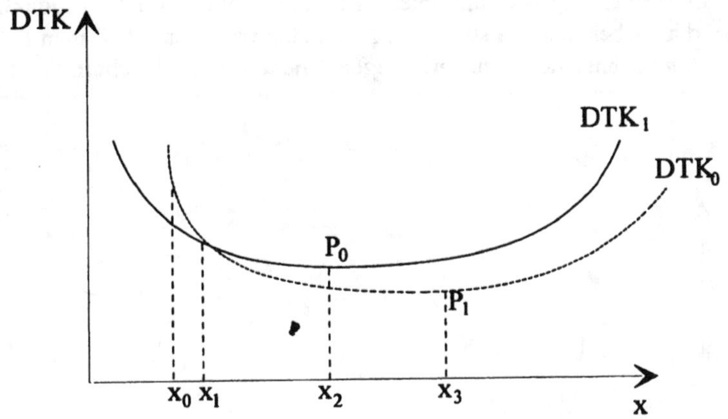

Abb. III.19: Langfristige Kosten und technischer Fortschritt

Aus der Graphik erkennt man, daß das neue Verfahren erst ab einem Produktionsniveau x_1 zu niedrigeren Kosten als das alte Verfahren führt und das Minimum der Durchschnittskostenkurve bei einem höheren Output x_3 liegt. Betrug die Produktion vor der technischen Erfindung x_2, dann ist es durch den technischen Fortschritt kostengünstiger geworden, mit der neuen Produktionsmethode zu produzieren. Bei unveränderter Ausbringungsmenge wird jetzt kapitalintensiver produziert mit der Konsequenz, daß Arbeitsplätze abgebaut werden. Man spricht in diesem Fall von **Rationalisierungsinvestitionen**. Eine andere Situation entsteht, wenn beide Verfahren bekannt sind und die Unternehmung nur die Menge x_0 verkaufen kann. In diesem Fall ist weiterhin das alte Verfahren kostengünstiger. Steigt nun die Produktionsmenge von x_0 auf x_3, dann lohnt sich der Einsatz des neuen Verfahrens. Es kommt zu einer **Erweiterungsinvestition.** Zum einen nimmt die Arbeitsnachfrage aufgrund des geringeren notwendigen Arbeitseinsatzes für ein gegebenes Outputniveau ab, andererseits steigt die Produktion, wodurch ein vermehrter Arbeitseinsatz erforderlich ist. Verfahrenswechsel, die aufgrund des technischen Fortschritts im Zuge von Betriebserweiterungen vorgenommen werden, haben sowohl einen Rationalisierungs- als auch einen Erweiterungseffekt. Diese Effekte sind gegenläufig. Ohne weitere Annahmen ist eine eindeutige Aussage über die Veränderung des Arbeitskräftebedarfs nicht möglich. In diesem Zusammenhang soll Abbildung 20 betrachtet werden.

Für die Produktionstechnologie in der Ausgangstechnologie repräsentiert die Isoquante x_0^{alt} das Outputniveau x_0. Die entsprechende Isoquante nach technischem Fortschritt liegt näher am Koordinatenursprung. Wie wirkt sich der technische Fortschritt auf die optimale Einsatzstruktur aus? Für die Isokostenlinie K_0 ergibt sich P^{alt} als Minimalkostenkombination in der Ausgangssituation. Ist der technische Fortschritt neutral, so werden Arbeit und Kapital in gleichem Verhältnis eingespart und die neue optimale Produktionsstruktur P^{neu} erfolgt bei konstanter Kapitalintensität. Wird die Produktion kapitalintensiver, d.h. Arbeit wird in stärkerem Maße eingespart, so erhält man P^{neu}_2. Bei kapitalsparendem technischen Fortschritt liegt das neue Gleichgewicht in Punkt P^{neu}_3.

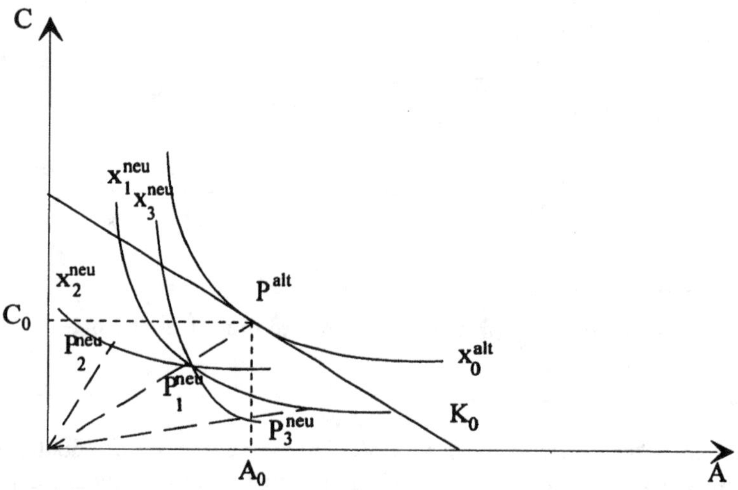

Abb. III.20: Technischer Fortschritt

Die Begriffe arbeitssparend bzw. kapitalsparend beruhen auf einer bestimmten Klassifikation der Arten des technischen Fortschritts nach ihrer Wirkung auf die Einkommensverteilung.[29)] **Neutraler technischer Fortschritt** hat keine Auswirkungen auf die Einkommensverteilung. **Hicks-neutraler (Hicks-arbeitssparender, Hicks-kapitalsparender) technischer Fortschritt** ist eine Veränderung der Technologie, durch die bei einer konstanten Kapitalintensität die Grenzrate der technischen Substitution der Arbeit konstant bleibt (steigt, sinkt). Diese Klassifikation von Hicks wurde der Abbildung 20 zugrundegelegt. Dagegen bezieht sich die Klassifikation von Harrod auf die Wirkung des technischen Fortschritts auf den Faktor Kapital. Bleibt bei konstanter Grenzproduktivität des Kapitals der Kapitalkoeffizient konstant, handelt es sich um **Harrod-neutralen technischen Fortschritt**.

Oben wurde aufgeführt, daß eine Ausdehnung der Produktion zu einer Veränderung der Wahl des Produktionsverfahrens führen kann. Es ist aber auch möglich, daß die Erhö-

29) vgl. Neumann (1982) S. 45 ff.

hung der Lohnkosten einen Verfahrenswechsel bewirkt. Wird die Menge x_0 produziert und die Lohnkosten nehmen zu, dann werden die Kosten in dem Verfahren, welches den Faktor Arbeit intensiver nutzt, stärker zunehmen. Das kapitalintensivere Verfahren kann aufgrund von Lohnkostenerhöhung bei der Menge x_0 zu geringeren Kosten führen. Das arbeitsintensive Verfahren wird gegen eine kapitalintensivere Technologie ausgetauscht. Man spricht von **lohnkosteninduzierten Rationalisierungsinvestitionen**.

Der technische Fortschritt hat außerdem Einfluß auf die Anzahl der Unternehmen, die eine gegebene Nachfrage kostenminimal produzieren können. Durch den technischen Fortschritt verschiebt sich das Minimum der langfristigen Durchschnittskostenkurve nach rechts. Das Minimum der durchschnittlichen totalen Kosten des neueren Verfahrens liegt bei einer höheren mindestoptimalen Ausbringungsmenge und einem niedrigeren Kostenniveau. Dies wird durch den Vergleich der Punkte P_0 und P_1 in der Abbildung 19 deutlich. Bei unveränderter Nachfrage werden weniger Unternehmungen benötigt, die eine gegebene Nachfrage kostenoptimal versorgen können. Betrug die mindestoptimale Produktionsmenge vor der technologischen Neuerung 1000 Einheiten und es wurden 50000 Einheiten nachgefragt, dann sind bei gleichen Produktionsstrukturen 50 Unternehmen mit der mindestoptimalen Produktionsmenge zur Realisierung des Produktionsziels erforderlich. Liegt durch den technischen Fortschritt die mindestoptimale Produktionsmenge bei 5000 Einheiten, dann werden nur noch 10 Unternehmen benötigt.

Fällt die Nachfrage in einem Sektor hinter den Produktivitätsfortschritt zurück, dann erscheint es aus Kostengründen sinnvoll, die Anzahl der Unternehmen zu verringern. Die Konzentration in dem betrachteten Sektor nimmt zu. Dies ist in verschiedenen Branchen wie der Stahlindustrie, dem Bergbau oder in der Landwirtschaft zu beobachten. Im Extremfall kann es soweit gehen, daß lediglich ein Unternehmen den Markt kostenoptimal versorgen kann. Es liegt dann ein **natürliches Monopol** vor. Die aufgrund des Kostenaspektes erforderliche Konzentration kann aber mit dem Ziel der Erhaltung von Wettbewerb in Widerspruch stehen.[30)]

3. Unternehmensinterne Ineffizienz und asymmetrische Information

Bei der Analyse der Minimalkostenkombination haben wir stillschweigend unterstellt, daß die Unternehmensleitung bestrebt ist, die Kosten für einen gegebenen Output zu minimieren. Diese Annahme blieb lange Zeit in der ökonomischen Literatur unbestritten. Erst durch die Arbeiten von Leibenstein[31)] wurde die Frage nach der tatsächlichen Realisierung der Minimalkostenkombination aufgeworfen. Leibenstein definiert als **X-Ineffizienz** die Kostendifferenz zwischen den tatsächlichen Kosten und den minimal möglichen Kosten bei gegebenem Outputniveau bzw. die Differenz zwischen dem aktuellen Output und dem maximal möglichen Output bei gegebenem Ressourcenein-

30) Auf diesen Aspekt wird im Kapitel VII.D.2. noch eingegangen.

31) vgl. Leibenstein (1966) S. 392 ff. und (1975) S. 580 ff.

satz.[32] Leibenstein führt eine Reihe von Argumenten gegen die Realisierung der Minimalkostenkombination an, von denen einige hier skizziert werden: Bei der Realisierung der Minimalkostenkombination wird stets davon ausgegangen, daß die eingesetzten Faktoren ihre maximale Produktivität auch realisieren, d.h. für den Produktionsfaktor Arbeit, daß die Arbeitnehmer so "hart" wie möglich arbeiten und das Management keine eigenen Ziele verfolgt. Genau dies wird von den X-Ineffizienz-Theoretikern bestritten.

Die Ursache der Ineffizienz ist in der Existenz asymmetrischer Informationen begründet, die einzelnen Freiräume gestattet und die Kontrolle der Handlungen erschwert.[33] Das Phänomen der **asymmetrischen Information** ist dadurch charakterisiert, daß von zwei Partnern bzw. zwei Parteien, die miteinander kooperieren, einer bzw. eine über bessere Informationen für den abzuschließenden Vertrag verfügt. Bei diesen Verträgen kann es sich um verschiedene Vertragstypen wie z.B. einen Arbeitsvertrag, einen Kaufvertrag, aber auch um einen Warenaustausch ohne schriftliche Fixierung handeln. Die asymmetrischen Informationen sind dabei eine spezielle Erscheinungsform des Problems der unvollkommenen Information. Diese bestehen, da es nicht möglich ist bzw. zu nicht vertretbaren Kosten führt, alle relevanten Umweltzustände einer Handlung in einem Vertrag festzuhalten. Dadurch entstehen Unsicherheiten, die auf die Effizienz der Handlungen zurückfallen. Die asymmetrische Information wird deshalb auch als Verhaltensunsicherheit der Marktteilnehmer bezeichnet. Kann der besser Informierte sein Verhalten oder seinen Informationsvorsprung nach Vertragsabschluß individuell formen, handelt es sich um **Moral Hazard**.[34] Eine Versicherung ist z.B. eine schlechter informierte Partei, da der Versicherte bessere Informationen hat und den Eintritt und die Höhe des Schadens teilweise beeinflussen kann. Bei Moral Harard ändert sich das Verhalten des besser Informierten, z.B. des Versicherungsnehmers, nach Vertragsabschluß.

Die Agency-Theorie beschäftigt sich u.a. mit Moral Hazard bei der Delegation von Aufgaben im Betrieb. Dabei ist der eine Partner der Arbeitgeber, während der andere, der Arbeitnehmer, die delegierte Aufgabe zu erfüllen hat und hierbei sein Verhalten als einen Inputfaktor einbringt. Die Aufgabe des Arbeiters besteht darin, seine Ressourcen produktiv einzusetzen. Ist der Einsatz der Ressourcen durch technische Verfahren konkret vorgegeben, so bestehen kaum Freiräume und die Problematik der X-Ineffizienz ist gering. Bestehen jedoch diskretionäre Entscheidungsspielräume, z.B. dadurch, daß Arbeitsvorgänge unterschiedlich ausfallen und daher nicht standardisiert in Arbeitsverträgen beschrieben werden können, dann ist die Gefahr des Moral Hazard erheblich. Die Möglichkeiten und die Folgen des Moral Hazard hängen somit von der Ressourcen-

32) vgl. Leibenstein (1978) S. 17

33) Die folgenden Ausführungen orientieren sich an dem Übersichtsartikel von Spremann (1990) S. 561 ff.

34) Der Begriff des "Moral Hazard" findet in der Literatur unterschiedliche Verwendung. Eine Übersicht über die in der Literatur verwendeten unterschiedlichen Definitionen bietet Mahr (1972) S. 279 ff.

Plastizität im Sinne einer Handlungstransparenz ab. Die diskretionären Spielräume dürften innerhalb der Unternehmensleitung am größten sein. Durch die Trennung von Eigentum und Unternehmensleitung ist es dem Management unter gewissen Einschränkungen möglich, eigene Ziele zu verfolgen, die nicht unbedingt der Kostenminimierung entsprechen müssen. Bei einer Gewinnsituation, die die Eigenkapitalgeber "zufriedenstellt", ist es deshalb denkbar, daß die Unternehmensleitung auch die Zielsetzung der Arbeitszufriedenheit ihrer Mitarbeiter verfolgt, um so Konfliktsituationen mit den Arbeitern zu vermeiden. Die Erreichung der Arbeitszufriedenheit kann aber im Widerspruch zur maximalen Produktivität des Faktors Arbeit stehen.

Welche Möglichkeiten bestehen für die Eigenkapitalgeber zur Reduzierung der X-Ineffizienz? Da von den Ergebnissen nicht zwingend auf die Anstrengungen des Management bzw. der Arbeiter geschlossen werden kann, können Anreize im Entlohnungsschema zur Einschränkung der X-Ineffizienz beitragen. Hierzu sollten drei Voraussetzungen erfüllt sein:

(a) Das vorgegebene Entlohnungsschema muß vom Management bzw. vom Arbeitnehmer zu beeinflussen sein.

(b) Die Verhaltensmöglichkeiten müssen für alle Beteiligten objektiv nachvollziehbar sein.

(c) Das Management bzw. die Arbeitnehmer müssen über Ziele und Auswirkungen ihres Verhaltens informiert sein.

Neben unternehmensinternen Komponenten ist das Auftreten von X-Ineffizienzen abhängig von externen Faktoren sowie der Marktsituation der Unternehmung. Besteht eine hohe Wettbewerbsintensität, dann muß die Unternehmung zur Aufrechterhaltung des Preiswettbewerbs kostengünstig kalkulieren. Ist die Unternehmung keinem oder geringem Wettbewerbsdruck ausgesetzt, dann bestehen von dieser Seite keine zwingenden Anpassungsmechanismen zur Realisierung der Minimalkostenkombination. Die aufgestellte Hypothese, daß in großen Unternehmen ohne Konkurrenzdruck die Gefahr der X-Ineffizienz größer ist als in kleinen, dem Wettbewerb ausgesetzten Unternehmen, spielt eine wichtige Rolle bei der wohlfahrtstheoretischen Beurteilung von Fusionen. So können mögliche Größenvorteile durch die Existenz der X-Ineffizienz kompensiert bzw. überkompensiert werden.

X-Ineffizienzen spielen zudem bei der Beurteilung öffentlicher Unternehmen eine wichtige Rolle. Es stellt sich die Frage, inwieweit in öffentlichen Unternehmen die Minimalkostenkombination angestrebt wird. Die möglichen Ineffizienzen im öffentlichen Verwaltungssektor werden als Weiterentwicklung der X-Ineffizienz als **R-** bzw. **Q-Ineffizienz** bezeichnet.[35] Unterstellt wird, daß die wesentlichen Zielsetzungen der öffentlichen Entscheidungsträger neben dem Einkommen, ähnlich wie in großen privaten Unternehmen,[36] in einem hohen Verwaltungsapparat, hohen Budgets, einem ruhigen und konfliktfreien Leben sowie aufwendiger Büroausstattung, Dienstwagen,

35) vgl. Recktenwald (1984) S. 20 ff.

36) vgl. Williamson (1963) s. 1032 ff. und (1974)

Dienstreisen etc. gesehen werden. Da die Realisierungsmöglichkeiten dieser Ziele positiv mit dem Budget der Manager korrellieren, führt dies zu dem Ziel der Budgetmaximierung.[37] Hieraus läßt sich die Gefahr ableiten, daß in öffentlichen Unternehmen eher die Zielsetzung der Kostenmaximierung und des wachsenden Budgets als die Zielsetzung der Kostenminimierung vorliegt. Strittig ist, ob die aufgezählten Argumente für eine geringe Effizienz in öffentlichen Unternehmen nicht auch für große Privatunternehmen Gültigkeit haben. Bürokratische Verhaltensformen sind auch dort zu beobachten und führen auch in der Privatwirtschaft zu einem Verlust an Wirtschaftlichkeit.

E. Ergebnisübersicht

Zum Abschluß der Diskussionen der ökonomischen Produktionsbedingungen werden die wichtigsten Ergebnisse in Form einer Übersicht zusammengefaßt.

Neben einer kompakten Darstellung der Ergebnisse geht es um die Veranschaulichung von Gemeinsamkeiten und Besonderheiten der Kostenminimierung und Outputmaximierung als alternativen Zielsetzungen, die optimale Faktormengenkombination zu finden. Neben den Gleichgewichtsbedingungen interessieren die Bestimmungsgründe der Faktornachfragefunktion und des Expansionspfades sowie deren Eigenschaften. Preisänderungen führen zu eindeutigen Nachfragereaktionen, während Veränderungen des Produktionsvolumens die Faktornachfrage in Abhängigkeit von der Superiorität bzw. Inferiorität der Einsatzfaktoren beeinflussen.

Die Kostenfunktion und die Resultate der Diskussion dieser Funktion stehen in einer zweiten Übersicht. Deutlich wird, daß diese Funktion für jeden beliebigen Output bei gegebenen Faktorpreisen direkt die minimalen Kosten erkennen läßt. Zudem sind Relationen von Grenz- und Durchschnittskosten sowie die Beziehung von Grenzkosten und Skalenerträgen sowie Faktorpreisen im ökonomischen Gesamtzusammenhang wichtige Kostenkriterien. Die durchschnittlichen totalen Kosten erreichen ihr Minimum, wenn die Durchschnittskosten gleich den Grenzkosten sind. Grenzkosten und Skalenerträgen haben eine negative Korrelation. Steigen die beispielsweise die Grenzkosten, dann nehmen die Skalenerträge ab. Wiederum abhängig von der Superiorität bzw. Inferiorität der Einsatzfaktoren ist die preisinduzierte Grenzkostenveränderung.

---

37) vgl. Niskanen (1968) S. 293 ff.

	Kostenminimierung	**Outputmaximierung**
Zielfunktion	$\min K = q_1 v_1 + q_2 v_2 + K_f$	$\max x = h(v_1, v_2)$
Nebenbedingungen	$x = h(v_1, v_2)$	$K = q_1 v_1 + q_2 v_2 + K_f$
endogene Variablen	K, v_1, v_2	x, v_1, v_2
exogene Variablen	x, q_1, q_2, K_f	K, q_1, q_2, K_f
Bedingungen 1. Ordnung	$\frac{h_1}{h_2} = \frac{q_1}{q_2}$ $x = h(v_1, v_2)$	$\frac{h_1}{h_2} = \frac{q_1}{q_2}$ $K = q_1 v_1 + q_2 v_2 + K_f$
Bedingung 2. Ordnung	$\begin{vmatrix} h_{11} & h_{12} & h_1 \\ h_{21} & h_{22} & h_2 \\ h_1 & h_2 & 0 \end{vmatrix} > 0$	
Konditionale Faktornachfrage[38]	$v_1 = v_1(q_1; q_2, x)$	
Faktorpreisänderung	$\frac{dv_1}{dq_1} = \frac{h_2^2}{\lvert G \rvert} < 0$	$\frac{dv_1}{dq_2} = \frac{-h_1 h_2}{\lvert G \rvert} > 0$
Outputänderung	$\frac{dv_1}{dx} = \frac{\lambda(h_1 h_{22} - h_2 h_{12})}{\lvert G \rvert} \begin{cases} > 0, V_1 \text{ ist superior} \\ < 0, V_1 \text{ ist inferior} \end{cases}$	
Steigung des Expansionspfades	$\frac{dv_2}{dv_1} = \frac{dv_2 / dx}{dv_1 / dx}$	

Kasten I: Strukturproblem

Halten wir abschließend fest: Die Gegenüberstellung der verschiedenen Ergebnisse beim Strukturproblem zeigt, daß im Gleichgewicht die Grenzrate der technischen Substitution gleich dem Faktorpreisverhältnis ist und ein bestimmtes Outputniveau oder Kostenniveau in vorgegebener Höhe realisiert wird. Dieses Resultat deutet auf eine wichtige Beziehung zwischen der Produktion und den Kosten einer Unternehmung dem **Dualitätsansatz** hin. Aus einer konkreten Produktionsfunktion resultiert eine Kostenfunktion mit bestimmten Eigenschaften, und für eine konkrete Kostenfunktion

38) Die Ergebnisse können analog für die Faktornachfrage des Faktors V_2 dargestellt werden.

gibt es umgekehrt eine bestimmte Produktionsfunktion.[39] Die theoretischen Implikationen der Dualität werden bei der Herleitung der Kostenfunktion aus der Produktionsfunktion besonders deutlich. Die Herleitungsmethodik ist dem zweiten Kasten zu entnehmen.

	Herleitung einer Kostenfunktion
Kostenfunktion	$K = K(x; q_1, q_2)$
Produktionsfunktion	$x = h(v_1, v_2)$
Kostengleichung	$K = q_1 v_1 + q_2 v_2 + K_f$
Expansionspfad	$v_2 = v_2(v_1; q_1, q_2)$
endogene Variablen	K, v_1, v_2
exogene Variablen	x, q_1, q_2, K_f
	Diskussion einer Kostenfunktion
Grenzkosten und Durchschnittskosten	$\frac{dDTK}{dx} \begin{cases} > 0 \\ = 0 \\ < 0 \end{cases} \text{wenn} \begin{cases} DTK > K' \\ DTK = K' \\ DTK < K' \end{cases}$
Grenzkosten und Skalenerträge	$\frac{d\lambda}{dx} = \frac{-\lambda^2 (h_{11} h_{22} - h_{12}^2)}{\lvert G \rvert}$ $\frac{d\lambda}{dx} = \frac{d^2K}{dx^2} \begin{cases} > 0 \\ = 0 \\ < 0 \end{cases} \text{wenn} \begin{cases} \lvert H \rvert > 0 \\ \lvert H \rvert = 0 \\ \lvert H \rvert < 0 \end{cases}$
Grenzkosten und Faktorpreise	$\frac{d\lambda}{dq_1} = \frac{\lambda(h_1 h_{22} - h_2 h_{12})}{\lvert G \rvert} \begin{cases} > 0, V_1 \text{ ist superior} \\ < 0, V_1 \text{ ist inferior} \end{cases}$

Kasten II: Kostenfunktion

Zu der empirischen Bedeutung der Dualität kann folgendes gesagt werden: Wenn zwischen Produktion und Kosten eindeutige Beziehungen bestehen, kann von der einen Funktion auf die andere geschlossen werden. In der Empirie hat sich gezeigt, daß Daten über die Kostenstruktur einer Unternehmung leichter verfügbar sind als über den Produktionsablauf und einzelne produktionstechnische Merkmale. Daher ist es sinnvoll, zu-

39) vgl. Henderson/Quandt (1983) S. 119 ff. und Silberberg (1978) S. 309 ff.

erst die Kostenfunktion zu schätzen, und die schwerer zu beobachteten Produktionsdaten mit Hilfe der Kosten zu bestimmen. Begünstigt wird diese Vorgehensweise dadurch, daß die Faktorpreise und das Outputniveau in der Praxis als Marktdaten vorliegen, während die Produktionsfaktoren im Herstellungsprozeß vernichtet bzw. umgewandelt werden. Der Dualitätsansatz bietet die Möglichkeit, über die Kosten der Produktion die Faktorleistungen und die optimale Faktormengenkombination anzunähern.

IV. Das Niveauproblem eines Mengenanpassers 151

IV. Das Niveauproblem eines Mengenanpassers

A. Überblick

Bei der Lösung des Strukturproblems wurde den Fragen nachgegangen, welche Kosten für einen gegebenen Output entstehen und welches die kostenminimale Faktoreinsatzstruktur bei Verwendung einer bestimmten Produktionstechnologie ist. Für alternative Outputniveaus wurden die jeweils minimalen Kosten abgeleitet und diese Beziehung als Kostenfunktion definiert. In diesem Kapitel wird untersucht, welche Menge eine einzelne Unternehmung produzieren wird und welche Faktormengen die Unternehmung dafür verwendet. Die Bestimmung der optimalen Ausbringungsmenge bzw. der optimalen Einsatzmengen bezeichnet man als **Niveauproblem** einer Unternehmung. Um die angeführten Fragen beantworten zu können, müssen sowohl Annahmen über die Zielsetzung der Unternehmung als auch über die Konditionen auf den Absatz- und Beschaffungsmärkten getroffen werden. Bezüglich der Zielsetzung wird in diesem Kapitel Gewinnmaximierung unterstellt, wobei der **Gewinn** als Differenz zwischen Erlösen und Kosten definiert ist.

Der Gewinn kann einerseits in Abhängigkeit des Outputs und andererseits in Abhängigkeit der Inputs formuliert werden. Die alternativen Untersuchungsansätze sowie grundlegenden Begriffe und Annahmen zur Erläuterung von Güterangebot und Faktornachfrage sind Gegenstand des Abschnitts B. Die mit dem Outputproblem verbundenen Fragen,

(1) welche Mengen bietet ein Unternehmen bei gegebenen Preisen und gegebener Technologie an,

(2) welche Eigenschaften hat die Güterangebotsfunktion,

sind Diskussionsgegenstand in Abschnitt C. Die mit dem Inputproblem verbundenen Fragen,

(3) welche Menge eines Faktors fragt eine Unternehmung bei gegebenen Verkaufs- und Faktorpreisen nach,

(4) wie verläuft die Faktornachfragefunktion,

werden im Abschnitt D besprochen. Während C und D das Input- und das Outputproblem isoliert behandeln, erfolgt eine simultane Betrachtung beider Probleme in Abschnitt E. Anhand des vorgestellten Modells wird anschließend einigen wirtschaftspolitischen Fragestellungen nachgegangen:

(5) die Effizienz verschiedener Instrumente zur Reduzierung der Umweltbelastung mit Schadstoffen

(6) die Auswirkungen externer Effekte auf den Verlauf der Güterangebotsfunktion

(7) der Zusammenhang zwischen Löhnen, Geldmenge, Inflation und Arbeitslosigkeit.

B. Begriffe und Annahmen

1. Güterangebots- und Faktornachfragefunktion

Das primäre Ziel bei der Lösung des Niveauproblems ist die Gewinnung von Informationen über die Verläufe von Güterangebots- und Faktornachfragefunktion. Zunächst werden die erwähnten Funktionen definiert. Die **Güterangebotsfunktion** erfaßt die Bereitschaft einer Unternehmung, bei alternativen Marktpreisen und gegebenen Faktorpreisen bestimmte Mengen eines Gutes anzubieten:[1)]

(1) $x_i^s = x_i^s(p; q_1, q_2)$

x_i^s: Güterangebot des i-ten Unternehmens

p: Verkaufspreis

q_1, q_2: Faktorpreise

Die **Faktornachfragefunktion** gibt an, wieviel Mengen eines Faktors eine Unternehmung bei alternativen Preisen dieses Faktors und gegebenen Faktorpreisen der anderen Produktionsfaktoren sowie gegebenem Verkaufspreis nachfragt:

(2) $v_{ij} = v_{ij}(q_1; p, q_2)$

v_{ij}: Faktoreinsatz j des i-ten Unternehmens

Im weiteren Verlauf dieses Kapitels werden die Fragen,

(a) welche Steigungen haben die genannten Funktionen,

(b) wann verschieben sich die genannten Funktionen,

diskutiert. Die Antworten findet man auf drei analytisch unterschiedlichen Wegen.

2. Untersuchungsansätze von Güterangebot und Faktornachfrage

Der Gewinn einer Unternehmung wird durch die Differenz von Erlös und Kosten berechnet:

(3) $G = E - K$

G: Gewinn

E: Erlös

K: Kosten

Die **Erlöse** entsprechen dem Produkt aus Absatzmenge und Marktpreis:

(4) $E = px$

1) Es sei daran erinnert, daß vor dem Semikolon immer die Einflußgröße steht, deren Veränderung zu einer Bewegung auf der Kurve führt, während hinter dem Semikolon die Größen stehen, deren Änderungen die Funktion verschieben.

Die Kosten ergeben sich aus der Summe der Produkte von Faktoreinsatzmengen und jeweiligen Faktorpreisen:

(5) $K = q_1 v_1 + q_2 v_2 + K_f$

Bei der Formulierung des Gewinnmaximierungsproblems muß zusätzlich der Zusammenhang zwischen Input und Output berücksichtigt werden. Die benötigten Informationen enthält die Produktionsfunktion:

(6) $x = h(v_1, v_2)$

Für das Gewinnmaximierungsproblem folgt:

(7) $\max\limits_{x, v_1, v_2} \; G = px - q_1 v_1 - q_2 v_2 - K_f$

u. d. R.: $x = h(v_1, v_2)$

endogene Variablen: G, v_1, v_2, x

exogene Variablen: p, q_1, q_2, K_f

Aus diesem Maximierungsansatz können die gewinnmaximalen Faktoreinsatzmengen sowie die gewinnmaximale Outputmenge simultan bestimmt werden. Man kann das Maximierungsproblem aber auch in ein Input- und ein Outputproblem zerlegen. Wird die Nebenbedingung in die Gewinnfunktion eingesetzt, so ergibt sich das **Inputproblem**.

(8) $\max\limits_{v_1, v_2} \; G = ph(v_1, v_2) - q_1 v_1 - q_2 v_2 - K_f$

endogene Variablen: G, v_1, v_2

exogene Variablen: p, q_1, q_2, K_f

Aus der Zusammenfassung von Kostengleichung und Produktionsfunktion unter Beachtung der Minimalkostenkombination zur Kostenfunktion folgt das **Outputproblem**.

(9) $\max\limits_{x} \; G = px - K(x; q_1, q_2)$

endogene Variablen: G, x, K

exogene Variablen: p, q_1, q_2

Die Lösung des Inputproblems impliziert gleichzeitig die Lösung des Outputproblems; umgekehrt impliziert die Lösung des Outputproblems die Lösung des Inputproblems! Aus der Lösung des Maximierungsansatzes (8) resultieren die gewinnoptimalen Faktoreinsatzmengen v_1 und v_2. Über die Produktionsfunktion ist dann gleichzeitig der gewinnoptimale Output bestimmt. Die Lösung des Maximierungsproblems (9) liefert den gewinnoptimalen Output. Dadurch sind die gewinnoptimalen Faktoreinsatzmengen festgelegt. Dies wird deutlich, wenn wir in Erinnerung rufen, daß die Kostenfunktion zu jedem beliebigen Output die minimalen Kosten angibt, d.h. die Kostenfunktion impliziert die Lösung der Minimalkostenkombination. Für den aus Gleichung (9) berechneten Output existiert daher nur eine Faktoreinsatzmengenkombination, die zu den geringsten Kosten führt.

3. Die Preis-Absatz-Funktion und die Bezugsfunktion

Um das Gewinnmaximierungsproblem lösen zu können, werden zudem Informationen über die Absatz- und Faktorpreise benötigt. Kenntnisse über die Absatzsituation liefert die **Preis-Absatz-Funktion** einer Unternehmung. Diese gibt an, welche Menge die Unternehmung bei alternativen Preisen verkaufen kann. Die Preis-Absatz-Funktion eines Unternehmens ist die Basis aller unternehmensrelevanten Verkaufsaktivitäten und bringt die Kaufbereitschaft der Konsumenten in bezug auf eine Unternehmung zum Ausdruck. Die Preis-Absatz-Funktion darf nicht mit der Marktnachfragefunktion verwechselt werden. Die **Marktnachfragefunktion** gibt an, welche Mengen die Konsumenten bei alternativen Preisen am Markt kaufen möchten. **Die Preis-Absatz-Funktion ist identisch mit der Marktnachfragefunktion, wenn lediglich ein Anbieter den Markt beliefert.** Existieren mehrere Anbieter, so muß der einzelne Anbieter die Mengen- bzw. Preisentscheidungen der Konkurrenten bei seiner Absatzplanung berücksichtigen. Preis-Absatz-Funktion und Marktnachfragefunktion sind in diesem Fall verschieden.

Wir unterstellen in diesem Kapitel, daß der Absatzpreis für die Unternehmung gegeben ist und die Unternehmung jede beliebige Menge zu diesem Preis absetzen kann. Die Gründe für die Existenz einer derartigen Preis-Absatz-Funktion können in staatlichen und ökonomischen Kausalitäten gesehen werden. So garantiert z.B. die Europäische Union (EU) in der Landwirtschaft den Bauern bestimmte Preise. In der gesetzlichen Krankenversicherung sind für die Abrechnung bestimmter medizinischer Leistungen feste Tarife vorgeschrieben. Welche ökonomischen Gründe für einen vorgegebenen Verkaufspreis sind denkbar? In diesem Kapitel werden Unternehmen

(a) mit einem geringen Marktanteil,
(b) die auf einem vollkommenen Markt ihre Erzeugnisse anbieten,

betrachtet. Ein geringer Marktanteil bedeutet, daß die betrachtete Unternehmung so klein ist, daß sie jede beliebige Menge auf dem Markt verkaufen kann, ohne daß davon Auswirkungen auf den Marktpreis ausgehen. Man spricht von einem **vollkommenen Markt**, wenn die von den Unternehmen angebotenen Produkte sich in keiner Weise in der Beurteilung der Nachfrager unterscheiden und diese Tatsache allen bekannt ist.[2)] Als Konsequenz der Marktvollkommenheit kann es auf einem solchen Markt nur einen Preis geben.

Ein relativ kleiner Marktanteil bedeutet, daß eine Mengenvariation der betrachteten Unternehmung von den anderen Marktteilnehmern nicht bemerkt wird und dieses Unternehmen mit seinen Mengenentscheidungen keinen Einfluß auf den Marktpreis ausübt.

---

2) Der Begriff vollkommener Markt impliziert, daß räumliche, zeitliche, personelle und vor allem sachliche Präferenzen auf Seiten der Haushalte für die angebotenen Produkte fehlen. Zur ausführlichen Diskussion des Homogenitätsbegriffs vgl. Kapitel V.B.

Daher kann die einzelne Unternehmung zu dem vorgegebenen Preis jede beliebige Menge verkaufen. Die Preis-Absatz-Funktion einer solchen Unternehmung wird anhand der folgenden Abbildung illustriert.

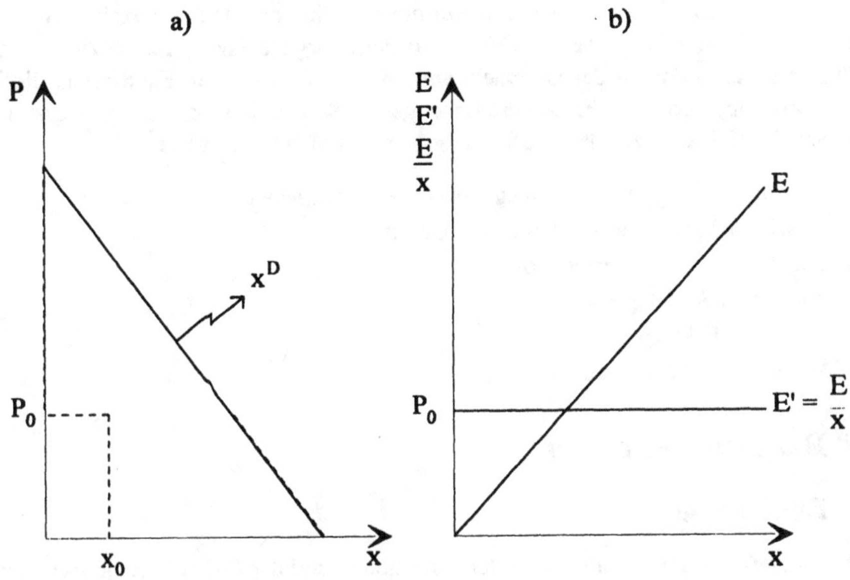

Abb. IV.1: Die Preis-Absatz-Funktion, Grenz- und Durchschnittserlöse

Die Marktnachfrage für das Gut X wird im Teil a) der Abbildung 1 durch die Funktion x^D dargestellt. Alle anderen Anbieter dieses Gutes fordern den Preis p_0. Bei diesem Preis möchte die Unternehmung die Menge x_0 verkaufen, und da sie sehr klein ist, ist dies auch möglich. Wenn die Unternehmung einen Preis oberhalb von p_0 fordert, wird sie ihre Produkte nicht absetzen können, da die Haushalte zur Konkurrenz abwandern. Setzt sie den Preis unterhalb von p_0, dann werden alle Konsumenten ihre Produkte bei der betrachteten Unternehmung kaufen wollen. Da die Unternehmung aber annahmegemäß relativ klein ist, kann sie ihre gewünschte Absatzmenge auch bei dem höheren Preis p_0 verkaufen. Durch eine Reduzierung des Preises würden die Erlöse schrumpfen. Für die Unternehmung ist es also ökonomisch sinnvoll, den am Markt herrschenden Preis zu akzeptieren und sich mit der Menge anzupassen: Die Unternehmung handelt als **Mengenanpasser**. Es bleibt festzuhalten: **Der ökonomisch relevante Bereich der Preis-Absatz-Funktion verläuft horizontal.**

Auch auf den Beschaffungsmärkten gilt, daß die betrachteten Unternehmen sehr klein sind und somit Veränderungen ihrer Nachfrage nach Produktionsfaktoren am Beschaffungsmarkt keine Auswirkungen auf den Faktorpreis nach sich ziehen.[3] Da der Markt auf der Bezugsseite ebenfalls vollkommen ist, kann die Unternehmung weder Faktoren zu niedrigeren Preisen erhalten, noch besteht für sie ein Anreiz, für die Produktionsfaktoren höhere Preise zu zahlen, da sie zu gegebenen Preisen jede beliebige Menge erhält. Ihre Kosten würden sich bei höheren Faktorpreisen erhöhen. Da die einzelne Unternehmung jede beliebige Menge eines Faktors zu dem vorgegebenen Preis beziehen kann, verläuft die **Bezugskurve** der Unternehmung, die angibt, welchen Faktorpreis die Unternehmung für alternative Faktoreinsatzmengen zahlen muß horizontal. Die Unternehmung verhält sich auch auf der Beschaffungsseite als Mengenanpasser.

Fassen wir die wichtigsten Annahmen des vorliegenden Modells zusammen:

(a) Gewinnmaximierungsverhalten der Unternehmen
(b) gegebene Produktionstechnologie
(c) gegebener Absatzpreis
(d) gegebene Faktorpreise
(e) keine Mengenrestriktionen

C. Das Outputproblem

1. Einführung

Nach den Definitionen der abzuleitenden Funktionen und der Formulierung von Annahmen bezüglich der Verhaltensweise der Unternehmen auf der Absatz- und Beschaffungsseite der Märkte wird in dem vorliegenden Abschnitt das Gewinnmaximierungsproblem in Abhängigkeit des Outputs untersucht. Zunächst werden die aus den getroffenen Annahmen resultierenden Implikationen für die Erlösfunktion einer Unternehmung aufgezeigt. Anschließend erfolgt die Herleitung der gewinnoptimalen Outputmenge bei gegebenem Verkaufspreis und gegebenen Faktorpreisen. Im Anschluß daran ist die Güterangebotsfunktion einer Unternehmung Diskussionsgegenstand. Die darauf folgenden Abschnitte analysieren den Einfluß einer Güterpreisänderung und einer Faktorpreisänderung auf das Outputniveau. Dabei wird auf unterschiedliche Planungszeiträume Bezug genommen.

2. Die Erlösfunktion

Die **Erlöse** einer Unternehmung entsprechen dem **Produkt aus Verkaufsmenge und Marktpreis**. Da der Marktpreis eines Mengenanpassers gegeben ist, lautet seine Erlösfunktion:

(10) $E = px$

Die Erlösfunktion, dargestellt im Teil b) der Abbildung 1, ist aufgrund des vorgegebe-

---

3) Hier wird deutlich, daß der Begriff Größe einer Unternehmung immer in Relation zur Marktgröße zu sehen ist. Eine Unternehmung kann auf dem Faktormarkt klein sein, jedoch gleichzeitig den Absatzmarkt dominieren.

nen Preises eine lineare Funktion. Sie beginnt im Ursprung. Ihre Steigung erhält man aus der **Grenzerlösfunktion**, die die Veränderung der Erlöse bei einer infinitesimalen Veränderung der abgesetzten Menge angibt. Sie entspricht dem Verkaufspreis:

$$(11)\quad \frac{\partial E}{\partial x} = E' = p$$

Produziert eine Unternehmung bei einem gegebenen Marktpreis von fünf Geldeinheiten eine zusätzliche Einheit, nehmen die Erlöse um fünf Geldeinheiten zu. Für die **Durchschnittserlöse**, die Auskunft über den Erlös je Produktionsmengeneinheit liefern, gilt:

$$(12)\quad \frac{E}{x} = \bar{E} = p$$

Die Durchschnittserlöse stimmen ebenfalls mit dem Verkaufspreis überein. Aus (11) und (12) folgt:

$$(13)\quad \frac{\partial E}{\partial x} = E' = \frac{E}{x} = p$$

Für einen Mengenanpasser entsprechen die Grenzerlöse den Durchschnittserlösen und dem Verkaufspreis. Der Verlauf von Grenzerlösen und Durchschnittserlösen ist ebenfalls in Teil b) der Abbildung 1 dargestellt. Bei zunehmender Produktion nehmen die Erlöse immer in Höhe des Preises zu. Daraus folgt, daß die Grenzerlös- und die Durchschnittserlösfunktionen horizontal verlaufen.

3. Die gewinnoptimale Outputmenge

Im folgenden wird die gewinnoptimale Menge für gegebene Faktorpreise und für einen gegebenen Verkaufspreis gesucht. Das Maximierungsproblem bezüglich der Outputmenge lautet:

$$(14)\quad \max_{x}\ G = E(x;p) - K(x;q_1,q_2)$$

endogen: G, x

exogen: p, q_1, q_2

Zur Bestimmung des Gewinnmaximums ist die erste Ableitung nach x zu bilden:

$$(15)\quad \frac{\partial G}{\partial x} = \frac{\partial E}{\partial x}(x;p) - \frac{\partial K}{\partial x}(x;q_1,q_2) = 0 \text{ bzw. } \quad (16)\quad \frac{dE}{dx}(x;p) = \frac{dK}{dx}(x;q_1,q_2)$$

Die Ableitung des Gewinns nach der Produktionsmenge wird als Grenzgewinn bezeichnet. Dieser gibt die Veränderung des Gewinns bei einer Variation der Produktionsmenge an. Für ein Gewinnmaximum muß der Grenzgewinn den Wert Null annehmen. Daraus folgt: **Die notwendige Bedingung für ein Gewinnmaximum ist dort erreicht, wo Grenzerlöse und Grenzkosten identisch sind.** Die gewinnmaximale Menge ist gefunden, wenn die letzte Einheit gerade so viel kostet, wie sie an zusätzlichen Erlösen erwirtschaftet. Diese Bedingung ist unter der Annahme Gewinnmaximierung allgemein für alle Marktformen gültig. Die spezifischen Ergebnisse einzelner Marktformen unterscheiden sich bezüglich des Niveaus der Grenzerlöse. Im vorliegenden Modell wird von einem gegebenen Preis ausgegangen, so daß der Grenzerlös dem Verkaufspreis entspricht. Die Gleichung (16) können wir unter den getroffenen Annahmen umformen zu der **Grenzkosten-Preis-Regel**:

(17) $E' = p = K'$

Die notwendige Bedingung für ein Gewinnmaximum eines Mengenanpassers wird realisiert, wenn der Verkaufspreis gleich den Grenzkosten ist. Überschreitet der Preis die Grenzkosten, dann nimmt der Gewinn bei Ausdehnung der Produktion zu. Angenommen der Preis beträgt zehn und die Grenzkosten sieben Einheiten. Durch eine zusätzliche Produktionseinheit steigen die Erlöse um zehn und die Kosten um sieben Einheiten. Der **Grenzgewinn** beträgt demnach drei Geldeinheiten. Sind umgekehrt die Grenzkosten größer als der Preis, wird der Gewinn bei Ausdehnung der Produktion fallen. Nur wenn Preis und Grenzkosten identisch sind, läßt sich der Gewinn durch Outputänderungen nicht erhöhen.

Betrachten wir nun die hinreichende Bedingung für ein Gewinnmaximum. Diese fordert eine negative zweite Ableitung der Gewinnfunktion (14):

(18) $\frac{\partial^2 G}{\partial x^2} = \frac{\partial^2 E}{\partial x^2} - \frac{\partial^2 K}{\partial x^2} < 0$ bzw. (19) $K'' > E''$

Für die Existenz eines Gewinnmaximums muß die Grenzkostenkurve steiler als die Grenzerlöskurve verlaufen. Da aus Sicht eines Mengenanpassers die Grenzerlöse dem Verkaufspreis entsprechen, und die Veränderung gleich Null ist, gilt:

(20) $\frac{\partial^2 G}{\partial x^2} = -\frac{\partial^2 K}{\partial x^2} < 0$ bzw. (21) $K'' > 0$

Ein Gewinnmaximum kann nur erreicht werden, wenn die Grenzkostenfunktion eine positive Steigung aufweist. Es müssen also abnehmende Skalenerträge vorliegen.

Im Teil a) der Abbildung 2 sind die Erlös- und Kostenfunktionen, im Teil b) die Gewinnfunktion und im Teil c) die totalen Durchschnittskosten, die Grenzkosten sowie die Grenzerlöse für die Produktion eines Gutes ohne Fixkosten dargestellt.[4)] Der Gewinn kann ermittelt werden, indem man entweder die Differenz zwischen Erlösen und Kosten bildet oder den Stückgewinn berechnet. Die Differenz zwischen Preis und totalen Durchschnittskosten multipliziert mit der Menge ergibt den Gewinn.

---

4) Die Kostenfunktion beginnt im Ursprung, da keine Fixkosten existieren.

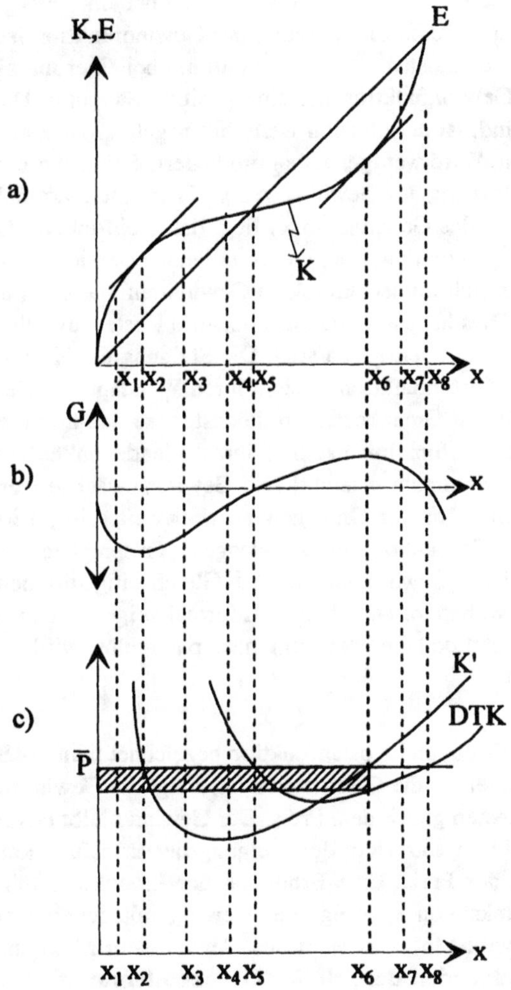

Abb. IV.2: Kosten-, Erlös- und Gewinnfunktion

In der Abbildung 2 wird von einem ertragsgesetzlichen Verlauf der Kostenfunktion ausgegangen, der aus einem ertragsgesetzlichen Verlauf der Produktionsfunktion resultiert. Bei der Menge x_1 sind die Kosten größer als die Erlöse. Der Gewinn ist negativ. Zudem sind die Grenzkosten größer als der Preis, so daß der Gewinn bei zunehmender Produktion sinkt. Die Gewinnfunktion hat eine negative Steigung. Der Grenzgewinn ist kleiner als Null. Für x_2 sind die Grenzkosten gleich den Grenzerlösen. Die Steigung der Kosten ist mit der Steigung der Erlöse identisch. Der Gewinn bleibt bei einer marginalen Erhöhung der Outputmenge konstant, d.h.. die Steigung der Gewinnfunktion ist Null. In x_3 ist der Preis größer als die Grenzkosten. Der Gewinn nimmt bei einer marginalen Erhöhung des Outputs zu. Die Gewinnfunktion hat eine positive Steigung. Da die Kosten aber größer als die Erlöse sind, ist der Gewinn weiterhin negativ. Wir können hier eine erste Schlußfolgerung ziehen. Wird weniger als x_2 produziert, dann führt eine Erhöhung der Produktion zu einem Rückgang des Gewinns. Ab x_2 führt eine marginale Erhöhung der Menge zu einer Erhöhung des Gewinns. In x_2 liegt daher ein lokales Gewinnminimum. Bei Extremwerten der Gewinnfunktion, die im fallenden Bereich der Grenzkosten berechnet werden, handelt es sich immer um lokale Gewinnminima. In x_4 erreichen die Grenzkosten ihr Minimum. Dies bedeutet, daß bis zu x_4 die Kostenzuwächse abnehmen und in x_4 die Kostenzuwächse am geringsten sind. Die Steigung der Kostenfunktion ist hier am niedrigsten, und die Kostenfunktion erreicht ihren Wendepunkt. Gleichzeitig ist die Differenz zwischen Preis und Grenzkosten am höchsten, so daß hier die größte Gewinnzunahme liegt. Die Gewinnfunktion hat hier ihren Wendepunkt. Das heißt aber nicht, daß der Gewinn sein Maximum erreicht! Die Gewinnzuwächse werden bei zusätzlichen Mengen zwar kleiner, da der Grenzgewinn aber weiterhin positiv ist, steigt der Gewinn mit zunehmender Produktion. Für die Menge x_5 entsprechen die Kosten den Erlösen, was identisch mit einem Gewinn von Null ist. Gleichzeitig stimmen die Durchschnittskosten mit dem Preis überein. Dies läßt sich formal zeigen, wenn die Gewinnfunktion (14) gleich Null gesetzt und die Gleichung nach p aufgelöst wird:

$$(22) \quad p = DTK$$

Den Schnittpunkt zwischen Erlös- und Kostenfunktion bezeichnet man als **Break-even-Point**. Da in x_5 der Preis größer als die Grenzkosten ist, steigt die Gewinnfunktion weiter an. In x_6 sind die Grenzkosten gleich dem Preis. Der Gewinn bleibt unverändert, und die Steigung der Kostenfunktion entspricht der Steigung der Erlösfunktion. In x_7 sind die Grenzkosten größer als der Preis. Eine Erhöhung der Produktion führt zu einem Rückgang des Gewinns. Links von x_6 steigt der Gewinn mit zunehmender Menge, rechts von x_6 sinkt der Gewinn. In x_6 erreicht der Gewinn sein Maximum. **Das Gewinnmaximum muß im steigenden Bereich der Grenzkostenfunktion liegen.** In x_8 sind schließlich die Kosten wieder gleich den Erlösen bzw. die Durchschnittskosten gleich dem Preis. Der Gewinn ist Null. Da die Grenzkosten größer als der Preis sind, fällt der Gewinn bei einer weiteren Mengenausdehnung.

Die Kostenfunktion einer Unternehmung wird z.B. gegeben durch

$$(B1) \quad K = 4 + \frac{1}{4}x^2$$

Der Verkaufspreis beträgt 100. Die Anwendung der Grenzkosten-Preis-Regel führt zu:

$$(B2) \quad \frac{1}{2}x = 100$$

Die gewinnoptimale Menge beträgt 200 Einheiten. Bei der Produktion entstehen Kosten in Höhe von 10004 Einheiten. Erlös und Gewinn betragen 20000 bzw. 9996 Einheiten. Da die Grenzkosten ansteigen, ist die Bedingung der zweiten Ordnung für ein Gewinnmaximum erfüllt.

Probleme für die Bestimmung der gewinnoptimalen Menge treten auf, wenn die Kostenfunktion in ihrem gesamten Definitionsbereich konkav bzw. linear verläuft. Dies können wir am Beispiel einer linearen Kostenfunktion zeigen.

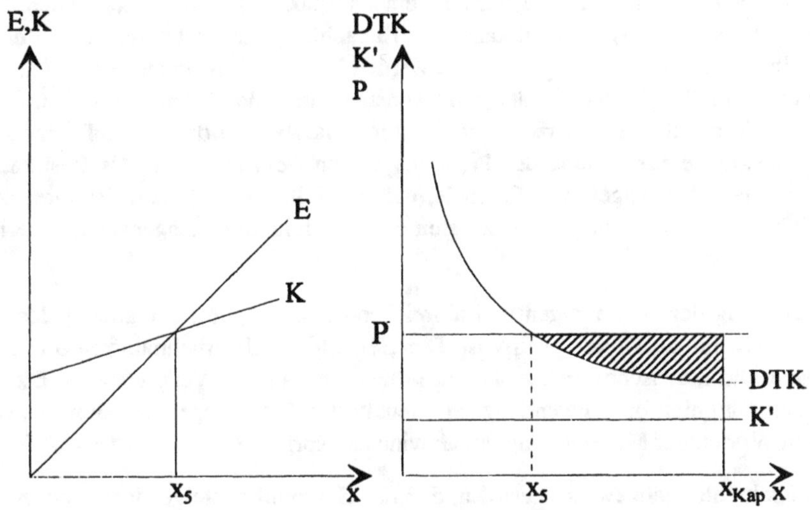

Abb. IV.3: Kosten- und Erlösfunktion bei linearen Kostenfunktionen

In der Abbildung 3 ist der Fall dargestellt, daß die Grenzkosten konstant und kleiner als der Verkaufspreis sind. Eine Outputerhöhung führt stets zu einer Gewinnzunahme, die sich bis x_5 als Verlustreduktion auswirkt. Ab der Absatzmenge x_5 gelangt die Unternehmung in den positiven Gewinnbereich. Die Erlöse sind größer als die Kosten bzw. der Durchschnittserlös (Preis) ist höher als die durchschnittlichen totalen Kosten. Unter der gesetzten Restriktion - jede beliebige Faktormenge kann zu konstanten Preisen bezogen werden - ist somit das Maximierungsproblem bei linearen Kostenfunktionen nicht lösbar. Für konkav verlaufende Kostenfunktionen ist eine Umsetzung der Zielsetzung Gewinnmaximierung ebenfalls nicht möglich. In diesem Fall sinken die Grenzkosten mit zunehmender Produktionsmenge.

Die Annahme eines Unternehmens mit geringem Marktanteil, welches den Preis individuell nicht beeinflussen kann, führt in Verbindung mit zunehmenden oder konstanten Skalenerträgen zu Inkonsistenzen. **Das Modell zeigt, daß in der Realität viele kleine Unternehmen auf einem homogenen Markt, die im Bereich zunehmender Skalenerträge produzieren, nicht existieren können.** Dahinter steht die Überlegung, daß die Annahme vieler kleiner Anbieter mit der Vermutung, daß diese kleinen Unternehmen über Größenvorteile im Produktionsbereich verfügen, ein Widerspruch in sich ist. Deshalb sind Vergleiche von Unternehmensergebnissen bei Mengenanpasserverhalten und Größenvorteilen mit kritischer Distanz zu betrachten.

Zur Festlegung des Gewinnmaximums behilft man sich in den meisten Veröffentlichungen mit der Einführung einer Kapazitätsgrenze x_{Kap}. Hierbei muß jedoch folgendes beachtet werden: Als erstes ist die Existenz einer Kapazitätsgrenze zu begründen. Wie im Kapitel III diskutiert worden ist, kann eine Kapazitätsgrenze kurzfristig durch die Konstanz eines limitierenden Faktors erklärt werden.[5)] Fraglich ist einerseits, ob die Grenzkosten in der Nähe der Kapazitätsgrenze konstant sind oder fallend verlaufen. Andererseits sind in der Regel langfristig alle Faktoren variabel, so daß die Zuhilfenahme der Kapazitätsgrenze zur Lösung des Problems keinen Beitrag leistet. Als Resultat bleibt demnach das oben angeführte Ergebnis, daß bei fallendem Verlauf der Grenzkostenfunktion bzw. bei konstanten Grenzkosten die Annahme des Mengenanpasserverhaltens inkonsistent ist.

Die Erfüllung der notwendigen und hinreichenden Bedingung garantiert jedoch nicht, daß der Gewinn tatsächlich positiv ist. Der Gewinn der Unternehmung ist immer negativ, wenn die durchschnittlichen Kosten größer sind als der Verkaufspreis. Die Unternehmung minimiert bei Anwendung der Grenzkosten-Preis-Regel ihren Verlust, was mit anderen Worten der Maximierung des Gewinns entspricht.

Schließlich soll nachgewiesen werden, daß der Gewinn bei steigendem Preis zunimmt. Zu diesem Zweck wird das Envelope-Theorem angewendet. Sind die notwendigen und hinreichenden Bedingungen für ein Gewinnmaximum erfüllt, dann resultiert aus der Gleichung (14):

$$(23) \quad \frac{\partial G}{\partial p} = x > 0$$

Der Gewinn nimmt bei steigendem Preis zu! Dieses Ergebnis wurde bereits eingangs im Rahmen der Plausibilitätsüberlegungen über den Verlauf der Preis-Absatz-Funktion implizit unterstellt.

5) vgl. Abschnitt III.C.4.a)

4. Die Güterangebotsfunktion

a) Einteilung in alternative Zeithorizonte

Im vorausgegangenen Abschnitt wurde die gewinnoptimale Produktionsmenge bei gegebenem Absatzpreis bestimmt. Nun soll das Güterangebotsverhalten der Unternehmen bei alternativen Verkaufspreisen ermittelt werden. Gesucht wird die Angebotsfunktion eines Unternehmens:

$$x_i^s = x_i^s(p; q_1, q_2) \tag{1}$$

Weiterhin soll der Einfluß einer Veränderung der Faktorpreise auf die Angebotsfunktion deutlich gemacht werden. Bei der Diskussion der Angebotsfunktion kann zwischen einer kurz- und einer langfristigen Angebotsfunktion unterschieden werden. Diese Unterscheidung ist mehrdeutig:

(a) Ein Unterscheidungsmerkmal ist, ob die Produktion **bereits durchgeführt** wurde, oder ob sie **noch durchzuführen** ist.

(b) Zweitens wird differenziert, ob die Erlöse der Unternehmung die **gesamten Durchschnittskosten oder nur die variablen Durchschnittskosten decken.**

(c) Drittens kann man kurz- und langfristig dahingehend trennen, ob alle **Produktionsfaktoren** eines Verfahrens **variabel** sind.

(d) Viertens dient die Möglichkeit der **Veränderung des Produktionsverfahrens** als Unterscheidungskriterium.

Rein theoretisch könnte man zwischen einer Vielzahl von Zeithorizonten differenzieren. Wir beschränken uns auf folgende drei Varianten:

(a) kurze Frist

Die Produktion ist bereits durchgeführt.

(b) mittlere Frist

Die Produktion ist noch nicht durchgeführt. Die Investitionen sind für ein bestimmtes Verfahren bereits getätigt. Diese fixen Kosten sind Sunk-Costs.

(c) lange Frist

Die Produktion ist noch nicht durchgeführt. Die Investitionen für ein bestimmtes Verfahren sind noch nicht erfolgt. Es sind noch keine Kosten entstanden.

b) Der Verlauf der Angebotsfunktion in der kurzen Frist

In der kurzen Frist ist die Produktion bereits erfolgt. Die bei der Produktion angefallenen Kosten sind Sunk-Costs. Diese Kosten spielen bei der Verkaufsentscheidung keine Rolle. Werden keine Preisänderungen erwartet, wird die Unternehmung unabhängig vom Preis die gesamte Produktion anbieten. Die Angebotsfunktion verläuft vollkommen preisunelastisch. Erwartet die Unternehmung, daß die Preise in der Zukunft ansteigen, dann muß sie den höheren Erlös beim späteren Verkauf mit den damit verbundenen Lagerkosten sowie den entgangenen Zinseinnahmen der nicht realisierten Erlöse vergleichen. Der zusätzliche erwartete Erlös eines späteren Verkaufs entspricht dem Produkt aus der Menge und der Differenz zwischen dem erwarteten und dem momentanen

Preis:[6)]

(24) $E^e = (p^e - p)x$

E^e: zusätzlich erwarteter Erlös

p^e: erwarteter Preis

p: aktueller Preis

Die Kosten, die durch den späteren Verkauf entstehen, setzen sich aus den Lagerhaltungskosten und den entgangenen Zinsen zusammen:

(25) $K^e = K^L(x) + i\,p\,x$

K^e: zusätzlich erwartete Kosten

K^L: Lagerkosten

i: Zinssatz

Das Produkt aus Menge, Preis und Zins stellt die Opportunitätskosten der Lagerhaltung dar, wobei angenommen wird, daß das Niveau der Zinsen unabhängig von der Höhe des Anlagebetrages ist. Zur Vereinfachung wird ein Zeithorizont von einem Jahr unterstellt. Somit resultiert als Gewinnfunktion der Lagerhaltung:

(26) $G^e = (p^e - p)x - K^L(x) - i\,p\,x$

G^e: zusätzlich erwarteter Gewinn

Die gewinnoptimale Verkaufsmenge einer bereits durchgeführten Produktion erhält man durch Nullsetzung der ersten Ableitung der Gewinnfunktion (26):

(27) $\frac{\partial G^e}{\partial x} = p^e - p - K^{L\prime} - ip = 0$ bzw. (28) $p^e - p = K^{L\prime} + i\,p$

Die optimale Lagermenge ist erreicht, wenn der zusätzliche Erlös der Lagerung (linke Seite der Gleichung (28)) den zusätzlichen Kosten der Lagerhaltung (rechte Seite der Gleichung (28)) entspricht. Für die hinreichende Bedingung resultiert:

(29) $\frac{\partial^2 G^e}{\partial x^2} = -\,K^{L\prime\prime} < 0$

Die hinreichende Bedingung für ein Gewinnmaximum fordert demnach steigende Grenzkosten der Lagerhaltung.

Anhand der Gleichungen (28) und (29) können alternative Szenarien diskutiert werden: Wenn konstante Grenzkosten der Lagerung unterstellt werden, ist die hinreichende Be-

6) Die in den Funktionen (24) bis (26) als Erlöse, Kosten und Gewinn bezeichneten Größen sind u.U. mißverständlich. Es sind nicht die üblichen Inhalte, die mit diesen Beschreibungen angesprochen werden, sondern zusätzlich erwartete Größen eines späteren Verkaufs.

dingung für ein Gewinnmaximum (29) verletzt. Drei Fälle sind zu unterscheiden:

(a) Der Grenzerlös der Lagerung ist größer als die Grenzkosten. Die Unternehmung lagert die gesamte Produktion.

(b) Der Grenzerlös der Lagerung ist kleiner als die Grenzkosten. Die Unternehmung verkauft die gesamte Produktion.

(c) Der Grenzerlös der Lagerung entspricht den Grenzkosten. Die Unternehmung ist indifferent bezüglich des Verkaufs bzw. der Lagerung.

Die Konstellationen (a) und (b) sind in der Abbildung 4 dargestellt.

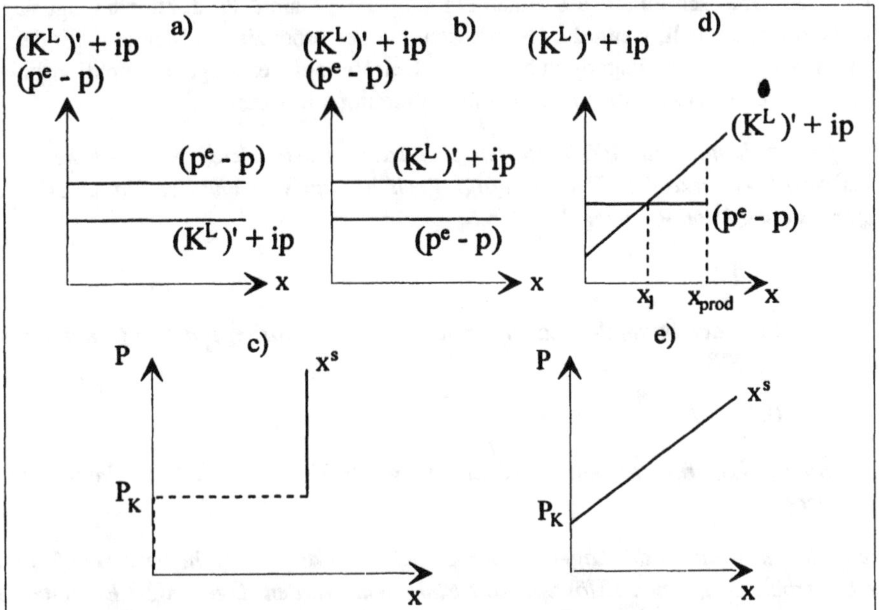

Abb. IV.4: Angebotssituationen in der kurzen Frist

In Teil a) sind die Grenzerlöse der Lagerung größer als die Grenzkosten. Die Unternehmung wird in diesem Fall die gesamte Produktionsmenge lagern. Steigt der momentan vorherrschende Preis, verschiebt sich die Grenzerlösfunktion nach unten und die Grenzkostenfunktion nach oben, weil die Unternehmung beim sofortigen Verkauf höhere Einnahmen und damit höhere Zinserträge erzielen könnte. Abbildung 4 b) nimmt Bezug auf Situation (b), in der die gesamte Menge von der Unternehmung verkauft wird.

Ausgehend von der Situation (a) werden bei einer Erhöhung des aktuellen Preises irgendwann die Erlöse der Lagerung und die Kosten der Lagerung gleich sein. Den aktuellen Preis, der zu dieser Identität führt, bezeichnen wir als **kritischen Preis** p_K. Liegt der Preis unterhalb der kritischen Grenze, wird die gesamte Produktion gelagert. Im anderen Fall wird die gesamte Produktion verkauft. Die hierzu korrespondierende Güterangebotsfunktion für die momentane Periode ist im Teil c) der Abbildung dargestellt. Die Angebotsfunktion verläuft oberhalb des kritischen Preises vollkommen preisunelastisch. Unterhalb des kritischen Preises ist die angebotene Menge Null.

Bei zunehmenden Lagerkosten, wie in d), wird die optimale Lagermenge erreicht, wenn die Grenzerlöse den Grenzkosten entsprechen (x_1). Bezeichnen wir die produzierte Menge mit x_{prod}, wird bei den in der Abbildung 4 d) unterstellten Werten der exogenen Größen die Menge x_{prod}-x_1 verkauft. Steigt nun der tatsächliche Preis, dann verschiebt sich der Schnittpunkt von Grenzerlös- und Grenzkostenfunktion nach links und die angebotene Menge nimmt zu. Die Güterangebotsfunktion hat in diesem Fall eine positive Steigung. Jedoch ist zu beachten, daß auch hier ein kritischer Preis (p_k) existieren kann, bei dessen Unterschreitung die Unternehmung die gesamte Produktionsmenge lagert. Dies ist dann der Fall, wenn die Grenzkosten bei der produzierten Menge unter den zusätzlichen Erlösen der Lagerhaltung liegen. Der Verlauf der Angebotsfunktion bei zunehmenden Lagerkosten ist im Teil e) der Abbildung 4 illustriert.

Eine Unternehmung hat 100 Einheiten produziert. Diese Menge kann sie heute zum Preis von Zwei verkaufen. Der zukünftige Preis beträgt Vier und der Zinssatz 0,5. Die Lagerkostenfunktion wird gegeben durch:

(B3) $K = 0{,}05\,x^2$

Zur Ermittlung der optimalen Lagermenge werden die vorliegenden Informationen in die Gleichung (28) eingesetzt:

(B4) $2 = 0{,}1\,x + 1$

Die optimale Lagermenge beträgt 10 Einheiten. 90 Einheiten wird die Unternehmung sofort verkaufen.

Wie ändert sich durch die Lagerung der Erlös? Wird die Menge heute verkauft, erzielt die Unternehmung einen Erlös von 200 Einheiten. Werden dagegen 10 Einheiten erst später veräußert, dann betragen die heutigen Erlöse 180 Einheiten. Die 10 Einheiten erwirtschaften einen Erlös in der späteren Periode von 40 Einheiten. Von diesen 40 Einheiten sind die Lagerkosten von Fünf und die Zinskosten von 10 abzuziehen. Der Nettoerlös beträgt bei Lagerung daher 205 Einheiten.

c) Der Verlauf der Angebotsfunktion in der mittleren Frist

In der mittleren Frist ist die Produktion noch nicht durchgeführt. Die Unternehmung verfügt über ein bestimmtes Produktionsverfahren, d.h. der Einsatz eines bestimmten Produktionsfaktors ist gegeben, und es sind fixe Kosten zu beachten. Das Verhalten der Unternehmer bei alternativen Preisen soll anhand der Abbildung 5 erläutert werden.

Ausgehend vom Preis p_0 im Teil a) der Abbildung 5 wird die Unternehmung die Menge x_0 produzieren, bei dem der Preis den Grenzkosten entspricht. Bei einer Erhöhung der Produktion über x_0 hinaus würden die Kosten stärker zunehmen als die Erlöse, da die Grenzkosten größer als die Grenzerlöse sind. Der Gewinn würde daher bei Ausdehnung der Produktion sinken. In der gleichen Art und Weise können wir für alternativ vorgegebene Preise das Güterangebot ermitteln, d.h. für alternative Preise gibt der Output, bei dem die Grenzkosten gleich dem Preis sind, das Gewinnmaximum an. Die gewinnoptimalen Produktionsmengen lassen sich an der Grenzkostenfunktion ablesen. **Die Grenzkostenfunktion eines Unternehmens ist seine Angebotsfunktion.** Ist aber der gesamte Definitionsbereich der Grenzkostenfunktion Definitionsbereich der Güterangebotsfunktion? Da das Gewinnmaximum lediglich im steigenden Bereich der Grenzkostenfunktion liegen kann, ist die **Steigung der Güterangebotsfunktion stets positiv**.

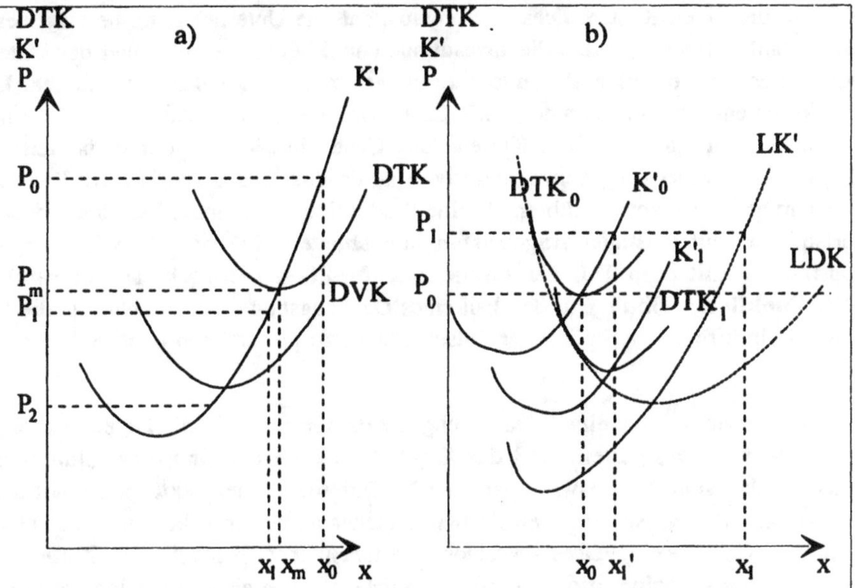

Abb. IV.5: Mittel- und langfristige Angebotsfunktion

Formal resultiert aus der Gleichung (17) durch implizites Differenzieren die Reaktion des Outputs auf eine Preisänderung:

$$\text{(30)}\quad \frac{dx}{dp}=\frac{1}{K''}>0$$

Aufgrund der hinreichenden Bedingung des Maximierungsproblems hat die Güterangebotsfunktion eine positive Steigung. Je flacher die Grenzkostenfunktion verläuft, um so geringer fällt die Veränderung der Grenzkosten bei einer Erhöhung der Produktion aus und um so stärker steigt die angebotene Menge bei einer Preiserhöhung.

Weiterhin stellt sich die Frage, ob das Unternehmen, bei jedem Preis anzubieten, bereit ist. Bei einem Preis p_1 würde das Unternehmen einen negativen Gewinn erzielen, da die totalen Durchschnittskosten der Menge x_1 den Preis übersteigen. Beim Preis p_1 kann jedoch ein Teil der fixen Kosten abgedeckt werden, da der Preis die variablen Durchschnittskosten übersteigt. Man spricht in einer solchen Situation von einem positiven

Deckungsbeitrag:

(31) $DB = p - DVK$

DB: Deckungsbeitrag

Wird bei p_1 in der Abbildung 5 Teil a) die Menge x_1 produziert, so ist der Verlust der Unternehmung geringer als bei einer Einstellung der Produktion. Der Verlust wäre identisch mit den fixen Kosten. Dies setzt voraus, daß die Unternehmung bereits über Produktionsanlagen verfügt, d.h. die Investitionen sind bereits getätigt, und der Unternehmung ist es nicht möglich, die Investitionsgüter am Markt wieder zu verkaufen. Die fixen Kosten entsprechen dann den Sunk-Costs. Um die Argumentation einfach zu halten, unterstellen wir, daß alle fixen Kosten Sunk-Costs sind.[7)] Sinkt der Preis weiter, z.B. auf p_2, wird der Deckungsbeitrag negativ. Eine Produktion (x_2) bei diesem Preis würde zu einem größeren Verlust führen als eine Produktionseinstellung. Man kann daher den Verlauf der mittelfristigen Angebotsfunktion ableiten: **Die mittelfristige Angebotsfunktion ist mit dem Teil der Grenzkostenfunktion identisch, der oberhalb der DVK-Funktion verläuft.** Für den Fall eines Deckungsbeitrages von Null ist die Unternehmung indifferent bezüglich der Entscheidung, zu produzieren oder nicht zu produzieren.

Welche Auswirkung hat eine Veränderung der Faktorpreise auf die Güterangebotsfunktion? Wir haben festgestellt, daß die Angebotsfunktion der Grenzkostenfunktion entspricht. Daher sind die Auswirkungen der Veränderungen der Faktorpreise auf die Angebotsfunktion identisch mit den Auswirkungen auf die Grenzkostenfunktion.[8)] **Eine Erhöhung des Faktorpreises verschiebt die Grenzkostenfunktion nach oben, wenn alle Faktoren superior sind.** Bei inferioren Faktoren tritt eine Reduktion der Grenzkosten in einem bestimmten Intervall ein. Weiterhin wird sich das Minimum der variablen Durchschnittskosten auf ein höheres Niveau verlagern, d.h. der Mindestpreis, ab dem die Unternehmung anzubieten bereit ist, nimmt zu. Die entgegengesetzte Reaktion tritt ein, wenn der technische Fortschritt die Grenzkosten reduziert.

d) Der Verlauf der Angebotsfunktion in der langen Frist

In der langen Frist können die fixen Faktoren innerhalb eines Produktionsverfahrens variiert werden. Die fixen Kosten sind vermeidbar. Ein Unternehmen kann auf Dauer nur existieren, wenn es Gewinne erzielt. Aus diesem Grunde wird die Unternehmung langfristig nur dann anbieten, wenn der Preis mindestens den totalen Durchschnittskosten entspricht. Sie wird die Investition einer Anlage nur dann vornehmen, wenn die Kosten der Produktion mindestens gedeckt werden. Die hier getroffene Unterscheidung zwischen mittel- und langfristiger Angebotsfunktion bezieht sich auf den Aspekt, wie lange ein Unternehmen Verluste finanzieren kann. **Die langfristige Angebotsfunktion**

---

7) Natürlich sind nicht alle fixe Kosten identisch mit den Sunk-Costs. Hat eine Unternehmung Investitionsgüter für 10.000 DM gekauft und kann diese für 6.000 DM wieder verkaufen, dann sind Sunk-Costs in Höhe von 4.000 DM entstanden.

8) Im Abschnitt III.C.3.b) wurden die Auswirkungen der Veränderung der Faktorpreise auf die Grenzkosten untersucht.

einer Unternehmung ist daher mit dem Teil der Grenzkostenfunktion oberhalb des Minimums der DTK-Kurve identisch. Für die in der Abbildung 5a) dargestellte Kostenstruktur muß der Verkaufspreis mindestens p_m betragen.

Für die Angebotsfunktion gilt somit unter Beachtung der verschiedenen Zeithorizonte:[9)]

$$(32) \quad p = K'(x) = A(x) = \begin{cases} p \geq DTK & \text{langfristig} \\ p \geq DVK & \text{mittelfristig} \\ p < DVK & \text{kein Angebot} \end{cases}$$

A(x): Angebotsfunktion

Bezüglich der Auswirkungen von Faktorpreisveränderungen und des technischen Fortschritts gelten beim langfristigen Angebot die gleichen Ergebnisse wie bei der mittelfristigen Angebotsfunktion.

Gegeben sei die Kostenfunktion:

$$(B5) \quad K = 4 + \frac{1}{4}x^2$$

Die Grenzkosten betragen:

$$(B6) \quad K' = \frac{1}{2}x$$

Die Angebotsfunktion lautet:

$$(B7) \quad p = \frac{1}{2}x \qquad \text{bzw.} \qquad (B8) \quad x = 2p$$

Um bestimmen zu können, welcher Preis mindestens vorliegen muß, damit die Unternehmung anzubieten bereit ist, werden die variablen und die totalen Durchschnittskosten gebildet:

$$(B9) \quad DTK = \frac{4}{x} + \frac{1}{4}x \qquad (B10) \quad DVK = \frac{1}{4}x$$

Die durchschnittlichen variablen Kosten beginnen im Ursprung. Daher wird die Unternehmung kurzfristig bei jedem positiven Preis anbieten. Zur Bestimmung der langfristigen Preisuntergrenze ist das Minimum der DTK-Kurve zu berechnen. Die Ableitung nach x liefert:

$$(B11) \quad \frac{\partial DTK}{\partial x} = -4x^{-2} + \frac{1}{4}$$

Diese Ableitung gleich Null gesetzt ergibt nach der Auflösung eine Menge von vier Ein-

9) Die Gleichung (32) stellt die Umkehrfunktion der Gleichung (1) dar.

heiten. Der Preis muß langfristig mindestens zwei Einheiten betragen, damit die Unternehmung anzubieten bereit ist.

Die langfristige Analyse erfährt ihre Erweiterung durch die Einbeziehung möglicher Verfahrenswechsel. In Teil b) der Abbildung 5 sind für unterschiedliche Produktionsverfahren die Durchschnitts- und Grenzkosten sowie die langfristige Grenz- und Durchschnittskostenkurve eingezeichnet.[10)] Für einen vorgegebenen Preis p_0 erreicht die Unternehmung ihr Gewinnmaximum in x_0. Die Unternehmung produziert mit dem Verfahren V_0. Steigt nun der Preis auf p_1, wird die Unternehmung bei gleichem Produktionsverfahren die Menge x_1' produzieren. Bei langfristiger Betrachtung wird die Unternehmung mit dem Verfahren V_1 produzieren. Das langfristige Gewinnmaximum liegt bei x_1. Die Verbindungslinie der so gewonnenen Gleichgewichte für alternative Marktpreise stellt die langfristige Güterangebotsfunktion dar.

Die Wahl des Produktionsverfahrens beeinflußt die variablen und die fixen Kosten. Die variablen Kosten nehmen mit steigender technischer Qualität des Produktionsverfahrens ab, wogegen die fixen Kosten mit steigender Qualität zunehmen. Wird die technische Qualität des Produktionsverfahrens mit Hilfe der Variablen g gemessen, dann erhält man für die Kostenfunktion:

(33) $K(x,g) = K_v(x,g) + K_f(g)$ mit (34) $\frac{\partial K_v(x,g)}{\partial g} < 0; \frac{\partial K_f(g)}{\partial g} > 0$

g: Qualität des Produktionsverfahrens

Hinter dem Niveau der Variablen g verbirgt sich ein ganz bestimmtes Produktionsverfahren. Zur Vereinfachung der Analyse wird unterstellt, daß es unendlich viele Produktionsverfahren mit unterschiedlicher Qualität gibt. Im Abschnitt III.C.4.b) wurde die Ermittlung der langfristigen Kostenfunktion erläutert. Wir gehen hier einen Schritt weiter und suchen die bei gegebenem Verkaufspreis gewinnoptimale Menge und das gewinnoptimale Verfahren. Die Gewinnfunktion der Unternehmung unter Beachtung der Möglichkeit der Verfahrensauswahl lautet:

(35) $G(x) = px - K(x,g)$

Zur Lösung des Gewinnmaximierungsproblems werden die Ableitungen der Gleichung (35) nach x und g gleich Null gesetzt:

(36) $\frac{\partial G}{\partial x} = p - \frac{\partial K(x,g)}{\partial x} = 0$ (37) $\frac{\partial G}{\partial g} = \frac{\partial K(x,g)}{\partial g} = 0$

Die Auflösung der Gleichung (38) nach g

(38) $g = f(x)$

gibt das kostengünstigste Verfahren für alternative Outputniveaus an. Durch Substitu-

10) Zur Herleitung der Umhüllungskurven vgl. Abschnitt III.C.4.

tion der Gleichung (38) in die Gleichung (36) läßt sich die gewinnoptimale Produktionsmenge bestimmen. Unter Beachtung der Gleichung (38) ist dann auch das gewinnoptimale Produktionsverfahren festgelegt.

Zur Illustration greifen wir auf die bereits im Abschnitt III.C.4.b verwendete Kostenfunktion zurück[11)]

(B12) $K = 0{,}04x^3 - 0{,}9x^2 + (11 - g)x + 5g^2$

Für einen Absatzpreis von p = 6 folgt für die Gewinnfunktion:

(B13) $G = 6x - 0{,}04x^3 + 0{,}9x^2 - (11 - g)x - 5g^2$

Die Ableitungen nach x und g ergeben:

(B14) $\frac{\partial G}{\partial x} = 6 - 0{,}12x^2 + 1{,}8x - 11 + g = 0$

(B15) $\frac{\partial G}{\partial g} = x - 10g = 0$ *bzw.* (B16) $g = \frac{1}{10}x$

Durch Substitution von (B16) in (B16) folgt:

(B17) $6 - 0{,}12x^2 + 1{,}9x - 11 = 0$

Löst man die Gleichung (B17) auf, resultiert eine optimale Ausbringungsmenge von x = 12,5. Setzen wir die Outputgröße in die Gleichung (B16) ein, dann folgt g = 1,25.

D. Das Inputproblem

1. Die gewinnoptimalen Faktoreinsatzmengen

Nach der Untersuchung des Gewinns in Abhängigkeit von der Produktion wird in dem vorliegenden Abschnitt der Gewinn in Abhängigkeit von den Faktoreinsatzmengen betrachtet. Unter der Annahme, daß die Faktorpreise und der Verkaufspreis konstant sind und auf der Absatz- und Beschaffungsseite keine Mengenbeschränkungen existieren, lautet das Gewinnmaximierungsproblem in Abhängigkeit der Inputs:

(39) $\max_{v_1, v_2} G = ph(v_1, v_2) - q_1 v_1 - q_2 v_2 - K_f$

Daraus ergeben sich die Bedingungen der 1. Ordnung:

(40) $\frac{\partial G}{\partial v_1} = p h_1(v_1, v_2) - q_1 = 0$ (41) $\frac{\partial G}{\partial v_2} = p h_2(v_1, v_2) - q_2 = 0$

11) vgl. Henderson/Quandt (1983) S. 90 ff.

Die Ableitungen (40) und (41) stellen die Grenzgewinne bezogen auf die Faktoreinsatzmengen dar. Der **Grenzgewinn eines Faktors** gibt die Veränderung des Gewinns bei einer Erhöhung der Faktoreinsatzmenge an. Das Produkt aus Verkaufspreis und Grenzproduktivität wird als **Wertgrenzprodukt** bezeichnet. Das Wertgrenzprodukt gibt den Erlöszuwachs an, der aus einem zusätzlichen Faktoreinsatz resultiert. Das Wertgrenzprodukt kann man auch als Grenzerlös der Faktoreinsatzmenge bzw. als **Faktorgrenzerlös** bezeichnen. Beträgt z.B. die Grenzproduktivität von Faktor V_1 5 Einheiten, dann nimmt der Output bei einer Erhöhung der Faktoreinsatzmenge um eine Einheit um fünf Einheiten zu. Kann die Unternehmung diese Mengen zu einem Preis von 10 Geldeinheiten verkaufen, so steigen die Erlöse der Unternehmung um 50 Einheiten. Dies ist das Wertgrenzprodukt.

Die Grenzkosten eines Faktors entsprechen dem jeweiligen Faktorpreis. Sie geben die Veränderungen der Kosten bei einer Erhöhung der Fakoreinsatzmenge an.

Der **Grenzgewinn** der Faktoreinsatzmenge ist gleich der Differenz aus Faktorgrenzerlös und Faktorgrenzkosten. Ist der Faktorgrenzerlös größer (kleiner) als die Grenzkosten des Faktors, dann ist der Faktorgrenzgewinn positiv (negativ), und der Gewinn nimmt bei einer Ausweitung des Faktoreinsatzes zu (ab). Beträgt z.B. der Faktorpreis 20 und der Faktorgrenzerlös 50 Einheiten, dann resultiert für den Grenzgewinn des Faktors der Wert 30. Der Gewinn steigt um 30 Einheiten, wenn der Faktoreinsatz um eine Einheit erhöht wird. Nach Umstellung der Gleichungen (40) und (41) folgt:

(42) $ph_1(v_1,v_2)=q_1$ (43) $ph_2(v_1,v_2)=q_2$

Die Bedingungen (42) und (43) fordern, daß im Gewinnmaximum Wertgrenzprodukt eines Faktors und Faktorpreis identisch sind. Werden beide Gleichungen durch das Preisniveau dividiert, folgt:

(44) $h_1(v_1,v_2)=\frac{q_1}{p}$ (45) $h_2(v_1,v_2)=\frac{q_2}{p}$

Anhand der Gleichungen (44) und (45) erkennt man, daß im Gewinnmaximum die Grenzproduktivitäten der Faktoren ihren Realpreisen entsprechen.

Als Beispiel wird folgende Produktionsfunktion betrachtet:

(B18) $x=v_1^{0,25}v_2^{0,25}$

Das Preisniveau beträgt 16. Die Faktorpreise betragen jeweils eine Einheit. Nach Anwendung der Regel Grenzproduktivität gleich Reallohn folgt:

(B19) $\frac{1}{4}v_1^{-0,75}v_2^{0,25}=\frac{1}{16}$ *bzw.* *(B20)* $v_2=\left(\frac{1}{4}\right)^4 v_1^3$

(B21) $\frac{1}{4}v_1^{0,25}v_2^{0,75}=\frac{1}{16}$ *bzw.* *(B22)* $v_1=\left(\frac{1}{4}\right)^4 v_2^3$

Die Auflösung der Gleichungen liefert $v_1 = v_2 = 16$.

Die Bedingungen der zweiten Ordnung für ein Maximum fordern, daß die Matrix der zweiten Ableitungen der Gewinnfunktion negativ definit ist:

(46) $\frac{\partial^2 G}{\partial v_1^2} = ph_{11} < 0$ (47) $\frac{\partial^2 G}{\partial v_2^2} = ph_{22} < 0$

(48) $|H| = \begin{vmatrix} ph_{11} & ph_{12} \\ ph_{21} & ph_{22} \end{vmatrix} = p^2\left(h_{11}h_{22} - h_{12}^2\right) = p^2|D| > 0$

Die hinreichende Bedingung ist nur erfüllt, wenn die Produktionsfunktion konkav verläuft bzw. abnehmende Skalenerträge vorliegen.[12)] Bei zunehmenden Skalenerträgen, z.B. bei einem Homogenitätsgrad von zwei, vervierfacht sich der Output bei einer Verdopplung des Inputs. Die Erlöse steigen daher auf das Vierfache an. Die Ausgaben für die Faktoren verdoppeln sich dagegen lediglich, so daß der Gewinn bei zunehmendem Faktoreinsatz steigt. Daher bestätigt sich das aus der Analyse des Outputproblems abgeleitete Ergebnis, daß **im Bereich zunehmender Skalenerträge bei einem Mengenanpasser niemals ein Gewinnmaximum vorliegen kann!** Das Gleiche gilt für konstante Skalenerträge. Die abgeleiteten Ergebnisse werden anhand der Abbildung 6 dargestellt.

Im Teil a) sind für ein gegebenes Niveau von V_2 die Ertragsfunktion und die Kosten für den Faktor V_1 abgebildet. Dabei wurde für die Ertragsfunktion ein ertragsgesetzlicher Verlauf unterstellt. Die Wertgrenzproduktivitätsfunktion ($\partial E/\partial v_1$) und die Faktorpreise sind im Teil b) der Abbildung skizziert. Der Definitionsbereich, in dem die Wertgrenzproduktivität zunimmt, konstant bleibt oder abnimmt, wird durch die Grenzproduktivität des Faktors V_1 bestimmt. Die Multiplikation der Grenzproduktivität mit einem Verkaufspreis (größer als Eins) führt lediglich zu einem steileren Verlauf und höheren Ordinatenwerten der Funktion, verändert die Lage des Extremwerts der Funktion aber nicht. Der Teil c) zeigt den Gewinn in Abhängigkeit der Faktoreinsatzmenge. Zur näheren Erläuterung wählen wir die Faktoreinsatzmenge v_{10}. Dort entspricht das Wertgrenzprodukt dem Faktorpreis. Wird eine Einheit von V_1 zusätzlich eingesetzt, dann ist der Faktorpreis kleiner als der Faktorgrenzerlös. Der Gewinn nimmt zu. Andererseits führt eine Reduktion der Faktoreinsatzmenge zu einem Rückgang des Wertgrenzprodukts. Der Faktorpreis ist dann größer als das Wertgrenzprodukt. Die Kostenersparnis bei Reduktion der Faktoreinsatzmenge übersteigt den Erlösverzicht. Die Einsatzmenge v_{10} stellt ein lokales Gewinnminimum dar. Im steigenden Ast der Wertgrenzproduktivitätsfunktion kann kein Gewinnmaximum vorliegen. Zunehmende Grenzproduktivitäten schließen unter den getroffenen Annahmen ein Gewinnmaximum aus.

12) vgl. zur Kennzeichnung konkaver Produktionsfunktionen den Abschnitt II.B.3. bzw. II.C.2.

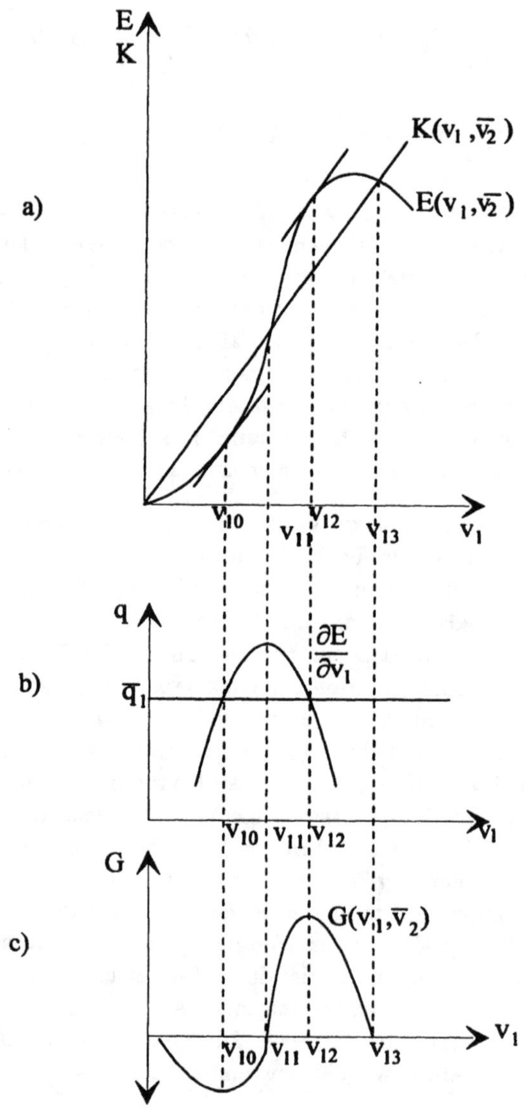

Abb. IV.6: Gewinnsituation und Inputproblem

Betrachten wir nun die Faktoreinsatzmenge v_{11}. Bei diesem Niveau ist die Differenz zwischen Wertgrenzproduktivität und Faktorpreis am größten, d.h. der Gewinnzuwachs, den eine Faktoreinheit liefert, erreicht ein Limit. Die Gewinnfunktion hat hier die höchste Steigung. Diese Einsatzmenge ist aber nicht die gewinnoptimale, denn in diesem Punkt wird der Gewinnzuwachs maximiert, nicht der Gewinn! Zwar nimmt der Gewinnzuwachs bei Überschreitung von v_{11} ab, jedoch ist der Grenzgewinn weiter positiv, solange das Wertgrenzprodukt größer als der Faktorpreis ist. Wertgrenzprodukt und Faktorpreis sind für v_{12} identisch. Wird der Einsatz des Faktors V_1 weiter ausgedehnt, dann sinkt das Wertgrenzprodukt unter den Faktorpreis und damit nimmt der Gewinn bei steigender Faktoreinsatzmenge ab. Die Menge v_{12} stellt das Gewinnmaximum dar. **Das Gewinnmaximum kann nur im fallenden Bereich der Wertgrenzproduktivitätsfunktion liegen,** was abnehmende Grenzproduktivitäten impliziert. Bei der Menge v_{13} sind Erlöse und Kosten gleich groß. Ein höherer Einsatz von V_1 würde zu einem Verlust führen.

Die Bedingung der zweiten Ordnung fordert sowohl abnehmende Grenzproduktivitäten als auch eine positive Determinante der Matrix der zweiten Ableitungen der Produktionsfunktion. Warum ist die Annahme abnehmender Grenzproduktivitäten für ein Gewinnmaximum nicht ausreichend?

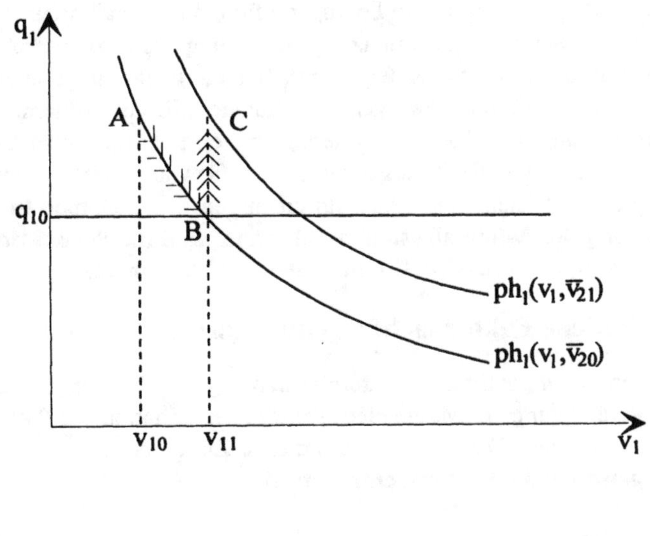

Abb. IV.7: Hinreichende Bedingung eines Gewinnmaximums

Zur Erklärung gehen wir von einer positiven Kreuzableitung aus und betrachten die Abbildung 7. Es wird unterstellt, daß das Wertgrenzprodukt für den Faktor V_2 dem Faktorpreis q_2 entspricht und gleichzeitig von V_1 die Menge v_{10} und von V_2 die Menge

v_{20} eingesetzt wird (Punkt A). Der Gewinn kann durch eine Ausdehnung des Faktoreinsatzes von V_1 auf v_{11} erhöht werden. Bei konstantem Einsatz des Faktors V_2 sinkt das Wertgrenzprodukt des Faktors V_1 entlang der Kurve von A nach B. Eine positive Kreuzableitung erhöht die Grenzproduktivität des Faktors V_2. Dessen Wertgrenzprodukt übersteigt nun den Faktorpreis q_2, so daß die Menge dieses Faktors V_2 auf v_{21} ausgedehnt wird. Über die positive Kreuzableitung erhöht sich gleichzeitig die Grenzproduktivität des Faktors V_1, was graphisch durch eine Verschiebung der Wertgrenzproduktivitätsfunktion nach oben zum Ausdruck gebracht werden kann. Ist der positive Effekt der Kreuzableitung auf die Grenzproduktivität, angezeigt durch eine Verschiebung der Wertgrenzproduktivitätsfunktion und der Bewegung von B nach C, größer als der negative Effekt der abnehmenden Grenzproduktivität, Bewegung entlang der ursprünglichen Kurve von A nach B, erhöht sich die Differenz zwischen Wertgrenzprodukt und Faktorpreis. Ein Gewinnmaximum kann nicht erreicht werden. Diese Möglichkeit wird durch die positive Determinante in (48) ausgeschlossen und ist deshalb Bestandteil der hinreichenden Bedingung.

Ein weiteres wichtiges Ergebnis wird ersichtlich, wenn die Gleichungen aus (44) und (45) in Relation gesetzt werden:

(49) $$\frac{h_1}{h_2} = \frac{q_1}{q_2}$$

Gleichung (49) stellt die bereits bekannte Bedingung für die Minimalkostenkombination dar. Die Lösung des Niveauproblems impliziert die Lösung des Strukturproblems, d.h. **Gewinnmaximierung bedeutet immer Kostenminimierung** eines gegebenen Outputs. Der Umkehrschluß ist jedoch nicht zwingend. So könnte z.B. eine Unternehmung die Ziele Umsatzmaximierung und Kostenminimierung bei einem gegebenem Output verfolgen. Daraus folgt auch, daß die Bedingungen für ein Gewinnmaximum strenger sind als die Bedingungen der Kostenminimierung für einen gegebenen Output. **Für die hinreichende Bedingung der Minimalkostenkombination muß die Produktionsfunktion lediglich quasi-konkav verlaufen; für ein Gewinnmaximum konkav.**

2. Die gewöhnliche Faktornachfragefunktion

Ausgehend von den gewinnoptimalen Faktoreinsatzmengen bei vorgegebenen Faktorpreisen wird die Veränderung der Menge eines Faktors bei Variation des Preises des betrachteten Faktors analysiert. Die Funktion, die diesen Zusammenhang beschreibt, bezeichnet man als **gewöhnliche Faktornachfragefunktion**:

(50) $$v_1 = v_1(q_1; q_2, p)$$

Welche Steigung hat die gewöhnliche Faktornachfragefunktion und wie kommt es möglicherweise zu Verschiebungen? Um die Auswirkungen von Faktorpreis- und Güterpreisänderungen auf die Faktornachfragefunktionen bestimmen zu können, wird das Gleichungssystem (42) bis (43) total differenziert:

(51) $$ph_{11}dv_1 + ph_{12}dv_2 + h_1dp - dq_1 = 0$$

(52) $ph_{21}dv_1 + ph_{22}dv_2 + h_2dp - dq_2 = 0$

Die Gleichungen (51) und (52) können in Matrixschreibweise dargestellt werden.

$$(53)\quad \begin{bmatrix} ph_{11} & ph_{12} \\ ph_{21} & ph_{22} \end{bmatrix} \begin{bmatrix} dv_1 \\ dv_2 \end{bmatrix} = \begin{bmatrix} dq_1 & -h_1dp \\ dq_2 & -h_2dp \end{bmatrix}$$

Nach Anwendung der Cramerschen Regel folgt aus dem Gleichungssystem:

$$(54)\quad \frac{dv_1}{dq_1} = \frac{\begin{vmatrix} 1 & ph_{12} \\ 0 & ph_{22} \end{vmatrix}}{p^2|H|} \qquad \text{bzw.} \qquad (55)\quad \frac{dv_1}{dq_1} = \frac{ph_{22}}{p^2|H|} < 0$$

Da die Bedingungen der zweiten Ordnung für ein Gewinnmaximum abnehmende Grenzproduktivitäten und eine positive Determinante $|H|$ fordern, **verläuft die Faktornachfragefunktion eindeutig mit negativer Steigung.**

Welchen Einfluß hat eine Variation des Preises des anderen Faktors auf die Lage der Faktornachfragefunktion? Aus (53) resultiert:

$$(56)\quad \frac{dv_1}{dq_2} = \frac{\begin{vmatrix} 0 & ph_{12} \\ 1 & ph_{22} \end{vmatrix}}{p^2|H|} \qquad \text{bzw.} \qquad (57)\quad \frac{dv_1}{dq_2} = \frac{-ph_{12}}{p^2|H|}$$

Die Verschiebung der Faktornachfragefunktion hängt vom Vorzeichen der Kreuzableitung der Produktionsfunktion ab. Bei positiver (negativer) Kreuzableitung verschiebt sich die Faktornachfragefunktion bei einer Preiserhöhung des anderen Faktors nach links (rechts).

Die abgeleiteten Ergebnisse können wie folgt interpretiert werden:[13)] Die Reaktion der Unternehmung auf eine Preiserhöhung wird in mehrere Schritte unterteilt. Ausgehend von einer Gleichgewichtssituation führt eine Erhöhung des Preises für den Faktor V_1 zunächst dazu, daß die Grenzproduktivität des Faktors V_1 geringer als der reale Faktorpreis ausfällt:

$$h_1 < \frac{q_1}{p}$$

Das Unternehmen wird daher den Einsatz des Faktors V_1 reduzieren. Da wegen der hinreichenden Gewinnmaximierungsbedingung $h_{11} < 0$ ist, führt diese Maßnahme zu einer Angleichung der Grenzproduktivität des Faktors V_1 an den realen Faktorpreis q_1/p. Weiterhin sind die Auswirkungen einer Verringerung der Menge des Faktors V_1 auf die Grenzproduktivität des Faktors V_2 zu berücksichtigen. Unter der Annahme einer positiven Kreuzableitung führt die Reduktion von V_1 zu einer Abnahme der Grenzproduktivi-

13) Die folgende Analyse stellt lediglich eine Veranschaulichung der Ergebnisse der komparativen Statik dar!

tät von V_2. Die Gleichgewichtsbedingung (43) wird verletzt:

$$h_2 < \frac{q_2}{p}$$

Das Unternehmen wird unter diesen Annahmen mit einer Reduktion von V_2 reagieren. Wegen der positiven Kreuzableitung führt diese Maßnahme jedoch erneut zu einem Ungleichgewicht für den Faktor V_1, so daß der Einsatz des Faktors V_1 durch diesen Rückkopplungseffekt weiter reduziert wird. Am Ende des Anpassungsprozesses entsprechen die Grenzproduktivitäten der Faktoren ihren realen Faktorpreisen.

Aus der Gleichung (53) können des weiteren die Auswirkungen einer Erhöhung des Verkaufspreises p auf die Faktornachfrage von V_1 bzw. V_2 abgeleitet werden:

$$\text{(58)} \quad \frac{dv_1}{dp} = \frac{\begin{vmatrix} -h_1 & ph_{12} \\ -h_2 & ph_{22} \end{vmatrix}}{p^2|H|} = \frac{p(h_2 h_{12} - h_1 h_{22})}{p^2|H|}$$

$$\text{(59)} \quad \frac{dv_2}{dp} = \frac{\begin{vmatrix} ph_{11} & -h_1 \\ ph_{12} & -h_2 \end{vmatrix}}{p^2|H|} = \frac{p(h_1 h_{12} - h_2 h_{11})}{p^2|H|}$$

Die Vorzeichen der Veränderungen der Faktoreinsatzmengen hängen bei einer Verkaufspreisvariation von der Superiorität bzw. von der Inferiorität der Faktoren ab. **Bei Superiorität wird die Menge des betrachteten Faktors bei einer Verkaufspreiserhöhung ausgedehnt, bei Inferiorität eingeschränkt.**

Zerlegen wir die Auswirkungen einer Erhöhung des Verkaufspreises wieder in einzelne Schritte. Eine Erhöhung des Verkaufspreises führt dazu, daß die Grenzproduktivitäten beider Faktoren ihre realen Faktorpreise übersteigen. Daher wird zunächst der Einsatz beider Faktoren ausgedehnt. Die Grenzproduktivitäten nehmen ab (Primäreffekt). Bei einer positiven Kreuzableitung nehmen beide Grenzproduktivitäten aufgrund der Ausdehnung des anderen Faktors zu (Sekundäreffekt). Dieser positive Effekt muß aber, wie bereits bei der Existenz eines Gewinnmaximums erläutert, geringer ausfallen als der negative Effekt der fallenden Grenzproduktivitäten.

Die Auswirkungen verschiedener Veränderungen auf die Faktornachfrage werden in der Abbildung 8 dargestellt. Veränderungen des Faktorpreises q_1 kommen durch Bewegungen entlang der Faktornachfragekurve zum Ausdruck. Veränderungen des Faktorpreises q_2 und des Verkaufspreises p verschieben die Kurve. Im Unterschied zur **konditionalen Faktornachfragefunktion**[14)] verändert sich entlang der gewöhnlichen Faktornachfragefunktion der Output.

14) vgl. Abschnitt III.B.6.

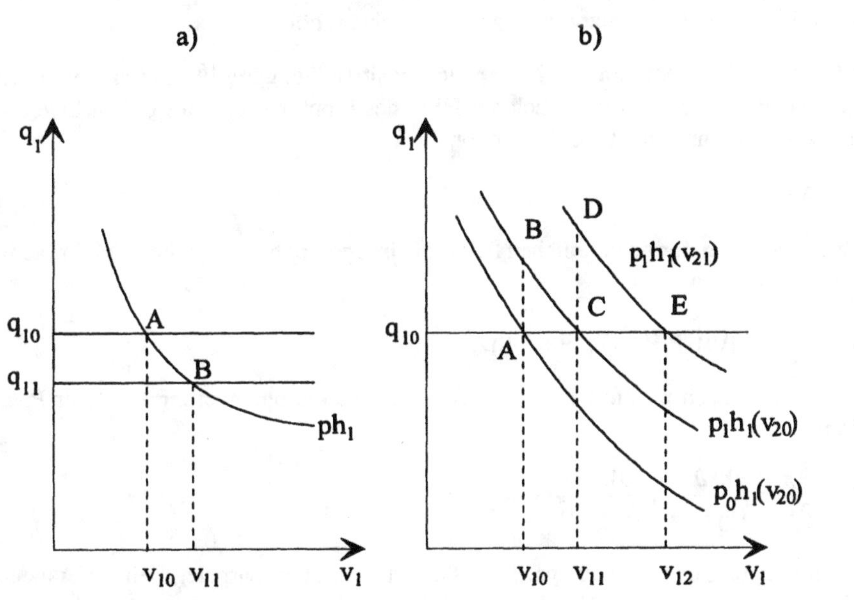

Abb. IV.8: Veränderungen der Faktornachfrage

Die Natur der Faktornachfragefunktion soll in Teil a) der Abbildung 8 erläutert werden. Bei einem gegebenen Faktorpreis q_{10} entspricht die gewinnoptimale Faktoreinsatzmenge des Faktors V_1 der Menge v_{10} (Punkt A). Bei einem Faktorpreis von q_{11} ist die Menge v_{11} optimal (Punkt B). Die gewinnoptimale Faktoreinsatzmenge wird stets an der Wertgrenzproduktivitätsfunktion abgelesen, d.h. **die Wertgrenzproduktivitätsfunktion entspricht der gewöhnlichen Faktornachfragefunktion**. Diese Funktion verläuft, wie anhand der Gleichung (54) gezeigt wurde, eindeutig fallend.

Welche Reaktionen treten bei Kreuzpreis-[15] und Absatzpreisveränderungen auf? Betrachten wir den Teil b) der Abbildung 8. Die Ausgangssituation sei durch den Faktorpreis q_{10} und das Wertgrenzprodukt $p_0h_1(v_{20})$ dargestellt. Die gewinnoptimale Faktoreinsatzmenge in A beträgt v_{10}. Eine Erhöhung des Verkaufspreises verschiebt die Wertgrenzproduktivitätsfunktion nach oben ($p_1h_1(v_{20})$). Aufgrund dieser Verschiebung ist in B bei unverändertem Faktoreinsatz das Wertgrenzprodukt von V_1 größer als der Faktorpreis. Die Menge V_1 wird bis auf v_{11} ausgedehnt (Punkt C). Da gleichzeitig bei einer Absatzpreiserhöhung das Wertgrenzprodukt von V_2 steigt, wird auch die Menge v_2 erhöht. Über die positiven Kreuzableitungen der Faktoren steigen die Grenzproduktivitäten und die Wertgrenzprodukte verändern sich erneut. Die Wertgrenzproduktivitätsfunktion verschiebt sich nochmals nach oben ($p_1h_1(v_{21})$), so daß der Grenzerlös des Faktors V_1 bei v_{11} den Faktorpreis übersteigt (Punkt D) und die Menge v_1 weiter ausgedehnt wird. Bei v_{12} ist das neue Gewinnmaximum in E erreicht. Da der Faktor V_1

15) Mit Kreuzpreis ist der Preis des anderen Faktors gemeint.

superior ist, führt die Absatzpreissteigerung zu einem höheren Faktoreinsatz.

Die Güterangebotsfunktion hat immer eine positive Steigung.16) Dieses bereits nachgewiesene Ergebnis kann man auch mit Hilfe des Inputproblems formal nachweisen.17) Den Ausgangspunkt bildet die Produktionsfunktion:

$$(60) \qquad x = h(v_1, v_2)$$

Nach Substitution der gewöhnlichen Faktornachfragefunktionen in die Produktionsfunktion resultiert:

$$(61) \qquad x = h[v_1(q_1; p, q_2), v_2(q_2; p, q_1)]$$

Die Ableitung nach p liefert Informationen über die Outputänderung bei einer Preisvariation:

$$(62) \qquad \frac{\partial x}{\partial p} = \frac{\partial h}{\partial v_1}\frac{\partial v_1}{\partial p} + \frac{\partial h}{\partial v_2}\frac{\partial v_2}{\partial p}$$

Die Veränderung des Verkaufspreises induziert, wie oben dargelegt, eine Veränderung der Faktoreinsatzmengen. Dies kommt in den zweiten Faktoren der Produkte auf der rechten Seite zum Ausdruck. Werden die Veränderungen der Einsatzmengen mit den entsprechenden Grenzproduktivitäten multipliziert, dann resultiert die Veränderung der Produktion. Nach Substitution der Gleichungen (58) und (59) folgt:

$$(63) \qquad \frac{\partial x}{\partial p} = \frac{p\left(-h_1{}^2 h_{22} + 2h_1 h_2 h_{12} - h_2{}^2 h_{11}\right)}{p^2 |H|} = \frac{1}{p}\left|\frac{D}{H}\right| > 0$$

Aufgrund der hinreichenden Bedingung für die minimalen Kosten bei alternativen Outputniveaus ist die Determinante $|D|$ positiv.18) Dies trifft auch für die Determinante der Matrix H zu, die gemäß der hinreichenden Bedingung für ein Gewinnmaximum positiv ist. Die Produktionsmenge nimmt bei steigendem Verkaufspreis zu.

Wie reagiert eine Unternehmung auf eine proportionale Erhöhung der Faktorpreise und des Verkaufspreises? Die Realpreise (q_1/p) und (q_2/p) bleiben von diesen Nominalpreiserhöhungen unbeeinflußt. Da die Grenzproduktivitäten unabhängig von den Preisen sind, werden die Unternehmen ihre Faktoreinsatzmengen nicht ändern. Die Faktornachfrage der Unternehmen ist daher frei von Geldillusion: **Eine proportionale Erhöhung sämtlicher Preise hat keinen Einfluß auf die gewinnmaximale Faktoreinsatzmenge.**

16) vgl. Abschnitt IV.C.4.c)
17) vgl. Silberberg (1978) S. 114
18) vgl. Gleichung (12) in Kapitel III

E. Simultane Bestimmung von Input und Output

1. Die Gleichgewichtsbedingungen

In diesem Abschnitt werden Input- und Outputproblem simultan gelöst. Für die simultane Herleitung der gewinnmaximalen Faktoreinsatz- und Outputmengen ist die eingangs diskutierte Zielfunktion des Mengenanpassers der Ausgangspunkt:

(64) $$\max_{x, v_1, v_2} \quad G = px - q_1 v_1 - q_2 v_2 - K_f$$

u. d. R. $x = h(v_1, v_2)$

endogen: G, x, v_1, v_2

exogen: p, q_1, q_2

Die Verbindung der Gewinnfunktion mit der Produktionsfunktion erfolgt durch den Lagrange-Ansatz. Der Gewinnmaximierungsansatz lautet:[19)]

(65) $$\max_{x, v_1, v_2, \lambda} \quad L = px - q_1 v_1 - q_2 v_2 - K_f + \lambda[h(v_1, v_2) - x]$$

Differenzieren wir diese Funktion bezüglich der Faktoreinsatzmengen, des Outputs und der Lagrange-Variable, so resultieren folgende Bedingungen 1. Ordnung:

(66) $$\frac{\partial L}{\partial v_1} = -q_1 + \lambda h_1(v_1, v_2) = 0$$

(67) $$\frac{\partial L}{\partial v_2} = -q_2 + \lambda h_2(v_1, v_2) = 0$$

(68) $$\frac{\partial L}{\partial x} = p - \lambda = 0$$

(69) $$\frac{\partial L}{\partial \lambda} = h(v_1, v_2) - x = 0$$

Die ermittelten Gleichgewichtsbedingungen haben folgenden ökonomischen Gehalt. Zunächst werden die Gleichungen (66) und (67) nach der Lagrange-Variable aufgelöst und anschließend durcheinander dividiert. Als Ergebnis resultiert die Minimalkostenkombination.

(70) $$\frac{h_1}{h_2} = \frac{q_1}{q_2}$$

Aus den Gleichungen (66) und (67) folgt unter Beachtung des Zusammenhangs zwischen Absatzpreis p und Lagrange-Variable λ in der Gleichung (68), daß das Wertgrenzprodukt des Faktors V_1 gleich dem Faktorpreis ist und daß die Grenzproduktivität eines Faktors dem Realpreis entspricht.[20)]

---

19) Zur Lösung von Maximierungsproblemen mit mehreren Variablen und mehreren Nebenbedingungen vgl. Henderson/Quandt (1983) S. 403 ff.

20) vgl. Gleichungen (42) und (43) sowie die dort angeführten Interpretationen.

(71a) $ph_1(v_1,v_2)=q_1$ bzw. (72a) $h_1(v_1,v_2)=\frac{q_1}{p}$

(71b) $ph_2(v_1,v_2)=q_2$ bzw. (72b) $h_2(v_1,v_2)=\frac{q_2}{p}$

Eine weitere Interpretation der Gleichungen (66) und (67) ist im Rahmen des simultanen Lösungsansatzes möglich. Lösen wir die Gleichung (66) nach λ auf, dann gilt:

(73) $\lambda=\frac{q_1}{h_1(v_1,v_2)}$ (74) $\lambda=\frac{q_1}{\frac{\partial x}{\partial v_1}}$ (75) $\lambda=q_1\frac{\partial v_1}{\partial x}$

Der Kehrwert der Grenzproduktivität in der Gleichung (75) gibt die Menge des Faktors von V_1 an, die für eine zusätzliche Outputeinheit benötigt wird. Dies entspricht der Ableitung der Verbrauchsfunktion nach dem Output. Gewichtet mit dem Faktorpreis erhält man die Kostensteigerung bei einer zusätzlichen Outputmenge und somit die Grenzkosten. Die **Lagrange-Variable** stellt in unserem Problem die **Grenzkosten** dar:

(76) $\lambda=\frac{\partial K}{\partial x}$

Die gleiche Beziehung läßt sich für den Faktor V_2 aufstellen:

(77) $\lambda=q_2\frac{\partial v_2}{\partial x}=\frac{\partial K}{\partial x}$

Aus den Gleichungen (75), (76) und (77) folgt demnach, daß die zusätzlichen Kosten einer Ausdehnung der Produktion im Unternehmensgleichgewicht für beide Faktoren identisch sind und den Grenzkosten entsprechen.

(78) $q_1\frac{\partial v_1}{\partial x}=q_2\frac{\partial v_2}{\partial x}=\frac{\partial K}{\partial x}$

Schließlich kann unter der Berücksichtigung, daß die Lagrange-Variable für die Grenzkosten steht, die gewinnmaximale Gleichgewichtsbedingung - Preis gleich Grenzkosten - ermittelt werden. Dazu vergleichen wir die Gleichung (68) mit Gleichung (77) :

(79) $p=\lambda=\frac{\partial K}{\partial x}$

Welche Gestalt haben die hinreichenden Bedingungen für ein Gewinnmaximum? Im Unterschied zu den bisherigen Problemen liegt hier ein Maximierungsproblem mit drei modellendogenen Variablen und einer Nebenbedingung vor. Die Bedingungen der zweiten Ordnung für ein derartiges Maximum fordern, daß die Hauptminoren der geränderten Hesse-Matrix[21]) alternierende Vorzeichen, beginnend mit einem Plus, aufweisen. Deshalb fordert die erste hinreichende Bedingung:

$$(80)\qquad |H_1| = \begin{vmatrix} \lambda h_{11} & \lambda h_{12} & h_1 \\ \lambda h_{12} & \lambda h_{22} & h_2 \\ h_1 & h_2 & 0 \end{vmatrix} = \lambda \begin{vmatrix} h_{11} & h_{12} & h_1 \\ h_{21} & h_{22} & h_2 \\ h_1 & h_2 & 0 \end{vmatrix} = \lambda |D| > 0.$$

Die Bedingung impliziert, daß die Produktionsfunktion quasi-konkav verläuft. Damit ist die Bedingung der zweiten Ordnung für die Minimalkostenkombination gesichert. Weiterhin muß folgende Bedingung erfüllt sein:

$$(81)\qquad |H_2| = \begin{vmatrix} \lambda h_{11} & \lambda h_{12} & 0 & h_1 \\ \lambda h_{21} & \lambda h_{22} & 0 & h_2 \\ 0 & 0 & 0 & -1 \\ h_1 & h_2 & -1 & 0 \end{vmatrix} < 0$$

Die Entwicklung der Determinante $|H_2|$ nach der 3. Zeile liefert:

$$(82)\qquad |H_2| = \begin{vmatrix} \lambda h_{11} & \lambda h_{12} & 0 \\ \lambda h_{12} & \lambda h_{22} & 0 \\ h_1 & h_2 & -1 \end{vmatrix} = -\lambda^2 \begin{vmatrix} h_{11} & h_{12} \\ h_{21} & h_{22} \end{vmatrix} = -\lambda^2 |H| < 0$$

Die Determinante der zweiten Ableitungen der Produktionsfunktion muß positiv sein. Im Zusammenhang mit der Bedingung der Quasi-Konkavität folgt, daß die Produktionsfunktion für ein Gewinnmaximum einen konkaven Verlauf haben muß.

2. Untersuchung der Faktornachfrage- und Güterangebotsfunktion

Mit Hilfe der Gewinnmaximierungsbedingungen können die Eigenschaften der Faktornachfragefunktion und der Angebotsfunktion simultan untersucht werden. Der Vorteil dieser Betrachtung liegt u.a. darin, daß die Einflüsse der Faktorpreise auf die Güterangebotsfunktion direkt abgelesen werden können. Den Ausgangspunkt zu diesen Untersuchungen liefert das Gleichungssystem (66) bis (69). Wird dieses System total differenziert und so geordnet, daß die Veränderungen der endogenen Variablen auf der linken und die der exogenen Variablen auf der rechten Seite stehen, dann folgt in Matrixschreibweise:

$$(83)\qquad \begin{bmatrix} \lambda h_{11} & \lambda h_{12} & 0 & h_1 \\ \lambda h_{21} & \lambda h_{22} & 0 & h_2 \\ 0 & 0 & 0 & -1 \\ h_1 & h_2 & -1 & 0 \end{bmatrix} \begin{bmatrix} dv_1 \\ dv_2 \\ dx \\ d\lambda \end{bmatrix} = \begin{bmatrix} dq_1 \\ dq_2 \\ -dp \\ 0 \end{bmatrix}$$

21) Die Hesse Matrix umfaßt bei dem vorliegenden Maximierungsproblem die zweiten Ableitungen der Gleichungen (66) bis (69) nach x, v_1, v_2, und λ.

Aus diesem Gleichungssystem resultieren bei partieller Variation des Verkaufspreises und des Faktorpreises q_1 nach Anwendung der Cramerschen Regel folgende Reaktionen bezüglich des Outputs, der Faktoreinsatzmenge v_1 und den Grenzkosten:

$$(84) \quad \frac{dx}{dp} = -\frac{\lambda\left(-h_1^2 h_{22} + 2h_1 h_2 h_{12} - h_2^2 h_{11}\right)}{|H_2|} = -\lambda \frac{|D|}{|H_2|} > 0$$

$$(85) \quad \frac{dv_1}{dp} = -\frac{\lambda\left(h_2 h_{12} - h_1 h_{22}\right)}{|H_2|} \qquad (86) \quad \frac{dv_1}{dq_1} = -\frac{p h_{22}}{p^2 |H_2|} < 0$$

$$(87) \quad \frac{dx}{dq_1} = \frac{\lambda\left(h_2 h_{12} - h_1 h_{22}\right)}{|H_2|} \qquad (88) \quad \frac{d\lambda}{dq_1} = -\frac{\lambda\left(h_2 h_{12} - h_1 h_{22}\right)}{|H_2|}$$

Die vorstehenden Ableitungen sind bereits ausführlich bei der partiellen Betrachtung von Output- und Inputproblemen betrachtet worden. An dieser Stelle können durch Zusammenfassung einiger Gleichungen zusätzliche Informationen gewonnen werden:

Aus den Gleichungen (87) und (88) folgt, daß eine preisinduzierte Veränderung des Outputs invers zu einer faktorpreisinduzierten Veränderung der Grenzkosten verläuft:

$$(89) \quad \frac{d\lambda}{dq_1} = -\frac{dx}{dq_1}$$

Der Faktor V_1 sei superior. Gleichung (87) gibt dann die Linksverschiebung der Güterangebotsfunktion an, d.h. wie stark der Angebotsrückgang bei einer Faktorpreiserhöhung ausfällt. Die Gleichung (88) zeigt die Verschiebung der Güterangebotsfunktion nach oben, d.h. um wieviel der Preis steigen muß, damit die Unternehmung weiterhin bereit ist, die gleiche Gütermenge anzubieten. Aus der Gleichung (89) geht hervor, daß die Linksverschiebung der Güterangebotsfunktion der Verschiebung der Güterangebotsfunktion nach oben entspricht.

Der Vergleich der Reaktion der Faktoreinsatzmenge auf eine Verkaufspreisänderung (85) mit der Reaktion des Güterangebots bei einer Faktorpreisänderung (87) führt zu:

$$(90) \quad \frac{dv_1}{dp} = -\frac{dx}{dq_1}$$

Diese Beziehung liefert eine wichtige Aussage zur Überprüfung des Modells. Aus einer Verkaufspreisänderung können wir keine isolierten Aussagen für die Faktornachfrage ableiten und aus einer Faktorpreisänderung keine eindeutigen Aussagen für das Güterangebot. Die Kombination beider Datenänderung liefert aber folgende Hypothese: **Wenn bei einer Güterpreiserhöhung die Faktornachfrage steigt, dann reduziert sich bei einer Faktorpreisänderung das Güterangebot um den gleichen Betrag.**

F. Diskussion und Anwendungen

1. Anwendungen des Outputproblems

a) Umweltschutz durch Abgaben und Auflagen

Zu den Erkenntnissen über die Verhaltensweisen von Mengenanpassern werden in diesem und den folgenden Abschnitten einige Anwendungsmöglichkeiten vorgestellt. Ein Beispiel für die Anwendung der **Grenzkosten-Preis-Regel** stellt die Analyse verschiedener Instrumente zur Verhinderung von Umweltverschmutzung dar. U.a. werden Auflagen und Abgaben als umweltpolitische Instrumente diskutiert:[22)]

(1) **Auflagen** sind z.B. dadurch gekennzeichnet, daß ein bestimmter Schadstoffausstoß nicht überschritten werden darf.

(2) **Abgaben** sind z.B. dadurch gekennzeichnet, daß pro ausgestoßener Schadstoffmenge ein Preis bzw. eine Steuer bezahlt werden muß.

Wir unterstellen zur Vereinfachung der Analyse zwei Unternehmensgruppen, die über verschiedene Produktionstechnologien verfügen und bei denen zur Vermeidung des Schadstoffausstoßes unterschiedliche Kosten anfallen. Die Grenzkosten der Reinhaltung sind in der folgenden Abbildung dargestellt.

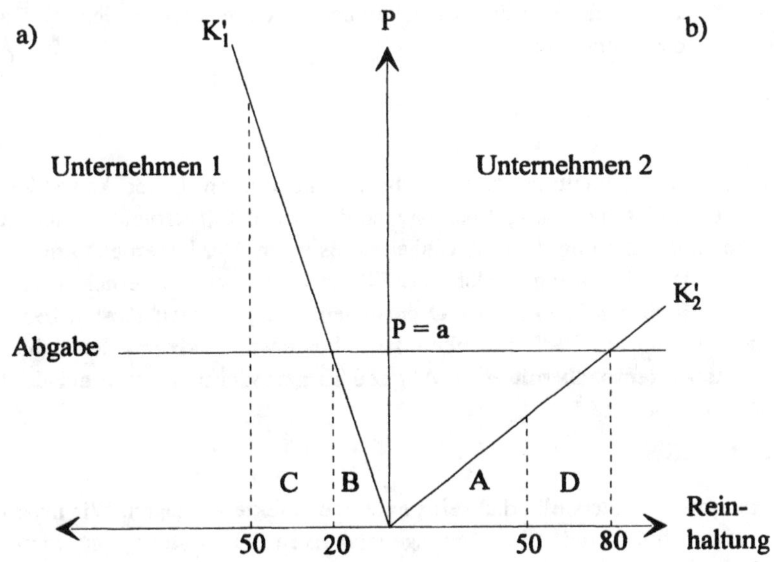

Abb. IV.9: Auflagen und Abgaben als Umweltschutzinstrumente

22) vgl. ausführlich Wicke (1991) S. 174 ff.

Es soll untersucht werden, welche Kosten bei Auflagen bzw. Abgaben entstehen, wenn der Schadstoffgehalt reduziert werden soll. Bei welchem der genannten Instrumente führt eine Reduktion des Schadstoffausstoßes zu den geringeren Kosten? Betrachten wir zunächst das Instrument Auflagen. Beiden Unternehmen wird vorgeschrieben, ihr Niveau der Reinhaltung um 50 Einheiten zu reduzieren. Aus der Fläche unterhalb der Grenzkostenkurven können die jeweiligen variablen Kosten der Reinhaltung abgelesen werden. Unternehmen 1 entstehen Kosten in Höhe der Flächen B und C, dem Unternehmen 2 Kosten in Höhe der Fläche A. Die gleiche gesamtwirtschaftliche Reduktion des Schadstoffgehaltes kann erreicht werden, wenn eine Abgabe erhoben wird. Bei einer Abgabe hat die Unternehmung für jede ausgestoßene Schadstoffeinheit einen Betrag a zu entrichten. Dieser Zahlung kann sie sich durch die Erhöhung des Reinheitsgrades entziehen, wodurch Kosten für die Reinhaltung entstehen. Insgesamt entstehen der Unternehmung Kosten gemäß:

(91) $K = as + K(r)$ bzw. (92) $K = K(r) - ar$

a: Abgabe

s: Einheiten des Schadstoffausstoßes

r: Einheiten des reduzierten Schadstoffausstoßes

Die Gleichung (92) folgt unmittelbar aus Gleichung (91), da beide Variablen s und r in Schadstoffeinheiten gemessen werden, die auf der einen Seite bei der Produktion anfallen (s) und auf der anderen Seite durch Umwelttechnik vermieden werden (r). Das Kostenminimum wird erreicht, wenn

(93) $$\frac{\partial K}{\partial r} = a$$

die Grenzkosten der Reinhaltung dem Abgabesatz entsprechen. Unter Anwendung dieser Regel wird die Unternehmung 1 das Niveau der Schadstoffvermeidung auf 20 Einheiten und die Unternehmung 2 auf 80 Einheiten festlegen. Der Unternehmung 1 entstehen Kosten für die Reinhaltung in Höhe der Fläche B, während Unternehmen 2 Reinigungskosten in Höhe der Flächen A + D entstehen. Die gesamten Kosten der Schadstoffverringerung sind um C - D gesunken. **Eine bestimmtes Niveau der Schadstoffvermeidung kann demnach mit einer Abgabe zu geringeren Kosten erreicht werden als mit einer Auflage.**

b) Externe Effekte

Bisher wurde implizit unterstellt, daß keine externen Effekte vorliegen. Wir heben diese Annahme auf und fragen, wie die Güterangebotskurven bei Existenz von externen Effekten verlaufen. Externe Effekte können sowohl durch die Produktionsmenge als auch durch die Faktoreinsatzmenge einer anderen Unternehmung ausgelöst werden. Für die folgende Analyse werden negative externe Effekte bezüglich der Produktionsmengen unterstellt. Zur Vereinfachung bezieht sich die Analyse auf zwei Unternehmen. Die Kosten des Unternehmens A sind abhängig von der Produktion des Unternehmens B, und umgekehrt sind die Kosten des Unternehmens B abhängig von der Produktion des Unternehmens A. Für die Gewinnfunktionen der beiden Anbieter gilt:[23)]

$$(94) \quad G^A = px^A - K^A(x^A; x^B)$$

$$(95) \quad G^B = px^B - K^B(x^B; x^A)$$

G^A: Gewinnfunktion des Unternehmens A

G^B: Gewinnfunktion des Unternehmens B

Über die Kosten, die neben dem eigenen Absatz vom Outputniveau des Konkurrenten abhängig sind, wirkt sich die Produktionsmenge auf den Gewinn der jeweils anderen Unternehmung aus. Auf die Konkurrenzmenge hat aber der einzelne Anbieter keinen direkten Einfluß. Die Gewinnmaximierungsbedingungen der Unternehmen werden demnach durch die Existenz externer Effekte nicht beeinflußt. Weiterhin gilt die Grenzkosten-Preis-Regel:

$$(96) \quad p - K_A^A(x^A; x^B) = 0 \qquad (97) \quad p - K_B^B(x^B; x^A) = 0$$

Interessant ist nun die Frage nach dem Verlauf der individuellen Güterangebotsfunktionen. Hierzu wird das Gleichungssystem (96) bis (97) total differenziert und in Matrixschreibweise formuliert:

$$(98) \quad \begin{bmatrix} -K_{AA}^A & -K_{AB}^A \\ -K_{BA}^B & -K_{BB}^B \end{bmatrix} \begin{bmatrix} dx^A \\ dx^B \end{bmatrix} = \begin{bmatrix} -dp \\ -dp \end{bmatrix}$$

Exemplarisch für das Unternehmen A werden die Auswirkungen externer Effekte auf die Güterangebotsfunktion diskutiert. Dazu zwei Fälle:

(a) Es liegen einseitige negative externe Effekte vor, die das Unternehmen B auslöst. Die Grenzkosten des Anbieters A steigen durch die Produktion des Unternehmens B, während die Produktion des A keinen Einfluß auf die Grenzkosten des Unternehmen B hat. Dies ist z.B. dann der Fall, wenn zwei Unternehmen, die am selben Fluß liegen, zur Produktion sauberes Wasser benötigen und das Unternehmen B, welches am oberen Flußlauf liegt, dem Fluß verschmutztes Wasser zuleitet, welches Unternehmen A vor der Verwendung reinigen muß. Daher gilt für die Grenzkostenfunktionen:

$$(99) \quad K_{AB}^A > 0 \qquad K_{BA}^B = 0$$

(b) Beidseitig negative externe Effekte treten auf. Bei beiden Unternehmen nehmen die Grenzkosten bei einer Ausdehnung der Produktionsmenge des Konkurrenten zu. Diese Situation könnte vorliegen, wenn beide Unternehmen an einem See produzieren und die damit verbundene Wasserverschmutzung zu Reinigungskosten

23) Die hochgestellten Buchstaben weisen auf die Unternehmen A bzw. B hin, während die tiefgestellten Indizes die Ableitungen nach den entsprechenden Gütervariablen sind.

führt, die beide selbst belasten bzw. auch der andere zu tragen hat. Dies bedeutet formal:

$$(100) \quad K^{A}_{AB} > 0 \qquad K^{B}_{BA} > 0$$

Diskutieren wir nun den Verlauf der Güterangebotsfunktion des Unternehmens A. Das Gleichungssystem (96) bis (97) liefert die folgende Beziehung zwischen Produktionsmenge des Anbieters A und dem Absatzpreis:

$$(101) \quad \frac{dx^{A}}{dp} = \frac{1}{|H|} \begin{vmatrix} -1 & -K^{A}_{AB} \\ -1 & -K^{B}_{BB} \end{vmatrix} \qquad (102) \quad |H| = \begin{vmatrix} -K^{A}_{AA} & -K^{A}_{AB} \\ -K^{B}_{BA} & -K^{B}_{BB} \end{vmatrix}$$

Nach Berechnung der Determinanten resultiert:

$$(103) \quad \frac{dx^{A}}{dp} = \frac{K^{B}_{BB} - K^{A}_{AB}}{K^{A}_{AA} K^{B}_{BB} - K^{A}_{AB} K^{B}_{BA}}$$

Für den unter (a) beschriebenen Fall einseitiger externer Effekte reduziert sich die Gleichung (103) zu:

$$(104) \quad \frac{dx^{A}}{dp} = \frac{1}{K^{A}_{AA}} - \frac{K^{A}_{AB}}{K^{A}_{AA} K^{B}_{BB}}$$

Der erste Term auf der rechten Seite der Gleichung (104) entspricht der Reaktion des Güterangebots ohne externe Effekte. Zusätzlich ist jetzt zu berücksichtigen, daß durch die Preiserhöhung der Anbieter B seine Menge ausdehnt. Diese Erhöhung wirkt sich negativ auf die Grenzkosten des Anbieters A aus. Aufgrund der Erhöhung der Grenzkosten wird die Unternehmung A tendenziell ihr Güterangebot zurücknehmen. Diesen Effekt erfaßt der zweite Term in der Gleichung (104).

Die Preiserhöhung induziert demnach zwei gegenläufige Effekte:

(1) Durch die Preiserhöhung steigt der Grenzgewinn der Unternehmung A.

(2) Durch die Ausweitung der Produktion des Konkurrenten sinkt der Grenzgewinn der Unternehmung A.

Ob der Grenzgewinn insgesamt zu- oder abnimmt, hängt von der Stärke der Effekte ab, wobei diese wiederum dadurch beeinflußt werden, wie stark die Veränderung der Produktionsmenge des Anbieters B auf seine eigenen Grenzkosten (interne Effekte) und auf die Grenzkosten des Anbieters A (externe Effekte) wirkt. Dies erkennt man, wenn die Gleichung (104) umgeformt wird:

$$(105) \quad \frac{dx^{A}}{dp} = \frac{K^{B}_{BB} - K^{A}_{AB}}{K^{A}_{AA} K^{B}_{BB}}$$

Sind die internen Effekte größer als die externen, dann nimmt die Menge des Anbieters A bei einer Preiserhöhung zu. Übersteigen dagegen die externen die internen Wirkungen, dann nimmt die Produktion des Anbieters A ab. Die Angebotsfunktion hat einen fallenden Verlauf.

Zur Analyse wechselseitiger externer Effekte wird die Gleichung (103) betrachtet. In diesem Fall resultieren für beide Unternehmen steigende Angebotsfunktionen, wenn wiederum die internen Kostensteigerungen größer ausfallen als die externen Auswirkungen auf die Kostensituation des Wettbewerbers. Die Angebotsfunktionen verlaufen zwar unelastischer, aber immer noch mit einer positiven Steigung. Sind die externen Produktionsauswirkungen beider Anbieter größer als die interne Kostenverursachung, können keine klaren Aussagen über die Preis-Mengen-Beziehung gemacht werden, was aber nicht die Möglichkeit fallender Güterangebotsfunktionen ausschließt.

2. Anwendungen des Inputproblems

a) Lohnpolitik, Inflation und Arbeitslosigkeit

aa) Klassische Erklärung von Arbeitslosigkeit

Das ökonomische Potential der für das Inputproblem abgeleiteten Gleichgewichtsbedingungen (42) und (43) wird in vielen wirtschaftspolitischen Diskussionen angewendet, ohne daß explizit der Bezug zum hier diskutierten Unternehmensmodell herausgestellt wird. Einige Beispiele hinsichtlich der Arbeitsnachfrage sollen die Anwendungsmöglichkeiten der theoretischen Analysen verdeutlichen. Die notwendige Bedingung für einen gewinnoptimalen Arbeitseinsatz lautet:

(106) $p h_A(A,C)=w$

A: Arbeit

C: Kapital

w: Lohnsatz

Die Arbeitszeit wird gewinnoptimal eingesetzt, wenn das Wertgrenzprodukt des Faktors Arbeit gleich dem Nominallohn ist. Ausgehend von der Realisierung dieser Gleichgewichtsbedingung wird nun unterstellt, daß die Lohnforderungen stärker als die Grenzproduktivität des Faktors Arbeit steigen. Die Gleichgewichtsbedingung ist daher verletzt:

(107) $p h_A(A,C)<w$

Die Unternehmen werden in dieser Situation die Arbeitsnachfrage reduzieren, wodurch Arbeitslosigkeit entsteht. Diese Arbeitslosigkeit, die aufgrund eines zu hohen Reallohnniveaus entsteht, wird als **klassische Arbeitslosigkeit** bezeichnet.

Ein zu hoher Reallohn wird häufig als eine Erklärungsmöglichkeit der Arbeitslosigkeit in den neuen Bundesländern angeführt. Nach den ersten vorsichtigen Schätzungen seit der Öffnung der Grenze betrug dort die Produktivität ca. 50 % des westlichen Niveaus. Neuere Schätzungen gehen sogar nur von 30 % aus.[24)] Da die Produkte der neuen Bun-

24) Bundesministerium für innerdeutsche Beziehungen (1988) S. 56

desländer nun der internationalen Konkurrenz ausgesetzt sind, müssen sich die Unternehmen der neuen Bundesländer an den Weltmarktpreisen orientieren. Selbst unter der heroischen Annahme gleicher Produktqualitäten dürften die Löhne nur 30 bis 50 % des westlichen Niveaus erreichen. Das Lohnniveau überschreitet insbesondere nach den letzten Tarifauseinandersetzungen diese Grenze. Der an der Produktivität gemessen zu hohe Reallohn liefert eine Erklärung für die hohe Arbeitslosigkeit in den neuen Bundesländern. Die einzige Möglichkeit, die so entstandene Arbeitslosigkeit abzubauen, besteht aus Sicht der klassischen Arbeitsmarkttheoretiker in einer Förderung der Investitionen, die einen Anstieg der Arbeitsproduktivität bei "mäßiger" Lohnpolitik induzieren.

ab) Die Phillips-Kurve

Eine wichtige Frage der Makroökonomik lautet, ob man durch eine Erhöhung der Inflationsrate Arbeitslosigkeit reduzieren kann. In diesem Abschnitt wird dieser Problematik mit Hilfe des Inputproblems nachgegangen. Eine Erhöhung der Inflationsrate bei konstanter Nominallohnsteigerung bedeutet, daß das Wertgrenzprodukt bei unveränderter Arbeitszeit den Lohnsatz übersteigt:

(108) $p\,h_A(A,C) > w$

Die Unternehmen werden dadurch die Arbeitsnachfrage erhöhen. Die Unterbeschäftigung sinkt. Man spricht in diesem Zusammenhang von einem Trade-off zwischen Arbeitslosigkeit und Inflationsrate. Diesen Zusammenhang beschreibt die **Phillips-Kurve,** die in der Abbildung 10 dargestellt ist.

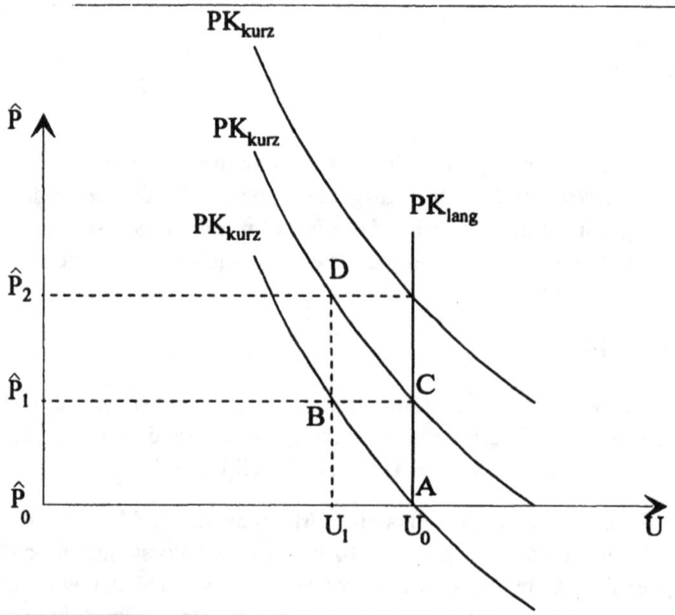

Abb. IV.10: Phillips - Kurve

Den Ausgangspunkt bildet der Punkt A, in dem ein bestimmtes Preisniveau bei Abwesenheit von Inflation sowie eine Unterbeschäftigung von U_0 vorliegt. Steigt in einer solchen Situation die Inflationsrate ($\hat{p}$), dann sinkt der Reallohn und die Arbeitsnachfrage nimmt zu. Die Arbeitslosigkeit sinkt auf U_1 (Punkt B). Demnach könnte man die Arbeitslosigkeit durch eine Erhöhung der Inflationsrate reduzieren. Warum versucht aber dann die Bundesbank ein Ansteigen der Inflationsrate zu verhindern? Ist die Bundesbank für die Existenz der Arbeitslosigkeit verantwortlich?

Ob der durch einen fallenden Verlauf der Phillips-Kurve suggerierte Trade-off zwischen Arbeitslosigkeit und Inflationsrate langfristig gilt, ist von den Monetaristen, insbesondere von Milton Friedman, bezweifelt worden. Die Monetaristen argumentieren, daß dieser Trade-off nur kurzfristig Gültigkeit besitzt. Langfristig würden die Arbeitnehmer den Anstieg der Inflationsrate antizipieren und entsprechend der höheren Inflationsrate in zukünftigen Tarifrunden eine stärkere Erhöhung der Löhne fordern. Daraufhin verschiebt sich die Phillips-Kurve nach oben. Die Arbeitsnachfrage wird reduziert, und man kehrt zu der ursprünglichen Arbeitslosigkeit von U_0 zurück (Punkt C). Soll die Unterbeschäftigung weiter auf dem Niveau U_1 gehalten werden, so setzt dies einen erneuten Anstieg der Inflationsrate voraus (Punkt D). Eine Aufrechterhaltung der Unterbeschäftigung U_1 ist nur möglich, wenn die Inflationsrate ständig den Lohnerhöhungen vorauseilt. Der Verlauf der negativ geneigten Phillips-Kurven PK_{kurz} ist also nicht stabil. Er hängt von den Inflationserwartungen ab. Für jede beliebige erwartete Inflationsrate läßt sich eine Phillips-Kurve einzeichnen. Diese Phillips-Kurven kann man als **kurzfristige Phillips-Kurven** bezeichnen. Entlang dieser Phillips-Kurven existiert jeweils nur eine erwartete Inflationsrate, die der tatsächlichen Inflationsrate entspricht, d.h. die Arbeitnehmer irren sich nicht. Verbindet man alle diese Punkte der kurzfristigen Phillips-Kurve, dann erhält man die **langfristige Phillips-Kurve**. Entlang der langfristigen Phillips-Kurve sind die Erwartungen mit den Realisationen kompatibel. Die langfristige Phillips-Kurve verläuft vertikal (PK_{lang}). Es besteht kein Trade-off zwischen Inflationsrate und Arbeitslosigkeit.

Diese Auffassung vertritt tendenziell die Deutsche Bundesbank. Eine Erhöhung der Inflationsrate kann langfristig die Arbeitslosigkeit nicht beseitigen. Unter diesen Aspekten liegt die Verantwortung für die Arbeitslosigkeit nicht bei der Deutschen Bundesbank.

An dieser Stelle muß auf folgenden Umstand hingewiesen werden: Bei einer Bewegung entlang der kurzfristigen Phillips-Kurve ändert sich der Reallohn, und die Arbeitnehmer antizipieren diese Änderung nicht bzw. der Nominallohn ist aufgrund vertraglicher Regelungen kurzfristig konstant. In der makroökonomischen Analyse wird dagegen wie folgt argumentiert: Steigt die gesamtwirtschaftliche Güternachfrage, dann nimmt die Arbeitsnachfrage zu. Die Arbeitslosigkeit sinkt. Die Gewerkschaften stellen daraufhin höhere Lohnforderungen, die die Unternehmen über die Güterpreise weitergeben. Die Reallöhne bleiben unverändert. Die Arbeitnehmer registrieren aber in der kurzen Frist die Erhöhung der Inflationsrate nicht. Sie gehen von gestiegenen Reallöhnen aus. Bei Bewegungen entlang der Phillips-Kurve bleibt der Reallohn aus makroökonomischer Sicht konstant.

b) Lohn als Leistungsanreiz

ba) Tariflich festgelegte Löhne

Eine fallende Arbeitsnachfragefunktion bedeutet, daß ein Unternehmen bei steigendem Lohnsatz weniger Arbeitskräfte nachfragt.[25)] Nun gibt es Überlegungen, die diesem Zusammenhang entgegenhalten, daß der Lohn als Einkommenskomponente eine Anreizfunktion übernehmen kann und durch die verbesserte Motivation des Arbeitnehmers dessen Arbeitsleistung steigt. Dies wiederum hat einen positiven Einfluß auf die Gewinnsituation des Unternehmens, so daß es bereit ist, auch bei steigendem Nominallohn mehr Arbeitskräfte nachzufragen. Unter welchen Bedingungen verläuft eine Faktornachfragefunktion bzw. Arbeitsnachfragefunktion steigend, d.h. unter welchen Bedingungen fragt ein Unternehmen bei steigendem Lohnsatz mehr Arbeitskräfte nach und welche Implikationen folgen aus einem solchen Zusammenhang? Dazu können die Grundgedanken der **Effizienzlohntheorie** angeführt werden. Im folgenden sei die Grenzproduktivität eines Arbeitnehmers positiv vom Lohnniveau abhängig. Der Lohn ist in dieser Modellogik eine exogene Größe, da er für das einzelne Unternehmen aufgrund der Tarifvereinbarungen feststeht. Mit erhöhtem Lohneinkommen steigt die Leistungsbereitschaft eines Mitarbeiters. Formal erfassen wir die Annahme durch eine positive Ableitung der Grenzproduktivität der Arbeit nach dem Nominallohn:

$$(109)\quad h_A = h_A(A,C;w) \qquad \text{mit} \qquad h_{Aw} > 0$$

Der Lohnsatz ist somit Niveauparameter der Grenzproduktivität des Faktors Arbeit und damit auch Niveauparameter der Produktionsfunktion.

$$(110)\quad p h_A(A,C;w) = w \qquad \text{bzw.} \qquad (111)\quad p = \frac{w}{h_A(A,C;w)}$$

Zur Vereinfachung sei der Kapitalstock gegeben. Der Einfluß einer Lohnsatzänderung auf die Arbeitsnachfrage ergibt sich durch implizites Differenzieren der Gleichung (110):

$$(112)\quad \frac{dA}{dw} = -\frac{p h_{Aw} - 1}{p h_{AA}}$$

Die Bedingung zweiter Ordnung für ein Gewinnmaximum sichert die abnehmende Grenzproduktivität des Faktors Arbeit, $h_{AA} < 0$, so daß zur Bestimmung der Steigung der Arbeitsnachfragefunktion eine Interpretation des Zählers der rechten Seite von Gleichung (112) genügt. Die Erhöhung des Lohnsatzes um eine Einheit erhöht die Grenzproduktivität des Faktors Arbeit. Die Multiplikation der Änderung der Grenzproduktivität des Faktors Arbeit mit dem Verkaufspreis gibt die Veränderung des Wertgrenzprodukts an. Die Grenzkosten des Faktors Arbeit erhöhen sich um eine Einheit. Ausgehend von einem Gleichgewicht nimmt die Nachfrage nach Arbeit bei einer Lohnsatzerhöhung zu, wenn das Wertgrenzprodukt des Faktors Arbeit stärker steigt als der Faktorpreis. In die-

---

25) vgl. Abschnitt IV.D.2.

sem Fall erhalten wir eine steigende Faktornachfragefunktion.

Dieses Ergebnis soll anhand der Abbildung 11 veranschaulicht werden. Die Erhöhung des Lohnsatzes verschiebt die Lohnsatz- und die Wertgrenzproduktkurve nach oben. Im Teil a) überwiegt der Kosteneffekt und die optimale Arbeitszeit sinkt von A_0 auf A_1. Die korrespondierende Arbeitsnachfragefunktion, dargestellt im unteren Diagramm, verläuft fallend. Im Teil b) überwiegt der Produktivitätseffekt, so daß die optimale Arbeitszeit von A_0 auf A_1 steigt und die zugehörige Arbeitsnachfragefunktion steigend verläuft.

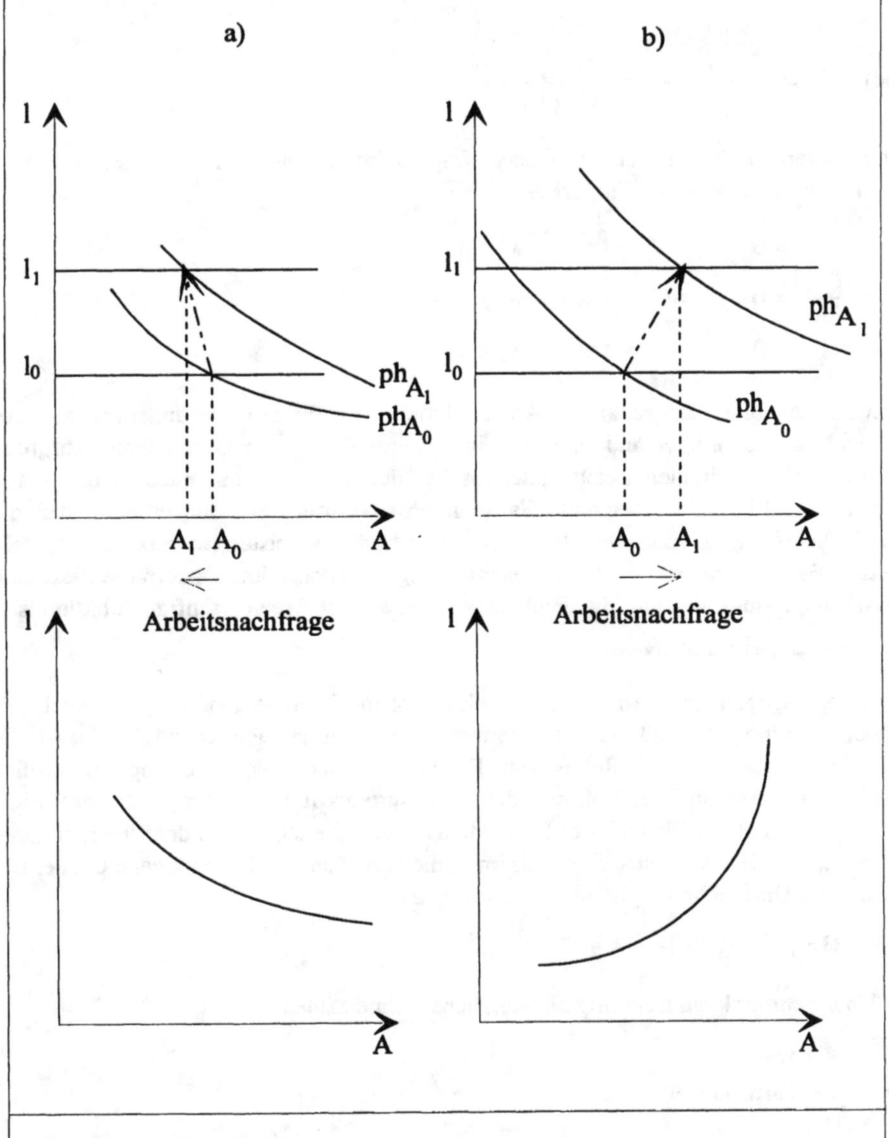

Abb. IV.11: Effizienzlohn

Zur Verdeutlichung der Steigung der Arbeitsnachfragefunktion soll die folgende Elastizität eingeführt werden:

$$(113)\quad \varepsilon(h_A, w) = h_{Aw} \frac{w}{h_A}$$

$\varepsilon(h_A,w)$: Elastizität der Grenzproduktivität des Faktors Arbeit

Die **Elastizität der Grenzproduktivität des Faktors Arbeit** gibt die relative Veränderung der Grenzproduktivität des Faktors Arbeit bei einer relativen Lohnsatzänderung an. Unter Berücksichtigung der Gleichungen (111) und (113) folgt für die Gleichung (112):

$$(114)\quad \frac{dA}{dw} = -\frac{\frac{wh_{Aw}}{h_A} - 1}{ph_{AA}} = -\frac{\varepsilon(h_A, w) - 1}{ph_{AA}}$$

Der resultierende Verlauf der Arbeitsnachfragefunktion hängt somit von der Elastizität der Grenzproduktivität des Faktors Arbeit ab:

$$(115)\quad \frac{dA}{dw}\begin{cases} > 0 \\ = 0 \\ < 0 \end{cases} \quad \text{wenn} \quad \begin{cases} \varepsilon(h_A, w) > 1 \\ \varepsilon(h_A, w) = 1 \\ \varepsilon(h_A, w) < 1 \end{cases}$$

Kann die Leistungsbereitschaft der Arbeitnehmer durch die Lohnsatzänderung überproportional zur Lohnsatzveränderung gesteigert werden, fragt der Unternehmer aufgrund des motivationsbedingten Leistungsschubs bei den Beschäftigten mehr Arbeitskräfte nach. Es resultiert eine **steigende Faktornachfragefunktion**. Man erkennt, daß die Grundannahme der Effizienzlohntheorie, die den Lohn als Leistungsanreiz ansieht, nicht in jedem Fall zu einer steigenden Arbeitsnachfragefunktion führt, sondern die Elastizität der Arbeitsproduktivität entscheidend für den Verlauf der Arbeitsnachfragefunktion ist.

bb) Variables Lohnniveau

In der vorausgegangenen Analyse wurde eine exogene Lohnsatzänderung untersucht. Es ist aber auch möglich, daß die Unternehmung den Arbeitnehmern freiwillig einen Lohn zahlt, der oberhalb des Tariflohns liegt. Die Gründe einer solchen Lohnpolitik wollen wir untersuchen, wobei der Lohnsatz die Arbeitsproduktivität wieder positiv beeinflussen soll. Diesmal wird jedoch der Lohnsatz aus dem Gleichgewicht der Unternehmung bestimmt, d.h. der Lohn ist - anders als im vorherigen Punkt - eine endogene Größe. Der Gewinn der Unternehmung ist weiter definiert als:

$$(116)\quad G = ph(A, C; w) - wA - iC$$

Der Unternehmer kann freiwillig übertarifliche Löhne zahlen:

$$(117)\quad w \geq w_T$$

w_T: Tariflohn

Das Gewinnmaximierungsproblem lautet :

$$(118)\quad L=ph(A,C;w)-wA-iC+\lambda(w-w_T)$$

endogen: A, w, λ

exogen: p, C, i, w_T

Aus Vereinfachungsgründen ist der Kapitalstock wieder konstant. Die Unternehmung kann die Arbeitszeit und den Lohnsatz unter Beachtung der Einhaltung des Tariflohns frei wählen. Die Kuhn-Tucker-Bedingungen des Optimierungsproblems lauten:26)

$$(119)\quad \frac{\partial L}{\partial A}=ph_A-w=0 \qquad (120)\quad \frac{\partial L}{\partial w}=ph_w-A+\lambda=0$$

$$(121)\quad \frac{\partial L}{\partial \lambda}=w-w_T\geq 0 \qquad (122)\quad \lambda\frac{\partial L}{\partial \lambda}=0$$

$$(123)\quad \lambda\geq 0 \qquad (124)\quad A>0$$

Die Gleichungen (119) und (120) stellen die gewinnoptimalen Bedingungen für die Arbeitszeit und den Lohnsatz dar. Gleichung (121) sichert die Einhaltung des Tariflohns. Mit Hilfe der Bedingung der Komplementarität (122) kann man unterscheiden, ob die Unternehmung übertariflich oder lediglich tariflich honoriert. Vergütet die Unternehmung tariflich, sind Tariflohn und tatsächlicher Lohn identisch, und die Ableitung in der Gleichung (121) ist Null. Da die Lagrange-Variable positiv ist, folgt aus der Gleichung (120):

$$(125)\quad ph_w<A$$

Auf der linken Seite steht die Erhöhung der Erlöse bei einer Anhebung des Lohnsatzes und auf der rechten Seite die zusätzlichen Kosten bei gleicher Arbeitszeit. In dieser Situation ist der Lohnanreiz auf die Arbeitsproduktivität kleiner als der Lohnsatz. Die Unternehmung wünscht, den Lohnsatz zu reduzieren, ist aber an den Tariflohn gebunden. Die Lagrange-Variable in (120) beschreibt die Erhöhung des Gewinns bei Reduktion des Tariflohns. In dem Fall, wo der Tariflohn redundant ist, nimmt die Lagrange-Variable den Wert Null an. Bei dem Tariflohn ist die durch eine Lohnerhöhung induzierte Erlössteigerung größer als der Lohnsatz. Die Unternehmung dehnt den Lohnsatz soweit aus, bis die Grenzerlöse des Lohnanstieges den Grenzkosten entsprechen.

$$(126)\quad ph_w=A$$

Die Gleichung (126) läßt sich mit Hilfe der Elastizität der Grenzproduktivität des Faktors Arbeit formulieren. Durch Differenzierung der Gleichung (126) nach A folgt:

---

26) Kuhn-Tucker-Bedingungen finden Verwendung, wenn eine Zielfunktion unter der Berücksichtigung von Nebenbedingungen optimiert werden soll und die Nebenbedingung(en) als Ungleichung(en) vorliegen. vgl. Henderson/Quandt S. 406

(127) $p h_{wA} = 1$

Nach Substitution des Preisniveaus aus Gleichung (119) in die Gleichung (127) folgt:

(128) $\varepsilon(h_A, w) = 1$

Im Gewinnmaximum entspricht die Elastizität der Grenzproduktivität des Faktors Arbeit bezogen auf den Lohnsatz einem Wert von Eins. Es besteht für die Unternehmung kein Anreiz mehr, weitere Arbeitskräfte bei steigendem Lohn nachzufragen. Der Betrieb hat seine gleichgewichtige Arbeitsnachfrage erreicht.

Die Analyse hat gezeigt, warum eine Unternehmung ihre Arbeitnehmer übertariflich entlohnen kann. Der Grund ist, daß mit steigendem Lohn die Produktivität steigt. Ist die relative Veränderung der Arbeitsproduktivität größer als die relative Lohnsteigerung, macht es für den Unternehmer bis zum Gewinnmaximum Sinn, vom tariflichen Lohnniveau abzuweichen und ein höheres Entgelt zu zahlen.

bc) Effizienzlöhne und Lohnstarrheit

In einer Volkswirtschaft, in der Preise und Löhne flexibel sind, kann es nach der klassischen Theorie keine Arbeitslosigkeit geben. Nun ist aber in der Realität zu beobachten, daß Preise und Löhne kurzfristig nicht flexibel sind. Eine Aufgabe volkswirtschaftlicher Theorien ist die Erklärung der anzutreffenden Rigiditäten. Unter speziellen Annahmen über die Wirkung des Lohnniveaus auf die Arbeitsproduktiviät kann gezeigt werden, daß die Unternehmen die Löhne bei Nachfragerückgängen in Konjunkturabschwungphasen nicht reduzieren. Um dies nachzuweisen, gehen wir von folgender Produktionsfunktion aus:

(129) $x = h[e(w), A]$ e: Effizienzparameter

Die Produktionskosten betragen:

(130) $K = wA$

Der Produzent steht vor dem Problem, den Lohnsatz und die Arbeitszeit so zu wählen, daß die Kosten für einen gegebenen Output minimiert werden. Das Kostenminimierungsproblem lautet unter der Berücksichtigung eines gegebenen Outputniveaus:

(131) $\min\limits_{w,A} \; K = wA$

u.d.R. $x = h[e(w)A]$

endogen: K, w, A

exogen: x

Das Minimierungsproblem kann mit Hilfe des Lagrange-Ansatzes gelöst werden.

(132) $\min\limits_{w,A,\lambda} \; L = wA + \lambda\{x - h[e(w)A]\}$

Die notwendigen Bedingungen des Optimierungsproblems lauten:

(133) $\frac{\partial L}{\partial w} = A - \lambda h' e' A = 0$ bzw. (134) $\frac{\partial L}{\partial w} = A(1 - \lambda h' e') = 0$

(135) $\frac{\partial L}{\partial A} = w - \lambda h' e = 0$ (136) $\frac{\partial L}{\partial \lambda} = x - h[e(w)A] = 0$

Aus den Gleichungen (134) und (135) folgt:

(137) $\lambda h' e' = 1$ (138) $\lambda h' e = w$

Nach Division der beiden Gleichungen folgt:

(139) $\frac{e'}{e} \frac{w}{1} = \varepsilon(e, w) = 1$

$\varepsilon(e,w)$: Lohnsatzelastizität des Effizienzparameters

Die Lohnsatzelastizität des Effizienzparameters gibt die relative Veränderung des Effizienzparameters bei einer relativen Veränderung des Lohnsatzes an. Die minimalen Kosten für ein gegebenes Outputniveau werden erreicht, wenn die Lohnsatzelastizität des Effizienzparameters den Wert Eins erreicht. Voraussetzung hierfür ist einerseits ein "ertragsgesetzlicher Verlauf" der Effizienzfunktion e(w), d.h. die Effizienz nimmt erst überproportional und anschließend unterproportional zur Lohnänderung zu, und andererseits ein oberhalb des Tariflohns liegender optimaler Lohn.

Da die Lohnsatzelastizität des Effizienzparameters unabhängig vom Arbeitseinsatz ist, wird das Lohnniveau ausschließlich über die Effizienzfunktion e(w) bestimmt. Dies bedeutet, daß Produktionsveränderungen zwar zu einem Rückgang der Beschäftigung führen, daß die Unternehmen die Lohnsätze aber nicht ändern möchten. Dies kann man auch mit Hilfe der komparativen Statik zeigen. Für die Auswirkung einer Produktionsänderung auf das Lohnniveau erhält man nach Bildung des totalen Differentials und Anwendung der Cramerschen Regel:[27)]

(32) $$\frac{dw}{dx} = \frac{\begin{vmatrix} 0 & -\lambda h'' e' e & -h' e' \\ 0 & -\lambda h'' e^2 & -h' e \\ -1 & -h' e' & 0 \end{vmatrix}}{|G|} = 0$$

Der Lohn ist unabhängig vom Produktionsniveau. Damit ist ein Grund von Lohnstarrheiten nachgewiesen, der auf der Seite der Unternehmen zu suchen ist.

Abschließend sei noch darauf hingewiesen, daß in den neueren Arbeiten zur Effizienzlohntheorie nicht das absolute Lohnniveau als Effizienzparameter Verwendung findet,

27) Die Analyse folgt analog zu der Untersuchung der Auswirkungen einer Änderung des Outputs auf die Faktormengen in Abschnitt III.B.6.d.

sondern die Differenz zwischen tatsächlichem und Tariflohn. Der Betrag, den die Unternehmung freiwillig mehr bezahlt, löst Effizienzsteigerungen aus. Damit läßt sich auch erklären, warum Unternehmen, die übertariflich zahlen, Erhöhungen des Tariflohns nicht gerne sehen.

G. Ergebnisübersicht

An dieser Stelle soll ein abschließender Überblick über die bei der Diskussion des Niveauproblems des Mengenanpassers untersuchten Modelle vorgenommen werden. Gleichzeitig werden mögliche Erweiterungen bzw. Modifikationen dieses Problemkreises skizziert und die daraus abgeleiteten Lösungswege ansatzweise aufgeführt.

Das Outputproblem befaßt sich mit der Bestimmung der Absatzmenge eines Mengenanpassers, der unter der Zielsetzung Gewinnmaximierung bei gegebenem Güterpreis und gegebenen Faktorpreisen seinen Produktionsplan zu optimieren versucht. In Analogie zu dieser Vorgehensweise folgt bei alternativen Güterpreisen die Güterangebotsfunktion des Unternehmens. Sie hat eine positive Steigung. Für die Angebotsentscheidung der Unternehmung ist darüber hinaus entscheidend, ob das gewinnmaximale Gleichgewicht eine Preis-Mengen-Kombination impliziert, die es dem Anbieter ermöglicht, seine Produktionskosten zu decken. Dies ist der Fall, wenn der optimale Preis mindestens so hoch ist wie die durchschnittlichen totalen Kosten. Das Unternehmen bietet auf lange Sicht an. Kann der Anbieter einen Preis erzielen, der über den durchschnittlichen variablen Kosten liegt, so wird er mittelfristig seine Produktion aufrechterhalten, da ein Teil der Fixkosten gedeckt ist. Niedrigere Absatzpreise führen zu einer Produktionseinstellung.

	Outputproblem
Gewinnfunktion	$\max_{x} \; G = E(x) - K(x; q_1, q_2)$
endogene Variablen	G, x, v_1, v_2
exogene Variablen	p, q_1, q_2, K_f
Bedingung 1. Ordnung	$E' = p = K'$
Bedingung 2. Ordnung	$K'' > 0$
Angebotsfunktion	$p = K'(x) = A(x) = \begin{cases} p \geq DTK & \text{langfristig} \\ p \geq DVK & \text{mittelfristig} \\ p < DVK & \text{kein Angebot} \end{cases}$
Steigung der Angebotsfunktion	$\frac{dx}{dp} = \frac{1}{K''} > 0$

	Modifikationen
Qualität des Produktionsverfahrens	$G(x) = px - K(x,g)$ $\frac{\partial G}{\partial x} = p = \frac{\partial K(x,g)}{\partial x}$ $\qquad$ $\frac{\partial G}{\partial g} = \frac{\partial K(x,g)}{\partial g} = 0$
Optimaler Reinheitsgrad	$K = as + K(r)$ $\qquad$ $K = K(r) - ar$ $\frac{\partial K}{\partial r} = a$
Externe Effekte	$G^A = px^A - K^A(x^A; x^B)$ $\qquad$ $G^B = px^B - K^B(x^B; x^A)$ $\frac{\partial G}{\partial x_A} = p = K_A^A(x^A; x^B)$ $\qquad$ $\frac{\partial G}{\partial x_B} = p = K_B^B(x^B; x^A)$ $\frac{dx^A}{dp} = \frac{K_{BB}^B - K_{AB}^A}{K_{AA}^A K_{BB}^B - K_{AB}^A K_{BA}^B}$

Kasten I: Das Outputproblem

Aufbauend auf der Modellogik können Modifikationen vorgenommen werden. Unabhängig von der Problematik bleibt die Modellstruktur erhalten. Ob die Qualität des Produktionsverfahrens verändert, Umweltschutz am Beispiel der Bestimmung des optimalen Reinheitsgrades demonstriert oder der komplexe Bereich externer Effekte angerissen wird, der Lösungsweg folgt den Schritten des Outputproblems. Für die erweiterten Zielfunktionen werden die notwendigen Bedingungen bestimmt, und Aussagen über die Gleichgewichtszustände können getroffen werden. Die optimale Verfahrensqualität ist gefunden, wenn nicht nur die Produktionskosten des Mengenanpassers dem Preis entsprechen, sondern auch die Grenzkosten des Verfahrenswechsels den Wert Null erreichen. Versucht man umweltschonend zu produzieren, ist es ökonomisch sinnvoll, den kostenverursachenden Umweltschutz so den Unternehmensmöglichkeiten anzupassen, daß die Grenzkosten der Reinhaltung so hoch sind wie der Abgabepreis für den Schadstoffausstoß. Ein Eindruck von der Problematik der externen Effekte kann vermittelt werden, indem das Güterangebot eines Produzenten unter der Berücksichtigung des Produktionsgeschehens eines Konkurrenten analysiert wird. Die zuvor eindeutig positive Beziehung von Absatzpreis und Angebotsmenge ist nun vielschichtigeren Einflüssen unterworfen. Erreichen die negativen externen Effekte des Konkurrenten ein bestimmtes (negatives) Niveau für das eigene Angebot, ist eine Kompensation durch einen höheren Marktpreis nicht mehr möglich. Die Produktionsmenge geht zurück.

	Inputproblem
Gewinnfunktion	$\max\limits_{v_1, v_2} G = ph(v_1, v_2) - q_1 v_1 - q_2 v_2 - K_f$
endogene Variablen	G, x, v_1, v_2
exogene Variablen	p, q_1, q_2, K_f
Bedingungen 1. Ordnung	$\frac{\partial G}{\partial v_1} = p h_1(v_1, v_2) - q_1 = 0$ $\quad \frac{\partial G}{\partial v_2} = p h_2(v_1, v_2) - q_2 = 0$
Bedingungen 2. Ordnung	$\frac{\partial^2 G}{\partial v_1^2} = ph_{11} < 0$ $\quad \frac{\partial^2 G}{\partial v_2^2} = ph_{22} < 0$ $\lvert H \rvert = \begin{vmatrix} ph_{11} & ph_{12} \\ ph_{21} & ph_{22} \end{vmatrix} = p^2 \left(h_{11} h_{22} - h_{12}^2 \right) = p^2 \lvert D \rvert > 0$
Gewöhnliche Faktornachfrage	$v_1 = v_1(q_1; q_2, p)$
Faktorpreisänderung	$\frac{dv_1}{dq_1} = \frac{ph_{22}}{p^2 \lvert H \rvert} < 0$ $\quad \frac{dv_1}{dq_2} = \frac{-ph_{12}}{p^2 \lvert H \rvert}$
Güterpreisänderung	$\frac{dv_1}{dp} = \frac{\begin{vmatrix} -h_1 & ph_{12} \\ -h_2 & ph_{22} \end{vmatrix}}{p^2 \lvert H \rvert} = \frac{p(h_2 h_{12} - h_1 h_{22})}{p^2 \lvert H \rvert}$
	Modifikationen
Arbeitsnachfrage und klassische Lohntheorie	$ph_A(A, C) = w$ $\frac{dA}{dw} = \frac{ph_{AA}}{p^2 \lvert H \rvert} < 0$
Arbeitsnachfrage und Effizienzlohn	$ph_A(A, C; w) = w$ $\frac{dA}{dw} = -\frac{\varepsilon(h_A, w) - 1}{ph_{AA}}$ $\frac{dA}{dw} \begin{cases} > 0 \\ = 0 \\ < 0 \end{cases} \text{wenn} \begin{cases} \varepsilon(h_A, w) > 1 \\ \varepsilon(h_A, w) = 1 \\ \varepsilon(h_A, w) < 1 \end{cases}$

Kasten II: Inputproblem

Während das Outputproblem der Bestimmung des Gleichgewichts der Unternehmung von der Absatzseite dient, wird mit dem Inputproblem die Niveaulösung von der Faktorenseite ermittelt. Gemeinsam ist beiden Vorgehensweisen, daß die gleichen Ergebnisse bezüglich des Gewinns, der Absatzmenge und des Verbrauchs an Einsatzfaktoren folgen. Wie beim Outputproblem läßt sich mit Hilfe des Inputproblems die gewöhnliche Faktornachfragefunktion finden. Anschließend ist es möglich, den ökonomischen Gehalt dieser Funktion zu verdeutlichen und Auswirkungen von Faktor- und Güterpreisänderungen zu diskutieren. Die direkte Faktornachfragefunktion verläuft fallend. Faktorpreissteigerungen führen zu einem Nachfragerückgang. Zur Bestimmung des Verlaufs der Faktornachfrage bei Preisänderung eines Konkurrenzfaktors bzw. bei Variation des Absatzpreises sind Annahmen über die Veränderung der Grenzproduktivität eines Faktors durch den Einfluß des anderen Faktors notwendig. Ohne diese Information kann der Zusammenhang qualitativ nicht belegt werden.

Mit diesen Erläuterungen lassen sich anwendungsbezogene Fragestellungen verbinden und durch einfache Modifikationen weitergehende Diskussionsfelder eröffnen. Dies geschieht in der Tradition der klassischen Arbeitsmarkttheorie, die aufgrund der notwendigen Bedingung, Grenzproduktivität des Faktors Arbeit gleich Reallohn, einen eindeutig negativen Zusammenhang von Arbeitsnachfrage und Lohnforderung ableiten kann. Eine Theorie, die den Lohnsatz mit der Arbeitsleistung verknüpft, ist die Effizienzlohntheorie. Mit Hilfe dieser Theorie kann gezeigt werden, daß die Interdependenz von Arbeitsnachfrage und Lohn nicht eindeutig ist. Eine steigende Faktornachfragefunktion findet Bestätigung, wenn die relative Veränderung der Arbeitsproduktivität aufgrund einer Lohnerhöhung stärker ausfällt als die relative Lohnsteigerung. Darüber hinaus kann eine plausible Begründung für Lohnstarrheiten gegeben werden, die auf der Unternehmensseite liegt. Ursache ist ein lohnunabhängiges Produktionsniveau.

V. Marktformen

A. Überblick

In dem vorliegenden Kapitel V befassen wir uns mit der Klassifikation unterschiedlicher Marktformen. Als Klassifikationsmerkmale dienen folgende Kriterien:

(1) Ist eine individuelle Preispolitik möglich? Unterscheiden sich die Preise der einzelnen Anbieter?

(2) Existieren auf dem Markt Konkurrenten?

(3) Sind Aktionen eines einzelnen Anbieters für die anderen Anbieter spürbar? Muß ein Anbieter die Reaktionen der Konkurrenten auf eigene Aktionen in sein Kalkül mit einbeziehen?

(4) Hat ein Marktteilnehmer mit seiner Mengenentscheidung Einfluß auf den Marktpreis?

(5) Existieren Marktzutritts- oder Marktaustrittsschranken?

Die aufgeworfenen Fragen werden in den nächsten Abschnitten dieses Kapitels untersucht und die qualitative Marktbeschaffenheit, die quantitative Marktbesetzung sowie die Marktzutrittsbarrieren in den Abschnitten B, C und D diskutiert. Das **Ziel der Klassifikation der Marktformen und Verhaltensweisen** besteht darin, die Märkte und das Verhalten der Marktteilnehmer so voneinander abzugrenzen, daß die **spezifischen Marktbedingungen,** mit denen die Marktteilnehmer rechnen müssen, deutlich werden. Unterschiedliche Marktformen liegen vor, wenn die Abläufe der Preisbildungsprozesse verschieden sind.

B. Qualitative Marktbeschaffenheit

Zur Herleitung der Bedingungen, unter denen es auf einem Markt nur einen Preis geben kann, betrachten wir einen Konsumenten, der sich im Herbst ein Paar Stiefel kaufen möchte und zwischen mehreren Geschäften wählen kann. Wann wird der Verbraucher nicht bereit sein, in dem Geschäft A einen höheren Preis zu zahlen als das Geschäft B fordert? Zunächst müssen die Stiefel qualitativ gleich sein (gleiches Leder, gleiche Farbe usw.). Dabei ist nicht die objektive Qualität oder die Ansicht des Anbieters ausschlaggebend. Entscheidend für einen einheitlichen Preis ist vielmehr, daß die Qualität in der Einschätzung des Konsumenten gleich ist. Diese Bedingung allein reicht für die Übereinstimmung der Preise in den beiden Geschäften noch nicht aus. Kann das Geschäft A die Stiefel z.B. erst im Sommer, das Geschäft B aber sofort besorgen, wäre das für den Konsumenten ein möglicher Grund, im Geschäft B einen höheren Preis als im Geschäft A zu zahlen. Eine Voraussetzung für identische Marktpreise bilden also gleiche Lieferfristen. Ein weiterer Aspekt sind räumliche Entfernungen. Führen diese zu unterschiedlichen Transport- und Zeitkosten, dann werden sich die Preise in den Geschäften unterscheiden. Wohnt der Kunde in Wiesbaden und ein Geschäft in Wiesbaden fordert für die Stiefel 10 DM mehr als ein Geschäft A in Essen, dann wird er in Wiesbaden zur Zahlung eines höheren Preises bereit sein, falls die zusätzlichen Transportkosten niedriger sind. Damit identische Marktpreise existieren, müssen die Entfernungen vom Wohnsitz zu den Verkaufsorten gleich sein. Schließlich sind persönliche Vorlieben des Verbrauchers, z.B. aufgrund einer freundlichen Bedienung, auszuschließen.

Die anhand des Beispiels geschilderten Voraussetzungen für einen einheitlichen Preis werden als **Homogenitätsbedingungen** bezeichnet:

(a) **Sachliche** Gleichartigkeit (**Homogenität**): Die Güter unterscheiden sich im Urteil der Nachfrager weder durch Qualität noch durch Aufmachung oder Verpackung.

(b) Keine **zeitlichen** Differenzen: Die Lieferfristen aller Verkäufer sind identisch.

(c) Keine **räumlichen** Differenzen: Die Entfernungen der Käufer zu den Anbietern sind gleich groß (Punktmarkt).

(d) Keine **persönlichen** Präferenzen: Persönliche Beziehungen zwischen Käufern und Verkäufern existieren nicht.

Sind die Homogenitätsbedingungen für die Existenz identischer Preise ausreichend? Offensichtlich nicht, denn der Konsument muß zusätzlich über die Preise der einzelnen Geschäfte informiert sein. Man spricht in diesem Zusammenhang von **Markttransparenz**. Markttransparenz wird in der Literatur unterschiedlich definiert. So findet man einerseits die Auffassung, daß vollständige Markttransparenz dann gegeben ist, wenn die Nachfrager und Anbieter über alle Marktbedingungen informiert sind[1)] und andererseits, daß Markttransparenz vorliegt, wenn die Marktteilnehmer zusätzlich über vollständige Voraussicht verfügen.[2)] An dem geschilderten Beispiel erkennt man, daß der Haushalt "nur" über die momentanen Preise informiert zu sein braucht, damit sich ausschließlich ein Preis bildet. Für die folgenden Ausführungen wird daher die statische Version der Markttransparenz zugrunde gelegt und **nicht** gefordert, daß der Verbraucher zukünftige Entwicklungen voraussieht.

Märkte, auf denen die Homogenitätsbedingungen erfüllt sind und Markttransparenz vorliegt, werden als **vollkommene Märkte** bezeichnet. Auf einem vollkommenen Markt existiert immer nur ein Preis. Man spricht in diesem Zusammenhang häufig vom **Gesetz der Unterschiedslosigkeit der Preise**. Der Umkehrschluß, identische Preise implizieren vollkommene Märkte, ist nicht zulässig! So sind z.B. die Preise der meisten Zigarettenmarken identisch, obwohl sich die Marken im Urteil der Raucher unterscheiden und daher kein vollkommener Markt vorliegt.

Ein **heterogener** oder **unvollkommener** Markt liegt bei Verletzung mindestens einer Homogenitätsbedingung vor. Die Heterogenität ist vielschichtig. Heterogenität ist sowohl bei Fehlen einer als auch bei Verletzung aller Homogenitätsbedingungen gegeben. Der Preisspielraum eines Anbieters wird vom jeweiligen Ausmaß der Heterogenität abhängen. Insbesondere stellt sich die Frage, wie stark die Heterogenität zwischen zwei Produkten ausfallen darf, damit sie noch dem gleichen Markt zurechenbar sind. Mit dieser Problematik setzen sich ausführlich die verschiedenen Konzepte der Marktabgren-

---

1) vgl. z.B. Ott (1979) S. 33

2) vgl. Schmidt (1993) S. 5 ff.

zung auseinander.[3] Auf welchen Märkten existieren homogene Güter? Die Homogenitätsbedingungen sind am ehesten auf Märkten für Roh- und Betriebsstoffe erfüllt, z.B. bei standardisierten Produkten wie Zement. Der Rohölmarkt oder auch der Devisenmarkt sind ebenfalls Beispiele für nahezu homogene Güter. Auf den Konsumgütermärkten sind homogene Güter kaum anzutreffen.

Als wichtiges Ergebnis bleibt festzuhalten, daß auf einem vollkommenen Markt ein einheitlicher Preis existiert.

C. Quantitative Marktbesetzung

Der zweite Problemkreis zur Charakterisierung von Marktformen konzentriert sich auf die quantitative Besetzung des Marktes. Unter der Annahme, daß viele Nachfrager den Markt beliefern, liegt

(a) ein **Polypol** vor, wenn **viele kleine Anbieter** am Markt auftreten.
(b) ein **Oligopol** vor, wenn **wenige mittelgroße Anbieter** am Markt auftreten.
(c) ein **Monopol** vor, wenn nur **ein großer Anbieter** am Markt auftritt.

Werden zusätzlich quantitative Unterschiede auf der Nachfrageseite berücksichtigt, dann ergibt sich folgendes Marktformenschema:

Nachfrager / **Anbieter**	**einer**	**wenige**	**viele**
einer	Bilaterales Monopol	Beschränktes Monopol	(Angebots-) Monopol
wenige	Beschränktes Monopson	Bilaterales Oligopol	(Angebots-) Oligopol
viele	(Nachfragemonopol) Monopson	(Nachfrageoligopol) Oligopson	(Bilaterales-) Polypol

Tabelle 1: Das Marktformenschema bei Gültigkeit der Symmetrieannahme

Das in der Tabelle 1 dargestellte Marktformenschema oder ähnliche Darstellungen bezeichnet man auch als **morphologische Marktformenschemata**.[4] Das abgebildete Schema beruht auf der Annahme, daß die Anbieter und Nachfrager alle identische

3) vgl. Spielkamp (1994) S. 168 ff., 177

4) Das morphologische Marktformenschema geht auf Stackelberg (1934) zurück.

Marktanteile besitzen. Diese Annahme wird auch **Symmetrieannahme** genannt. Die Aufhebung der Symmetrieannahme führt zu einer Erweiterung der möglichen Marktformen. Da die folgenden Kapitel sich auf die beiden elementaren Marktformen vollständige Konkurrenz und Angebotsmonopol beschränken, wird diesbezüglich auf eine weitergehende Darstellung verzichtet.[5)]

Problematisch an dem skizzierten morphologischen Marktformenschema ist die Trennung zwischen wenigen und vielen Anbietern. Sind acht Anbieter viele oder wenige Anbieter? Da eine exakte Beantwortung dieser Problematik nicht möglich ist, wird als zusätzliches Kriterium die Reaktionsverbundenheit der Anbieter eingeführt. **Reaktionsverbundenheit** existiert, wenn die einzelne Unternehmung mit Reaktionen der Konkurrenten auf eigene Aktionen zu rechnen hat. Ist dies der Fall, dann liegt ein Oligopol vor. Ist dies nicht der Fall, spricht man von einem Polypol. Die Marktformen Polypol und Oligopol können ohne genaue Zahlenangabe unter Berücksichtigung von Verhaltensreaktionen wie folgt voneinander abgegrenzt werden:

> Ein **Oligopol** liegt vor, wenn die Anzahl der Marktteilnehmer so gering ist, daß der einzelne Teilnehmer mit der Veränderung seines Aktionsparameters Einfluß auf die Realisierung der Zielgrößen der anderen Teilnehmer dieser Marktseite ausübt. Dies impliziert, daß der Marktteilnehmer mit Reaktionen der Konkurrenten auf eigene Aktionen rechnen muß. (**Interdependenz-Situation**)
>
> Ein **Polypol** liegt vor, wenn keine Reaktionsverbundenheit existiert. Der Polypolist unterliegt zwar dem gesamten Marktgeschehen, muß aber nicht mit Reaktionen auf eigene Aktionen rechnen (**Dependenz-Situation**).

qualitativ / **quantitativ**	**vollkommener Markt**	**unvollkommener Markt**
Bilaterales Polypol	vollständige Konkurrenz	monopolistische Konkurrenz
Oligopol	Oligopol auf dem vollkommenen Markt	Oligopol auf dem unvollkommenen Markt
Monopol	Monopol	

Tabelle 2: Kombinationen von qualitativen und quantitativen Kriterien

Durch Kombination der qualitativen und quantitativen Kriterien erhält man die Markt-

---

5) Zu den möglichen Konstellationen bei Aufhebung der Symmetrieannahme vgl. Ott (1979) S. 41

formen gemäß Tabelle 2. Dabei wird eine polypolistisch strukturierte Marktnachfrageseite vorausgesetzt. Bei den Marktformen Polypol und Oligopol wird zudem zwischen unvollkommenen und vollkommenen Märkten differenziert. Die Frage, ob ein Monopol auch auf unvollkommenen Märkten sinnvoll zu definieren ist, wird nicht einheitlich beantwortet. Wir werden innerhalb der Marktform Monopol bezüglich der Homogenität keine weiteren Differenzierungen vornehmen.

D. Marktzutrittsbarrieren

Ein weiteres eigenständiges Strukturmerkmal stellen die Marktzutrittsbedingungen dar. **Marktzutrittsbarrieren** existieren, wenn der Zutritt potentieller Konkurrenten aus irgendeinem Grund verwehrt wird. Im einzelnen sind folgende Arten von Marktzutrittsschranken zu nennen:[6)]

(1) Staatliche Vorschriften

Häufig ist der Staat für existierende Markteintrittsbarrieren verantwortlich. So hält er z.B. ausländische Anbieter durch mehr oder weniger versteckte protektionistische Maßnahmen vom inländischen Markt fern, oder er schließt durch **Regulierungen** inländische Anbieter vom Markt aus.

(2) Produktdifferenzierung

Etablierte Unternehmen verfügen über patentgeschützte Produktinnovationen. Dadurch können die potentiellen Konkurrenten kein gleichartiges Angebot entfalten. Die Produktdifferenzierung spielt bei langlebigen Gütern, bei denen auch der Kundendienst ein wesentlicher Bestandteil des Produktes ist, eine bedeutende Rolle.

Das Produkt einer Branche kann mit den Namen bestimmter Anbieter so stark verbunden sein, daß das Produkt eines Newcomers als inferior empfunden wird und der potentielle Anbieter ohne teure und langwierige Werbekampagnen keine Chance hat, seine Produkte abzusetzen.[7)] Die etablierten Unternehmen profitieren von dauerhaften Präferenzen für ihre Produkte. Der Marken- bzw. Firmenname, der **Goodwill**, der einer Unternehmung entgegengebracht wird, wird durch Werbeaktivitäten erzeugt. Durch Werbung können die etablierten Firmen ihre Marktanteile stabilisieren. Der Goodwill steigt, und die Beweglichkeit der Nachfrage nimmt ab. Daher schafft eine intensive Werbung Marktzutrittsbarrieren. Das Gegenargument wird von der Chicago-School geführt. Die Werbung ist keine Barriere, sondern die Voraussetzung für den Marktzutritt, da ohne Werbung der potentielle Anbieter keine Möglichkeit hat, bei den Konsumenten bekannt zu werden. Die Werbung erhöht die Markttransparenz, wodurch bestehende Marktbarrieren abgebaut werden. Der Goodwill sinkt, und die Beweglichkeit der Nachfrage

6) Bain (1956) gehörte zu den ersten Ökonomen, der sich mit dem Problem von Marktzutrittsschranken auseinandergesetzt hat.

7) vgl. Bain (1956) S. 123 f.

steigt.[8)]

(3) Absolute Kostenvorteile

Absolute Kostenvorteile liegen vor, wenn etablierte Firmen jede beliebige Outputmenge zu geringeren Stückkosten als potentielle Anbieter produzieren können. Die Kostenfunktionen der Newcomer verlaufen oberhalb der Kostenfunktionen der etablierten Anbieter. Absolute Kostenvorteile haben vielschichtige Ursachen. Ein Kostenvorteil kann z.B. darin bestehen, daß etablierte Unternehmen über Patente und Lizenzen im Produktionsbereich verfügen, die ihnen die ausschließliche Nutzung kostengünstigerer Produktionstechniken ermöglichen. Die etablierten Unternehmen verfügen außerdem über ein eingearbeitetes Personal sowie über länger bestehende Beziehungen zu den Zulieferbetrieben. Aufgrund von Learning-by-doing-Effekten sind die Produktionskosten niedriger. Durch vertikale Bindungen und Verträge, die einem etablierten Unternehmen exklusive Zulieferungs-, Transport- oder Vertriebsbedingungen sowie Sonderkonditionen sichern, können sich die etablierten Unternehmen eine günstigere Kostensituation schaffen, als sie ein potentieller Konkurrent vorfindet.

(4) Marktzutrittskosten und Sunk-Costs

Von weiterer Bedeutung sind die Marktzutrittskosten. Der Markteintritt wird durch hohe Kapitalkosten verhindert, die allein mit dem Markteintritt und nicht mit dem Output an sich verbunden sind (fixe Kosten), wie sie z.B. in der Flugzeug- oder Automobilindustrie existieren. Die Newcomer benötigen eine technische Ausstattung, über die die etablierten Anbieter bereits verfügen. Die Kosten des Markteintritts sind häufig nicht reversibel. So sind die Nutzungsmöglichkeiten der Investitionsgüter in der Regel nicht universeller Natur, sondern auf bestimmte Branchen einzelner Unternehmen zugeschnitten. Ausgaben für das Firmenimage sind allenfalls über einen höheren Veräußerungswert der Unternehmung wiedereinzuholen (derivativer Firmenwert). Für die etablierten Anbieter stellen die Marktzutrittskosten Sunk-Costs dar. Dies sind Kosten, die nach der Investitionsentscheidung für die weitere Produktion unbedeutend sind. Für den Newcomer sind diese Kosten, da sie noch nicht angefallen sind, relevant. Tritt der Newcomer in den Markt ein, dann muß er damit rechnen, daß die etablierten Anbieter ihre Sunk-Costs nicht mehr ins Entscheidungskalkül einbeziehen. Sie werden daher bereit sein, zu niedrigeren Preisen anzubieten als der Newcomer vor Markteintritt plant. Dem Newcomer kann daher der Marktzutritt trotz überschüssiger Gewinne der etablierten Unternehmen als unrentabel erscheinen.

(5) Fallende Durchschnittskosten

Mit zunehmender Ausbringungsmenge bilden abnehmende Durchschnittskosten eine weitere bedeutende Marktzutrittsschranke. Wesentliche Ursachen für einen derartigen Verlauf der Kostenfunktion sind Unteilbarkeiten der Produktionsfaktoren. Bei fallenden Durchschnittskosten ist in der Regel eine große Ausbringungsmenge zur Erreichung der

---

8) vgl. Waterson (1984). Zur Diskussion von Werbung, Produktqualität und Beweglichkeit der Nachfrage siehe auch Spielkamp (1994).

Gewinnzone erforderlich. Ein Marktzutritt induziert am Markt eine spürbar starke Ausweitung des Angebots, was zu einer Senkung des Absatzpreises führt. Befürchten die potentiellen Anbieter, daß durch diesen Kapazitätseffekt der Marktpreis unter die Durchschnittskosten sinkt, werden sie vom Marktzutritt Abstand nehmen. Fallende Durchschnittskosten stellen also eine Marktzutrittsschranke dar, da geringe Ausbringungsmengen beim gegenwärtigen Preis unprofitabel sind, größere Ausbringungsmengen aber zu starken Preisrückgängen führen. Weiterhin besteht bei fallenden Durchschnittskosten für den etablierten Anbieter die Möglichkeit der Setzung eines Preises, der den Markteintritt für potentielle Konkurrenten unprofitabel gestaltet. Diesen Preis nennt man **Limitpreis**. Schließlich ist eine Kampfstrategie gegenüber einem Anbieter, der gemessen an der Nachfrage bereits über einen hohen Marktanteil verfügt, äußerst risikoreich.

(6) **Finanzierungsschranken**[9)]

Der Newcomer muß die Kapitalkosten des Marktzutritts aufbringen. Gegenüber den etablierten Anbietern ist sein Zugang zum Kapitalmarkt in der Regel ungünstiger. Die etablierten Firmen haben ihre Kreditwürdigkeit bereits unter Beweis gestellt, wogegen der Newcomer seine Kreditfähigkeit erst noch unter Beweis stellen muß. Er ist den Kapitalgebern unbekannt, und diese werden, sofern sie überhaupt Kredite an ihn vergeben, ihre Finanzdienstleistungen mit vergleichsweise schlechteren Konditionen ausstatten. Die Erfahrungen in den neuen Bundesländern bestätigen eher, daß die Anbieter von Kapital bei Newcomern äußerst vorsichtig und zurückhaltend agieren.[10)]

(7) **Überkapazitäten der etablierten Anbieter**

Schließlich besteht die Möglichkeit, Newcomer durch die Bereithaltung von Überkapazitäten abzuschrecken. Mit diesen Überkapazitäten kann dem Newcomer vermittelt werden, daß bei Ausnutzung dieser Kapazitäten die Produktion derart steigt, daß die Preise unter das Niveau der Stückkosten sinken.

Für die Diskussion der Preisbildung auf einem Markt ist die Ausprägung der Marktzutrittsbarrieren entscheidend. Für die Anhänger der **Theorie der angreifbaren (bestreitbaren) Märkte** (Theory of Contestable Markets) existieren die Marktzutrittsschranken (2) bis (6) nur in unbedeutendem Ausmaß. Ihrer Meinung nach ist der Staat für die bestehenden Marktzutrittsbarrieren verantwortlich. Sie fordern deshalb einen Abbau staatlicher Vorschriften.

Für die Diskussion der Marktformen werden folgende Differenzierungen getroffen:

(1) vollkommen bestreitbarer Markt: Der Marktzutritt ist prinzipiell möglich. Es existieren keine der oben genannten Marktzutrittsschranken.

(2) beschränkt bestreitbarer Markt: Der Marktzutritt ist prinzipiell möglich, aber

---

9) Die Finanzierungsschranken kann man auch zu den absoluten Kostenvorteilen zählen.

10) Diese Argumentation bezieht sich auf unbekannte Newcomer. Möchte eine aus anderen Branchen bekannte Unternehmung zwecks Einstieg in einen anderen Markt einen Kredit aufnehmen, dann werden die Konditionen nicht unbedingt schlechter ausfallen.

mindestens eine der genannten Marktzutrittsschranken liegt vor.

(3) **blockierter Marktzutritt:** Der Marktzutritt ist überhaupt nicht möglich.

Die Einbeziehung der Marktschranken in die Kriterien zur Klassifikation der Marktformen wirft Probleme auf, die anhand einiger Beispiele erläutert werden sollen. Angenommen, auf einem Markt bietet nur ein Unternehmen ein Produkt an und potentielle Konkurrenten werden aufgrund einer Preisstrategie des einzigen Anbieters am Markteintritt gehindert. Da nur ein tatsächlicher Anbieter den Markt beliefert, könnte man diesen als Monopolisten bezeichnen. Da der Anbieter aber bei seiner Preisstrategie die Reaktionen der potentiellen Konkurrenz beachten muß, könnte man diese Konstellation anhand des Kriteriums "Markteinfluß potentieller Konkurrenten" auch als Oligopol bezeichnen. Die entscheidende Frage lautet daher: Sind für die Festlegung der Marktform die Anzahl der am Markt befindlichen Anbieter relevant, oder ist die Anzahl tatsächlicher Anbieter zuzüglich der Anzahl der potentiellen Konkurrenten bedeutsam? Wir werden uns der in der Literatur üblichen Vorgehensweise anschließen und im weiteren Verlauf der Analyse von der tatsächlichen Anbieterzahl als Entscheidungskriterium ausgehen.

Ein anderes Problem liegt in der Wechselwirkung von Marktzutritt und der Heterogenität eines Marktes. Nehmen wir als Beispiel das Produkt und den Namen Coca-Cola. Man kann zwar in den Markt für das Produkt Cola eintreten, nicht aber die Marke Coca-Cola anbieten. Allein durch den Namen einer Firma wird der Markt bereits unvollkommen. Aufgrund des Schutzes des Firmennamens liegt kein offener und freier Marktzutritt vor. Auf einem **heterogenen Markt müssen** immer in irgendeiner Weise **Marktzutrittsschranken vorliegen**. Nur auf Märkten mit homogenen Produkten kann daher sinnvoll von einem unbeschränkt möglichen Marktzutritt gesprochen werden.

Oft wird ein vollkommen bestreitbarer Markt zu den Bedingungen für einen vollkommenen Markt gezählt. Dies halten wir nicht für sinnvoll. Da die Marktergebnisse in Abhängigkeit des Marktzutritts in jeder Marktform unterschiedlich ausfallen, sollte das Kriterium des Marktzutritts von der qualitativen Marktbeschaffenheit getrennt betrachtet werden. Es sei noch einmal betont, daß unserer Meinung nach die Homogenität der Produkte und die Markttransparenz die konstituierende Merkmale für einen vollkommenen Markt sind, aus denen die Identität der Preise resultiert.

Wir haben uns bisher ausschließlich mit Marktzutrittsschranken beschäftigt. Für die Beurteilung der Wettbewerbssituation haben Marktaustrittsschranken eine nicht mindere Bedeutung. **Marktaustrittsschranken** sind Faktoren, die das Ausscheiden aus einem Markt erschweren oder blockieren. Obwohl Marktsignale einen Austritt nahelegen, erfolgt dieser dennoch nicht. Ist dies der Fall, so kommt es zu einer Übersättigung des Marktes. Die Marktversorgung wird ineffizient und die Ertragslage unzureichend. Es entstehen Überkapazitäten, die in eine Strukturkrise münden können.

VI. Preisbildung bei vollständiger Konkurrenz......215

VI. Preisbildung bei vollständiger Konkurrenz

A. Überblick

In diesem Kapitel wird das Modell der vollständigen Konkurrenz vorgestellt. Die Definition der Marktform der vollständigen Konkurrenz unter qualitativen und quantitativen Gesichtspunkten bildet den Ausgangspunkt dieses Kapitels im Abschnitt B. Im Anschluß daran werden die Eigenschaften des Marktgleichgewichts bei vollständiger Konkurrenz in Abschnitt C untersucht. Die wirtschaftspolitischen Implikationen des Modells stehen im Mittelpunkt einiger Anwendungsmöglichkeiten, die in D behandelt werden. Zum Ende folgen ein kurzes Resümee der wesentlichen Gedanken und Ergebnisse sowie eine Würdigung des betrachteten Modells. Zentrale Diskussionspunkte dieses Kapitels sind:

(1) Welches sind die Charakteristika eines vollständigen Konkurrenzmarktes? Worin liegt die Bedeutung dieser Marktform?

(2) Wodurch ist ein Marktgleichgewicht gekennzeichnet? Inwiefern beeinflussen Marktzutrittsmöglichkeiten das Marktgleichgewicht?

(3) Wie reagiert das Marktgleichgewicht auf Änderungen des Angebots oder der Nachfrage?

(4) Welche Auswirkungen haben staatliche Markteingriffe?

(5) Welcher Zusammenhang besteht zwischen Lohnpolitik und Einkommensverteilung?

(6) Wie ist die vollständige Konkurrenz unter wohlfahrtstheoretischen Aspekten zu bewerten?

B. Merkmale der vollständigen Konkurrenz

Bevor die Preisbildung in der vollständigen Konkurrenz untersucht werden kann, muß diese Marktform genau definiert werden. Veröffentlichungen, die die vollständige Konkurrenz diskutieren, legen keine einheitliche Definition zugrunde. Dies führt zu Problemen, wenn alternative Definitionen ausschlaggebend für unterschiedliche Bewertungen der Marktform der vollständigen Konkurrenz sind.

Unterschiedliche Definitionskriterien können, wie im vorausgegangenen Kapitel beschrieben, in der Möglichkeit der individuellen Preissetzung, in der Einflußnahme eines Anbieters auf die Marktergebnisse sowie in der Existenz von Marktzutrittsschranken gesehen werden. Im folgenden wird die Marktform der vollständigen Konkurrenz als eine Marktform definiert, bei der

(a) die einzelne Unternehmung den Marktpreis nicht beeinflussen kann und

(b) die Mengenentscheidungen eines Anbieters für die anderen Anbieter nicht spürbar sind.

Die genannten Implikationen erübrigen nicht die Diskussion der Bedingungen, die zu diesen Implikationen führen. Unter diesem Gesichtspunkt soll die Brauchbarkeit der in der Literatur angeführten Kriterien und der damit verbundenen Marktbedingungen hinterfragt werden. Zunächst werden alternative Definitionen der vollständigen Konkurrenz, die auf den Arbeiten von Eucken, Chamberlin und Robinson basieren, vorgestellt, und anschließend wird die Relevanz der unterschiedlichen Annahmen überprüft. Die folgende Tabelle gibt einen Überblick über die unterschiedlichen Ansätze:

Bedingungen	Bezeichnung bei Erfüllung von
1. viele Anbieter und viele Nachfrager mit jeweils kleinem Marktanteil	Bedingung 1: **vollständige Konkurrenz** (Walter Eucken)
2. Homogenität (sachlich, persönlich, räumlich, zeitlich)	
3. Markttransparenz (vollständige Übersicht und Voraussicht)	Bedingungen 1,2 und 3: **Pure Competition** (E. H. Chamberlin)
4. unbegrenzte Mobilität und Teilbarkeit von Produktionsfaktoren und Gütern	
5. unendliche Reaktionsgeschwindigkeit der Anpassungsprozesse	
6. keine Marktzutritts- und Marktaustrittsschranken	
7. Implizit unterstellt: Rationalverhalten der Wirtschaftseinheiten; keine dirigistischen Markteingriffe des Staates; vollständiges Wissen	Bedingungen 1 bis 7: **Perfect Competition** (Joan Robinson)

Tabelle 1: Alternative Definitionen der vollständigen Konkurrenz[1].

Die weiteste Definition der vollständigen Konkurrenz hat Eucken formuliert. Seine Betrachtung umfaßt ausschließlich die quantitativen Marktabgrenzungskriterien. Aus dieser Definition folgt, daß Entscheidungen des einzelnen Anbieters keinen Einfluß auf die Entscheidungen der anderen Unternehmer ausüben. Die Definition erfaßt die Marktform des Polypols. Da aber für Aussagen über die Preisbildung zusätzliche Annahmen zur qualitativen Beschaffenheit des Marktes benötigt werden, ist diese Definition um weitere Kriterien zu ergänzen. Das Konzept der **Pure Competition** von Chamberlin schließt die Homogenitätsbedingungen mit ein. Die Annahme einer vollständigen Voraussicht über die zukünftigen Marktergebnisse, die Chamberlin ebenfalls unterstellt, erscheint aber wenig sinnvoll. Vollkommene Voraussicht heißt, daß Wirtschaftssubjekte in die

1) vgl. Bartling (1980) S. 13 und die dort angegebene Originalliteratur

Zukunft blicken können und über Informationen bezüglich zukünftiger Entwicklungen verfügen.[2] Für die Existenz einheitlicher Preise ist eine solche Annahme aber weder notwendig, noch hinreichend. Für die Existenz einheitlicher Preise ist es ausreichend, die Markttransparenz auf die Gegenwart zu beziehen und darunter einen zeitpunktbezogenen vollkommenen Informationsstand zu subsumieren.

Die von Robinson zusätzlich angeführten Bedingungen der Perfect Competition sind redundant, da die wesentlichen Eigenschaften der vollständigen Konkurrenz bereits durch die ersten drei Bedingungen garantiert werden. Aus diesen Bedingungen geht hervor, daß der Marktpreis durch den einzelnen Anbieter nicht beeinflußbar und die Mengenentscheidung einer einzelnen Unternehmung für die anderen Unternehmen nicht spürbar ist. Die beliebige Teilbarkeit der Güter stellt lediglich eine formale Vereinfachung dar, die die Modellergebnisse tendenziell nicht verändert. Hinzu kommt, daß durch die Berücksichtigung der Existenz von Fixkosten Unteilbarkeiten bestimmter Produktionsfaktoren explizit erfaßt werden. Die unbegrenzte Mobilität und das Nichtvorhandensein von Marktschranken sind für die langfristigen Marktergebnisse, insbesondere ob langfristig überschüssige Gewinne verschwinden, entscheidend. Die Marktzutrittsmöglichkeiten spielen nicht nur bei der vollständigen Konkurrenz, sondern auch bei den Marktformen des Oligopols und des Monopols eine entscheidende Rolle. So werden sich die Marktergebnisse eines Oligopols ohne Marktzutrittsmöglichkeiten von einem Oligopol mit Marktzutrittsmöglichkeit ebenfalls unterscheiden. Es ist daher sinnvoll, bei jeder Marktform die Marktzutrittsmöglichkeit als eigenständige strukturelle Marktbedingung zu untersuchen! Die Annahme einer unendlich schnellen Reaktionsgeschwindigkeit ist ebenfalls kein konstituierendes Kriterium einer Marktform, sondern Unterscheidungskriterium für eine statische oder eine dynamische Analyse. Schließlich ist die Zielsetzung der Marktteilnehmer für die Marktform nicht entscheidend. Man spricht auch dann von einem Monopol, wenn der Monopolist keine Gewinnmaximierung verfolgt. Wenn in anderen Marktformen alternative Zielsetzungen zugelassen werden, warum dann nicht bei der vollständigen Konkurrenz? Damit wird selbstverständlich nicht ausgeschlossen, daß aus einer bestimmten Marktkonstellation eine bestimmte Zielsetzung resultieren kann et vice versa. Dies ist aber dann eine Folge der Marktstruktur und kein konstituierendes Element der Marktform!

Abschließend sei folgende Anmerkung erlaubt: In Arbeiten, welche die aufgeführten Bedingungen wie vollständige Voraussicht, unendliche Reaktionsgeschwindigkeit, beliebige Teilbarkeit und unbeschränkten Marktzutritt als konstituierende Merkmale für die vollständige Konkurrenz und insbesondere für die Vollkommenheit des Marktes anführen, werden genau diese Bedingungen bei der Definition eines Oligopols auf einen vollkommenem Markt nicht erwähnt. Daraus kann man den Schluß ziehen, daß die genannten Bedingungen nicht immer als notwendige Voraussetzungen für einen vollkommenen Markt angesehen werden. Wenn man diese Kriterien nur bei bestimmten Marktformen zur Kennzeichnung eines vollkommenen Marktes verwendet, zieht dies sofort die Frage nach der Relevanz dieser Kriterien nach sich. Gibt es einen Unterschied in der

2) vgl. hierzu die kritischen Bemerkungen bei Morgenstern (1935)

Abgrenzung des vollkommenen Marktes bei einem Polypol oder bei einem Oligopol? Oder werden diese Kriterien bei der Diskussion eines Polypols auf dem vollkommenem Markt - also der vollständigen Konkurrenz - nur eingeführt, um sie anschließend zu kritisieren und den Aussagegehalt dieses Modells in Frage zu stellen? So schreibt Hoppmann, man könne manchmal den Eindruck gewinnen, daß Autoren die vollständige Konkurrenz als "Strohmann" definieren, "den man dann lustig demontieren kann".[3] Gerade die Konstellation vollständige Voraussicht, unendliche Reaktionsgeschindigkeit sowie freier und offener Marktzutritt führen zu vollkommener Ausschaltung jedes dynamischen Wettbewerbs und somit zu einem unerwünschten stationären Zustand der Volkswirtschaft. Geht es den Kritikern von vornherein um die Ablehnung der vollständigen Konkurrenz, da anders strukturierte Märkte wie z.B. das Oligopol für eine Volkswirtschaft als wünschenswerter angesehen werden? Man sollte sich einheitlicher Kriterien in verschiedenen Situationen bedienen, um nicht Gefahr zu laufen, die Analyse zu verzerren und den Ausgang der Diskussion durch das eigene Werturteil vorwegzunehmen!

Die folgende Analyse basiert auf der Auffassung, daß eine Erfüllung der Homogenitätsbedingungen und ein Vorliegen von Markttransparenz zur Definition eines vollkommenen Marktes ausreichen. Wir sprechen von vollständiger Konkurrenz, wenn auf einem vollkommenem Markt viele kleine Unternehmen vielen kleinen Nachfragern gegenüberstehen. Daraus folgt, daß sich die Unternehmen in dieser Marktform als Mengenanpasser verhalten.

C. Analyse des Marktgleichgewichts der vollständigen Konkurrenz

1. Einführung

In dem vorliegenden Abschnitt C werden zuerst die Eigenschaften von Marktangebots- und Marktnachfragefunktion erläutert. Zunächst wird aufgezeigt, wovon Steigung und Lage der beiden Kurven abhängen. Daran schließt sich die Analyse des Gleichgewichts bei blockiertem Marktzutritt sowie die Reaktionen bei Datenänderungen an. Danach werden die Implikationen der Aufhebung der Annahme eines blockierten Marktzutritts analysiert. Im Rahmen der Analyse bei möglichem Marktzutritt wird zwischen vollkommen angreifbaren Märkten und beschränkt angreifbaren Märkten unterschieden. In diesem Zusammenhang stehen neben den Eigenschaften des Marktgleichgewichts die Auswirkungen von Veränderungen der Marktnachfrage und des Marktangebots im Mittelpunkt. Abschließend betrachten wir die Konsequenzen spezieller Kostensituationen für die Marktform der vollständigen Konkurrenz.

---

3) Hoppmann (1966) S. 371

2. Marktnachfrage- und Marktangebotsfunktion

a) Die Marktnachfragefunktion

Die **Marktnachfragefunktion** gibt an, wie viele Mengeneinheiten von einem Gut die Konsumenten insgesamt bei alternativen Preisen nachzufragen bereit sind. Diese Funktion erhält man, wenn zu alternativen Preisen die individuell nachgefragten Mengen addiert werden:

$$(1) \quad x^D = \sum_{k=1}^{K} x_k^D (p;\alpha_k) = x^D (p;\alpha) \qquad \text{mit} \quad \frac{\partial x^D}{\partial \alpha} > 0; \frac{\partial x^D}{\partial p} < 0$$

x^D: Marktnachfragefunktion

x_k^D: individuelle Nachfragefunktion

k: Anzahl der Nachfrager

α: Lageparameter der Nachfrage

Die Steigung der Marktnachfragefunktion wird in der Regel als negativ angenommen.[4] Der Parameter α gibt Auskunft über die Lage der Marktnachfragefunktion. Erhöht sich das Niveau des Lageparameters, dann verschiebt sich die Marktnachfragefunktion nach rechts, d.h. es wird bei jedem gegebenen Preis mehr nachgefragt. Ursachen hierfür können sein:

(a) Die Anzahl der Konsumenten steigt.
(b) Das Einkommen steigt (sinkt) und das Gut wird superior (inferior) eingeschätzt.
(c) Die Verbraucherpräferenzen nehmen aufgrund von Modetrends zu.
(d) Die Preise der anderen Konsumgüter steigen (sinken) bei negativer (positiver) Kreuzpreiselastizität.

Graphisch wird die Marktnachfragefunktion durch horizontale Addition der individuellen Nachfragekurven ermittelt. Am Beispiel zweier Haushalte soll diese Vorgehensweise erläutert werden:

In der Abbildung 1 sind die Nachfragefunktionen zweier Haushalte A und B dargestellt. Liegt der Preis oberhalb von p_1, so fragt keiner der beiden Haushalte das Produkt nach. Innerhalb des Intervalls von p_1 bis p_2 fragt ausschließlich der Haushalt A das Produkt nach. Erst wenn der Preis unter p_2 sinkt, werden beide Haushalte das Gut konsumieren. So wird z.B. bei p_3 insgesamt x_3 nachgefragt, wobei sich die Gesamtnachfrage aus den individuell nachgefragten Mengen x_{3A} und x_{3B} zusammensetzt. Die hier konstruierte Marktnachfragefunktion enthält also einen Knick. Betrachtet man eine Vielzahl von Nachfragern, die unterschiedliche Verhaltensweisen aufzeigen, dann wird der Knick verschwinden und die Marktnachfragefunktion konvex verlaufen.

---

4) Eine positive Steigung der Marktnachfragefunktion ist bei Existenz von inferioren Gütern, Prestige-Gütern oder Qualitätseffekten nicht auszuschließen; vgl. Moritz (1993) S. 170 ff.

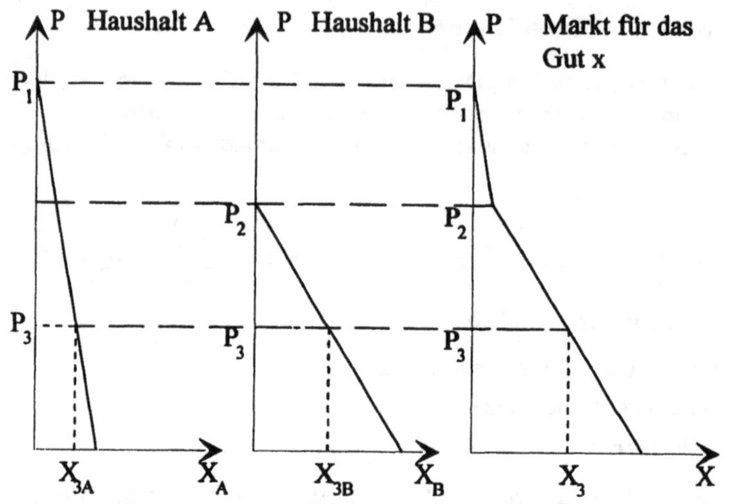

Abb. VI.1: Ermittlung der Marktnachfragefunktion

Der Preis, ab dem der betrachtete Konsument bzw. die Gesamtheit der Nachfrager das Gut nicht nachfragt, wird als **Prohibitivpreis** bezeichnet. Für den Haushalt A sowie für den aggregierten Markt ist dies der Preis p_1, für den Haushalt B der Preis p_2.

b) Die Marktangebotsfunktion

Die **Marktangebotsfunktion** gibt an, wieviel Mengeneinheiten von einem Gut alle Produzenten bei alternativen Preisen anzubieten bereit sind. Diese Funktion erhält man durch Addition der bei alternativen Preisen individuell angebotenen Mengen:

(2) $$x^S = \sum_{i=1}^{I} x_i^S(p;\beta_i) = x^S(p;\beta) \qquad \text{mit} \quad \frac{\partial x^S}{\partial \alpha} > 0; \frac{\partial x^S}{\partial p} > 0$$

x^S: Marktangebot

x_i^S : individuelle Angebotsfunktion

I: Anzahl der Anbieter

β: Lageparameter des Angebots

Der Parameter β gibt Auskunft über die Lage der Marktangebotsfunktion. Erhöht sich der Lageparameter, verschiebt sich die Marktangebotsfunktion nach rechts, d.h. es wird zu jedem Preis mehr angeboten. Ursachen hierfür können sein:

(a) Der technische Fortschritt bewirkt eine Verringerung der Grenzkosten.

(b) Die Faktorpreise fallen.

(c) Die Anzahl der Anbieter steigt.

Graphisch resultiert die aggregierte Angebotskurve aus der horizontalen Addition der individuellen Angebotskurven. Diese Aggregation soll beispielhaft anhand zweier Anbieter mit unterschiedlichen Grenzkostenfunktionen erläutert werden.

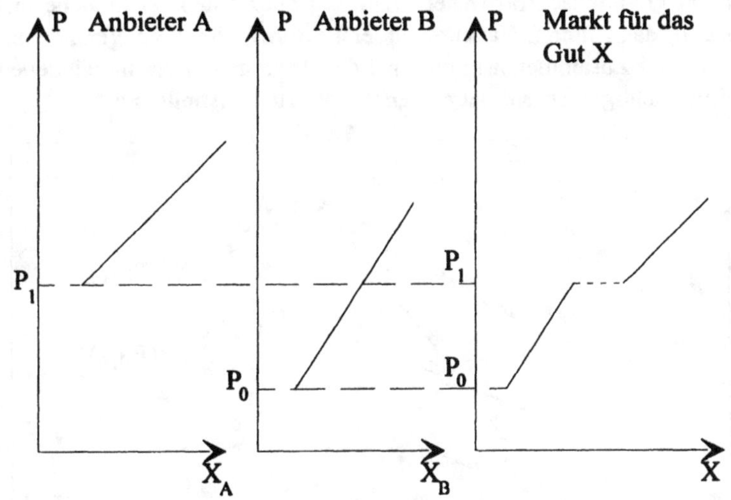

Abb. VI.2: Ermittlung der Marktangebotsfunktion

Liegt der Preis unter p_0, wird keines der beiden Unternehmen anbieten. Liegt der Preis zwischen p_0 und p_1, so ist die individuelle Angebotsfunktion von B identisch mit der aggregierten Angebotskurve. Ab p_1 wird auch das Unternehmen A das Gut X anbieten. Die aggregierte Angebotsfunktion hat daher beim Preis von p_1 eine Unstetigkeitsstelle. Diese verschwindet, wenn die Aggregation für eine Vielzahl von Anbietern mit unterschiedlichen Grenzkostenfunktionen durchgeführt wird. Haben alle Anbieter identische Kostenverläufe[5)], dann vereinfacht sich die Gleichung (2) zu:

(3) $$x^S = I x^S (p;\beta)$$

Der Parameter β schließt in diesem Fall nicht mehr die Anzahl der Anbieter ein. Welches Vorzeichen hat die Steigung der Marktangebotsfunktion? Die Marktangebotsfunktion resultiert aus der Aggregation aller individuellen Angebotsfunktionen, die den individuellen Grenzkostenkurven entsprechen. Diese haben aufgrund der hinreichenden Maximierungsbedingung für einen Mengenanpasser einen steigenden Verlauf, so daß

5) Die Bedingungen, unter denen identische Kostenfunktionen resultieren, werden im Abschnitt VI.C.4. abgeleitet.

auch die Marktangebotskurve ansteigt.[6)]

Bei der Aggregation wurde implizit unterstellt, daß die Faktorpreise bei einer erhöhten Nachfrage nach Produktionsfaktoren konstant bleiben. Diese Annahme ist aus Sicht eines einzelnen kleinen Unternehmens vertretbar. Entlang der Marktangebotsfunktion ändert sich aber die Gesamtnachfrage einer Branche. Ist der Anteil der Branche am Faktormarkt bedeutend, dann führen Variationen der Faktornachfrage zu Veränderungen der Faktorpreise. Dieser Zusammenhang muß bei der Aggregation der individuellen Angebotskurve berücksichtigt werden. Betrachten wir hierzu die Abbildung 3.

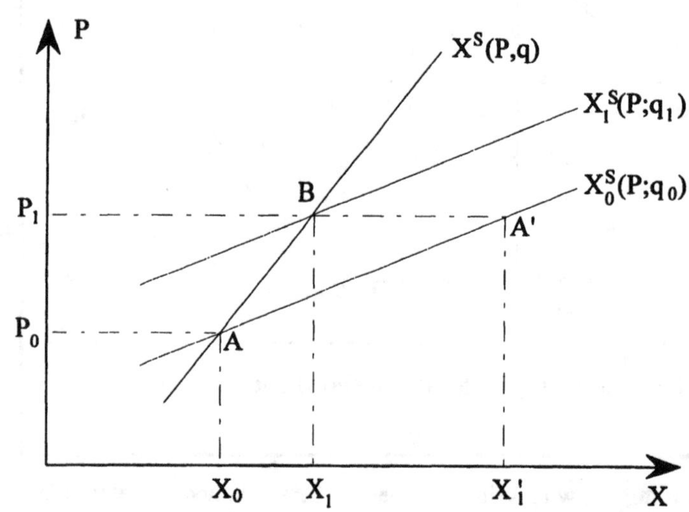

Abb. VI.3: Die aggregierte Angebotsfunktion bei variablen Faktorpreisen

Die Marktangebotsfunktion $x^S{}_0(p;q_0)$ gibt die Bereitschaft sämtlicher Anbieter an, bei alternativen Verkaufspreisen und gegebenem Faktorpreis q_0 bestimmte Mengen des betrachteten Produkts anzubieten.[7)] Zum Güterpreis von p_0 bieten alle Unternehmen insgesamt die Menge x_0 an (Punkt A). Eine Erhöhung des Güterpreises von p_0 auf p_1 veranlaßt die Anbieter bei unverändertem Faktorpreis, ihre Menge auf x_1' auszudehnen (Punkt A'). Steigen jedoch aufgrund der damit verbundenen Erhöhung der Faktornachfrage der gesamten Branche die Faktorpreise auf q_1, so gilt die Marktangebotsfunktion $x^S{}_1(p;q_1)$. Diese gibt an, welche Mengen die Anbieter bei alternativen Marktpreisen und gegebenem Faktorpreis q_1 anzubieten bereit sind. Die bei p_1 angebotene Menge beträgt

---

6) vgl. Abschnitt IV.C.4.c)

7) Zur Vereinfachung betrachten wir nur einen Faktorpreis. Alternativ könnte man q auch als Preisvektor betrachten. Dies ist, solange die Produktionsstruktur sich nicht verändert, zulässig.

daher x_1 (Punkt B). Anhand der beschriebenen Methode lassen sich für sämtliche Faktorpreise die korrespondierenden Marktangebotsfunktionen bilden. Verbindet man nun die zu den vorgegebenen Preisen und den dabei eintretenden Faktorpreisen resultierenden Angebotsmengen, dann erhält man die in der Abbildung dargestellte Marktangebotsfunktion $x^S(p;q)$.

Entlang der Marktangebotsfunktion wird die Veränderung der Faktorpreise implizit eingeschlossen. Die Marktangebotsfunktion unter der Berücksichtigung variabler Faktorpreise verläuft im Vergleich zu den Angebotsfunktionen bei gegebenen Faktorpreisen steiler.

3. Marktgleichgewicht bei blockiertem Marktzutritt

a) Gleichgewicht und Anpassungsmechanismen

In diesem Abschnitt wird eine gegebene Anzahl von Anbietern unterstellt. Der Marktzutritt ist blockiert. Unter Berücksichtigung dieser Annahme wird zunächst die Entstehung eines Marktgleichgewichts erklärt. Danach steht die Untersuchung der Auswirkungen von Datenänderungen im Mittelpunkt.

Ein **Marktgleichgewicht** ist erreicht, wenn die Pläne sämtlicher Nachfrager und Anbieter in Erfüllung gehen. Käufer und Verkäufer geben sich mit dem Status quo zufrieden, d.h. kein Marktteilnehmer hat Veranlassung, sein Verhalten zu ändern. Angebotene und nachgefragte Menge stimmen überein. Die Abbildung 4 zeigt eine solche Gleichgewichtssituation:

Im Teil b) der Abbildung 4 sind die Marktangebots- und die Marktnachfragefunktion für ein bestimmtes Produkt X dargestellt. Bei einem Preis von p^* sind die Käufer bereit, die von den Produzenten angebotene Menge x^* abzunehmen. Der Preis übernimmt die **Markträumungsfunktion.** Weiterhin sorgt der Preis für die Verteilung der knappen Güter auf die Haushalte. Bei dem sich einstellenden Gleichgewichtspreis ist z.B. der Haushalt k bereit, dessen Nachfragefunktion im Teil a) der Abbildung dargestellt ist, die Menge x_k^* zu kaufen. Der Preis erfüllt die **Diskriminierungsfunktion**. Außerdem signalisiert der Preis der in dem Teil c) der Abbildung dargestellten Unternehmung i, wieviel diese zu produzieren hat. Der Preis übernimmt die **Signalfunktion**. Die einzelne Unternehmung berechnet nach dem Grenzkosten-Preis-Prinzip die für sie gewinnoptimale Menge x_i^*. Zur Produktion dieser Menge existiert eine Minimalkostenkombination der Faktoren, so daß der Preis auch darüber entscheidet, wie die Ressourcen in den verschiedenen Produktionsrichtungen Verwendung finden. Man spricht in diesem Zusammenhang von der **Lenkungs-** oder **Allokationsfunktion** des Preises. Im Marktgleichgewicht sind daher die Probleme, welche Menge wie produziert und wie verteilt wird, gelöst.

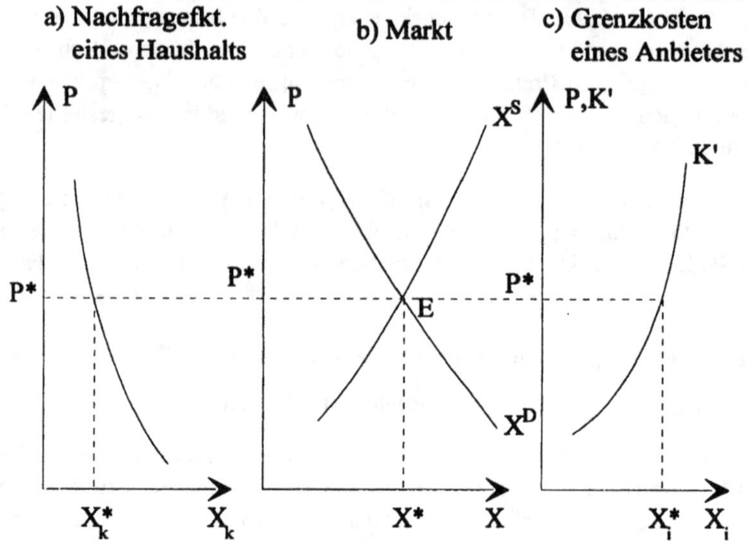

Abb. VI.4: Das Marktgleichgewicht

Formal ist das Marktgleichgewicht durch das folgende Gleichungssystem charakterisiert:

(4)	$x^D = x^D(p;\alpha)$
(5)	$x^S = x^S(p;\beta)$
(6)	$x^S(p;\beta) = x^D(p;\alpha)$
	endogen: x^D, x^S, p
	exogen: α, β

Das vorliegende Marktmodell besteht aus drei Gleichungen. Die Gleichung (4) stellt die Marktnachfragefunktion, die Gleichung (5) die Marktangebotsfunktion dar. Die Gleichung (6) garantiert, daß die angebotene Menge nachgefragt wird. Aus dem Gleichungssystem können die Mengen der Anbieter und der Nachfrager sowie der Marktpreis bestimmt werden.

Auf einem Markt existieren z.B. 100 Anbieter, die alle mit der Kostenfunktion

(B1) $K = 4 + \frac{1}{4}x^2$

produzieren. Aus der individuellen Angebotsfunktion

(B2) $x_i = 2p$

resultiert die Marktangebotsfunktion:

(B3) $x^S = 200\,p$

Die Marktnachfragefunktion wird gegeben durch:

(B4) $x^D = 603 - p$

Aus der Gleichsetzung von Marktangebots- und Marktnachfragefunktion resultiert ein Preis von 3. Die Gleichgewichtsmenge am Markt beträgt 600. Jede einzelne Unternehmung produziert sechs Einheiten.

Welche Marktkräfte führen ausgehend von einer Ungleichgewichtssituation zu einem Gleichgewicht? Die Anpassungsprozesse zum Gleichgewicht werden in der Abbildung 5 betrachtet: Der Preis p_0 liegt oberhalb des Gleichgewichtspreises p*, so daß die angebotene Menge $x^S{}_0$ die nachgefragte Menge $x^D{}_0$ übersteigt und ein **Überschußangebot** ($x_0{}^S - x_0{}^D > 0$) vorliegt. Bei einem Marktpreis, der unterhalb des Gleichgewichtspreises liegt, z.B. p_1, ist dagegen die nachgefragte größer als die angebotene Menge, so daß eine **Überschußnachfrage** vorliegt.

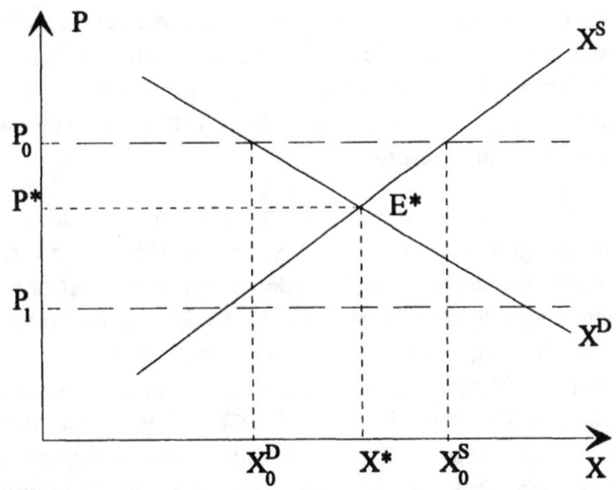

Abb. VI.5: Anpassungen zum Marktgleichgewicht

Bei einem Überschußangebot können die Anbieter ihre Pläne nicht realisieren. Aus diesem Grunde werden sie die Preise und ihre angebotene Menge reduzieren. Die Preissenkung veranlaßt die Nachfrager, ihre nachgefragte Menge zu erhöhen. Das Überschußangebot sinkt. Bei Existenz eines Nachfrageüberschusses gehen dagegen einige Nachfrager "leer" aus. Diese bieten den Anbietern höhere Preise bzw. die Anbieter erkennen, daß sie höhere Preise fordern können. Aufgrund der Preiserhöhung sinkt die nachgefragte Menge bei zunehmender angebotener Menge, so daß der Nachfrageüberhang abgebaut wird.

Besteht nicht ein Widerspruch zwischen der Annahme, daß der einzelne Anbieter in der vollständigen Konkurrenz keine Preissetzungsmöglichkeit hat, hier aber eine Preiserhöhung eines einzelnen Anbieters zugelassen wird? Wie läuft der Anpassungsprozeß zum Gleichgewicht ab, wenn die einzelnen Anbieter sich als Mengenanpasser verhalten und damit den Preis als Datum ansehen? Eine Möglichkeit dieses Problem zu lösen, besteht in der Betrachtung **organisierter Märkte**. Dies sind Märkte, wo das Marktgleichgewicht durch einen Auktionator sichergestellt wird. Nach **Walras** beginnt der Anpassungsprozeß mit dem Ausrufen eines zufälligen Preises. Zu diesem Preis können die Anbieter und Nachfrager ihre Verkaufs- und Kaufwünsche äußern, die der Auktionator notiert. Wird mehr angeboten als nachgefragt, senkt der Auktionator den Preis. Bei einer Überschußnachfrage erhöht er den Preis. Erst nachdem der Gleichgewichtspreis gefunden ist, findet der Tausch statt. Walras bezeichnet diesen Anpassungsprozeß als **tatonnement**.

Eine alternative Möglichkeit des Herantastens an das Gleichgewicht hat **Edgeworth** formuliert. Anbieter und Nachfrager schließen miteinander Verträge unter Vorbehalt zu einem bestimmten einheitlichen Preis ab. Ist das Angebot bei diesem Preis zu niedrig, kommen einige Nachfrager nicht zum Zuge und bieten den Anbietern höhere Preise, damit diese von den bisher geschlossenen Verträgen zurücktreten. Der Prozeß des Aushandelns kommt zum Stillstand, wenn der Gleichgewichtspreis gefunden ist. Erst zu diesem Gleichgewichtspreis werden die Geschäfte abgewickelt. Den hier beschriebenen Anpassungsprozeß nennt man **recontracting**.

Beide Anpassungsprozesse unterstellen, daß die Transaktionen erst durchgeführt werden, wenn ein Gleichgewicht gefunden ist. Real existierende Märkte sind in der Regel nicht durch einen Auktionator organisiert. Auch werden die meisten Verträge nicht unter Vorbehalt der Kündigung abgeschlossen. Insbesondere finden Transaktionen auf real existierenden Märkten auch in Ungleichgewichtssituationen statt. In einer solchen Ungleichgewichtssituation kann es Nachfrager geben, die nicht zum Zuge gekommen sind. Dann besteht für die Anbieter die Möglichkeit der Preisanhebung, ohne daß sie dabei Gefahr laufen, Konsumenten zu verlieren. Die Auflösung des oben angeführten Widerspruchs liegt darin, daß die Annahme des Mengenanpasserverhaltens lediglich für ein erreichtes Marktgleichgewicht gesetzt wird. Ist ein Marktgleichgewicht erreicht, kann der einzelne Anbieter seinen Preis nicht erhöhen, da er sonst alle Konsumenten an die Konkurrenz verliert.

b) Nachfrageänderungen und Marktgleichgewicht

ba) Formale Analyse

Untersucht werden die Auswirkungen von Veränderungen der exogenen Größen auf die Nachfragefunktion, wobei die Analyse einer Verschiebung der Marktnachfragefunktion nach rechts den Anfang bildet. Aus einer Rechtsverschiebung der Marktnachfragefunktion folgt, daß am Markt bei jedem Preis mehr von dem betrachteten Gut nachgefragt wird. Das Niveau des Lageparameters α nimmt zu.[8] Im Gleichgewicht gilt:

$$(7) \quad x^D(p;\alpha) = x^S(p;\beta)$$

Nach Anwendung der Regel für das Differenzieren impliziter Funktionen folgt für die Abhängigkeit des Preises:

$$(8) \quad \frac{dp}{d\alpha} = \frac{\frac{\partial x^D}{\partial \alpha}}{\frac{\partial x^S}{\partial p} - \frac{\partial x^D}{\partial p}} \geq 0$$

Die Vorzeichen der partiellen Ableitungen der Angebots- und Nachfragefunktion bestimmen die Auswirkungen auf den Preis, die von α ausgehen. Wie bereits erläutert, verläuft die Marktangebotsfunktion unter der Annahme der Gewinnmaximierung mit positiver Steigung. Bei einem fallenden Verlauf der Nachfragefunktion ist der Nenner der Gleichung (8) positiv. Die Erhöhung des Parameters α führt zu einer Erhöhung der Nachfrage, so daß der Zähler ebenfalls positive Werte annimmt. Die Ausnahme bildet eine Steigung der Angebots- bzw. der Nachfragefunktion von unendlich. In diesem Fall ändert sich der Preis nicht. Als Ergebnis bleibt festzuhalten, daß eine Verschiebung der Marktnachfragefunktion nach rechts zu steigenden Preisen führt. Die Preissteigerung fällt c.p.[9] dabei um so höher aus,

(a) je weiter sich die Nachfragefunktion nach rechts verschiebt (Zähler in der Gleichung (8)).

(b) je schwächer jeweils die Reaktionen der angebotenen und nachgefragten Menge auf eine Preisänderung ausfallen (Nenner in der Gleichung (8)).

Die Gleichung (8) läßt sich auch mit Hilfe von Elastizitäten ausdrücken. Die Erweiterung mit p/x liefert:

$$(9) \quad \frac{dp}{d\alpha} = \frac{\frac{\partial x^D}{\partial \alpha}}{\varepsilon(x,p) - \eta(x,p)} \frac{p}{x} \geq 0$$

ε: Angebotselastizität

η: Nachfrageelastizität

Die **Nachfrageelastizität** bzw. die **Angebotselastizität** geben die relative Veränderung der nachgefragten Menge bzw. der angebotenen Menge bei einer relativen Preisänderung an. Aufgrund der Annahmen über die Steigungen der Marktnachfrage- und Marktangebotsfunktionen ist die Angebotselastizität positiv und die Nachfrageelastizität ne-

8) Die Gründe für eine derartige Verschiebung sind in Abschnitt VI.C.2.a) genannt worden.

9) Die Abkürzung c.p. bedeutet, daß alle anderen exogenen Größen - bis auf die gerade diskutierte Größe - unverändert bleiben. Mit der ceteris-paribus-Annahme werden die Auswirkungen von Datenänderungen jeweils isoliert betrachtet.

gativ. Die Auswirkung der Rechtsverschiebung der Marktnachfragefunktion auf den Marktpreis wird von den absoluten Werten der Elastizitäten bestimmt. **Die Preiserhöhung nach einer Rechtsverschiebung der Nachfragefunktion fällt bei gegebenem Preis-Mengen-Verhältnis um so größer aus, je unelastischer die angebotene und die nachgefragte Menge reagieren.**

Wie reagiert die Gleichgewichtsmenge auf Nachfrageänderungen? Berücksichtigt man, daß die Marktangebotsfunktion vom Marktpreis und dieser wieder vom Parameter α abhängt,

$$x^S = x^S[p(\alpha);\beta] \tag{10}$$

so erhält man nach Differenzierung der Gleichung (10) den Einfluß der Nachfrageänderung auf die Marktversorgung:

$$\frac{dx^S}{d\alpha} = \frac{\partial x^S}{\partial p}\frac{dp}{d\alpha} \geq 0 \tag{11}$$

Nach Substitution der Gleichung (8) in die Gleichung (11) folgt:

$$\frac{dx}{d\alpha} = \frac{\frac{\partial x^S}{\partial p}\frac{\partial x^D}{\partial \alpha}}{\frac{\partial x^S}{\partial p} - \frac{\partial x^D}{\partial p}} \geq 0 \tag{12}$$

Bei normalen Verläufen von Angebots- und Nachfragefunktionen nimmt die Gleichgewichtsmenge bei einer Rechtsverschiebung der Marktnachfragefunktion zu. Zur Bestimmung des Niveaus der Mengenreaktion folgt nach Erweiterung mit p\x:

$$\frac{dx}{d\alpha} = \frac{\varepsilon(x,p)\frac{\partial x^D}{\partial \alpha}}{\varepsilon(x,p) - \eta(x,p)} \geq 0 \tag{13}$$

Die Erhöhung der Produktionsmenge fällt bei einer Erhöhung des Lageparameters α um so größer aus,

(a) je stärker die Veränderung des Lageparameters auf die Nachfrage wirkt.

(b) je kleiner die Nachfrageelastizität absolut ist.

(c) je größer die Angebotselastizität ist.

bb) Graphische Analyse

Die abgeleiteten Ergebnisse werden in der Abbildung 6 illustriert. Wir betrachten zunächst die Abbildung 6 a). Ausgehend vom Marktgleichgewicht E^*_0 führt eine Erhöhung des Parameters α zu einer Verschiebung der Marktnachfragefunktion x^D_0 nach rechts (x^D_1). Zum ursprünglichen Gleichgewichtspreis p_0 entsteht ein Nachfrageüberhang, dessen Niveau vom Ausmaß der Rechtsverschiebung der Marktnachfragefunktion abhängt. Der Nachfrageüberhang seinerseits induziert eine Erhöhung des Preises, wodurch die angebotene Menge steigt und die nachgefragte Menge sinkt. Der Nachfrageüberhang wird um so schneller abgebaut, d.h. der Preis muß relativ gering steigen, je stärker jeweils die angebotene Menge und die nachgefragte Menge auf die Preiserhöhung reagieren. Dies kommt durch die Steigungen der beiden Funktionen zum Ausdruck. Verlaufen die Funktionen relativ flach, lösen kleine Preisänderungen große Mengenänderungen aus. Der Preis muß zum Abbau des Nachfrageüberhangs nur geringfügig steigen. Bei relativ steilen Funktionsverläufen sind relativ starke Preisänderungen zum Abbau des Nachfrageüberhangs notwendig.[10)]

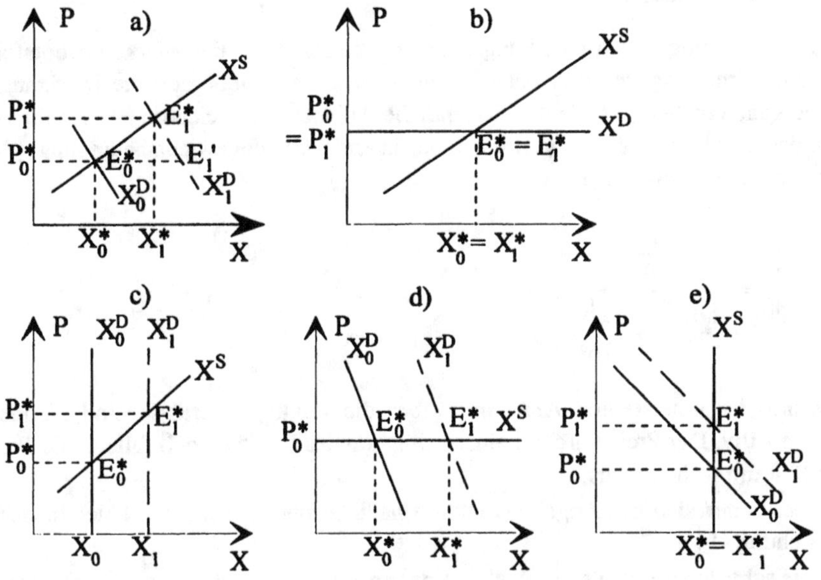

Abb. VI.6: Auswirkungen einer Verschiebung der Marktnachfragefkt.

In den Abbildungen 6 b) bis 6 e) sind mögliche Spezialfälle dargestellt. Bei vollkommen elastischem Verlauf der Nachfragefunktion (Teil b) verschiebt sich die Nachfragefunktion in sich nach rechts. Es finden keine Mengen- und Preisänderungen statt. Den Fall einer vollkommen unelastischen Marktnachfragefunktion stellt die Abbildung 6 c) dar. Preis und Menge nehmen zu. Die Mengenänderung ist davon abhängig, wie weit sich die Marktnachfragefunktion nach rechts verschiebt. Die Preisanpassung hängt von der Angebotselastizität ab. Allgemein sind die Preis- und Mengenänderungen um so größer, je unelastischer die Marktnachfragefunktion verläuft. Bei vollkommen elastischem Güterangebotsverlauf (Abbildung 6 d) steigt die Menge bei unverändertem Preis, während bei vollkommen unelastischem Güterangebot (Abbildung 6 e) der Preis bei unveränder-

10) Um Mißverständnisse zu vermeiden, sei darauf hingewiesen, daß im Nenner der Gleichung (8) die Kehrwerte der Steigungen der in der Abbildung 6 dargestellten Funktionen stehen.

ter Menge zunimmt. Die Preiserhöhung fällt um so größer aus, je unelastischer die Angebotsfunktion verläuft, und die Mengenerhöhung fällt um so größer aus, je elastischer die Güterangebotsfunktion verläuft.

Die in der formalen und graphischen Analyse vorgenommenen Überlegungen gelten analog für eine Linksverschiebung der Nachfragefunktion. **Eine Verringerung der Nachfrage führt bei gestiegener Menge zu sinkenden Preisen.**

c) Angebotsänderungen und Marktgleichgewicht

ca) Formale Analyse

Zur Untersuchung der Auswirkungen einer Verschiebung der Marktangebotsfunktion wird eine Erhöhung des Parameters β unterstellt. Verschiebt sich die Marktangebotsfunktion nach rechts, so bedeutet dies, daß die Anbieter bei gleichem Preis mehr verkaufen möchten.[11)] Ausgehend von der modifizierten Gleichgewichtsbedingung (7) folgt nach implizitem Differenzieren:

$$(14)\quad \frac{dp}{d\beta} = -\frac{\dfrac{\partial x^S}{\partial \beta}}{\dfrac{\partial x^S}{\partial p} - \dfrac{\partial x^D}{\partial p}} \leq 0$$

Aufgrund der unterstellten Annahmen über die Funktionsverläufe sind Nenner und Zähler positiv. Der Preis wird bei einer Erhöhung des Parameters β fallen. Die Preissenkung fällt um so höher aus,

(a) je weiter sich die Angebotsfunktion nach rechts verschiebt (Zähler in der Gleichung (14)).

(b) je schwächer jeweils die Reaktion der angebotenen und nachgefragten Menge auf eine Preisänderung ausfällt (Nenner in der Gleichung (14)).

Die Gleichung (14) läßt sich mit Hilfe von Elastizitäten durch Erweiterung mit p/x ausdrücken:

$$(15)\quad \frac{dp}{d\beta} = -\frac{\dfrac{\partial x^S}{\partial \beta}}{\varepsilon(x,p) - \eta(x,p)}\frac{p}{x} \leq 0$$

Der Preis wird um so stärker fallen, je unelastischer Angebot und Nachfrage auf Preisänderungen reagieren. Für die Reaktion der Menge erhält man unter Beachtung der Abhängigkeit des Preises von dem Parameter β in der Marktnachfragefunktion

$$(16)\quad x^D = x^D[p(\beta);\alpha]$$

und nach Differenzierung die Gleichung:

---

11) Gründe für eine solche Verschiebung wurden im Abschnitt VI.C.2.b) genannt.

(17) $$\frac{dx}{db} = \frac{\partial x^D}{\partial p}\frac{dp}{db} \geq 0$$

Die Gleichung (14) eingesetzt in die Gleichung (17) liefert das Ergebnis:

(18) $$\frac{dx}{db} = -\frac{\frac{\partial x^D}{\partial p}\frac{\partial x^S}{\partial b}}{\frac{\partial x^S}{\partial p} - \frac{\partial x^D}{\partial p}} \geq 0$$

Verläuft die Nachfragefunktion wie angenommen mit negativer Steigung, dann nimmt die Gleichgewichtsmenge bei einer Rechtsverschiebung der Angebotsfunktion zu. Zur besseren Interpretation wird die Gleichung (18) mit Hilfe von Elastizitäten formuliert:

(19) $$\frac{dx}{d\beta} = -\frac{\eta(x,p)\,\frac{\partial x^S}{\partial \beta}}{\varepsilon(x,p) - \eta(x,p)} \geq 0$$

Das Niveau der Erhöhung der Produktionsmenge β fällt bei einer Erhöhung des Parameters um so größer aus,

(a) je stärker die Erhöhung des Parameters β auf die Angebotsfunktion wirkt.

(b) je größer die Nachfrageelastizität absolut ist.

(c) je geringer die Angebotselastizität ist.

cb) Graphische Analyse

Zur Erläuterung der Ergebnisse wird die Abbildung 7 betrachtet. Den Ausgangspunkt bildet das Gleichgewicht E^*_0 im Teil a) der Abbildung 7. Eine Verschiebung der Marktangebotsfunktion nach rechts impliziert ein Überschußangebot beim ursprünglichen Gleichgewichtspreis p_0. Dieses Überschußangebot kann durch eine Preissenkung beseitigt werden, wobei das Ausmaß des Rückgangs des Angebotsüberschusses bei einer Preissenkung von den Steigungen der Angebots- und der Nachfragefunktion abhängt. Verlaufen die Funktionen relativ flach, dann reagieren angebotene und nachgefragte Menge auf die Preisänderung relativ stark, so daß nur eine geringe Preissenkung zum Erreichen des neuen Gleichgewichts erforderlich ist. Im neuen Gleichgewicht E^*_1 sind Menge und Preis gestiegen. Als nächstes werden die in den Abbildungen 7 b) bis 7 c) dargestellten Extremfälle betrachtet. Verläuft die Marktnachfragefunktion vollkommen elastisch (Abbildung 7 b), wird die Gleichgewichtsmenge bei unverändertem Preis steigen. Bei einer vollkommen unelastischen Nachfrage (Abbildung 7 c) bleibt die Menge bei sinkendem Preis konstant. Der Preis wird daher um so stärker fallen, je geringer die Marktnachfrageelastizität absolut ausfällt. Die Menge steigt dagegen um so stärker an, je elastischer die Nachfrage reagiert.

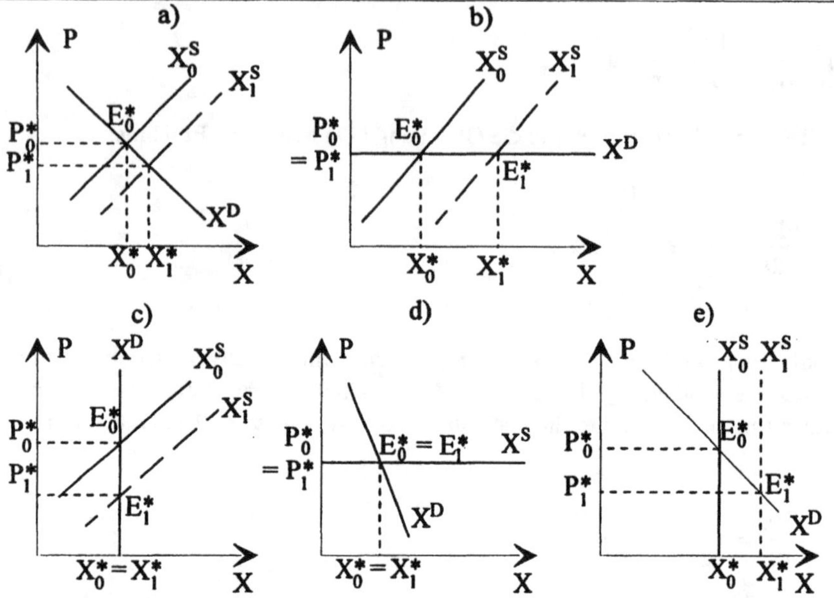

Abb. VI.7: Auswirkungen einer Verschiebung der Marktangebotsfkt.

Die Extremfälle für die Angebotsfunktion zeigen die Teile d) und e). Bei einem vollkommen elastischen Angebot (Abbildung 7 d) verschiebt sich die Angebotsfunktion in sich nach rechts, so daß Preis und Menge unverändert bleiben, während bei einem vollkommen unelastischem Angebot (Abbildung 7 e) die Menge bei gesunkenem Preis steigt. Preis- und Mengenänderungen fallen um so stärker aus, je unelastischer das Angebot reagiert.

Analog gelten die formalen und graphischen Ergebnisse für eine Linksverschiebung der Angebotsfunktion. **Eine Verringerung des Angebots führt bei gestiegenem Preis zu einer geringeren Menge im Gleichgewicht.**

Die Analyse der Reaktion auf Datenänderungen hat eine weitere Funktion des Preises in der Marktwirtschaft offengelegt. Die Veränderung des Preises aufgrund von Datenänderungen führt dazu, daß sich angebotene und nachgefragte Menge an entstehende Ungleichgewichtssituationen anpassen. Diese Anpassungen führen zu einem neuen Gleichgewicht mit verändertem Produktionsniveau, so daß sich auch der Einsatz der Ressourcen ändert. Man kann in diesem Zusammenhang von einer **Anpassungsfunktion** des Preises sprechen.

4. Marktgleichgewicht bei möglichem Marktzutritt

a) Vollkommen bestreitbare Märkte

aa) Das langfristige Marktgleichgewicht

Bisher wurden Marktzutritte ausgeschlossen. Diese Annahme wird im folgenden aufgehoben. Zur Erläuterung der Eigenschaften des Marktgleichgewichts bei vollkommen bestreitbaren Märkten wird die Abbildung 8 betrachtet:

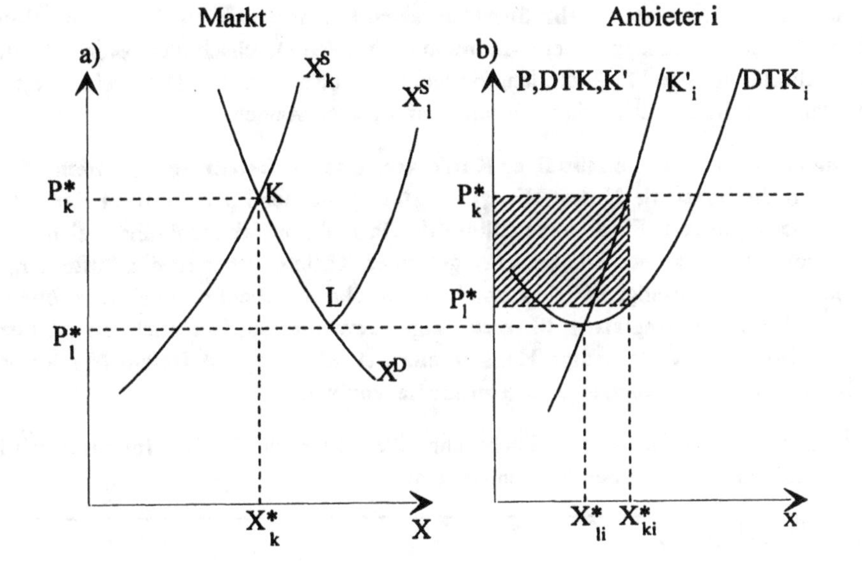

Abb. VI.8: Marktgleichgewicht bei unbeschränktem Marktzutritt

In der Ausgangssituation stellt $x^S{}_k$ im Teil a) die Angebotsfunktion bei gegebener Anbieterzahl dar. Daraus resultieren im Gleichgewicht der Preis $p_k{}^*$ und die Menge $x_k{}^*$. Gemäß der Grenzkosten-Preis-Regel produziert ein Unternehmen i, wie im Teil b) der Abbildung dargestellt ist, die Menge $x_{ki}{}^*$. Der Gewinn der Unternehmung entspricht der Differenz zwischen dem Preis und den totalen Durchschnittskosten multipliziert mit der Menge. Dies ist durch die schraffierte Fläche dargestellt. Dabei ist folgendes zu beachten: Für die Kostenfunktion wird üblicherweise unterstellt, daß darin der Unternehmerlohn, die Verzinsung des eingesetzten Kapitals und der branchenübliche Gewinn enthalten sind. Den Gewinn, den die einzelne Unternehmung in der kurzfristigen Situation realisieren kann, bezeichnet man daher auch als überschüssigen Gewinn. Können diese **überschüssigen Gewinne** langfristig bestehen bleiben? Dies ist der Fall, wenn

(a) andere Unternehmen aufgrund rechtlicher Beschränkungen das Gut nicht anbieten dürfen. Der Marktzutritt ist blockiert.

(b) der Marktzutritt prinzipiell für potentielle Anbieter möglich ist, diese aber un-

(b) der Marktzutritt prinzipiell für potentielle Anbieter möglich ist, diese aber ungünstigere Absatz- und Kostenkonstellation vorfinden als die etablierten Anbieter. Es liegt kein vollkommen bestreitbarer Markt vor.

Existieren auf einem Markt keine Marktzutrittsschranken, werden bei überschüssigen Gewinnen zusätzliche Anbieter in den Markt eintreten. Die Marktangebotsfunktion wird sich nach rechts verschieben bzw. drehen, mit den Folgen, daß die Gleichgewichtsmenge steigt und der Marktpreis sinkt. Ein sinkender Marktpreis führt zu einem Abbau der überschüssige Gewinne. **Es werden solange zusätzliche Anbieter in den Markt eintreten, bis kein Anbieter mehr überschüsssige Gewinne erzielt.** Diese Situation ist erreicht, wenn der Marktpreis dem Minimum der totalen Durchschnittskosten entspricht. In der Abbildung 8 stellt $x^S{}_l$ die langfristige Angebotsmenge dar. Der Preis ist auf p_l^* gesunken, und die überschüssigen Gewinne sind verschwunden.

Bei einem Markt mit vollständiger Konkurrenz sowie freiem und offenem Marktzutritt produzieren die Unternehmen langfristig immer im Minimum der totalen Durchschnittskosten. Eine Umverteilung der Produktionsfaktoren führt bei unveränderter Produktion zu einer Erhöhung der gesamten Kosten. Daher ist die Aufteilung der Ressourcen im langfristigen Gleichgewicht aus allokativer Sicht optimal. **Darüber hinaus verschwinden langfristig überschüssige Gewinne, so daß auch unter Verteilungsaspekten die vollständige Konkurrenz bei offenem und freiem Marktzutritt diesbezüglich wünschenswerte Ergebnisse hervorbringt.**

Das langfristige Gleichgewicht bei unbeschränktem Marktzutritt kann formal durch folgendes Gleichungssystem beschrieben werden:

(20) $x^D = x^D(p;\alpha)$

(21) $x^S = x^S(p;\beta)$

(22) $x^S(p;\beta) = x^D(p;\alpha)$

(23) $p = DTK_i = K_i'$

exogen: α, β

endogen: p, x, x^D, x^S

Im Unterschied zur Analyse des Gleichgewichts bei blockiertem Marktzutritt muß zusätzlich die Gleichung (23) berücksichtigt werden. Diese garantiert, daß die Unternehmen im Minimum der totalen Durchschnittskosten produzieren und keine überschüssigen Gewinne erzielen. Gegenüber der Situation mit blockiertem Marktzutritt kann daher mit Hilfe der Gleichung (23) zusätzlich die Anzahl der Anbieter im langfristigen Marktgleichgewicht bei vollkommen bestreitbaren Märkten bestimmt werden. Durch Aufhebung der Annahme einer konstanten Anbieterzahl muß in dem Modell eine weitere endogene Variable erklärt werden. Diese Funktion übernimmt die Gleichung (23).

Die Ermittlung eines langfristigen Gleichgewichts bei offenem und freiem Marktzutritt soll beispielhaft anhand der Kostenfunktion

(B5) $K_i = \frac{1}{3}x_i^3 - 2x_i^2 + 8x_i$

und der Marktnachfragefunktion

(B6) $p = 14 - \frac{3}{20}x$

beschrieben werden. Zur Ableitung des Marktgleichgewichts empfiehlt sich die folgende Vorgehensweise:

Man bestimmt zunächst das Minimum der DTK-Kurve. Hieraus resultiert der langfristige Gleichgewichtspreis p^* sowie die individuellen Angebotsmengen x_i^*. Das Minimum der aus der Kostenfunktion (B5) resultierenden Durchschnittskostenfunktion

(B7) $DTK = \frac{1}{3}x_i^2 - 2x_i + 8$

liegt bei einer Menge von drei Einheiten. Bei dieser Menge entstehen durchschnittliche totale Kosten in Höhe von fünf Einheiten. Sinkt der Preis unterhalb von Fünf, dann besteht für die Unternehmen keine Möglichkeit, einen positiven Gewinn zu erzielen. Es kommt zu Marktaustritten. Liegt der Preis oberhalb von Fünf, dann erzielen die Unternehmen überschüssige Gewinne. Neue Anbieter werden in den Markt eintreten, so daß der Preis wieder auf Fünf sinkt. Der langfristige Marktpreis wird daher bei fünf Einheiten liegen.

Die Substitution des Gleichgewichtspreises in die Marktnachfragefunktion liefert die Gleichgewichtsmenge x^*. Beim langfristigen Preis von Fünf werden die Konsumenten 60 Einheiten des Gutes nachfragen.

Aus x_i^* und x^* resultiert schließlich die Anzahl der Anbieter I. Da jedes Unternehmen drei Einheiten produziert und insgesamt 60 Einheiten nachgefragt werden, beträgt die Anzahl der Anbieter im langfristigen Gleichgewicht 20.

ab) Komparative Statik

Im Rahmen der komparativen Statik werden die Auswirkungen von Veränderungen der Marktnachfrage und des Marktangebots auf einem vollkommen bestreitbaren Markt untersucht.

Anhand der Abbildung 9 werden die möglichen Auswirkungen einer Veränderung auf der Nachfrageseite erläutert. Die Ausgangssituation wird durch den Gleichgewichtspunkt E^*_0 im Teil a) der Abbildung 9 beschrieben. Die Verschiebung der Marktnachfragefunktion nach rechts führt bei gegebenem Preis zu einer Überschußnachfrage. Bei gleicher Anbieterzahl steigt der Preis auf p_1'. Die Preissteigerung veranlaßt die etablierten Anbieter insgesamt zu einer Ausdehnung der Produktion auf x_{i1}'.

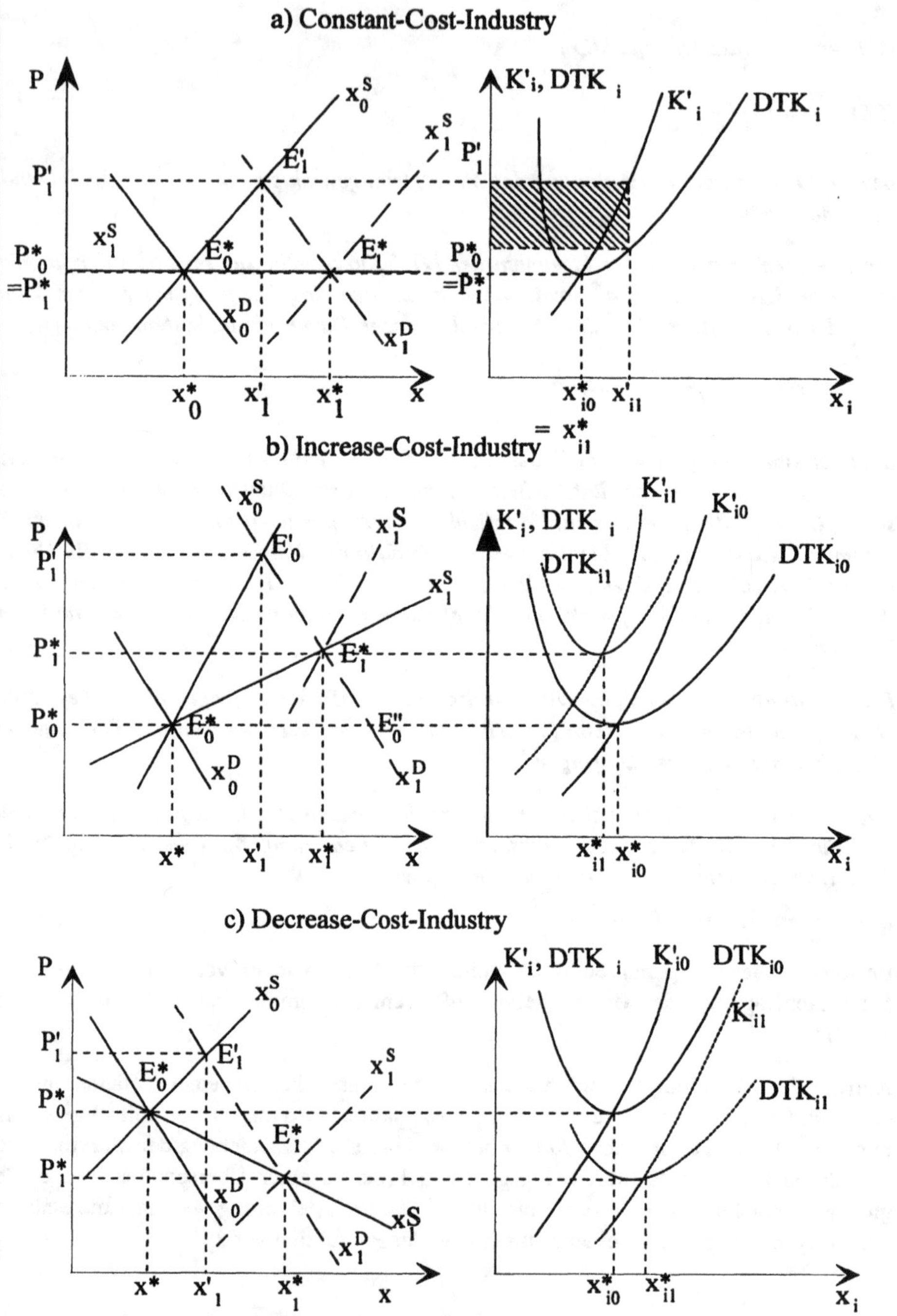

Abb. VI.9: Auswirkungen einer Nachfrageveränderung bei bestreitbaren Märkten

Sie erzielen aufgrund der Preissteigerung überschüssige Gewinne in Höhe der schraffierten Fläche, was potentielle Anbieter zum Markteintritt veranlaßt. Die Marktangebotsfunktion verschiebt sich nach rechts. Das zusätzliche Angebot führt zu einem Preisrückgang. Dieser Prozeß ist beendet, wenn kein Unternehmen mehr überschüssige Gewinne erzielt. Der Preis entspricht wieder den Kosten im Minimum der Durchschnittskosten. Die etablierten Unternehmen produzieren die gleiche Menge wie vor der Nachfrageänderung. Die zusätzliche Absatzmenge wird unter den Newcomer aufgeteilt. Die Verbindungslinie aller Marktgleichgewichte bei alternativen Nachfrageniveaus wird als **langfristige Gesamtangebotskurve** ($x^S{}_l$) bezeichnet. In der Abbildung 9 a) wurde unterstellt, daß die langfristige Gesamtangebotskurve vollkommen preiselastisch verläuft. Der Preis ändert sich bei einer Nachfrageerhöhung langfristig nicht. Man spricht hier von einer **Constant-Cost-Industry**. Die betrachtete Branche kann das Gesamtangebot bei konstanten Grenzkosten ausdehnen. Die Voraussetzungen für einen solchen Verlauf der Gesamtangebotsfunktion sind folgende:

(1) Alle Anbieter verfügen über die gleichen technischen und ökonomischen Möglichkeiten.

(2) Die Faktorpreise ändern sich nicht. Es liegen keine externen Effekte vor.

(3) Zusätzlich benötigte Faktormengen stehen in der gleichen Qualität wie die bisher eingesetzten zur Verfügung.

Die Bedingung (1) wird durch die Annahme der vollkommenen Bestreitbarkeit für den betrachteten Markt gesichert.[12)]

Wenn die Faktorpreise bei Ausdehnung der angebotenen Menge durch die Branche steigen, negative externe Effekte vorliegen oder die zusätzlich benötigten Faktoren bei Ausdehnung der Produktion nur in minderer Qualität vorhanden sind, dann verschieben sich die individuellen Kostenkurven. Zur Erläuterung betrachten wir den Teil b) der Abbildung 9. Bei gegebener Anbieterzahl würde sich bei unveränderter Kostenstruktur das Gleichgewicht E_0' und durch den induzierten Markteinstieg potentieller Anbieter das Gleichgewicht E_0'' einstellen. Sind eine oder mehrere der oben aufgeführten Bedingungen für eine Constant-Cost-Industry verletzt, werden sich die Durchschnittskosten- und die Grenzkostenfunktion bei Ausdehnung der Produktionsmenge der gesamten Branche nach oben verschieben. Die aufgrund der Marktnachfrageverschiebung entstandenen überschüssigen Gewinne werden zum einen durch das Eintreten zusätzlicher Anbieter und zum anderen durch die Verschiebung der Kostenfunktionen nach oben abgebaut. Gewinne, die nur temporär im Verlauf des Anpassungsprozeß an ein neues Gleichgewicht entstehen, nennt man **Windfall-Profits**. Die Verringerung der überschüssigen Gewinne wird durch die Veränderung der Kostenstruktur beschleunigt. Da sich das Minimum der totalen Durchschnittskostenkurve nach oben verschoben hat, wird der Preis nicht auf das ursprüngliche Niveau zurückgehen. Die langfristige Gesamtangebotsfunktion hat also eine positive Steigung. Im Unterschied zur Constant-Cost-Industry geht bei der **Increasing-Cost-Industry** die angebotene Menge jedes einzelnen etablierten

12) Die Implikationen eines nicht freien, aber möglichen Marktzutritts werden im nächsten Abschnitt erläutert.

ters zurück. Dies erkennt man daran, daß das neue Minimum der Durchschnittskostenfunktion links vom ursprünglichen Minimum liegt.

Schließlich wird der Fall positiver externer Effekte anhand der Abbildung 9 c) betrachtet. Eine Branche, die diese Kostenstruktur aufweist, wird als **Decreasing-Cost-Industry** bezeichnet. Bei beschränktem Marktzutritt ohne externe Effekte würde sich das Gleichgewicht E_1' einstellen. Die mit der Ausdehnung der Produktion der etablierten Anbieter sowie mit dem Markteintritt potentieller Anbieter verbundenen positiven externen Effekte führen zu einer Verschiebung der Kostenfunktionen nach unten. Dadurch bedingt wird die Reduktion der überschüssigen Gewinne durch den Marktzutritt potentieller Anbieter abgeschwächt. Im neuen Gleichgewicht ist der Preis p_1^* niedriger als vor der Nachfrageverschiebung. Die etablierten Anbieter haben ihre Produktion erhöht. Die langfristige Marktangebotskurve hat eine negative Steigung. Allen in der Abbildung 9) dargestellten Konstellationen ist gemein, daß die temporär auftretenden überschüssigen Gewinne langfristig verschwinden und alle Anbieter wieder im Minimum der totalen Durchschnittskostenkurve produzieren.

Was geschieht, wenn neue Anbieter mit neuen, qualitativ besseren Produktionsverfahren in den Markt eintreten? Zunächst wird sich die Angebotsfunktion nach rechts verschieben bzw. drehen, so daß bei steigender Marktversorgung der Gleichgewichtspreis sinkt. Die etablierten Anbieter erzielen Verluste, während die Newcomer aufgrund einer überlegenen Technologie überschüssige Gewinne realisieren. Den etablierten Anbietern bleiben langfristig nur zwei Möglichkeiten:

(a) Sie scheiden aus dem Markt aus.

(b) Sie übernehmen das kostengünstigere Produktionsverfahren.

Langfristig werden bei vollständiger Konkurrenz mit freiem und offenem Markteintritt Güter nur mit einem, dem für das gegebene Produktionsniveau effizientesten Produktionsverfahren, hergestellt.

b) Beschränkt bestreitbare Märkte

Welche Resultate ergeben sich bei einem offenen, aber nicht freien Marktzutritt? Die Diskussion erfolgt unter der Hypothese, daß eine Unternehmensgruppe A aufgrund bestimmter Verfügungsrechte an Rohstoffquellen eine günstigere Kostenstruktur aufweist als eine Unternehmensgruppe B. Innerhalb jeder Unternehmensgruppe wird das gleiche Produktionsverfahren verwendet. Newcomer können ausschließlich mit der für die Unternehmensgruppe B geltenden Kostenstruktur produzieren.

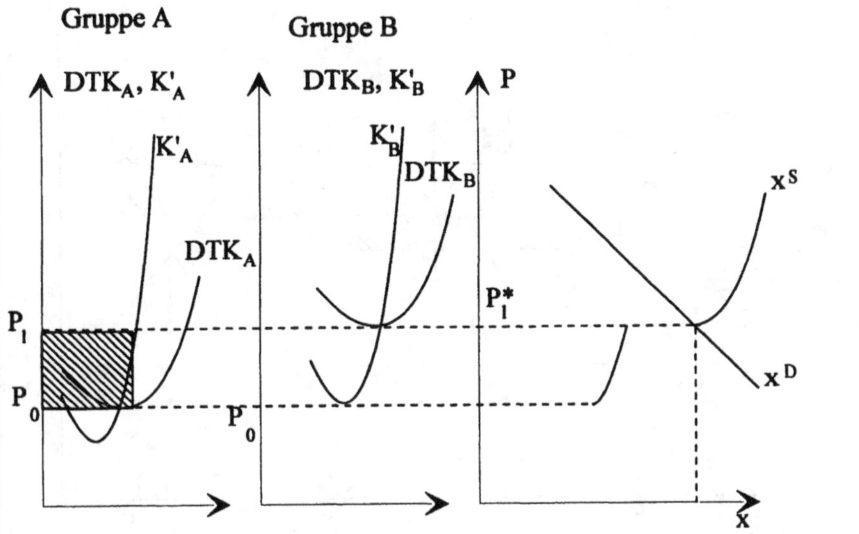

Abb. VI.10: Marktgleichgewicht bei offenem aber nicht freien Marktzutritt

Da die Unternehmensgruppe B ab p_1 anbietet, hat die Marktangebotsfunktion bei diesem Preis eine Unstetigkeitsstelle. Ausgehend von der Kostenstruktur der Gruppe B, die auch für die Newcomer gilt, werden neue Anbieter so lange in den Markt eintreten, bis die Unternehmen der Gruppe B keine überschüssigen Gewinne mehr erzielen. Dies ist der Fall, wenn der Preis den Durchschnittskosten im Minimum der totalen Durchschnittskosten der Anbietergruppe B entspricht. Die Unternehmen der Gruppe A realisieren bei diesem Preis auch langfristig überschüssige Gewinne in Höhe der schraffierten Fläche. Diese überschüssigen Gewinne bleiben bestehen, weil die Unternehmensgruppe A annahmegemäß über eine bestimmte Rohstoffquelle verfügt, die für die anderen etablierten Unternehmen und für die Newcomer nicht zugänglich ist. Unternehmen der Gruppe A sind daher gleichzeitig Eigentümer eines Produktionsfaktors und Produzenten. Um in den Besitz des Produktionsfaktors der Unternehmensgruppe A zu gelangen, wären die Newcomer und die Gruppe B maximal bereit, einen Betrag in Höhe des überschüssigen Gewinns der Gruppe A zu zahlen. Die Unternehmensgruppe A könnte daher den gleichen Gewinn durch Verpachtung des Faktors erzielen. Hieraus folgt, daß der Gewinn der Gruppe A lediglich aus dem Besitz des knappen Produktionsfaktors resultiert.

Existieren viele Unternehmen mit unterschiedlichen Kostenfunktionen verschwindet die Unstetigkeitsstelle der Marktangebotsfunktion.

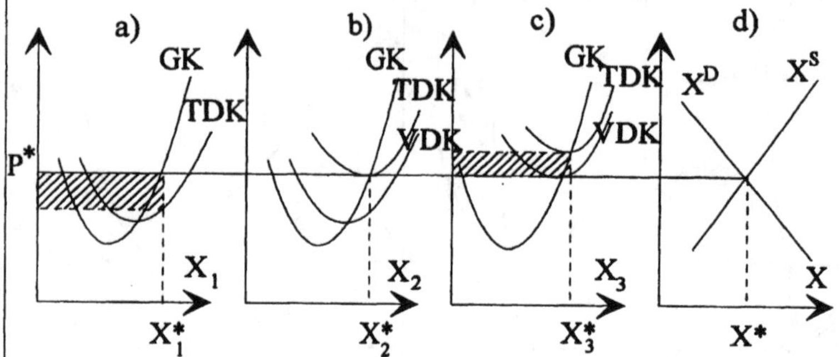

Abb. VI.11: Marktgleichgewicht bei unterschiedlichen Kostenfunktionen

Wie in der Abbildung 11 skizziert ist, existieren drei verschiedene Gruppen von Anbietern. Der Teil a) der Abbildung zeigt einen Anbieter, der überschüssige Gewinne erzielt. Diesen bezeichnet man als **intramarginalen** Anbieter. Ein intramarginaler Anbieter würde noch bei einem niedrigeren Preis einen überschüssigen Gewinn erzielen, wogegen ein sogenannter **marginaler** Anbieter beim herrschenden Preis p* keine überschüssigen Gewinne erhält und bei einem niedrigeren Preis Verluste erwirtschaftet. Dies zeigt die Abbildung 11 b). Im Teil c) der Abbildung ist die Kostensituation eines **submarginalen** Anbieters eingezeichnet. Diesem entsteht bei dem gegebenen Preis ein Verlust. Da der Deckungsbeitrag noch positiv ist, wird er kurzfristig weiter produzieren. Der Preis p* ist der Gleichgewichtspreis, der sich bei der in Teil d) der Abbildung dargestellten Marktnachfragefunktion und Marktangebotsfunktion einstellt. Die Marktangebotsfunktion ergibt sich aus der Aggregation der Grenzkostenfunktionen der Anbieter der drei Gruppen.

Auf einem Markt produzieren z.B. 10 Unternehmen mit der Kostenstruktur:

$$(B8) \quad K = \frac{1}{2}x_j^2 \quad , \; j = 1, \ldots, 10$$

Die Newcomer können über diese Produktionstechnologie nicht verfügen. Ihre Kostenfunktion lautet:

$$(B9) \quad K = 400 + x_i^2$$

Die Marktnachfragefunktion sei gegeben durch:

(B10) $p = 840 - x$

Zu bestimmen sind der Gleichgewichtspreis, die Anzahl der Anbieter und die Mengen der jeweiligen Anbieter. Die Newcomer werden in den Markt eintreten, solange sie überschüssige Gewinne erzielen. Der Marktzutritt wird gestoppt, wenn die Newcomer keine überschüssigen Gewinne erzielen. Dies ist der Fall, wenn der Preis den Durchschnittskosten in deren Minimum entspricht. Das Minimum der totalen Durchschnittskosten der Newcomer liegt bei $x_i = 20$. *Da die durchschnittlichen Kosten bei dieser Menge 40 betragen, wird der Marktzutritt bei einem Preis von 40 beendet. Bei diesem Preis bietet jeder Anbieter j gemäß der Grenzkosten-Preis-Regel eine Menge von 40 an. Das Gesamtangebot der etablierten Anbieter beläuft sich auf 400. Für die Anbietergruppe der Newcomer verbleibt eine Produktion von 400. Bei einem Preis von 40 bietet ein Anbieter i gemäß der Grenzkosten-Preis-Regel eine Menge von 20 an, so daß langfristig die Anbietergruppe, die mit der Technologie gemäß (B9) produzieren, 20 Produzenten umfaßt.*

5. Vollständige Konkurrenz und spezielle Kostensituationen

Sinken die totalen Durchschnittskosten über dem relevanten Bereich der Marktnachfrage, liegt ein **natürliches Monopol** vor. Man spricht in diesem Zusammenhang auch von **subadditiven Kosten**. Subbadditivität impliziert geringere Kosten bei der Marktversorgung durch ein Unternehmen im Vergleich zu den Kosten, die bei der Marktversorgung durch mehrere Unternehmen entstehen. Bis zu einem bestimmten Niveau ist auch eine steigende Durchschnittskostenfunktion mit Subadditivität vereinbar.[13)] Davon wollen wir im weiteren Verlauf abstrahieren. Ein fallender Verlauf der totalen Durchschnittskosten impliziert, daß die Grenzkosten unter den Durchschnittskosten liegen.[14)] Die Anbieter würden daher bei Anwendung der Grenzkosten-Preis-Regel Verluste erleiden. Durch Ausdehnung der Produktion könnte ein einzelner Anbieter versuchen, in die Gewinnzone zu gelangen. Da dieses Verhalten für alle Anbieter plausibel ist, ist die Mengenausdehnung am Markt spürbar, so daß der Preis fällt, wodurch weitere Verluste entstehen. Dieser Prozeß endet, wenn nur noch wenige Unternehmen den Markt beliefern. Im Extremfall verbleibt lediglich eine Unternehmung. Das Gewinnstreben der einzelnen Unternehmen führt zu einer **ruinösen Konkurrenz**. Bei subadditiven Kostenverläufen ist die Marktform der vollständigen Konkurrenz instabil. Die Unternehmen sind gemessen an dem Verhältnis ihrer Produktionskapazitäten zu der Aufnahmefähigkeit des Marktes zu groß. Viele große Unternehmen bedeuten eine strukturelle Überbesetzung des Marktes. Die Existenz eines natürlichen Monopols basiert also auf Gegebenheiten der Produktions- und Kostenstruktur.

Natürliche Monopole sind auf Märkten anzutreffen, wo der Anteil der fixen Kosten an den Gesamtkosten relativ groß ist. Ein Beispiel ist die europäische Flugzeugindustrie.

---

13) vgl. Baumol, Panzer, Willig (1982)

14) vgl. Abschnitt III.C.2.b)

Aufgrund der hohen Fixkosten sinken die Durchschnittskosten bei steigendem Output. Die nationale Flugzeugnachfrage in den einzelnen europäischen Staaten ist relativ gering, so daß bei nationaler Versorgung hohe Durchschnittskosten entstehen. Durch den Zusammenschluß der europäischen Flugzeughersteller zur Europäischen Airbus GmbH versuchen die Europäer, die Kostenvorteile höherer Auflagen zu nutzen, um ihre internationale Wettbewerbsfähigkeit gegenüber den amerikanischen Flugzeugherstellern zu verbessern. Diese haben Vorteile aufgrund einer hohen privaten Binnennachfrage und durch große militärische Aufträge.

Als Fazit bleibt festzuhalten: **Auf einem Markt kann langfristig die Marktform der vollständigen Konkurrenz nur Bestand haben, wenn die Produktionsmenge eines Anbieters im Minimum der totalen Durchschnittskosten im Vergleich zur Produktionsmenge aller Anbieter sehr klein ist, so daß viele kleine Anbieter den Markt beliefern können.**

In volkswirtschaftlichen Modellen, die auf die Marktform der vollständigen Konkurrenz zurückgreifen, findet man häufig die Annahme konstanter Skalenerträge. Nun beinhaltet die gleichzeitige Setzung der Annahme vollständiger Konkurrenz und konstanter Skalenerträge eine Inkonsistenz, da bei konstanten Skalenerträgen die hinreichende Bedingung für ein Gewinnmaximum nicht erfüllt ist. Vollständige Konkurrenz und konstante Skalenerträge sind nur sinnvoll zu verknüpfen, wenn eine zusätzliche Annahme aus dem folgenden Annahmenkatalog getroffen wird:[15)]

(1) Größe und Anzahl der Firmen werden willkürlich so festgelegt, daß Angebot und Nachfrage übereinstimmen.

(2) Die Industrie produziert mit einer linear-homogenen Produktionsfunktion, obwohl die Produktionsfunktion der einzelnen Unternehmen nicht linear-homogen ist. Die Aggregation individueller nicht linear-homogener Produktionsfunktionen führt zu einer homogenen Produktionsfunktion.

(3) Die betrachteten Märkte sind vollkommen bestreitbar. Wie gezeigt worden ist, führt eine solche Marktkonstellation zu einem horizontalen Verlauf der Marktangebotsfunktion.[16)] Da die Marktangebotsfunktion der aggregierten Grenzkostenfunktion entspricht, sind die aggregierten Grenzkosten unter Beachtung des Marktzutritts wiederum konstant. Konstante aggregierte Grenzkosten setzen voraus, daß die zugrundeliegende Produktionsfunktion linear-homogen ist. Diese Produktionsfunktion ist aber nicht gleichzusetzen mit den individuellen Produktionsfunktionen, sondern bildet eine Funktion, die für die Herleitung des Verlaufs einer langfristigen horizontalen Marktangebotsfunktion geeignet ist.

---

15) vgl. Henderson/Quandt (1983) S.112

16) vgl. die Ausführungen zur Constant-Cost-Industry in Abschnitt VI.C.4.a)

D. Diskussion und Anwendungen

1. Allokative Wirkungen finanzpolitischer Maßnahmen

a) Ziele und Einteilungen staatlicher Instrumente

In einem marktwirtschaftlichen System bildet sich das Marktgleichgewicht aus dem Zusammenspiel von Angebot und Nachfrage. Dabei können Marktergebnisse eintreten, die sozialpolitisch unerwünscht sind. Dies sind beispielsweise relativ hohe Mieten, ein zu geringes Wohnraumangebot, mangelnde Versorgung bestimmter Bevölkerungsgruppen, Wettbewerbsverzerrungen usw. Der Staat kann zu einer Verbesserung der Marktergebnisse auf die Instrumente Preisvorgaben, Subventionen, Transfers und Bereitstellung öffentlicher Güter zurückgreifen. Die Diskussion der staatlichen Interventionsinstrumente beginnt mit den Auswirkungen staatlicher Preisvorgaben und wird anschließend um die Subventionierung von Unternehmen, die Transferzahlungen an private Haushalte und die staatliche Produktion erweitert. Es sei ausdrücklich darauf hingewiesen, daß die abgeleiteten Ergebnisse unter der Annahme der Marktform der vollständigen Konkurrenz ermittelt werden. Bei anderen Marktformen können abweichende Ergebnisse auftreten.[17)]

b) Höchst- und Mindestpreise

Bezüglich staatlicher Preisvorgaben sind zwei Varianten zu unterscheiden. Zum einen kann der Staat den Unternehmen vorschreiben, daß sie einen bestimmten Preis nicht überschreiten dürfen. Man spricht in diesem Fall von einem **Höchstpreis**. Andererseits kann der Staat den Unternehmen garantieren, daß sie ihre Produkte mindestens zu einem bestimmten Preis verkaufen können. Man spricht in diesem Fall von einem **Mindestpreis**. Im Teil a) der Abbildung 12 sind die Auswirkungen einer staatlichen Preisregulierung in Form eines Höchstpreises skizziert.

Der Staat schreibt den Unternehmen vor, daß sie den Preis p_H nicht überschreiten dürfen. Die Einführung einer Preisobergrenze ist nur sinnvoll, wenn der Höchstpreis unterhalb des Gleichgewichtspreises liegt. Der Höchstpreis wird durch p_H gegeben. Die Konsumenten möchten die Menge $x^D{}_H$ kaufen, während die Unternehmen lediglich bereit sind, die Menge $x^S{}_H$ anzubieten. Es entsteht ein Nachfrageüberhang in Höhe von $x^D{}_H - x^S{}_H$.

Durch den Produktionsrückgang sinkt die Beschäftigung des Faktors Arbeit gegenüber der Gleichgewichtssituation. Innerhalb der Gruppe der Konsumenten kommt es zu einer Umverteilung. Die Konsumenten, die Güter weiterhin erhalten, beziehen diese zu einem geringeren als dem Gleichgewichtspreis. Da die Produktionsmenge reduziert worden ist, kommen einige Konsumenten gegenüber der Ausgangssituation nicht mehr zum Zuge. Es findet also eine Umverteilung innerhalb der Gruppe der Konsumenten statt. Als Folge der Höchstpreisregelung verliert der Preis seine Markträumungsfunktion. Insbesondere bleibt die Frage offen, nach welchen Kriterien die Menge $x^S{}_H$ auf die Konsu-

---

17) vgl. insbesondere Abschnitt VII.D.1.

menten verteilt wird. Durch die Einführung eines Höchstpreises verliert der Preis ebenfalls seine Verteilungsfunktion. Nach welchen Kriterien kann in einer solchen Situation die Verteilung erfolgen? Denkbare Verteilungskriterien sind politische Beziehungen, Warteschlangen oder Bezugsscheine. Die Festsetzung eines Höchstpreises birgt noch weitere Nachteile und Gefahren. Sind die Güter handelbar, dann werden sich, da eine Reihe von Nachfragern auch bereit sind, einen höheren Preis zu zahlen, **Schwarzmärkte** bilden. Produkte werden zum niedrigeren offiziellen Preis gekauft und auf dem Schwarzmarkt zu höheren Preisen verkauft.[18] Dadurch realisieren die Schwarzhändler Gewinne. Existieren Wartelisten, dann werden sich alle Personen in die Wartelisten einschreiben, wodurch sich die Nachfragefunktion nach rechts verschiebt und der Nachfrageüberhang weiter ansteigt. Zu den "ursprünglichen" Konsumenten stoßen als neue Nachfrager alle Schwarzhändler. Die eigentliche Nachfrage, die sich aus den Konsumwünschen ergab, wird dadurch verzerrt. Der Versuch, durch Höchstpreise eine höhere soziale Gerechtigkeit zu schaffen, führt zu Ergebnissen, die den sozialen Zielen, die mit der Höchstpreisregelung verfolgt werden, zuwiderlaufen. Personen, die zu illegalen Verhaltensweisen neigen, profitieren am meisten von der Höchstpreisregelung. Hierzu zählen aber in der Regel nicht die sozial schwachen Personen einer Gesellschaft. Mit dem Versuch, den Preis auf einem niedrigeren Niveau zu halten, werden Anpassungsvorgänge ausgelöst, die im Endeffekt genau das Gegenteil der angestrebten Ziele bewirken können.

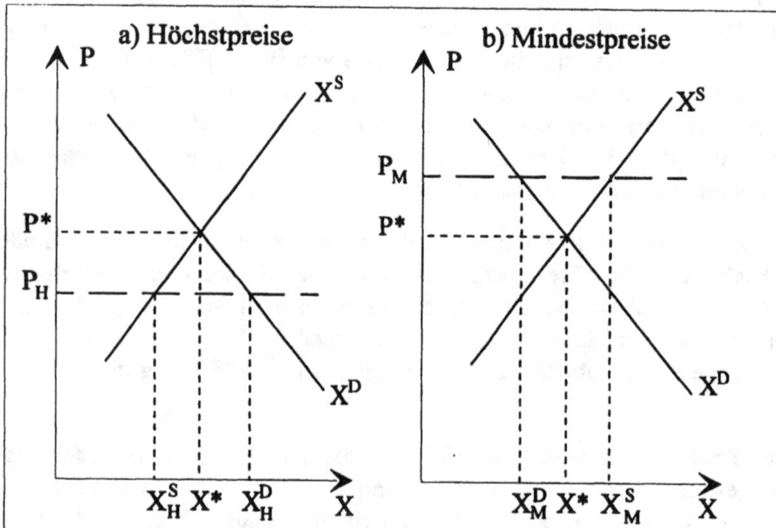

Abb. VI.12: Auswirkungen staatlicher Preisvorschriften

18) Personen, die bestehende Preisunterschiede ausnutzen, nennt man Arbitrageure.

Im Teil b) der Abbildung 12 sind die Wirkungen von Mindestpreisen dargestellt. Mindestpreise sollen in erster Linie den Anbietern bestimmter Produkte ein gewisses Mindesteinkommen sichern. Damit der Mindestpreis seine gewünschte Wirkung erzielt, muß er über dem Gleichgewichtspreis liegen. Wird den Anbietern ein Mindestpreis in Höhe von p_M garantiert, dann resultiert ein Angebotsüberhang von $x^S_M - x^D_M$. Dieser darf auf den heimischen Märkten nicht verkauft werden, da sonst der Preis fallen würde. Es verbleiben im Prinzip folgende Alternativen zur Verwendung der Überschußproduktion:

(a) Vernichtung
(b) Lagerung
(c) Verkauf auf Drittmärkten

Ein Beispiel für einen derartigen Markteingriff stellt die europäische Agrarpolitik dar, wobei die heimischen Landwirte zusätzlich durch variable Zölle (**Abschöpfungen**) geschützt werden. Nicht-EU-Landwirte können ihre Produkte nicht unter dem von der EU garantierten Preisen anbieten. Die Differenz zwischen Mindestpreis und Einfuhrpreis wird durch Zölle kompensiert. Dies impliziert, daß jede Produktivitätssteigerung der Nicht-EU-Produzenten weder diesen noch den Verbrauchern in der EU zugute kommt, da bei reduziertem Einfuhrpreis die Abschöpfung steigt. Produktivitätsfortschritte bringen für die ausländischen Produzenten keine Vorteile. Können die ausländischen Anbieter ihre Produkte billiger anbieten, dann steigt die Abschöpfung.

Mindestpreise haben also folgende Nachteile: Die Konsumenten müssen höhere Preise zahlen. Es entstehen Kosten der Lagerhaltung oder Vernichtung, die durch Steuererhebung in anderen Sektoren oder über eine Ausdehnung der Staatsverschuldung finanziert werden müssen. Daneben werden internationale Konkurrenten durch die Subventionierung der Inlandsproduzenten diskriminiert. Dies ist insbesondere im Agrarsektor problematisch. Die Entwicklungsländer sind zur Finanzierung von Industriegüterimporten auf Exporterlöse im landwirtschaftlichen Bereich angewiesen und können ihre Landwirtschaft nicht durch Erhebung von Steuern im Industriesektor subventionieren. Durch die subventionierten Exportüberschüsse der EU sinken aber die Exporterlöse und damit die Entwicklungschancen der Entwicklungsländer. Dies wirkt sich wiederum auf die Exporte der nicht-landwirtschaftlichen Produkte der EU aus. Durch die Beeinträchtigung der Exporte der Entwicklungsländer in die EU fehlt den Entwicklungsländern Kaufkraft, um nicht-landwirtschaftliche Produkte importieren zu können. Schließlich muß folgendes beachtet werden: Die Entwicklungsländer sind bei den Industrieländern verschuldet. Verlangen die Industrieländer von den Entwicklungsländern die Rückzahlung vergebener Kredite, dann müssen die Industrieländer den Entwicklungsländern auch die Möglichkeit zur Erzielung von Exportüberschüssen geben. Wenn man dazu jedoch aus wirtschaftspolitischen Gründen nicht bereit ist, kann man von den Entwicklungsländern eine Rückzahlung der Schulden nicht erwarten.

c) Transfers und Subventionen

Eine andere Möglichkeit zur Beeinflussung des Marktgleichgewichts besteht in Trans ferzahlungen an private Haushalte, z.B. die Zahlung von Wohngeld oder Sozialhilfe.

Aufgrund der Transferzahlung sind die betreffenden Haushalte, wie im Teil a) der Abbildung 13 abgebildet, bereit, für jede Menge einen höheren Preis zu zahlen, wodurch sich die Marktnachfragefunktion nach oben verschiebt. Dies führt zu einem Preisanstieg von p^*_0 auf p^*_1 und zu einer höheren Produktion von x^*_0 auf x^*_1. Durch den Anstieg des Preises kann nun aber der Fall eintreten, daß Haushalte, die bisher ohne Transfers Wohnungsmieten finanzieren konnten, selbst auf Transferzahlungen angewiesen sind. Hinzu kommt, daß Transferzahlungen an anderer Stelle finanziert werden müssen, wodurch weitere Umverteilungsmechanismen ausgelöst werden. Die Inzidenzen staatlicher Transferzahlungen auf Faktor- und Gütermärkten müssen daher sorgfältig analysiert werden, um unbeabsichtigte Verteilungswirkungen zu erfassen und, wenn möglich, auszuschließen.

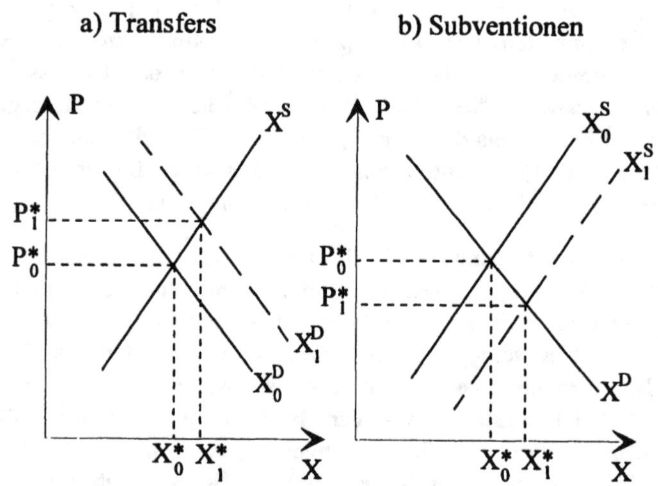

Abb. VI.13: Auswirkungen von Transfers und Subventionen

Die Gewährung einer produktionsabhängigen Subventionszahlung an Unternehmen induziert, daß die Anbieter bereit sind, jede Menge zu einem geringeren Preis anzubieten. Die Marktangebotsfunktion in der Abbildung 13 b) verschiebt sich nach unten.[19] Als Folge sinkt der Preis auf p^*_1, und die Produktion steigt auf x^*_1. Dieses Ergebnis ist für die Konsumenten auf den ersten Blick wünschenswert. Es ist aber auch hier die Finanzierung der Subvention zu berücksichtigen, die über Steuern und Kredite erfolgen wird. Weiterhin können durch den Preisverfall Unternehmen, die vor der Durchführung der

19) Formal kann eine Transferzahlung als eine Veränderung des Lageparameters der Nachfragefunktion interpretiert werden. vgl. VI.C.2.a)

Maßnahme nicht subventionsbedürftig waren, nun ebenfalls auf Subventionen angewiesen sein. Dadurch entsteht die Gefahr einer Subventionsspirale. Außerdem kann eine Verzerrung des Wettbewerbs eintreten, wenn nur in einem Sektor bestimmte Unternehmen, z.B. lediglich Unternehmen bestimmter Bundesländer, subventioniert werden. Die subventionierten Unternehmen können die wettbewerbsfähigen Unternehmen vom Markt verdrängen. Schließlich lehrt die Erfahrung, daß einmal gezahlte Subventionen, wie z.B. in der Landwirtschaft oder im Bergbau, sich nur äußerst schwer abbauen lassen. Die Gefahr einer **Strukturkonservierung** entsteht. Subventionen werden häufig mit dem Ziel der Erhaltung der Arbeitsplätze bewilligt. Dies ist aber nur sinnvoll, wenn die betreffende Branche kurzfristig unter Absatzschwierigkeiten leidet, die auf mittlere oder lange Sicht behoben werden können. Ist das nicht der Fall, dann führen die Subventionen zu der oben beschriebenen Strukturkonservierung. Verantwortungsbewußte sektorale und regionale Strukturpolitik sollte die Anpassung und Neugestaltung von Industriebereichen der Erhaltung der Strukturen vorziehen.

Ein Beispiel für ein staatlich kontrolliertes Angebot ist die Treuhand-Anstalt, deren primäre Aufgabe in der Privatisierung der ehemaligen volkseigenen Betriebe besteht. Für die im Moment nicht privatisierungsfähigen Unternehmen stellt sich die Frage, ob diese Betriebe stillgelegt oder saniert werden sollen. Wird der Versuch der Sanierung unternommen, führt dies zur Weiterexistenz eines Unternehmens, welches ohne staatliche Hilfe nicht überleben könnte. Dem Vorteil der Arbeitsplatzerhaltung stehen eine Reihe von Nachteilen gegenüber. Die in Ostdeutschland staatlich geführten Unternehmen konkurrieren mit in Westdeutschland privat geführten Unternehmen, die nicht auf staatliche Zuschüsse zurückgreifen können. Dabei kann die groteske Situation entstehen, daß unter Kostengesichtspunkten ineffizienter arbeitende Unternehmen Marktanteile von effizienteren Unternehmen gewinnen oder effizientere Unternehmen sogar vom Markt verdrängen.

In sich entwickelnden Volkswirtschaften wird es aufgrund unterschiedlicher Einkommenselastizitäten und Produktivitätsänderungen immer zu einem Strukturwandel kommen, der mit Arbeitslosigkeit verbunden ist. Diese strukturelle Arbeitslosigkeit entsteht, weil nicht gleichzeitig im gleichen Umfang Arbeitsplätze in den expandierenden Sektoren geschaffen werden, wie sie in den schrumpfenden Bereichen verloren gehen. Hinzu kommt, daß in den expandierenden Bereichen in der Regel andere Qualifikationsprofile der Arbeitnehmer benötigt werden als in den schrumpfenden Bereichen freigesetzt werden. Wir sind hier nicht der Meinung, daß man die betroffenen Beschäftigten ihrem Schicksal überlassen sollte. Da die Volkswirtschaft insgesamt von dem Strukturwandel profitiert, sollte es zu Hilfen und Ausgleichsleistungen innerhalb des Systems mit dem Ziel einer finanziellen Absicherung und der Möglichkeit der Erlangung der benötigten Qualifikation kommen. Eine Erhaltung bestimmter Arbeitsplätze verschlingt langfristig jedoch mehr Ressourcen, als der Strukturwandel kosten kann und ist zudem nicht in der Lage, den Strukturwandel aufzuhalten.

Diese Argumentation soll anhand eines leicht überzogenen Beispiels verdeutlicht werden. Das Aufkommen des Tonfilms vernichtete die Arbeitsplätze der Stummfilmmusiker. Hätte es damals eine Lobby für Stummfilmmusiker entsprechend der Lobby in der

Agrarwirtschaft gegeben, hätten wir heute noch Stummfilme. Dann würde es aber auch heute keine Tontechniker geben. Hieran erkennt man, daß der Wegfall von Arbeitsplätzen in bestimmten Sektoren notwendig ist, damit in anderen Sektoren Arbeitsplätze geschaffen werden können. Der Stummfilmmusiker wird durch den Verlust seines Jobs möglicherweise hart getroffen. Es erscheint jedoch aus gesamtwirtschaftlicher Sicht sinnvoller zu sein, den Stummfilmmusiker zum Tontechniker umzuschulen als den Beruf bzw. den Arbeitsplatz eines Stummfilmmusikers zu erhalten.

Vergleicht man die Wirkungen von Höchstpreisen mit den Wirkungen von Transfers und Subventionen, so folgt: Bei Höchstpreisen tritt das Verteilungsproblem infolge eines Nachfrageüberhangs auf, während bei Subventionen und Transferzahlungen ein Finanzierungsproblem entsteht. Entscheidend für die Beurteilung ist folgendes: Bei Höchstpreisen wird der Preismechanismus außer Kraft gesetzt, während bei Subventionen und Transfers der Preisbildungsprozeß zwar beeinflußt, aber nicht außer Kraft gesetzt wird. Der Preis behält seine Markträumungsfunktion. Aus ordnungspolitischen Überlegungen sind die Auswirkungen staatlicher Preisregulierungen bedenklicher als Subventionen oder Transfers. Durch die Ausschaltung der Diskriminierungsfunktion des Preises werden die Verteilungsprobleme nicht gelöst, sondern unter Umständen noch komplizierter und undurchsichtiger. Die alternativen Verteilungskriterien, z.B. Wartelisten im Wohnungsbau, erfordern einen hohen administrativen Aufwand, der von der Gesellschaft zu finanzieren ist. Wenn eine bestimmte Marktsituation unerwünscht ist, scheinen trotz der erwähnten Probleme Subventionen oder Transferzahlungen geeigneter. Zwar wird bei solchen Eingriffen der Preis beeinflußt, er bleibt aber nach unten und oben flexibel und erfüllt daher seine Markträumungsfunktion. Solche Eingriffe gelten daher als **marktkonform,** während eine Ausschaltung der Preisvariabilität als **nicht marktkonform** gilt.[20)]

d) Staatliches Angebot

Eine weitere Möglichkeit, ein zu geringes Angebot oder einen zu hohen Preis zu bekämpfen, besteht darin, daß der Staat das betreffende Gut selbst anbietet.[21)] Die Marktangebotsfunktion verschiebt sich nach rechts. Die Produktion steigt, und der Preis sinkt. Durch die Produktionstätigkeit des Staates treten folgende Probleme auf:

(1) Da das staatliche Angebot den Preis drückt, werden private Anbieter vom Markt verdrängt bzw. private Anbieter bieten weniger an.

(2) Der Staat kann bei seiner Finanzierung auf Steuern zurückgreifen, um Verluste zu decken. Der Wettbewerb mit privat geführten Unternehmen wird dadurch verzerrt.

(3) Entscheidet man sich für ein kapitalistisches Wirtschaftssystem, dann verbirgt

---

20) Es sei noch einmal ausdrücklich darauf hingewiesen, daß diese Ergebnisse unter der Annahme der vollständigen Konkurrenz abgeleitet worden sind.

21) Auch aus anderen Gründen, wie z.B. dem Versagen des Marktausschlußprinzips oder aus sozialen Gründen, bietet der Staat Güter öffentlich an. In diesem Abschnitt wird das staatliche Güterangebot lediglich unter dem Gesichtspunkt der Erhöhung der Marktversorgung betrachtet.

sich dahinter die Überzeugung, daß private Unternehmen effizienter als staatlich geführte Unternehmen produzieren. Im Zusammenhang mit Kritikpunkt (1) folgt: Der teurer produzierende Staat verdrängt effizienter produzierende private Unternehmen. Dem könnte man entgegenhalten, daß der Staat nicht selbst produzieren muß, sondern Aufträge an private Unternehmen vergeben kann. Die Erfahrung zeigt aber, daß bei öffentlichen Ausschreibungen selten nach dem Gesichtspunkt der Effizienz entschieden wird.

(4) In der Regel erwirtschaften staatliche Unternehmen Verluste, die durch Steuererhebung in anderen Sektoren oder durch Kreditfinanzierung gedeckt werden müssen.

In der Realität finden wir den Einsatz aller vier genannten Instrumente zur Verbesserung der Marktversorgung vor. Zum Teil werden alle Instrumente gleichzeitig eingesetzt. So wird z.B. im Wohnungssektor Wohngeld gezahlt, die Bauherren werden subventioniert, die Mietpreise haben sich am Mietspiegel zu orientieren und der Staat bietet im Rahmen des sozialen Wohnungsbaus selbst Wohnungen an.

2. Einfluß der Besteuerung auf das Marktgleichgewicht

a) Einteilung der Steuern

Steuern dienen dem Staat als Einnahme, damit er die an ihn gestellten Aufgaben erfüllen kann. Daneben versucht der Staat mit der Steuerpolitik, sowohl die Struktur als auch das Niveau von Güternachfrage und Güterangebot zu beeinflussen. Im folgenden werden die Auswirkungen von Steueränderungen auf das Marktgleichgewicht analysiert. Dabei ist insbesondere von Interesse, wie die Marktpreise und die Marktversorgung[22] durch die Besteuerung verändert werden und wer die Steuerbelastung zu tragen hat.

Für den Staat existieren zwei Möglichkeiten der Steuererhebung. Zum einen kann er Steuern bei der **Einkommensentstehung** erheben. Beispiele hierfür sind die Lohnsteuer, die Zinssteuer und die Körperschaftssteuer. Zum anderen kann der Staat die **Einkommensverwendung** besteuern. Hierzu zählen die Umsatzsteuer und die Mengensteuer. Bei der Besteuerung der Einkommensverwendung tritt das Problem der Erfassung der Steuerschuld auf. Da eine direkte Überweisung der Steuerschuld des Konsumenten an den Staat zu hohen verwaltungstechnischen Kosten führt, zahlt der Konsument die Steuern als Bestandteil des Preises an den Anbieter. Dieser zieht die Steuern für den Finanzminister ein und muß sie an diesen abführen. Die Besteuerung des Konsums erfolgt somit indirekt, daher spricht man auch von **indirekten Steuern**. Die Besteuerung der Einkommensentstehung erfolgt direkt in dem Sinne, daß der Steuerpflichtige die Steuerschuld dem Finanzamt zu überweisen hat. Daher spricht man bei diesen Steuern von **direkten Steuern**. Der Unterschied der beiden Steuerarten wird auch bei der Ermittlung des zu versteuernden Einkommens der Unternehmen deutlich. Die indirekten Steuern muß die Unternehmung unabhängig von der Gewinnhöhe abführen. Sie werden vor der Ermittlung der Körperschaftssteuer abgezogen. Die direkten Steuern

---

22) Marktversorgung und Produktion werden als Synonyme verwendet.

werden in Abhängigkeit von der Gewinnhöhe erhoben.[23)]

Die Steuereinnahmen ergeben sich allgemein aus dem Produkt von Steuersatz und Bemessungsgrundlage. Diese sollten den Prinzipien der Äquivalenz und der Leistungsfähigkeit der Besteuerten Rechnung tragen.[24)]

b) Besteuerung des Gewinns

Der Gewinn nach Steuern (G^n) ist die Differenz zwischen Gewinn vor Steuern (G^v) und den abzuführenden Steuern.

(24) $$G^n = G^v - T$$ (25) $$G^v = E(x) - K(x)$$

G^n: Gewinn nach Steuern

G^v: Gewinn vor Steuern

T: Steuern

Bei einer Besteuerung des Gewinns ergeben sich die Steuereinnahmen aus dem Produkt von Steuersatz und Gewinn vor Steuern. Ist der Steuersatz gewinnabhängig, so erhalten wir für die Steuereinnahmen:

(26) $$T = t\left[G^v(x)\right]G^v(x)$$

t: Steuersatz

Der Gewinn nach Steuern beträgt daher:

(27) $$G^n = G^v(x) - t\left[G^v(x)\right]G^v(x)$$

Für ein Gewinnmaximum ist die Erfüllung der notwendigen Bedingung

(28) $$\frac{\partial G^n}{\partial x} = \frac{\partial G^v}{\partial x} - \frac{\partial t}{\partial G^v}\frac{\partial G^v}{\partial x}G^v - \frac{\partial G^v}{\partial x}t = 0$$

erforderlich. Nach Ausklammerung vereinfacht sich die Gleichung (28) zu:

(29) $$\frac{\partial G^n}{\partial x} = \frac{\partial G^v}{\partial x}\left[1 - \frac{\partial t}{\partial G^v}G^v - t\right] = 0$$

Die notwendige Maximierungsbedingung ist erfüllt, wenn der Grenzgewinn vor Steuern Null wird. Dies bedeutet aber nichts anders, als daß wir das Gewinnmaximierungspro-

23) Aus diesem Grunde werden auch in der Volkswirtschaftlichen Gesamtrechnung die indirekten Steuern zur Berechnung der Wertschöpfung vom Produktionswert abgezogen, während die direkten Steuern in der Wertschöpfung noch enthalten sind.

24) Mit Äquivalenz meint man die Übereinstimmung von der Leistung des Steuerzahlers und der Gegenleistung des Staates. Leistungsfähigkeit ist auf die Opferbereitschaft des Steuerzahlers gerichtet. Ein Maßstab für die Verteilung der Gesamtsteuerlast auf die einzelnen mit gleichen absoluten bzw. relativen Opfern im Steuersystem wird gesucht.

blem ohne Beachtung der Steuern lösen:

$$(30)\qquad \frac{\partial G^{v}}{\partial x}=\frac{\partial E(x)}{\partial x}-\frac{\partial K(x)}{\partial x}=0$$

Eine Gewinnsteuer beeinflußt die angebotene Menge nicht. Die Gewinnsteuer hat demnach allein der Produzent zu tragen.

c) Besteuerung der Produktion

Bei der Erhebung einer Mengensteuer, z.B. der Mineralölsteuer, muß der Produzent die Steuer unabhängig von der Gewinnhöhe an das Finanzamt abführen. Die Bemessungsgrundlage bildet hier die Absatzmenge. Der Steuersatz für die Absatzmenge wird als konstant angenommen. Der für den Produzenten verbleibende **Nettopreis** resultiert aus der Differenz zwischen Verkaufspreis p und Steuersatz t. Für den Gewinn eines Unternehmens folgt:

$$(31)\qquad G^{n}=px-K(x)-tx$$

Im Gewinnmaximum gilt:

$$(32)\qquad \frac{\partial G^{n}}{\partial x}=p-K'(x)-t=0 \qquad \text{bzw.} \qquad (33)\qquad p=K'(x)+t$$

Auf der rechten Seite der Gleichung (33) steht die Angebotsfunktion eines Produzenten. Da der Steuersatz zu den Grenzkosten addiert wird, verschiebt sich die Angebotsfunktion des einzelnen Anbieters um den Betrag t nach oben. Da dies für alle Produzenten gilt, verschiebt sich die Marktangebotsfunktion ebenfalls um den Betrag t nach oben. Die Unternehmen sind nur noch bereit, die gleiche Menge anzubieten, wenn der Preis um den Mengensteuersatz steigt.

Die Verschiebung kann wie folgt begründet werden, wobei zur Vereinfachung in der Ausgangssituation auf eine Steuererhebung verzichtet wird. Ist eine Unternehmung bereit, eine bestimmte Menge zu einem Preis je Einheit von 10,- DM zu verkaufen, dann wird die Unternehmung bei einer Mengensteuer von 1 DM je Einheit die gleiche Menge nur noch zu einem Preis von 11,- DM anbieten. In der Abbildung 14 a) fordern die Unternehmen nun für die Menge x^*_0 den Preis p_1'. Durch diese Verschiebung der Marktangebotsfunktion nach oben entsteht beim ursprünglichen Preis ein Nachfrageüberhang, der durch eine Preiserhöhung abgebaut wird. Das neue Gleichgewicht stellt sich in E^*_1 ein. Der Preis ist um $p^*_1 - p^*_0$ gestiegen, die Menge ist gesunken. Die Preiserhöhung liegt unter dem Niveau der Steuersatzerhöhung. Die Steuerlast wird also von den Konsumenten in Höhe von $p^*_1 - p'_1$ und von den Produzenten in Höhe von $p'_1 - p^*_1$ getragen.

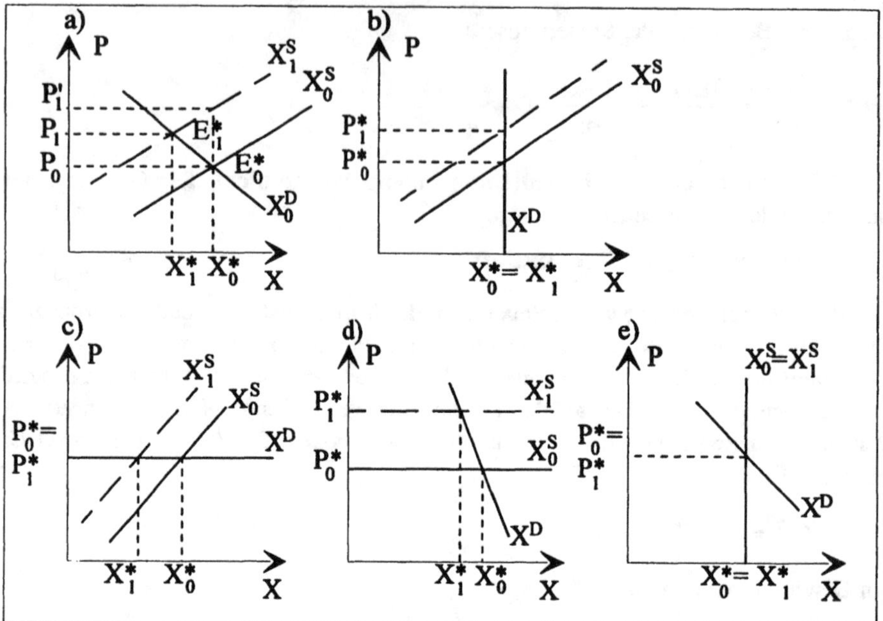

Abb. VI.14: Auswirkungen einer Mengensteuer

Wovon hängt es ab, wer die Hauptlast der Steueranhebung trägt? Im Gleichgewicht entspricht die aggregierte Angebotsfunktion der aggregierten Nachfragefunktion. Da die individuelle Angebotsfunktion der individuellen Grenzkostenfunktion entspricht, ist die Marktangebotsfunktion identisch mit der aggregierten Grenzkostenfunktion. Bei Erhebung einer Mengensteuer werden diese zu den Grenzkosten addiert. Daher gilt im Marktgleichgewicht:

(34) $p^D(x) = p^S(x) + t$

p^S: Marktangebotsfunktion ohne Steuern

p^D: Marktnachfragefunktion

Auf der linken Seite steht die Marktnachfragefunktion, auf der rechten Seite das unter Beachtung der Mengensteuer vorliegende Marktangebot. Durch implizites Differenzieren erhalten wir die Reaktion der Menge auf eine Steuersatzänderung:[25)]

(35) $$\frac{dx}{dt} = \frac{1}{\frac{\partial p^D}{\partial x} - \frac{\partial p^S}{\partial x}}$$

25) Im Vergleich zur komparativ-statischen Analyse im Abschnitt VI.C.2.c), wo eine Verschiebung der Angebotsfunktion nach rechts untersucht worden ist, wird hier eine Verschiebung der Angebotsfunktion nach oben betrachtet.

Nach Erweiterung des Bruchs mit x/p und anschließender Multiplikation von Zähler und Nenner mit der Angebots- und Nachfrageelastizität folgt nach Umformung:

$$(36) \quad \frac{dx}{dt} = \frac{\varepsilon(x,p)\ \eta(x,p)}{\varepsilon(x,p) - \eta(x,p)} \frac{x}{p} \leq 0$$

Die Menge wird sich bei einer Veränderung des Mengensteuersatzes nicht verändern, wenn die Marktnachfragefunktion oder die Marktangebotsfunktion vollkommen unelastisch verläuft. Je elastischer die angebotene bzw. die nachgefragte Menge reagieren, um so stärker wird die Menge fallen.[26)]

Auskunft über die Reaktion des Preises erhält man, wenn die Nachfragefunktion unter Beachtung der Abhängigkeit der Menge vom Steuersatz

$$(37) \quad p^D = p^D[x(t)]$$

nach t differenziert wird:

$$(38) \quad \frac{dp}{dt} = \frac{\partial p^D}{\partial x} \frac{\partial x}{\partial t} \geq 0$$

Unter Berücksichtigung der Gleichung (36) resultiert:

$$(39) \quad \frac{dp}{dt} = \frac{\varepsilon(x,p)}{\varepsilon(x,p) - \eta(x,p)} \geq 0$$

Aus (39) folgt:

$$(40) \quad \frac{dp}{dt} = \begin{cases} 0 \\ 1 \end{cases} \quad \text{wenn} \quad \begin{cases} \varepsilon(x,p) = 0 \\ \varepsilon(x,p) = \infty \end{cases} \quad \text{oder} \quad \begin{cases} \eta(x,p) = -\infty \\ \eta(x,p) = 0 \end{cases}$$

Aus der Gleichung (39) geht hervor, daß der Preisanstieg geringer als der Anstieg des Steuersatzes ausfällt. Es kommt zu keiner steuerinduzierten Preiserhöhung, wenn die Nachfrage vollkommen elastisch oder das Angebot vollkommen unelastisch ist. Dagegen wird die Steuererhöhung in gleichem Maße über den Produktpreis an die Konsumenten weitergegeben, wenn die Nachfrage vollkommen unelastisch oder das Angebot vollkommen elastisch ist. Zur Veranschaulichung betrachten wir die Abbildungen 14 b) bis 14 e). In b) verläuft die Nachfragefunktion völlig preisunelastisch, in c) völlig preiselastisch. Im Fall b) trägt der Konsument die gesamte Steuerlast, im Fall c) der Produzent. Im Fall b) bleibt die Menge unverändert und im Fall c) der Preis. In der Abbildung 14 d) wurde eine völlig preiselastische Angebotsfunktion, in der Abbildung 14 e) eine völlig preisunelastische Angebotsfunktion unterstellt. Im Fall d) steigt der Preis, und die Menge fällt. Im Teil e) der Abbildung ändern sich weder Menge noch Preis. Als Fazit bleibt festzuhalten: **Der Produzent hat die zusätzliche Steuerbela-**

---

26) Unterstellt werden wieder normale Verläufe von Marktangebots- und Marktnachfragefunktion.

stung um so eher zu tragen, je elastischer die Marktnachfragefunktion und je unelastischer die Marktangebotsfunktion verläuft.

d) Vergleich der Wirkungen bei direkter und indirekter Besteuerung

Von wirtschaftspolitischem Interesse ist die Frage, wie sich die abgeleiteten Ergebnisse verändern würden, wenn die Konsumenten die Mengensteuer nicht indirekt über die Produzenten an den Staat zahlen, sondern direkt an das Finanzamt überweisen. Eine indirekte Besteuerung führt zu einer Verschiebung der Marktangebotsfunktion nach oben. Im Fall einer direkten Besteuerung der Konsumenten verschiebt sich die Marktnachfragefunktion genau in Höhe der Mengensteuer nach unten. Wie läßt sich diese Verschiebung begründen? Sind die Haushalte bereit, dem betrachteten Unternehmen für eine bestimmte Menge im Fall ohne direkte Mengenbesteuerung einen Preis von 10,- DM zu zahlen, dann werden sie bei einer Mengensteuer von 1 DM, die sie an das Finanzamt überweisen müssen, nur noch bereit sein, dem Unternehmen für die gleiche Menge einen Preis von 9 DM zu zahlen.[27)]

Bei der Analyse muß berücksichtigt werden, daß im Marktdiagramm an der Ordinate der Preis abgetragen wird, den die Unternehmen bekommen und der gegebenenfalls noch der Mengensteuer unterliegt. Den Preis, den der Konsument zu zahlen hat, besteht aus dem Preis, den er dem Produzenten zahlen muß, zuzüglich der an das Finanzamt zu überweisenden Mengensteuer.

Es schließen sich drei Fragen an:

(a) Bei welcher Art der Steuererhebung ist die Reduktion der Marktversorgung am größten?
(b) Wie reagieren die Preise bei den unterschiedlichen Erhebungsmethoden?
(c) Welche Art der Steuererhebung ist für die Konsumenten günstiger?

zu (a)

Die direkte Besteuerung des Konsums verschiebt die Marktnachfragefunktion nach unten. Im Marktgleichgewicht gilt daher:

(41) $$p^D(x) - t = p^S(x)$$

Die Gleichung (41) ist nach Umformung identisch mit der Gleichung (34). Daraus folgt: **Für die Veränderung der Menge ist es unerheblich, ob die Konsumenten die Mengensteuer direkt oder indirekt zahlen.**

zu (b)

Zur Beantwortung dieser Frage wird die Marktnachfragefunktion

(42) $$p^D = p^D[x(t)] - t$$

---

27) Den Konsumenten ist es im Prinzip egal, wer den Preis von 10 DM erhält. Sie wägen beim Kauf die Wertschätzung für das Gut mit dem zu zahlenden Preis ab.

nach t differenziert.

$$(43) \quad \frac{dp}{dt} = \frac{\partial p^D}{\partial x}\frac{\partial x}{\partial t} - 1$$

Der erste Term auf der rechten Seite der Gleichung (43) entspricht der Preisänderung bei indirekter Besteuerung.[28] Dieser Term ist, wie anhand der Gleichung (40) nachgewiesen wurde, kleiner als Eins. Dies bedeutet aber nicht, daß der Preis aus Sicht des Konsumenten fällt. In der Gleichung (43) steht lediglich die Veränderung des Preises, den der Konsument bei einer Erhöhung der Mengensteuer um eine Einheit an die Unternehmungen zu zahlen hat. Um die Veränderung des Gesamtpreises aus Sicht des Konsumenten zu erhalten, muß noch die erhöhte Zahlung an den Finanzminister addiert werden. Diese ist aber identisch mit der Anhebung des Mengensteuersatzes. Wird der Wert von Eins zu der Preisreaktion in der Gleichung (43) addiert, dann erhält man die gleiche Preisänderung aus Sicht des Konsumenten wie bei einer indirekten Erhebung (38). Für die Unternehmen gelten die Überlegungen analog. Bei einer indirekten Steuer muß man, um zur Änderung des Nettopreises der Unternehmung zu gelangen, einen Wert von Eins in der Gleichung (38) abziehen. Dies entspricht genau der Preisänderung in der Gleichung (43).

Als Ergebnis bleibt festzuhalten: **Die Reduzierung des Nettopreises der Unternehmung sowie die Erhöhung des Gesamtpreises des Konsumenten ist bei einer Erhöhung der Mengensteuer unabhängig von der Erhebungsart.**

zu (c)

Es wurde festgestellt, daß die Mengenänderung unabhängig von der Art der Steuererhebung ist. Weiterhin wurde abgeleitet, daß unabhängig von der Erhebungsart der Nettopreis des Produzenten sinkt und der Gesamtpreis des Konsumenten steigt. Daraus folgt, daß die Veränderung der Erlöse der Unternehmen sowie die Veränderung der Konsumausgaben ebenfalls unabhängig von der Art der Steuererhebung sind. **Die Verteilung der Lasten einer Mengensteuer auf Konsumenten und Produzenten ist somit unabhängig von der Art der Steuererhebung.**

Zu beachten ist folgende Einschränkung: Innerhalb der Modellanalyse wurde implizit unterstellt, daß die Wirtschaftssubjekte die durch die jeweilige Konsumtion entstehende Steuerschuld bei alternativen Arten der Steuererhebung korrekt antizipieren. Dies ist insbesondere dann fraglich, wenn die Steuerschuld am Ende einer Periode zu zahlen ist. Interpretieren die Konsumenten diese Steuerzahlung als eine vom speziellen Konsumniveau unabhängige Steuerzahlung, sind Abweichungen von den hier ermittelten Resultaten nicht auszuschließen.

Die Erhebung einer Umsatzsteuer führt zu einem steileren Verlauf der individuellen Angebotsfunktion und somit der Marktangebotsfunktion. Im Prinzip ergeben sich hier die

28) vgl. Gleichung (38)

gleichen qualitativen Ergebnisse wie bei der Erhebung einer Mengensteuer, so daß wir auf weitere Ausführungen verzichten und auf die dortige Diskussion verweisen.

3. Der Einfluß der Lohnpolitik auf die Lohnquote

a) Einführung

In diesem Abschnitt werden die Auswirkungen der Lohnpolitik auf die funktionale Einkommensverteilung untersucht. Die **funktionale Einkommensverteilung** gibt an, wie groß der jeweilige Anteil des Volkseinkommen ist, der auf unselbständige und selbständige Tätigkeiten entfällt. Die **Lohnquote** ist als Quotient von Lohnsumme und Volkseinkommen definiert:

(44) LQ = Bruttoeinkommen aus unselbständiger Tätigkeit/Volkseinkommen

Die **Gewinnquote** (GQ) mißt das Verhältnis von Bruttoeinkommen aus selbständiger Tätigkeit und Volkseinkommen.

(45) GQ = Bruttoeinkommen aus selbständiger Tätigkeit/Volkseinkommen

Aus der Definition der Lohn- und Gewinnquote folgt, daß die Summe beider Quoten Eins sein muß.

(46) $LQ + GQ = 1$

Da sich die Lohnsumme aus dem Produkt von Arbeitsstunden und Lohnsatz und das reale Volkseinkommen sich aus dem Produkt von realem Sozialprodukt und Preisniveau zusammensetzt, gilt die Beziehung:

(47) $$LQ = \frac{wA}{Px} = \frac{\frac{w}{P}}{\frac{x}{A}} = \frac{\text{Reallohn}}{\text{Durchschnittsproduktivität}}$$

x: reales Sozialprodukt

A: Arbeitsstunden

w: Lohnsatz

P: Preisniveau

Gemäß der Gleichung (47) nimmt die Lohnquote nur dann zu, wenn der Reallohn stärker als die Durchschnittsproduktivität der Arbeit ansteigt. Dies geht zu Lasten der Gewinnquote. Nur wenn die Unternehmen bereit sind, ihre Ansprüche entsprechend zu reduzieren, ist der Anpassungsprozeß an dieser Stelle beendet. Diese Verhaltensweise erscheint wenig realistisch. Vielmehr ist davon auszugehen, daß die Reduktion der Gewinnquote Anpassungsprozesse seitens der Unternehmen auslöst, die auf die Lohnquote zurückwirken. Im einzelnen können folgende Effekte unterschieden werden:

(a) **Rationalisierungseffekt**

Durch den Anstieg des Lohnsatzes wird Arbeit relativ teurer. Die Unternehmen substituieren Arbeit durch Kapital. Durch den Rückgang der Arbeitszeit sinkt die

Lohnquote. Inwieweit Kapital durch Arbeit substituiert wird, hängt neben dem Ausmaß der Lohnerhöhung von der Krümmung der Isoquante bzw. von der Substitutionselastizität ab.[29] Eine vorgegebene Produktionsmenge wird kapitalintensiver produziert.

(b) **Preiseffekt**

Die Unternehmen erhöhen die Preise. Können die Unternehmen die höheren Lohnkosten vollständig in den Preisen weitergeben, dann steigt das nominale Volkseinkommen proportional zur Lohnsumme. Die Lohnquote bleibt unverändert.

(c) **Niveaueffekt**

Ist eine Preisüberwälzung nicht möglich, dann sinkt das Wertgrenzprodukt des Faktors Arbeit unter den Lohnsatz. Die Unternehmen reduzieren die Produktion und entlassen Arbeitskräfte. Dabei verringern sich Zähler und Nenner der Lohnquote, so daß der Nettoeffekt ungewiß ist.

Die Erläuterung der einzelnen Effekte zeigt, daß die Auswirkungen einer Lohnpolitik, die den Produktivitätsfortschritt überschreitende Lohnzuwächse fordert, auf die Lohnquote ungewiß sind.

b) Die Grenzproduktivitätstheorie der Verteilung

Im folgenden werden die Auswirkungen der Lohnpolitik mit Hilfe der **Grenzproduktivitätstheorie der Verteilung** untersucht. Diese Theorie geht von der Annahme der vollständigen Konkurrenz aus. Diese Annahme beinhaltet als Implikation, daß die Produktionsfaktoren gemäß ihrem Wertgrenzprodukt entlohnt werden:[30]

(48) $p h_A(A,C)=w$ (49) $p h_C(A,C)=i$

h_A: Grenzproduktivität der Arbeit

h_C: Grenzproduktivität des Kapitals

Die Substitution von (48) in (47) liefert:

$$(50) \quad LQ=\frac{p h_A A}{px}=\varepsilon(x,A)$$

$\varepsilon = h_A \frac{A}{x}$: Produktionselastizität des Faktors Arbeit

Die Grenzproduktivitätstheorie der Verteilung führt zu folgendem Ergebnis: **Die Lohnquote wird durch die Produktionselastizität des Faktors Arbeit bestimmt.** Die Lohnquote hängt somit ausschließlich von den technischen Eigenschaften der Produktionsfunktion ab. Ist die gesamtwirtschaftliche Produktionsfunktion isoelastisch bezüglich der Produktionselastizität des Faktors Arbeit, dann haben Veränderungen des Preisniveaus, Veränderungen der Zinssätze und Veränderungen der Lohnsätze keinen Einfluß

29) vgl. zur Substitutionselastizität Abschnitt II.C.3.c)

30) vgl. hierzu Abschnitt IV.D.1

auf die Lohnquote. **Die Einkommensverteilung der Arbeitnehmer kann sich bei isoelastischen Produktionsfunktionen nur verbessern, wenn die Arbeitsproduktivität steigt.**

Als Beispiel wird folgende Produktionsfunktion betrachtet:

$$(B11)\quad x = A^{0,25} K^{0,25}$$

Das Preisniveau beträgt 16, das Zinsniveau und das Lohnniveau eine Einheit. Nach Anwendung der Regel Grenzproduktivität gleich Reallohn folgt:

$$(B12)\quad \frac{1}{4} A^{-0,75} K^{0,25} = \frac{1}{16} \qquad \text{bzw.} \qquad (B13)\quad K = \left(\frac{1}{4}\right)^4 A^3$$

$$(B14)\quad \frac{1}{4} K^{-0,75} A^{0,25} = \frac{1}{16} \qquad \text{bzw.} \qquad (B15)\quad A = \left(\frac{1}{4}\right)^4 K^3$$

Die Auflösung der Gleichungen liefert A=16 und K=16. Die Substitution dieser Werte in die Produktionsfunktion ergibt einen Output von 4. Für die Lohnquote resultiert dann:

$$(B16)\quad LQ = \frac{1 \cdot 16}{16 \cdot 4} = \frac{1}{4}$$

Die Lohnquote stimmt mit der Produktionselastizität des Faktors Arbeit überein. Welche Auswirkung hat eine Veränderung des Lohnniveaus auf Zwei? Für die Gleichung (B12) ergibt sich:

$$(B17)\quad \frac{1}{4} A^{-0,75} K^{0,25} = \frac{1}{8} \qquad \text{bzw.} \qquad (B18)\quad K = \left(\frac{1}{2}\right)^4 A^3$$

Die Gleichung (B15) bleibt von der Datenänderung unberührt. Die Lösung des Gleichungssystems (B18) und (B15) liefert:

$$(B19)\quad A = 2^{\left(\frac{5}{2}\right)} \qquad (B20)\quad K = 2^{\left(\frac{7}{2}\right)}$$

Eingesetzt in die Produktionsfunktion folgt:

$$(B21)\quad x = 2^{\left(\frac{3}{2}\right)}$$

Für die Lohnquote resultiert:

$$(B22)\quad LQ = \frac{2 \cdot 2^{\left(\frac{5}{2}\right)}}{16 \cdot 2^{\left(\frac{3}{2}\right)}} = \frac{1}{4}$$

Die Lohnquote wurde durch die Lohnveränderung nicht verändert. Die Arbeitsnachfrage und die Produktion sind gesunken.

In dem Beispiel wurde bisher unterstellt, daß das Preisniveau unberührt bleibt. Was geschieht mit der Lohnquote, wenn es aufgrund der Erhöhung der Löhne und der damit verbundene Erhöhung der Produktionskosten zu einem Anstieg der Preise kommt? Angenommen das Preisniveau steigt auf 32 Einheiten. Bei einem Lohnsatz von Zwei und einem Zinssatz von Eins erhält man als notwendige Bedingung für die Faktoreinsätze:

(B23) $\frac{1}{4}A^{-0,75}K^{0,25}=\frac{1}{16}$ bzw. (B24) $A=\left(\frac{1}{4}\right)^4 K^3$

(B25) $\frac{1}{4}K^{-0,75}A^{0,25}=\frac{1}{32}$ bzw. (B26) $A=\left(\frac{1}{8}\right)^4 K^3$

Die Auflösung des Gleichungssystems liefert

(B27) $A=2^{\left(\frac{9}{2}\right)}$ (B28) $K=2^{\left(\frac{19}{2}\right)}$,

woraus ein Output von

(B29) $x=2^{\left(\frac{7}{2}\right)}$

resultiert. Für die Lohnquote gilt:

(B30) $LQ=\frac{2\cdot 2^{\left(\frac{9}{2}\right)}}{32\cdot 2^{\left(\frac{7}{2}\right)}}=\frac{1}{4}$

Durch die Preisänderung hat sich die Lohnquote nicht verändert.

Die aus dem Beispiel abgeleiteten Ergebnisse sind nur für isoelastische Produktionsfunktionen gültig. Nimmt die Produktionselastizität des Faktors Arbeit bei zunehmenden Einsatz des Faktors Arbeit ab, kann eine Veränderung des Lohnsatzes einen Einfluß auf die Lohnquote ausüben. Wird durch die Anhebung der Löhne die Arbeitszeit reduziert, nimmt die partielle Elastizität des Faktors Arbeit zu, wodurch die Lohnquote steigt. Diese Erhöhung der Lohnquote wird aber durch einen Anstieg der Arbeitslosigkeit erkauft.

Den Zusammenhang zwischen der partiellen Produktionselastizität und der Lohnquote wurde als erstes von Cobb und Douglas empirisch untersucht.[31)] Cobb und Douglas haben dabei nachgewiesen, daß die partielle Produktionselastizität relativ gut die Lohn-

31) vgl. Cobb/Douglas (1928) S. 139 ff.

quote beschreibt. Dies wurde als Bestätigung der Grenzproduktivitätstheorie angesehen. Obwohl die Realität durch Oligopole gekennzeichnet ist, liefert das Modell des Mengenanpassers eine recht gute Erklärung für die Einkommensverteilung.

c) Die produktivitätsorientierte Lohnpolitik

Der Sachverständigenrat zur Begutachtung der gesamtwirtschaftlichen Entwicklung vertritt entsprechend der Grenzproduktivitätstheorie der Verteilung die Ansicht, daß durch Lohnpolitik eine Verbesserung der Arbeitnehmereinkommen kaum möglich ist. Vielmehr wird argumentiert, daß die Einkommensverteilung durch das Verhältnis der Elastizitäten von Arbeitsproduktivität und Kapitalproduktivität bestimmt ist. Da dieses Verhältnis langfristig konstant ist, wird sich auch die Lohnquote langfristig nicht ändern können. In engem Zusammenhang mit den vorausgegangenen Überlegungen steht das vom Sachverständigenrat konzipierte Konzept der **produktivitätsorientierten Lohnpolitik**. Diese produktivitätsorientierte Lohnpolitik versucht die Frage zu beantworten, wie stark die Löhne steigen dürfen, ohne daß eine Gefährdung des Ziels der Preisstabilität auftritt. Den Ausgangspunkt der Überlegungen bildet die Grenzproduktivitätstheorie. Aus der Gleichgewichtsbedingung für den gewinnoptimalen Faktoreinsatz resultiert:

$$(51)\quad p=\frac{w}{h_A}$$

Aus der Gleichung (51) erhält man für die Veränderungen der einzelnen Variablen die Beziehung:

$$(52)\quad \hat{p} = \hat{w} - \hat{h}_A$$

$\hat{p}$: Inflationsrate

$\hat{w}$: Wachstumsrate der Nominallöhne

$\hat{h}_A$: Wachstumsrate der Arbeitsproduktivität

Übersteigen die Lohnforderungen den Produktivitätsfortschritt, dann wird die Inflationsrate oder die Arbeitslosigkeit bzw. die Inflationsrate und die Arbeitslosigkeit werden simultan zunehmen. Daraus folgt als Empfehlung für eine stabilitätsorientierte Lohnpolitik: **Die Lohnsätze dürfen nur mit der Rate der Steigung der Produktivität zunehmen.** Dies impliziert eine konstante Lohnquote.

Problematisch an der produktivitätsorientierten Lohnpolitik ist die ausschließliche Betrachtung der Lohnkosten bzw. die Vernachlässigung anderer Kosteneinflußgrößen. Aus diesem Grunde wurde das Konzept der produktivitätsorientierten Lohnpolitik zur **kostenniveauneutralen Lohnpolitik** weiterentwickelt. Dies bedeutet, daß die Löhne nur gemäß der um weitere Kostenänderungen bereinigten Produktivitätsentwicklung steigen dürfen. Zu diesen Kostenkomponenten zählen z.B. Wechselkursveränderungen, die sich in den Terms of Trade niederschlagen. Nehmen die Terms of Trade ab, werden Vorprodukte aus dem Ausland teurer und die Löhne dürfen nur unterproportional zur Produktivitätserhöhung steigen. Als weitere Kosteneinflußgrößen sind Zinsen oder bestimmte

Steuerarten zu nennen.[32)]

Als Fazit ist festzuhalten, daß der Sachverständigenrat der Lohnpolitik keinen Erfolg zur Verbesserung der Einkommensverteilung der Arbeitnehmer beimißt. Auseinandersetzungen über die Verteilungspositionen sollten nach Ansicht des Sachverständigenrates auf dem Gebiet der Vermögensverteilung ausgetragen werden. Kritisch an diesem Konzept ist anzumerken, daß erstens die Einkommensverteilung festgeschrieben wird und daß zweitens nicht garantiert werden kann, ob die Unternehmen ihre Machtposition auf den Gütermärkten nicht zu einer Verbesserung ihrer Einkommensposition ausnutzen, so daß selbst bei einer kostenniveauneutralen Lohnpolitik die Preisstabilität nicht garantiert ist. Weitere Probleme sind in der Prognose der Produktivität und in den unterschiedlichen Produktivitätsfortschritten der Sektoren zu sehen.[33)] Schließlich ist noch zu berücksichtigen, daß die dem Konzept zugrundeliegende Grenzproduktivitätstheorie der Verteilung von der Existenz der Marktmacht von Unternehmen abstrahiert.

d) Empirischer Befund

Zur weiteren Diskussion betrachten wir die in der folgenden Tabelle dargestellte Entwicklung der Lohnquote:

Jahr	Lohnquote	bereinigte Lohnquote
1950	58,2	71,0
1960	60,1	65,0
1970	68,0	68,0
1975	74,1	71,9
1980	75,8	71,6
1985	73,0	68,7
1990	69,9	65,2
1992	71,7	66,8

Tabelle 3: Entwicklung der Lohnquote[34)]

Die Lohnquote stieg bis 1980 an und ist seitdem rückläufig. Bei der Interpretation der Lohnquote muß jedoch beachtet werden, daß sich durch Strukturverschiebungen der Erwerbstätigen die Lohnquote verändert. So ist der Anteil der Selbständigen an den gesamten Erwerbstätigen im Laufe der Jahre stark gesunken. Verantwortlich für diese Entwicklung ist das Ausscheiden vieler kleiner Unternehmen, z.B. in der Landwirtschaft, sowie die zunehmende Bedeutung der Kapitalgesellschaften. Die Lohnquote ändert sich durch derartige Strukturverschiebungen. Wenn z.B. ein Unternehmer seinen Betrieb veräußert und als Manager in diesem Betrieb weiterarbeitet, kommt es zu einer Erhöhung

32) Die Kostenentwicklung kann die Lohnentwicklung natürlich auch begünstigen.

33) Zur weiteren Diskussion vgl. z.B. Friedrich (1983) S. 145.

34) Institut der Deutschen Wirtschaft (1993) Tab. 35

der Lohnquote. Um solche Effekte zu eliminieren, wird die Lohnquote bereinigt. Die **bereinigte Lohnquote** beschreibt die relative Veränderung der Lohnquote bei konstanter Beschäftigtenstruktur.[35] In der Tabelle wurde als Basisjahr das Jahr 1970 gewählt. Die bereinigte Lohnquote hat sich zwar bis etwa 1980 erhöht, sank danach bis zum Jahr 1990 wieder auf das Niveau von 1960. Die langfristige, über 30 Jahre kaum veränderte, bereinigte Lohnquote scheint die Argumentation des Sachverständigenrates zu stützen bzw. kann sie zumindest nicht widerlegen.

Bei der Verwendung der Lohnquote bzw. der bereinigten Lohnquote für die Beurteilung der Verteilungsposition der unselbständigen Erwerbstätigen müssen weitere Einschränkungen beachtet werden:

(1) Einkommen aus Unternehmertätigkeit enthalten auch Einkommen des Faktors Arbeit, nämlich den Wert der von den Selbständigen geleisteten Arbeit, so daß zumindest ein kalkulatorisches Arbeitseinkommen in Rechnung zu stellen ist. Diese Berücksichtigung führt zur **Bruttoeinkommensquote**.

(2) Es handelt sich um Bruttogrößen, d.h. Umverteilungen über Steuern und Transfers bleiben unberücksichtigt. Die Aufnahme dieses Aspektes führt zur **Nettolohnquote**.

(3) Die unselbständigen Erwerbstätigen erzielen auch Einkommen aus Vermögen

(4) Die Verteilung innerhalb der Gruppe der selbständigen und unselbständigen Erwerbstätigen bleibt unberücksichtigt. Die Verteilung innerhalb der Gruppen untersucht die **personelle Einkommensverteilung.**

(5) Die Gewinne bzw. die Verluste der öffentlichen Unternehmen schlagen sich im Einkommen der Selbständigen nieder.

(6) **Der Gewinn ist eine Residualgröße**. Alle methodischen und statistischen Fehler, die z.B. bei der Ermittlung der Abschreibungen entstehen, schlagen sich hier nieder.

Trotz dieser angeführten Nachteile ist die Verwendung der Lohnquote in verteilungspolitischen Diskussion sehr beliebt. Dies mag folgende Ursachen haben: Im Vergleich zu anderen Verteilungsindikatoren ist die Lohnquote aufgrund der Berechnungen des Statistischen Bundesamtes relativ schnell verfügbar und ist ein einfacher, leicht verständlicher Indikator.

---

35) Zur exakten Bestimmung der Lohnquote vgl. Frenkel (1993) S. 99 ff.

E. Bewertung des Modells

Zum Abschluß des vorliegenden Kapitels erfolgt eine Bewertung der vollständigen Konkurrenz. Betrachtet man die Charakteristika der vollständigen Konkurrenz,

(1) große Anzahl von relativ kleinen Unternehmen,
(2) Homogenitätsbedingungen,
(3) vollständige Markttransparenz,

dürfte die vollständige Konkurrenz in der Realität selten anzutreffen sein. Daher wird oft die Frage gestellt, warum die Preisbildung in der vollständigen Konkurrenz überhaupt betrachtet wird.

Es sind im wesentlichen die normativen Aspekte der vollständigen Konkurrenz, die viele Ökonomen veranlassen, sich ausführlich mit dieser Marktform zu beschäftigen. Es ist insbesondere wichtig, daß vollständige Konkurrenz auf offenen Märkten zur Effizienz in der Allokation der knappen Ressourcen (Wohlfahrtstheorie) führt.[36] Um dies nachzuweisen, bedient sich die wohlfahrtstheoretische Beurteilung der Preisbildung bei vollständiger Konkurrenz der Instrumente der **Konsumenten- und Produzentenrente.** Anhand der Tabelle 4 werden diese Konzepte erläutert.

Preis	Menge	Gesamter persönlicher Gebrauchswert	Marginaler persönlicher Gebrauchswert	Marktwert	Konsumentenrente
1,00	1	1,00	1,00	1,00	0
0,90	2	1,90	0,90	1,80	0,10
0,80	3	2,70	0,80	2,40	0,30
0,70	4	3,40	0,70	2,80	0,60
0,60	5	4,00	0,60	3,00	1,00
0,50	6	4,50	0,50	3,00	1,50
0,40	7	4,90	0,40	2,80	2,10
0,30	8	5,20	0,30	2,40	2,80
0,20	9	5,40	0,20	1,80	3,60
0,10	10	5,50	0,10	1,00	4,50

Tabelle 4: Beispiel zur Konsumentenrente

Die erste Spalte enthält den Preis eines Gutes und die zweite Spalte die bei diesem Preis

36) Im Kapitel VIII.D.1. wird gezeigt, daß die Marktform der vollständigen Konkurrenz unter bestimmten Voraussetzungen die Erfüllung der Pareto-Optimalität garantiert.

nachgefragte Menge eines Konsumenten. Bei einem Preis von 1,--DM kauft der Konsument gemäß seiner Bereitschaftsfunktion eine Gütereinheit, bei einem Preis von 0,90 DM kauft er zwei Einheiten. Da er bei einem Preis von 0,90 DM auch weiterhin nur eine Einheit hätte kaufen können, er aber zwei Einheiten nachgefragt hat, muß dem Konsumenten die zweite Einheit 0,90 DM wert gewesen sein. Diesen Wert bezeichnet man als **marginalen persönlichen Gebrauchswert**. Die marginalen Gebrauchswerte für die erste Einheit (1,00 DM) und für die zweite Einheit (0,90 DM) ergeben für die zwei Einheiten den **gesamten persönlichen Gebrauchswert** von 1,90 DM. Für diese zwei Einheiten muß der Konsument bei einem Preis von 0,90 DM je Einheit jedoch nur 1,80 DM bezahlen. Der Nachfrager zahlt also einen geringeren Betrag als er grundsätzlich zu zahlen bereit ist. Bei einem Preis von 0,90 DM/Einheit beträgt seine Konsumentenrente 1,90 DM - 1,80 DM = 0,10 DM. **Die Konsumentenrente entspricht der Differenz zwischen dem gesamten persönlichen Gebrauchswert und dem Marktwert.**[37] In Abbildung 15 wird die Konsumentenrente graphisch dargestellt.

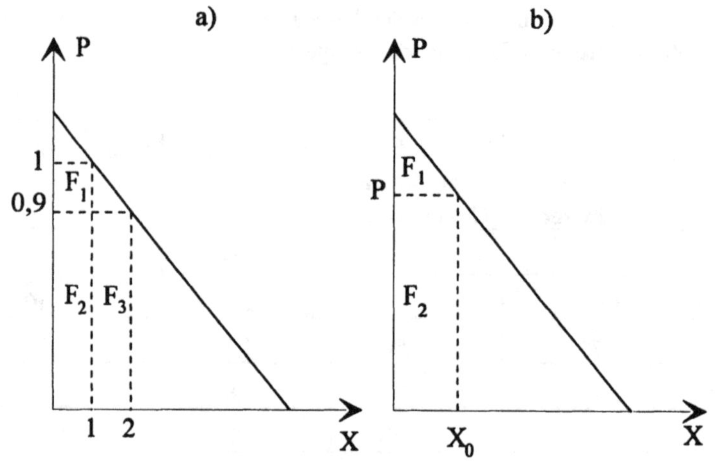

Abb. VI.15: Die Konsumentenrente

Die Summe der Flächen F_1 und F_2 im Teil a) der Graphik stellt den marginalen persönlichen Gebrauchswert der ersten Einheit und die Fläche F_3 den marginalen persönlichen Gebrauchswert der zweiten Einheit dar. Für beide Einheiten zahlt der Konsument lediglich die Fläche $F_2 + F_3$. Somit beträgt die Konsumentenrente F_1.

37) Zu alternativen Vorgehensweisen, die Konsumentenrente zu messen, sowie alternativen Interpretations- sowie Anwendungsmöglichkeiten siehe Takayama (1984) S. 594 ff.; Kleinhückelskoten (1983) S. 46, Spielkamp (1994) S. 139, Böbel (1979) S. 206 ff.

In der stetigen Analyse stellt die Fläche unter der Nachfragekurve den gesamten persönlichen Gebrauchswert (Nutzen) dar. Der gesamte persönliche Gebrauchswert in Geldeinheiten und der marginale persönliche Gebrauchswert betragen:

$$(53) \quad GGW = \int_{x=0}^{x_0} p(x)dx$$

GGW: gesamter persönlicher Gebrauchswert

$$(54) \quad MGW = \frac{dGGW}{dx} = p(x)$$

MGW: marginaler persönlicher Gebrauchswert

Der marginale persönliche Gebrauchswert entspricht der Nachfragefunktion, d.h. dem Preis, den der Konsument für bestimmte Mengeneinheiten zu zahlen bereit ist. Dieser sinkt mit zunehmender Nachfragemenge:

$$(55) \quad \frac{dMGW}{dx} = \frac{dp}{dx} < 0$$

In der Abbildung 15 b) ist der gesamte persönliche Gebrauchswert für die Menge x_0 gleich den Flächeninhalten F_1 und F_2. Die Ausgaben des Konsumenten betragen:

$$(56) \quad A = p(x_0)x_0$$

A: Ausgaben

Die Ausgaben werden durch die Fläche F_2 dargestellt. Für die Konsumentenrente als Differenz von persönlichem Gebrauchswert und Ausgaben gilt:

$$(57) \quad KR = \int_{x=0}^{x_0} p(x)dx - p(x_0)x_0$$

KR: Konsumentenrente

Die Konsumentenrente beträgt somit F_1. Es ist noch darauf hinzuweisen, daß die Konsumentenrente invariant gegenüber einer monotonen Transformation der Nutzenfunktion ist. Eine monotone Transformation verändert die Nachfragefunktion eines Haushalts nicht, so daß die Konsumentenrente davon unberührt bleibt. Die Konsumentenrente kann daher auch dann verwendet werden, wenn ein ordinales Nutzenkonzept zugrundegelegt wird. Wird dagegen ein kardinales Nutzenkonzept unterstellt, besteht folgende Interpretationsmöglichkeit: In der kardinalen Nutzentheorie entspricht die Grenznutzenfunktion der Nachfragefunktion und die Fläche unter der Grenznutzenfunktion dem Gesamtnutzen.[38] Zieht man vom Gesamtnutzen die Ausgaben für das Gut ab, so erhält man die Konsumentenrente.

---

38) Für die Integrationskonstante ergibt sich ein Wert von Null, wenn der Nutzen für x = 0 Null ist.

In Analogie zur Konsumentenrente kann die Produzentenrente entwickelt werden. So wie die Konsumentenrente den Betrag anzeigt, den ein Nachfrager behält, weil er bereit wäre, einen über dem tatsächlichen Preis liegenden Preis zu zahlen, kann **die Produzentenrente als Differenz zwischen dem Marktwert und den variablen Produktionskosten** interpretiert werden. Die Anbieter erhalten ebenfalls eine Rente, da sie bereit wären, auch zu einem niedrigeren Preis als dem Marktpreis zu liefern. Die Produzentenrente eines einzelnen Anbieters lautet formal:

$$\text{(58)} \quad PR = p(x_0)x_0 - \int_{x=0}^{x_0} p(x)dx = p(x_0)x_0 - \int_{x=0}^{x_0} K'(x)dx$$

PR: Produzentenrente

K´(x): aggregierte Grenzkostenfunktion

Die **Produzentenrente** entspricht der Differenz zwischen den Erlösen und der Fläche unterhalb der aggregierten Grenzkostenkurve.

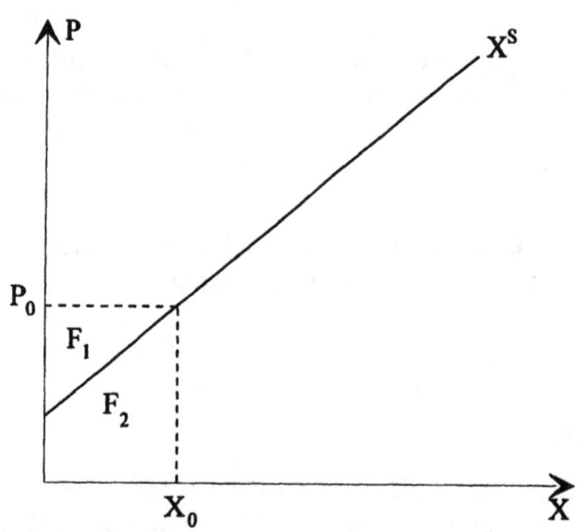

Abb. VI.16: Die Produzentenrente

Anhand der Abbildung 16 werden die vorausgegangenen Überlegungen verdeutlicht. Der Preis beträgt p_0. Die Unternehmung produziert die Menge x_0 und erzielt Erlöse entsprechend den Flächen F_1 und F_2. Werden davon die variablen Kosten in einer Höhe von F_2 abgezogen, verbleibt die Produzentenrente in einer Höhe der Fläche F_1. Bezüglich der Marktnachfrage- und der Marktangebotsfunktion stellt die Konsumentenrente die Vorteile aller Haushalte beim Kauf und die Produzentenrente den Vorteil aller Unternehmen beim Verkauf eines Gutes dar.

Die Summe aus Konsumenten- und Produzentenrente wird als **sozialer Überschuß** bezeichnet.

$$(59) \quad S = p(x_0)x_0 - \int_{x=0}^{x_0} K'(x)dx + \int_{x=0}^{x_0} p^D(x)dx - p(x_0)x_0$$

bzw.

$$(60) \quad S = \int_{x=0}^{x_0} p^D(x)dx - \int_{x=0}^{x_0} K'(x)dx$$

S: sozialer Überschuß

Man kann zeigen, daß dieser Überschuß in der vollständigen Konkurrenz maximiert wird. Zur Bestimmung des Maximums des sozialen Überschusses wird die Ableitung der Gleichung (60) nach x gebildet:

$$(61) \quad \frac{dS}{dx} = p^D(x) - K'(x) = 0 \quad \text{bzw.} \qquad (62) \quad p^D(x) = K'(x)$$

Man sieht, daß die notwendige Bedingung für ein Maximum des sozialen Überschusses erreicht ist, wenn der Marktpreis gleich den Grenzkosten ist. Diese Bedingung wird bei vollständiger Konkurrenz erfüllt.

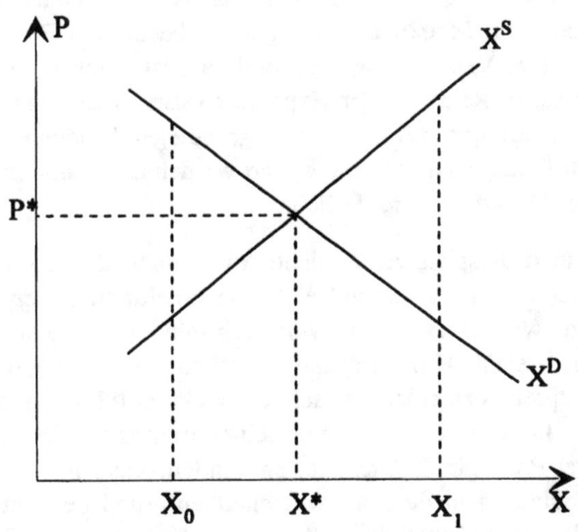

Abb. VI.17: Konsumenten- und Produzentenrente bei vollständiger Konkurrenz

Das abgeleitete Ergebnis wird mit Hilfe der Abbildung 17 verdeutlicht. Bei einer Produktionsmenge von x_0 ist die marginale Zahlungsbereitschaft der Konsumenten, ausgedrückt durch die Marktnachfragefunktion, größer als die Grenzkosten. Für eine Erhöhung der Produktionsmenge um eine Einheit sind die Konsumenten bereit, mehr zu zahlen als an zusätzlichen Produktionskosten verursacht wird. Die Ausdehnung der Produktion bei x_0 erhöht den sozialen Überschuß. Bei einer Menge von x_1 übersteigen die Grenzkosten die marginale Zahlungsbereitschaft der Konsumenten. Eine Reduktion der Produktion führt zu einer die marginale Zahlungsbereitschaft übersteigende Kostenreduktion. Eine Verringerung der Produktion bei x_1 erhöht den sozialen Überschuß. Bei x^* entspricht die marginale Zahlungsbereitschaft den Grenzkosten. Wir halten als Ergebnis fest: **Bei vollständiger Konkurrenz wird der soziale Überschuß maximiert.**

Die vollständige Konkurrenz weist weitere wünschenswerte Eigenschaften auf. Vollständige Konkurrenz impliziert Dezentralisierung der Entscheidungen und Dezentralisierung der Verteilung der ökonomischen Macht. Im Hinblick auf die Teilung und Dezentralisierung der politischen Macht in unserem System der Gewaltenteilung mag - wenn vielleicht auch unbewußt - für manchen Ökonomen in der vollständigen Konkurrenz ein normatives Ideal liegen, welches zu dem herrschenden politischen Systems analog ist.[39)]

Gegenüber der vollständigen Konkurrenz findet man häufig die Kritik, daß das Modell auf unrealistischen Annahmen basiert. Dem ist folgendes entgegenzusetzen: Das Modell der vollständigen Konkurrenz stellt eine aus didaktischer Sicht geeignete Vereinfachung des Marktgeschehens dar. Die Feststellung, daß die Annahmen der vollständigen Konkurrenz in der Realität nicht erfüllt sind, bedeutet nicht, daß diese Annahmen in volkswirtschaftlichen Modellen zwangsläufig zu realitätsfernen Ergebnissen führen müssen. Ob eine Theorie oder ein Modell in der Lage ist, bestimmte Prozesse oder Strukturen und insbesondere ihre Veränderungen zu erklären, ist keine Frage der Annahmen, sondern der empirischen Relevanz der Hypothesen. Erst wenn nachgewiesen werden kann, daß eine Modifizierung der Annahmen zu grundlegend anderen Modellergebnissen führt, mit deren Hilfe die Realität besser erklärt werden kann, sind modifizierte Annahmen hinsichtlich der Marktform erforderlich.

Dies wird anhand des folgenden Beispiels verdeutlicht: Aus dem Modell der vollständigen Konkurrenz wird abgeleitet, daß die individuelle Angebotsfunktion der Grenzkostenfunktion entspricht. Wenn wir z.B. einen Landwirt nach seiner Grenzkostenfunktion fragen, dann wird dieser uns bestenfalls nur fragend anblicken. Aus dem Modell folgt, daß das Setzen eines Mindestpreises zu einer Überschußproduktion führt, was wir in der Realität beobachten können. Obwohl kein Landwirt seine Grenzkostenfunktion kennt bzw. bewußt nach der Regel Preis gleich Grenzkosten handelt, kann mit Hilfe dieser Annahme die Überschußproduktion in der Landwirtschaft aufgrund des Setzens von Mindestpreisen erklärt werden. Das Modell der vollständigen Konkurrenz liefert in diesem Fall fruchtbare Ergebnisse.

---

39) vgl. Koplin (1971) S. 129

VII. Die Preisbildung im Angebotsmonopol

A. Überblick

Im vorausgegangenen Kapitel stand die Marktform der vollständigen Konkurrenz im Mittelpunkt, bei der viele kleine Unternehmen den Markt beliefern. In diesem Kapitel wird nun die andere extreme Situation, daß nur ein Unternehmen den Markt beliefert, aufgegriffen. Gegenstand der folgenden Überlegungen ist die Marktform des Angebotsmonopols. Dabei werden folgende Aspekte angesprochen:

(1) Was ist ein Angebotsmonopol? Worin sind die Ursachen für eine derartige Marktform zu sehen?

(2) Welche Marktergebnisse folgen im Monopol[1)] bei blockiertem Marktzutritt?

(3) Welche Marktergebnisse resultieren im Monopol bei möglichem Marktzutritt?

(4) Welche wirtschaftspolitischen Aspekte und Anwendungen können mit Hilfe der Monopoltheorie erläutert werden?

(5) Wie ist die Marktform des Monopols im Vergleich zur vollständigen Konkurrenz zu bewerten?

Wesentliches Merkmal eines Angebotsmonopols ist die alleinige Kontrolle des Absatzes durch ein Unternehmen. Dem einen Anbieter stehen viele kleine, unabhängig agierende Nachfrager gegenüber. Die Nachfrager verhalten sich als Mengenanpasser. Begründet wird die Monopolstellung durch Marktzutrittsschranken. Diese haben folgende Ursachen:

(a) Der Zugang ist aufgrund institutioneller Bedingungen für andere Unternehmen blockiert.

(b) Der Zugang ist für andere Unternehmen aus ökonomischer Sicht unprofitabel.

Im Zusammenhang mit den Zutrittsbarrieren ist zu betonen, daß ein wichtiger Gesichtspunkt bei der Analyse der Monopolstellung eines Anbieters die tatsächliche bzw. die potentielle Konkurrenz ist. **Tatsächliche Konkurrenz** würde dazu führen, daß der Monopolist seinen Status verliert und eine andere Marktform wie das Teilmonopol, das Duopol usw. entsteht. Deshalb gibt es im Monopol definitionsgemäß keinen tatsächlichen Konkurrenten. **Potentielle Konkurrenz** bedeutet, daß andere Anbieter bereit wären, auf dem betrachteten Markt des Monopolisten zu agieren, wenn ihnen der Zutritt zum Markt nicht verwehrt würde. Liegen institutionelle Zutrittshemmnisse vor, dann scheidet potentielle Konkurrenz aus, da die Rahmenbedingungen keinen weiteren Anbieter zulassen. Der Monopolist hat keine tatsächliche und potentielle Konkurrenz. Führen allein ökonomische Bedingungen dazu, daß andere Unternehmen nicht in den Markt eintreten, werden diese Produzenten als potentielle Konkurrenten des Monopolisten bezeichnet. Sie würden am Marktgeschehen teilnehmen, wenn sich die ökonomischen Bedingungen zu ihren Gunsten verändern würden. Der Monopolist hat keine tatsächliche, aber poten-

---

1) Im folgenden wird das Angebotsmonopol kurz als Monopol bezeichnet. Die Kurzbezeichnung für ein Nachfragemonopol ist Monopson.

tielle Konkurrenz.

Bei einem **reinen Monopol** ist der Marktzutritt anderer Unternehmen aufgrund institutioneller Vorschriften nicht möglich, und der Monopolist hat, wie beschrieben, keine tatsächliche und keine potentielle Konkurrenz. Folgende Ursachen für ein reines Monopol sind denkbar:

(a) Durch Gesetz wird der Zutritt weiterer Anbieter verhindert.
(b) Durch die Natur wird der Eintritt weiterer Anbieter unmöglich gemacht, z.B. durch den Besitz einer einzigen Rohstoffquelle.
(c) Durch ein Patentrecht wird die Produktionstechnologie geschützt.

Von dieser Monopolabgrenzung zu trennen ist die Situation, in der Marktzutritt grundsätzlich möglich ist, aber diese Möglichkeit momentan nicht genutzt wird. Ist ein solcher Zustand zu beobachten, dann ist es von Bedeutung, unter welchen Bedingungen der Markt bestreitbar wäre und welche Marktzutrittsschranken bestehen.[2] Der Monopolist muß bei seinen Entscheidungen die potentielle Konkurrenz beachten. Um seine Monopolstellung zu sichern, kann er selbst durch eine spezielle Preispolitik oder durch den Aufbau von großen Kapazitäten versuchen, Marktzutrittsschranken zu schaffen bzw. bereits vorhandene Barrieren zu verstärken.

Der weitere Verlauf des Kapitels hat folgende Gestalt: Zunächst wird im Abschnitt B die Preisbildung im reinen Monopol untersucht. Im Anschluß daran steht im Abschnitt C die Monopolpreisbildung unter Berücksichtigung potentieller Konkurrenz im Mittelpunkt. Im Abschnitt D werden Anwendungsmöglichkeiten des reinen Monopolmodells aufgezeigt und ein Resümee der vollständigen Konkurrenz und der Monopolpreisbildung gezogen.

B. Preisbildung im reinen Monopol

1. Einführung

Mit der Preisbildung im reinen Monopol beschäftigt sich der folgende Abschnitt. Zunächst müssen Preis-Absatz-Funktion und Erlösfunktion eines Monopolisten beschrieben werden. Daran anschließend können die Bedingungen für die gewinnoptimalen Gütermengen und Faktornachfragemengen abgeleitet werden. Dies erfolgt getrennt in einer Output- und Inputbetrachtung. Mit verschiedenen Anwendungen des reinen Monopols und der kritischen Betrachtung von Steuern, Höchstpreisen sowie der Kartellbildung schließt dieser Abschnitt.

---

2) vgl. Abschnitt V.D.

2. Begriffe und Annahmen

a) Die Preis-Absatz-Funktion

Die **Preis-Absatz-Funktion** gibt an, welche Mengen ein Anbieter bei alternativen Preisen verkaufen kann. Da neben dem Monopolisten keine weiteren Anbieter existieren, steht dieser allein der gesamten Marktnachfrage gegenüber. Daher entspricht die Preis-Absatz-Funktion eines Monopolisten der Marktnachfragefunktion. Bei der Formulierung der Preis-Absatz-Funktion ist zu berücksichtigen, daß der Monopolist nicht gleichzeitig den Preis und die Menge bestimmen kann. Fixiert der Monopolist den Preis, so werden die Konsumenten bereit sein, eine bestimmte Menge zu diesem Preis nachzufragen. Der Preis bildet in diesem Fall den Aktionsparameter und die Menge den Erwartungsparameter. Setzt der Monopolist die Menge als Aktionsparameter ein, so bildet der Preis, zu dem die Konsumenten bereit sind, diese Menge zu kaufen, den Erwartungsparameter. Dabei bezeichnet man allgemein als **Aktionsparameter** eine Variable, die der Anbieter steuert. Der **Erwartungsparameter** ist eine Variable, deren Wert aufgrund des eingesetzten Aktionsparameters erwartet wird.

Für die weitere Analyse wird eine negativ geneigte Preis-Absatz-Funktion unterstellt.

(1) $p=p(x) \quad \text{mit} \quad \frac{\partial p}{\partial x}<0$ bzw. (2) $x=x(p) \quad \text{mit} \quad \frac{\partial x}{\partial p}<0$

b) Der Erlös des Monopolisten

Der **Erlös** des Monopolisten errechnet sich aus dem Produkt von Absatzmenge und Preis. Da der Monopolist zwischen Preis und Menge als Aktionsparameter wählen kann, existieren zwei alternative Möglichkeiten zur Darstellung der Erlöse. Man kann die Erlöse in Abhängigkeit des Preises oder in Abhängigkeit der Menge definieren. Bei Wahl des Preises als Aktionsparameter folgt für die Erlöse:

(3) $E = x(p)p$

Interessant ist die Reaktion der Erlöse auf eine Preiserhöhung. Bei Mengenanpasserverhalten wurde gezeigt, daß der Erlös bei zunehmendem Preis stets steigt.[3] Zur Ermittlung der Reaktion der Erlöse im Monopol wird die Gleichung (3) nach dem Güterpreis p differenziert:

(4) $$\frac{\partial E}{\partial p}=x(p)+\frac{\partial x}{\partial p}p$$

Die Preisänderung induziert zwei Effekte: Bei unveränderter Absatzmenge steigt der Erlös in Höhe der Absatzmenge. Werden ursprünglich 10 Einheiten verkauft und wird der Preis um eine Einheit erhöht, dann steigt der Erlös bei unverändert nachgefragter Menge um 10 Einheiten. Dies ist der **Preiseffekt**, der durch den ersten Summanden auf der rechten Seite der Gleichung (4) beschrieben wird. Der Monopolist muß beachten, daß

3) vgl. die Ausführungen in Abschnitt IV.C.2.

die Konsumenten bei steigendem Preis weniger nachfragen. Beträgt der Marktpreis z.B. in der Ausgangssituation fünf Geldeinheiten und die Konsumenten reagieren mit einem Rückgang der nachgefragten Menge von drei Einheiten, dann sinkt der Erlös um 15 Einheiten. Dies ist der **Mengeneffekt**. Der zweite Summand auf der rechten Seite beschreibt diesen Effekt. Bei einer Preiserhöhung führt der Mengeneffekt tendenziell zu einem Rückgang der Erlöse und der Preiseffekt tendenziell zu einer Erhöhung der Erlöse. Wann überwiegt nun welcher Effekt? Zur Beantwortung dieser Frage wird die Menge x in Gleichung (4) ausgeklammert:

$$(5)\qquad \frac{\partial E}{\partial p}=x\left(1+\frac{\partial x}{\partial p}\frac{p}{x}\right)$$

Der zweite Summand der Klammer entspricht der Nachfrageelastizität. Die Gleichung (5) läßt sich schreiben als:

$$(6)\qquad \frac{\partial E}{\partial p}=x\left[1+\eta(x,p)\right]$$

$$\eta(x,p)=\frac{\partial x}{\partial p}\frac{p}{x}\text{: Nachfrageelastizität}$$

Die Veränderung der Erlöse bei einer Preisänderung hängt offensichtlich von der Nachfrageelastizität ab. **Eine Erhöhung des Preises im elastischen (unelastischen) Bereich der Marktnachfragefunktion führt zu einer Verringerung (Erhöhung) der Erlöse.** Reagiert die Nachfrage unelastisch, dann ist die Nachfrageänderung (Mengeneffekt) kleiner als die Preisänderung (Preiseffekt). Es überwiegt der Preiseffekt, und die Erlöse steigen. Umgekehrt impliziert eine elastische Reaktion, daß der Nachfragerückgang (Mengeneffekt) stärker ausfällt als die Preiserhöhung (Preiseffekt), so daß der Mengeneffekt überwiegt und die Erlöse fallen. Die abgeleiteten Ergebnisse können mit Hilfe der Gleichung (7) festgehalten werden:

$$(7)\qquad \frac{\partial E}{\partial p}\begin{cases}<0\\=0\\>0\end{cases}\quad\text{wenn}\quad\begin{cases}\eta(x,p)<-1 & \text{bzw. } |\eta(x,p)|>1\\ \eta(x,p)=-1 & \text{bzw. } |\eta(x,p)|=1\\ \eta(x,p)>-1 & \text{bzw. } |\eta(x,p)|<1\end{cases}$$

Unterstellt man, daß der Monopolist die Menge als Aktionsparameter wählt, gilt für die Erlöse:

$$(8)\qquad E=p(x)x$$

Für die Grenzerlöse folgt:

$$(9)\qquad \frac{\partial E}{\partial x}=p(x)+\frac{\partial p}{\partial x}x$$

Bei einer Mengenänderung treten ebenfalls zwei Effekte auf. Den ersten Effekt beschreibt der erste Summand auf der rechten Seite der Gleichung (9). Eine Erhöhung der Menge führt bei unverändertem Preis zu eine Erlössteigerung in Höhe des bestehenden

Preises. Dies ist hier der **Mengeneffekt** und entspricht den Grenzerlösen eines Mengenanpassers. Der Monopolist muß beachten, daß die Konsumenten eine größere Menge nur zu einem geringeren Preis abnehmen. Die Veränderung des Preises bei einer infinitesimalen Veränderung der Menge multipliziert mit der Ausgangsmenge ergibt den **Preiseffekt**, dargestellt durch den zweiten Summanden. Aufgrund des Preiseffektes sinken die Erlöse. Wieder liegen zwei gegenläufige Effekte vor. Zur besseren Interpretation wird p in Gleichung (9) ausgeklammert:

$$(10) \qquad \frac{\partial E}{\partial x} = p\left(1 + \frac{\partial p}{\partial x}\frac{x}{p}\right)$$

Der zweite Summand in der Klammer der Gleichung (10) entspricht dem Kehrwert der Nachfrageelastizität. Wir können also die Gleichung (10) schreiben als:

$$(11) \qquad \frac{\partial E}{\partial x} = p\left[1 + \frac{1}{\eta(x,p)}\right]$$

In der Gleichung (11) steht die sogenannte **Amoroso-Robinson-Relation**. Aus dieser Gleichung können interessante Ergebnisse abgeleitet werden. Da die Nachfrageelastizität negativ ist, folgt: **Für eine Nachfrageelastizität absolut kleiner als unendlich ist der Preis immer größer als die Grenzerlöse:**

$$(12) \qquad \frac{\partial E}{\partial x} < p \qquad \text{wenn } |\eta(x,p)| < \infty$$

Dieser Zusammenhang wird anhand eines Zahlenbeispiels verdeutlicht. In der Ausgangssituation werden fünf Einheiten zu einem Preis von 10 DM verkauft, so daß Erlöse in Höhe von 50 DM erzielt werden. Erhöht sich die Produktion um eine Einheit bei unverändertem Preis, dann steigt der Erlös in Höhe des Preises von 10. Der Monopolist kann bei fallender Marktnachfragefunktion nur mehr absetzen, wenn er den Preis z.B. auf 9 DM reduziert. Der Erlös steigt nur um 4 DM auf 54 DM. Der Preis in der Ausgangssituation (10 DM) ist daher größer als der Grenzerlös (4 DM). Aus der Gleichung (11) folgt weiterhin, wie sich bei einer Ausdehnung der Menge die Erlöse in den unterschiedlichen Bereichen der Nachfragefunktion entwickeln:

$$(13) \qquad \frac{\partial E}{\partial p} \begin{cases} > 0 \\ = 0 \\ < 0 \end{cases} \qquad \text{wenn } \begin{cases} \eta(x,p) < -1 & \text{bzw. } |\eta(x,p)| > 1 \\ \eta(x,p) = -1 & \text{bzw. } |\eta(x,p)| = 1 \\ \eta(x,p) > -1 & \text{bzw. } |\eta(x,p)| < 1 \end{cases}$$

Im Erlösmaximum ist die Nachfrageelastizität absolut gleich Eins. **Ist die Nachfrageelastizität absolut größer (kleiner) als Eins, so sind die Grenzerlöse positiv (negativ). Eine Erhöhung der Absatzmenge führt zu einer Erhöhung (Verringerung) der Erlöse im elastischen (unelastischen) Bereich.**

Reagiert die Nachfrage vollkommen elastisch, sind wie bei vollständiger Konkurrenz die Grenzerlöse und der Preis gleich:

(14) $\frac{\partial E}{\partial x} = p \qquad \text{wenn } |\eta(x,p)| = \infty$

Die Ergebnisse der Diskussion über die Auswirkungen von Mengen- und Preisänderungen können folgendermaßen zusammengefaßt werden: Eine Preiserhöhung hat bezogen auf die Erlösänderung eine entgegengesetzte Wirkung wie eine Mengenerhöhung. Bei einer fallenden Marktnachfragefunktion ist eine Preiserhöhung im Prinzip gleichzusetzen mit einer Mengenreduktion, eine Mengenerhöhung ist gleichzusetzen mit einer Preisreduktion. Im elastischen Bereich sinken (steigen) die Erlöse nach einer Preiserhöhung (Mengenreduktion). Im unelastischen Bereich ändern sich die Erlöse entgegengesetzt. In der Abbildung 1 sind Preis-Absatz-, Erlös- und Grenzerlösfunktionen für eine lineare Marktnachfragefunktion graphisch dargestellt.

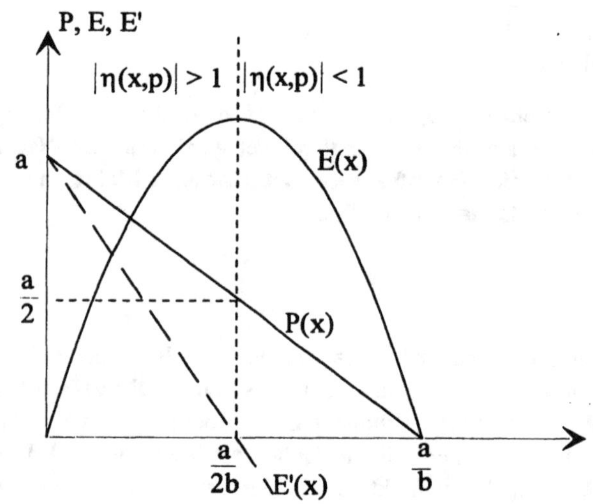

Abb. VII.1: Marktnachfrage-, Erlös-, Grenzerlösfunktion

Die Preis-Absatz-Funktion wird gegeben durch:

(15) $p = a - bx \qquad a, b > 0$

Der Parameter a steht für den Prohibitivpreis. Zu diesem Preis existiert keine Nachfragebereitschaft. Durch den Buchstaben b wird die Sättigungsmenge berücksichtigt. Für die Erlöse und die Grenzerlöse folgt:

(16) $E = ax - bx^2$ (17) $\frac{dE}{dx} = a - 2bx$

Die Steigung der Grenzerlösfunktion ist bei linearen Preis-Absatz-Funktionen absolut gesehen doppelt so groß wie die Steigung der Preis-Absatz-Funktion. Die erlösmaximale Menge liegt bei:

$$(18) \quad x=\frac{a}{2b}$$

Der erlösmaximale Preis resultiert nach Substitution dieser Menge in die Preis-Absatz-Funktion (15):

$$(19) \quad p=\frac{a}{2}$$

Das Mengen- und Preisintervall für den elastischen bzw. unelastischen Bereich kann unter der Berücksichtigung, daß der Grenzerlös im elastischen Bereich positiv und im unelastischen Bereich negativ ist, angegeben werden:

$$(20a) \quad \begin{matrix} 0\leq p\leq\frac{a}{2} \\ \frac{a}{2}<p\leq a \end{matrix}\begin{cases}\text{unelastisch} \\ \text{elastisch}\end{cases} \qquad (20b) \quad \begin{matrix} 0\leq x\leq\frac{a}{2b} \\ \frac{a}{2b}<x\leq\frac{a}{b} \end{matrix}\begin{cases}\text{elastisch} \\ \text{unelastisch}\end{cases}$$

Die Grenzerlöse sind im elastischen Bereich positiv. Die Erlösfunktion hat dort eine positive Steigung. Im unelastischen Bereich sind die Grenzerlöse negativ. Die Erlösfunktion verläuft fallend. Im Erlösmaximum nehmen die Grenzerlöse den Wert Null an. Die Elastizität ist absolut gleich Eins.

Die Preis-Absatz-Funktion eines Monopolisten wird z.B. gegeben durch:

$$(B1) \quad p=100-x$$

Aus dieser Preis-Absatz-Funktion erhält man für die Erlöse und Grenzerlöse:

$$(B2) \quad E=100x-x^2 \qquad (B3) \quad E'=100-2x$$

Bei x = 50 werden die Grenzerlöse Null. Dort erreicht die Erlösfunktion ihr Maximum. Da die Grenzerlöse im elastischen Bereich positiv sind, folgt, daß bis zu einer Menge von 50 die Nachfrage überproportional auf eine Preisänderung und ab einer Menge von 50 unterproportional auf eine Preisänderung reagiert.

c) Das Gewinnmaximierungsproblem

Für die Bestimmung des Gewinnmaximums des Monopolisten wird angenommen, daß sich der Monopolist auf dem Beschaffungsmarkt als Mengenanpasser verhält. Das Gewinnmaximierungsproblem des Monopolisten lautet unter dieser Annahme:

(21) $\max\limits_{x,v_1,v_2} \quad G=p(x)x-q_1v_1-q_2v_2-K_f$

u.d.R. $\quad x=h(v_1,v_2)$

endogen: G, x, v_1, v_2

exogen: q_1, q_2, K_f

Dieser Maximierungsansatz liefert simultan die optimalen Faktoreinsatzmengen und den optimalen Output. Die beiden Probleme der Bestimmung dés gewinnoptimalen Outputs und der gewinnoptimalen Faktoreinsatzmengen werden aus Vereinfachungsgründen getrennt behandelt. Das **Inputproblem** ergibt sich aus der Substitution der Produktionsfunktion in die Gewinnfunktion:

(22) $$\max_{v_1,v_2} \quad G=p[x(v_1,v_2)]x(v_1,v_2)-q_1v_1-q_2v_2-K_f$$

Das **Outputproblem** erhält man, wenn die Kostengleichung und die Produktionsfunktion zur Kostenfunktion zusammengefaßt werden:[4)]

(23) $$\max_{x} \quad G=p(x)x-K(x;q_1,q_2)=E(x)-K(x;q_1,q_2)$$

3. Das Outputproblem

a) Das Gleichgewicht

Zur Bestimmung des Gewinnmaximums gemäß der Gleichung (23) wird der Gewinn nach der Produktionsmenge differenziert und die Ableitung gleich Null gesetzt:

(24) $$\frac{\partial G}{\partial x}=\frac{\partial E}{\partial x}-\frac{\partial K}{\partial x}=0$$ bzw. (25) $$\frac{\partial E}{\partial x}=\frac{\partial K}{\partial x}$$

Im Gewinnmaximum entsprechen die Grenzerlöse den Grenzkosten. Diese Bedingung ist, wie bereits in der Diskussion des Gewinnmaximums eines Mengenanpassers erläutert wurde, allgemeingültig. Der Unterschied zur Lösung bei vollständiger Konkurrenz liegt darin, daß die Grenzerlöse des Monopolisten nicht mehr dem Preis entsprechen. Um die spezielle Natur des Monopolgleichgewichts herauszustellen, werden die Grenzerlöse durch die Amoroso-Robinson-Relation (11) ersetzt:

(26) $$p\left(1+\frac{1}{\eta(x,p)}\right)=\frac{\partial K}{\partial x}$$

Im Gewinnmaximum eines Monopolisten ist der Preis nur dann gleich den Grenzkosten, wenn die Marktnachfrage vollkommen elastisch verläuft. Zur Herleitung der Bedingung der 2. Ordnung wird die Gleichung (24) nach x differenziert:

4) Zur Herleitung der Kostenfunktion vgl. Abschnitt III.C.2.a)

(27) $\frac{\partial^2 G}{\partial x^2}=\frac{\partial^2 E}{\partial x^2}-\frac{\partial^2 K}{\partial x^2}<0$ bzw. (28) $\frac{\partial^2 E}{\partial x^2}<\frac{\partial^2 K}{\partial x^2}$

Die hinreichende Bedingung fordert, daß die Steigung der Grenzerlöse geringer als die Steigung der Grenzkosten ausfällt. Die formalen Ergebnisse sollen anhand der Abbildung 2 interpretiert werden, wobei weiterhin von einer linearen Preis-Absatz-Funktion ausgegangen wird:

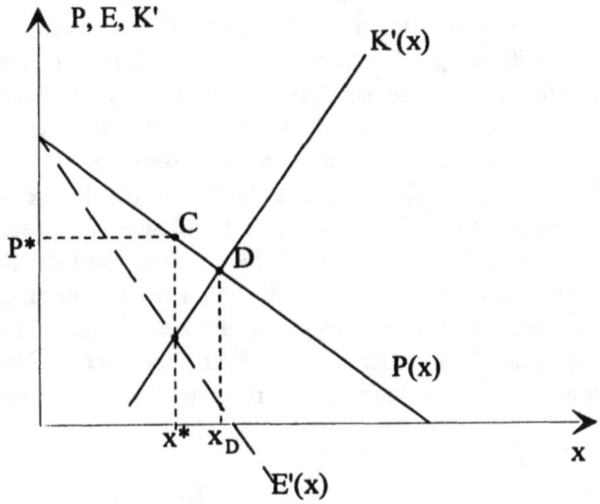

Abb. VII.2: Das Monopolgleichgewicht

Die gewinnmaximale Menge x* wird erreicht, wenn die Grenzerlöse gleich den Grenzkosten sind. Den gewinnoptimalen Preis p* erhält man durch Substitution dieser Menge in die Marktnachfragefunktion. Graphisch wird so der Punkt C ermittelt, der als **Cournotscher Punkt** bezeichnet wird. Da der Preis größer ist als der Grenzerlös und die Grenzkosten dem Grenzerlös entsprechen, ist der **Preis im Gewinnmaximum größer als die Grenzkosten.** Warum sind im Gewinnmaximum des Monopolisten Preis und Grenzkosten nicht gleich? Bei der Menge x^D sind die Grenzkosten gleich dem Preis und größer als die Grenzerlöse. Eine Reduzierung der Outputmenge führt sowohl zu einem Rückgang der Erlöse als auch der Kosten.[5] Da die Grenzkosten größer sind als die Grenzerlöse, ist der Erlösrückgang kleiner als die Kostenreduktion. Der Gewinn nimmt zu. Eine Gewinnerhöhung ist solange möglich, bis die Grenzkosten den Grenzerlösen entsprechen. Wird der Monopolist im unelastischen Bereich der Preis-Absatz-Funktion

5) Dies gilt für den elastischen Bereich. Eine Verringerung der Ausbringungsmenge im unelastischen Bereich würde eine Erlöserhöhung implizieren.

anbieten? Im unelastischen Bereich sind die Grenzerlöse negativ. Eine Einschränkung der Produktion führt in diesem Bereich stets zu einer Erlössteigerung und, da die Grenzkosten positiv sind, zu einem Kostenrückgang. Die Einschränkung der Produktion im unelastischen Bereich führt immer zu einer Gewinnerhöhung. Das Monopolgleichgewicht liegt zwingend im elastischen Bereich der Marktnachfrage. Anhand dieses theoretischen Ergebnisses ist es möglich, die Zielsetzungen von Monopolisten empirisch zu überprüfen. **Stellt man fest, daß ein Monopolist im unelastischen Bereich seiner Preis-Absatz-Funktion anbietet, so kann seine Zielsetzung nicht Gewinnmaximierung lauten.** Die hinreichende Bedingung für ein Gewinnmaximum bei vollständiger Konkurrenz setzt einen steigenden Verlauf der Grenzkostenfunktion voraus. Die hinreichende Bedingung für ein Gewinnmaximum im Monopol (28) ist schwächer als die hinreichende Bedingung bei vollständiger Konkurrenz. Die Grenzkosten müssen lediglich größer sein als die Grenzerlöse. Ein fallender Verlauf der Grenzkosten kann mit einem Gewinnmaximum kompatibel sein. In der Abbildung 3 a) verläuft die Grenzkostenkurve flacher als die Grenzerlöskurve. Ausgehend von P_0 nehmen bei einer Erhöhung der Produktionsmenge die Kosten stärker zu als die Erlöse. In diesem Fall ist die hinreichende Bedingung für ein Gewinnmaximum erfüllt. Eine über die Menge x hinausgehende Produktion würde den Gewinn reduzieren. In der Abbildung 3 b) verläuft die Grenzkostenkurve steiler als die Grenzerlöskurve. Ausgehend von P_0 nehmen bei einer Erhöhung der Produktionsmenge die Kosten weniger stark zu als die Erlöse. In diesem Fall ist die hinreichende Bedingung für ein Gewinnmaximum verletzt. Eine über die Menge x* hinausgehende Produktion würde den Gewinn erhöhen. Es liegt ein Gewinnminimum vor.

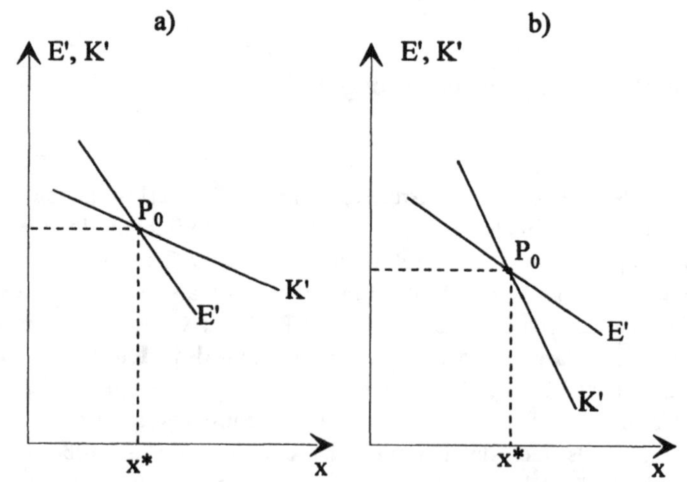

Abb. VII.3: Hinreichende Bedingung für ein Gewinnmaximum im Monopol

Betrachten wir zur Verdeutlichung folgendes Beispiel. Die Produktionsfunktion eines Monopolisten sei gegeben durch:

(B4) $x = v^{0,5}$

Daraus folgt eine Verbrauchsfunktion von:

(B5) $v = x^2$

Der Faktorpreis sei $q = 2$. Für die Kostenfunktion resultiert:

(B6) $K = qv = 2x^2$

Für die Preis-Absatz-Funktion wird unterstellt:

(B7) $p = 600 - x$

Die Erlöse, die Grenzerlöse und die Grenzkosten betragen:

(B8) $E = 600x - x^2$ *(B9)* $\frac{dE}{dx} = 600 - 2x$ *(B10)* $\frac{dK}{dx} = 4x$

Werden die Grenzerlöse gleich den Grenzkosten gesetzt, folgt :

(B11) $600 - 2x = 4x$

Die gewinnoptimale Menge beträgt 100 Einheiten, zu deren Produktion 10.000 Faktoreinheiten benötigt werden. Die Preis-Absatz-Funktion liefert für x=100 einen Preis von 500. Der Gewinn beträgt 30.000

b) Gewinnmaximierung bei isoelastischen Nachfragefunktionen

Probleme für die Bestimmung des Gleichgewichts können bei der Existenz von isoelastischen Nachfragefunktionen auftreten. Zur Illustration wird von folgender Nachfragefunktion ausgegangen

(29) $p = A\,x^{-\frac{1}{\alpha}} \qquad A, \alpha > 0,$

wobei α einen konstanten Wert für die direkte Nachfrageelastizität angibt:

(30) $\eta(x,p) = -\alpha$

Aus der Gleichung (29) folgt für die Erlöse und Grenzerlöse:

(31) $E = Ax^{1-\frac{1}{\alpha}}$

(32) $\frac{\partial E}{\partial x} = (1 - \frac{1}{\alpha})Ax^{-\frac{1}{\alpha}} \begin{cases} >0 \\ =0 \\ <0 \end{cases} \text{für} \begin{cases} \alpha > 1 \\ \alpha = 1 \\ \alpha < 1 \end{cases}$

In der Abbildung 4 a) sind die Verläufe der Erlöse bei einer konstanten Nachfrageelastizität von $\alpha = 1$ und in der Abbildung 4 b) bei einer konstanten Nachfrageelastizität von $\alpha < 1$ dargestellt. Die Grenzerlöse sind für $\alpha = 1$ immer gleich Null. Sie verändern sich bei Variation der Produktionsmenge nicht. Die Erlöse sind konstant. Da die Grenzkosten immer positiv sind, nimmt der Gewinn bei einer Ausdehnung der Produktion ab. Dies bedeutet, daß der Gewinn gegen unendlich strebt, wenn die Menge gegen Null geht. Der Monopolist erzielt den höchstmöglichen Gewinn, wenn er die kleinstmögliche Einheit verkauft. In der Abbildung 4 b) sind die Grenzerlöse immer negativ. Der Erlös nimmt bei jeder Produktionserhöhung ab. Es resultieren hier die gleichen Ergebnisse wie in der Abbildung 4 a).

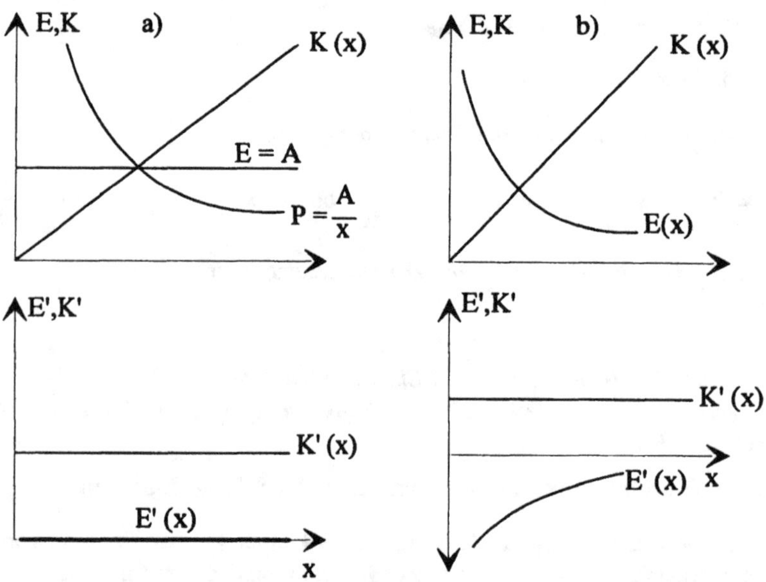

Abb. VII.4: Monopolgleichgewicht bei isoelastischen Marktnachfragefunktionen

Welche Resultate folgen, wenn die Nachfrage völlig preisunelastisch verläuft? In diesem Fall ist zwar die Menge gemäß der Regel Grenzerlös gleich Grenzkosten bestimmt, jedoch ist der Preis offen, da der Gewinn des Monopolisten um so größer wird, je höher er den Preis setzt, die Preissetzung aber keinen Schranken unterliegt.

c) Monopol und Angebotsfunktion

Zur Diskussion steht die Frage, ob für den Monopolisten eine Angebotsfunktion existiert. Bei der vollständigen Konkurrenz besteht eine eindeutige Beziehung zwischen alternativen Preisen und angebotener Menge. Kann eine solche Beziehung auch für den Monopolfall abgeleitet werden? Die Ableitung einer Angebotsfunktion setzt voraus, daß der Unternehmung alternative Preise vorgegeben werden und diese dazu ihre jeweilige gewinnoptimale Menge bestimmt. Bei der Bestimmung des Monopolgleichgewichts wurde herausgearbeitet, daß es bei gegebener Marktnachfragefunktion nur einen gewinnoptimalen Preis und eine gewinnoptimale Menge gibt. Im Unterschied zur vollständigen Konkurrenz werden Preise und Mengen unter Beachtung der gegebenen Marktnachfragefunktion abgleitet und sind daher endogen. Man könnte verschiedene Monopolgleichgewichte ableiten, indem die Marktnachfragefunktion verschoben bzw. gedreht wird, und die Verbindungslinie der Cournotschen Punkte als Angebotsfunktion bezeichnen. Gegen eine solche Vorgehensweise spricht jedoch, daß die so ermittelte Angebotsfunktion durch eine Veränderung der Nachfragefunktion entsteht. Aus diesem Grunde existiert eine Angebotsfunktion im Sinne einer Bereitschaftsfunktion für einen Monopolisten nicht, bzw. sie besteht lediglich aus einem einzigen, dem Cournotschen Punkt.

d) Vergleich von vollständiger Konkurrenz und Monopol

Zur Durchführung des Vergleichs der unterschiedlichen Lösungen des Outputproblems in den beiden Marktformen wird die Abbildung 5 betrachtet.

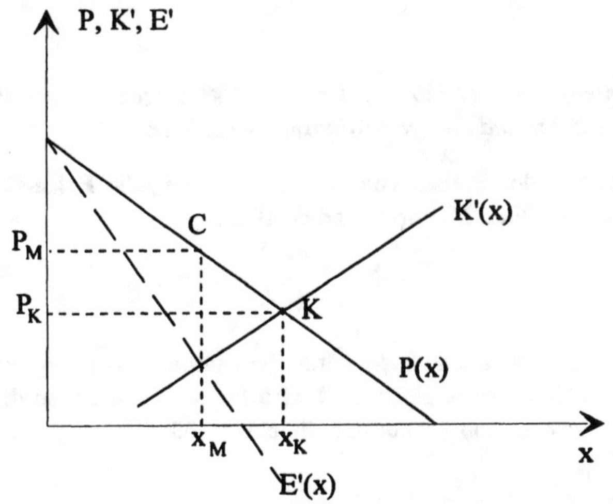

Abb. VII.5: Vergleich der Gleichgewichte im Monopol und in vollständiger Konkorrenz

Es werden folgende Annahmen unterstellt:[6)]

(1) Die Gesamtnachfrage des Monopolmarktes ist identisch mit der Gesamtnachfrage des Polypolmarktes.

(2) Die Grenzkostenkurve des Monopolisten und die aggregierte Grenzkostenkurve

6) Ein abschließender Vergleich der Marktformen erfolgt im Abschnitt VII.D.2

der Mengenanpasser sind identisch.[7)]

Die Grenzkostenfunktion des Monopolisten und die aggregierte Grenzkostenfunktion der Mengenanpasser sind beispielsweise gleich, wenn sich die kleinen Anbieter zu einem Kartell zusammenschließen und auf der Basis der aggregierten Grenzkostenfunktion den Marktpreis bestimmen.

Bei vollständiger Konkurrenz wird das Gleichgewicht im Punkt K erreicht, wo die Marktnachfragefunktion die aggregierte Grenzkostenfunktion schneidet. Im Monopol liegt das Gleichgewicht im Punkt C, dem Cournotschen Punkt. Man erkennt unmittelbar: **Ein gewinnmaximierender Monopolist bietet eine geringere Menge zu einem höheren Preis als ein gewinnmaximierender Mengenanpasser an.**

Das im Beispiel (B4) bis (B11) berechnete Monopolgleichgwicht soll mit dem Gleichgewicht bei vollständiger Konkurrenz verglichen werden. Bei vollständiger Konkurrenz würde der einzelne Anbieter nach der Regel Preis gleich Grenzkosten handeln. Da die aggregierte Grenzkostenkurve aller Anbieter der Grenzkostenkurve des Monopolisten entsprechen soll, erhalten wir für das Marktgleichgewicht:

$$\text{(B12)} \quad 600 - x = 4x$$

Die Gleichgewichtsmenge beträgt 120 und der Preis 480. Gegenüber der Monopolsituation ist der Preis niedriger und die Produktionsmenge größer.

Die relative Abweichung des Preises von den Grenzkosten, die **Price-Cost-Margin**, wird mit Hilfe des **Lernerschen Monopolgrades** erfaßt:

$$\text{(33)} \qquad m = \frac{p - K'}{p}$$

Der Lernersche Monopolgrad kann als Maß für die Marktmacht interpretiert werden. Sind Grenzkosten und Grenzerlöse gleich und wird für die Grenzerlöse die Amoroso-Robinson-Relation eingesetzt, so folgt aus der Gleichung (33) :

$$\text{(34)} \qquad m = \frac{p - p(1 + \frac{1}{\eta})}{p}$$

Nach Ausrechnung der Klammer erhält man:

$$\text{(35)} \qquad m = \frac{1}{|\eta|}$$

Der Lernersche Monopolgrad ist identisch mit dem Kehrwert der absoluten direkten Nachfrageelastizität. Er ist um so größer, je kleiner der Betrag der Nachfrageela-

7) Die aggregierte Grenzkostenfunktion der Mengenanpasser entspricht der Marktangebotsfunktion.

stizität ist. Bei vollständiger Konkurrenz entsprechen die Preise den Grenzkosten. Der Lernersche Monopolgrad nimmt dann den Wert Null an.

Die Abweichung des Preises von den Grenzkosten führt zu Wohlfahrtsverlusten. Den Grad dieses Wohlfahrtsverlustes drückt der Lernersche Monopolgrad aus. Für eine weitere, über die im Monopol angebotene hinausgehende Gütereinheit, sind die Konsumenten mehr zu zahlen bereit, als diese Gütereinheit gemäß den Grenzkosten kostet. Eine Ausweitung der Produktion würde die gesamtwirtschaftliche Wohlfahrt erhöhen. Je stärker die Preise von den Grenzkosten abweichen, um so größer fällt der Wohlfahrtsverlust aus. Der soziale Überschuß als Summe von Konsumenten- und Produzentenrente ist um so größer, je geringer der Monopolgrad ist.[8)]

e) Komparative Statik

ea) Nachfrageänderungen

Wie reagiert der Monopolist auf Veränderungen der Absatzseite? Hierzu wird die Preis-Absatz-Funktion um den Parameter α erweitert, der diese Einflüsse aufnehmen soll:

(36) $p = p(x;\alpha)$ und (37) $\frac{\partial p}{\partial \alpha} > 0$

Die Erhöhung dieses Parameters gibt Auskunft darüber, daß die Konsumenten die gleichen Mengen zu jeweils höheren Preisen nachzufragen bereit sind. Für die Erlösfunktion und die Grenzerlösfunktion gilt:

(38) $E = xp(x;\alpha)$ und (39) $\frac{\partial E}{\partial x} = p(x;\alpha) + \frac{\partial p}{\partial x}(x;\alpha)x$

Die Grenzerlöse verändern sich bei einer Variation des Parameters α gemäß:

$$\text{(40)} \quad \frac{\partial^2 E}{\partial x \partial \alpha} = \frac{\partial^2 p}{\partial x \partial \alpha} x + \frac{\partial p}{\partial \alpha}$$

Der zweite Summand auf der rechten Seite der Gleichung (40) ist annahmegemäß positiv und impliziert eine tendenzielle Zunahme der Grenzerlöse. Im ersten Summanden wird die Veränderung der Steigung der Nachfragefunktion bei einer Variation von α und gegebener Produktionsmenge erfaßt. Nimmt die Steigung zu, ist der erste Summand positiv und die Nachfragefunktion verläuft flacher. Da beide Effekte positiv sind, steigen die Grenzerlöse. Verläuft die Nachfragefunktion hingegen steiler, ist der erste Summand negativ und damit das Vorzeichen für die Veränderung der Grenzerlöse unbestimmt. Die Grenzerlöse können sogar abnehmen. Zur Überprüfung dieser Aussage wird auf die Amoroso-Robinson-Relation zurückgegriffen:

$$\text{(41)} \quad \frac{\partial E}{\partial x} = p(x,\alpha)\left[1 + \frac{1}{\eta[x, p(x,\alpha), \alpha]}\right]$$

---

8) vgl. Abschnitt VI.E.

Zur Herleitung des Zusammenhangs zwischen Grenzerlösen und Veränderungen von α wird die Gleichung (41) nach α differenziert. Da die Veränderung der Grenzerlöse bei gleicher Menge untersucht werden soll, wird die Menge bei der Differenzierung konstant gehalten:

$$(42)\quad \frac{\partial^2 E}{\partial x \partial \alpha} = \frac{\partial p}{\partial \alpha}\left[1 + \frac{1}{\eta}\right] - p\frac{\frac{d\eta}{d\alpha}}{\eta^2} \qquad \text{mit} \qquad (43)\quad \frac{d\eta}{d\alpha} = \frac{\partial \eta}{\partial \alpha} + \frac{\partial \eta}{\partial p}\frac{\partial p}{\partial \alpha}$$

Da die induzierte Verschiebung der Nachfragefunktion nach oben den Preis bei gleicher Menge steigen läßt und der Monopolist immer im elastischen Bereich der Nachfragefunktion anbietet, ist der erste Ausdruck auf der rechten Seite der Gleichung (42) stets positiv. Der zweite Ausdruck hängt von der Veränderung der Elastizität ab. Nimmt die Elastizität ab, d.h. die Nachfrage wird elastischer, dann ist der zweite Ausdruck negativ. Die Grenzerlöse steigen in dieser Konstellation. Wird die Nachfrage unelastischer, dann ist der zweite Ausdruck positiv. Die Entwicklung der Grenzerlöse ist nicht mehr eindeutig.

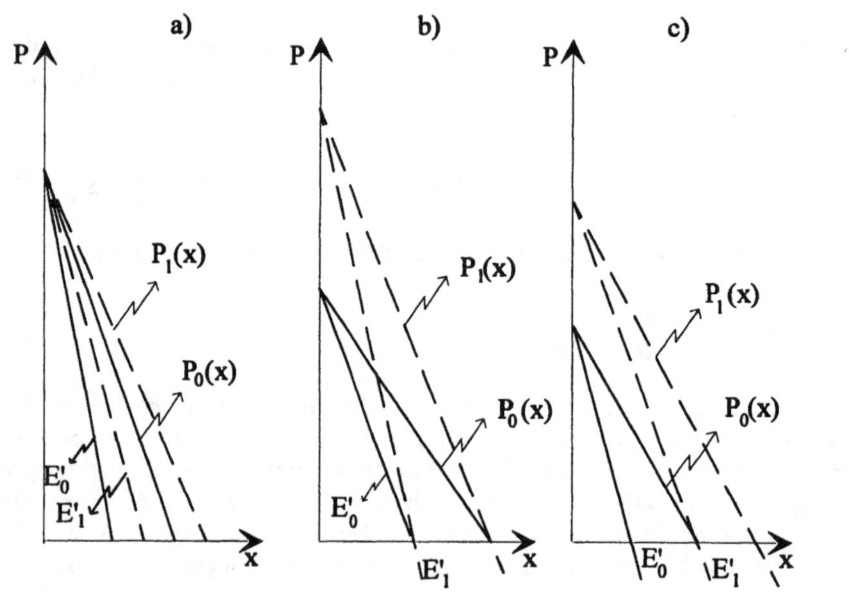

Abb. VII.6: Veränderung der Grenzerlöse bei linearen Marktnachfragefunktionen

Bei linearen Nachfragefunktionen nehmen die Grenzerlöse im elastischen Bereich bei einer Verschiebung bzw. Drehung nach außen stets zu. In der Abbildung 6 sind die drei möglichen Fälle

(a) Drehung der Preis-Absatz-Funktion im Ordinatenabschnitt nach rechts außen,
(b) Drehung der Preis-Absatz-Funktion im Abzissenabschnitt nach rechts außen,
(c) Parallelverschiebung der Preis-Absatz-Funktion nach rechts

dargestellt.

Untersucht wird die Entwicklung der Nachfrageelastizität anhand der allgemeinen linearen Nachfragefunktion:

(44) $p = a - bx \qquad a, b > 0$

Der Ordinatenabschnitt nimmt den Wert a und der Abzissenabschnitt den Wert a/b an. Für die Elastizität folgt:

(45) $\eta(x,p) = -\frac{a-bx}{bx} = -\frac{a}{bx} + 1$

Man erkennt, daß die Elastizität für eine gegebene Menge sich nur verändern kann, wenn der Abzissenabschnitt sich verändert. Wenn der Abzissenabschnitt zunimmt, wird die Nachfrageelastizität abnehmen. Die Nachfrage wird elastischer. Dies gilt für die in den Abbildungen 6a) und 6c) dargestellten Funktionen. In der Abbildung 6b) bleibt dagegen der Abzissenabschnitt und damit die Nachfrageelastizität bei jeder vorgegebenen Menge im elastischen Bereich unverändert.

Bei linearen Nachfragefunktionen wird die Nachfrageelastizität bei einer Erhöhung des Parameters α im elastischen Bereich bei jeder Menge elastischer bzw. bleibt unverändert:

(46) $\frac{d\eta}{d\alpha} \leq 0$ bzw. (47) $\left|\frac{d\eta}{d\alpha}\right| \geq 0$

Der Grenzerlös wird bei einer Funktion für jede gegebene Menge immer steigen. Unter Berücksichtigung des eingeführten Parameters lautet die Bedingung der 1. Ordnung für ein Gewinnmaximum:

(48) $\frac{\partial G}{\partial x} = \frac{\partial E}{\partial x}(x;\alpha) - \frac{\partial K}{\partial x}(x) = 0$

Die Auswirkungen einer Änderung des Parameters α auf die nachgefragte Menge ergeben sich nach impliziter Differenzierung der Gleichung (48):

(49) $\frac{dx}{d\alpha} = -\frac{\frac{\partial^2 E}{\partial x \partial \alpha}}{\frac{\partial^2 E}{\partial x^2} - \frac{\partial^2 K}{\partial x^2}}$

Aufgrund der Bedingung der zweiten Ordnung ist der Nenner negativ, so daß die Produktionsmenge zunimmt (abnimmt, konstant bleibt), wenn die Grenzerlöse bei zunehmender Nachfrage steigen (sinken, konstant bleiben). Für diese Ergebnisse gibt es folgende Begründung: Da die Kosten von α unabhängig sind, bleiben auch die Grenzkosten bei einer Variation von α unverändert. Ob der Grenzgewinn bei einer Veränderung von α zu- oder abnimmt, hängt ausschließlich von der Veränderung der Grenzerlöse ab. Im linearen Fall nehmen die Grenzerlöse stets zu. Die Produktionsmenge wird daher bei linearen Nachfrageverläufen immer steigen. Bei nicht-linearen Nachfrageverläufen können die Grenzerlöse abnehmen, was zu einem Rückgang der Produktion führt. Welche Konsequenzen ergeben sich für den Preis? Wir betrachten die Gleichung (36) und berücksichtigen, daß x von α abhängig ist. Für die Veränderung des Preises folgt:

$$(50) \qquad \frac{dp}{d\alpha} = \frac{\partial p}{\partial \alpha} + \frac{\partial p}{\partial x}\frac{dx}{d\alpha}$$

Der erste Summand auf der rechten Seite der Gleichung (50) ist annahmegemäß positiv. Das Vorzeichen des zweiten Summanden hängt von der Reaktion der Menge bei einer Änderung des Parameters α ab. Nimmt die Menge ab, wird in jedem Fall der Preis steigen. Nimmt die Menge zu, dann haben beide Summanden unterschiedliche Vorzeichen, so daß eine eindeutige Aussage über die Preisentwicklung nicht möglich ist. Eine Reduktion des Preises ist bei einer Erhöhung der Nachfrage nicht auszuschließen.

Die Nachfrage-, Erlös- und Grenzerlösfunktionen sind für die speziellen Fälle $\alpha = 1$ und $\alpha = 2$ für die Nachfragefunktion $p = (10 - x)^{\alpha}$ in der Tabelle 1 angegeben und in der Abbildung 7 skizziert, wobei der Definitionsbereich auf $x \leq 10$ beschränkt ist.

Die mit der Nachfragefunktion $p = 10 - x$ korrespondierende Grenzerlösfunktion nimmt bei $x = 5$ den Wert Null an, während die Grenzerlösfunktion zu der Nachfragefunktion $p = (10 - x)^2$ bereits bei $x = 3{,}33$ die Nullstelle erreicht. Die Grenzerlöse der vom Koordinatenursprung weiter entfernter verlaufenden Nachfragefunktion liegen ab einer Angebotsmenge x von 3,153 unterhalb der Grenzerlöse der näher am Koordinatenursprung verlaufenden Nachfragefunktion!

	allgemein	$\alpha = 1$	$\alpha = 2$
Nachfrage	$p = (10-x)^{\alpha}$	$p = (10-x)^1$	$p = (10-x)^2$
Erlöse	$E = (10-x)^{\alpha} x$	$E = 10x - x^2$	$E = 100x - 20x^2 + x^3$
Grenzerlöse	$\frac{\partial E}{\partial x} = -\alpha(10-x)^{\alpha-1} x + (10-x)^{\alpha}$	$\frac{\partial E}{\partial x} = 10 - 2x$	$\frac{\partial E}{\partial x} = 100 - 40x + 3x^2$
Nullstelle der Grenzerlöse	$\frac{\partial E}{\partial x} = 0 \Rightarrow x$	$x = 5$	$x = 3{,}33$
Gleichgewicht bei gegebenen Grenzkosten	$\frac{dE}{dx} = \frac{dK}{dx} = 3 \Rightarrow x^*$	$x^* = 3{,}5$	$x^* = 3{,}18$

Tabelle 1: Nachfragefunktionen für verschiedene Werte des Lageparameters

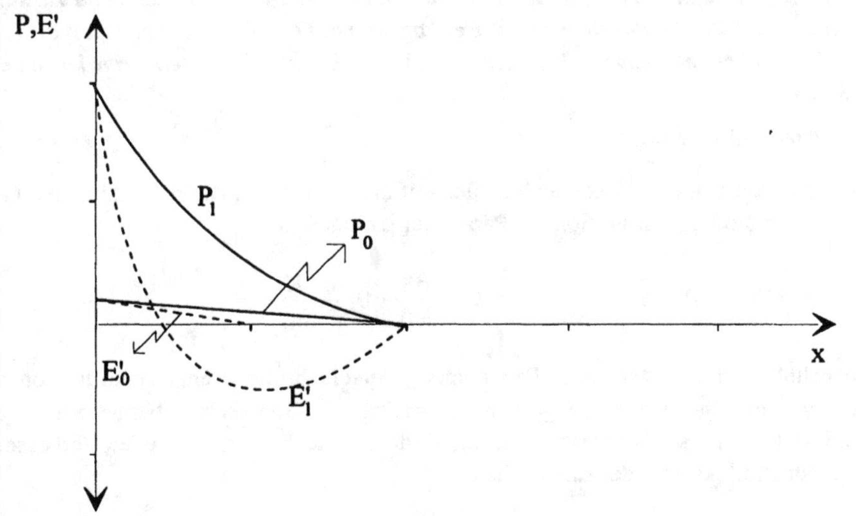

Abb. VII.7: Grenzerlösfunktionen für verschiedene Werte des Lageparameters

Die Grenzkosten sollen einen Wert von drei Einheiten haben. Welche Gleichgewichtsmengen resultieren für die alternativen Nachfragefunktionen? Für $\alpha = 1$ errechnet man

im Gleichgewicht einen Wert von drei und für $\alpha = 2$ von 3,18 Einheiten. Die Erhöhung der Nachfrage führt in diesem Beispiel zu einem Rückgang der gewinnoptimalen Menge. Welche Preisveränderungen sind möglich? Zur Illustration betrachten wir ein weiteres Beispiel. Die Nachfragefunktionen vor und die Nachfragefunktion nach der Nachfrageänderung werden durch (p_1) und (p_2) gegeben: Die Grenzkosten betragen alternativ K_A', K_B' und K_C'. Die Tabelle 2 stellt die Ergebnisse zusammen:

Grenzkosten	**$p_1 = 100 - 2x$**	**$p_2 = 100 - x$**
$K_A' = 20$	$x = 20$ $p = 60$	$x = 40$ $p = 60$
$K_B' = 20 + x$	$x = 16$ $p = 68$	$x = 80/3$ $p = 220/3$
$K_C' = 20 - x$	$x = 80/3$ $p = 140/3$	$x = 80$ $p = 20$

Tabelle 2: Auswirkungen von Nachfrageänderungen auf den Preis

In allen drei Fällen nimmt für die hier unterstellten speziellen Kosten- und Absatzbedingungen die Produktionsmenge zu. Bei konstanten Grenzkosten bleibt der Preis unverändert, bei zunehmenden Grenzkosten steigt er, bei abnehmenden Grenzkosten sinkt der Preis.

eb) Kostenänderungen

Um Auswirkungen von Kostenänderungen auf die Monopolsituation diskutieren zu können, wird in die Kostenfunktion der Parameter β eingefügt:

$$(51) \quad K = K(x;\beta) \qquad \text{mit:} \quad \frac{\partial K}{\partial \beta} < 0, \ \frac{\partial^2 K}{\partial x \partial \beta} < 0$$

Eine Erhöhung des Niveaus des Parameters β verschiebt die Grenzkostenfunktion nach unten, d.h. eine gegebene Menge kann zu geringeren Grenzkosten hergestellt werden. Beispiele für eine solche Datenänderung sind fallende Faktorpreise oder Verbesserungen in der Produktivität der Einsatzfaktoren.

Wie verändert sich die Menge bei einer Änderung der Größe β? Die notwendige Bedingung für ein Gewinnmaximum lautet:

$$(48a) \quad \frac{\partial G}{\partial x} = \frac{\partial E}{\partial x}(x;\alpha) - \frac{\partial K}{\partial x}(x,\beta) = 0$$

Nach impliziter Differenzierung folgt:

(52) $$\frac{dx}{d\beta}=\frac{\frac{\partial^2 K}{\partial x \partial \beta}}{\frac{\partial^2 E}{\partial x^2}-\frac{\partial^2 K}{\partial x^2}}>0$$

Da die Grenzkosten bei gleicher Produktionsmenge zurückgehen, ist der Zähler negativ. Aufgrund der Bedingung der zweiten Ordnung ist der Nenner ebenfalls negativ. Die Produktionsmenge steigt bei einer Verschiebung der Grenzkostenfunktion nach unten. Dies läßt sich wie folgt erklären: Bei gegebener Produktion ändern sich die Grenzerlöse nicht. Da die Grenzkosten sinken, wird der Grenzerlös bei unveränderter Produktion größer als die Grenzkosten, so daß bei einer Erhöhung der Produktionsmenge der Gewinn steigt.

Für die Preisentwicklung erhalten wir nach Differenzierung der Nachfragefunktion unter Beachtung der Abhängigkeit der Menge vom Lageparameter nach β:[9]

(53) $$\frac{dp}{d\beta}=\frac{\partial p}{\partial x}\frac{dx}{d\beta}<0$$

Der Preis wird bei einer Verringerung der Grenzkosten fallen, da die Nachfragefunktion sich nicht verändert und die höhere Produktion nur bei geringeren Preisen absetzbar ist.

4. Das Inputproblem

In diesem Abschnitt werden die Bedingungen für die gewinnoptimalen Faktoreinsatzmengen abgeleitet. Des weiteren wird der Einfluß einer Faktorpreisänderung auf die eingesetzten Mengen diskutiert. Die Erlöse in Abhängigkeit der Inputs betragen:

(54) $$E=p[x(v_1,v_2)]x(v_1,v_2)$$

Für die Veränderung der Erlöse bei einer Variation der jeweiligen Einsatzmengen folgt:

(55) $$\frac{\partial E}{\partial v_1}=\frac{\partial p}{\partial x}\frac{\partial x}{\partial v_1}x+p\frac{\partial x}{\partial v_1}$$ (56) $$\frac{\partial E}{\partial v_2}=\frac{\partial p}{\partial x}\frac{\partial x}{\partial v_2}x+p\frac{\partial x}{\partial v_2}$$

Die Ableitungen der Erlösfunktion nach den Faktormengen werden als **Faktorgrenzerlöse** definiert. Sie bestehen aus zwei Summanden. Der zweite Summand auf der jeweiligen rechten Gleichungsseite in (55) und (56) bringt zum Ausdruck wie sich die Erlöse verändern, wenn der Absatzpreis konstant ist. Diese Erlösänderung entspricht der Veränderung der Erlöse eines Mengenanpassers.[10] Der Monopolisten muß zusätzlich beachten, daß die durch den vermehrten Einsatz eines Produktionsfaktors gestiegene Produktion nur zu einem geringeren Preis verkauft werden kann. Diesen Einfluß erfassen die ersten Summanden der Gleichungen (55) und (56). Da diese Summanden negativ

9) Die Nachfragefunktion in Abhängigkeit des Lageparameters lautet: $p=p[x(\beta),\alpha]$

10) vgl. Abschnitt IV.D.1.

sind, sind die Faktorgrenzerlöse eines Monopolisten immer kleiner als die Faktorgrenzerlöse eines Mengenanpassers.[11)]

Die Kosten in Abhängigkeit der Faktoreinsatzmengen liefert die Kostengleichung:

$$(57) \quad K = q_1 v_1 + q_2 v_2 + K_f$$

Die Grenzkosten des Faktoreinsatzes betragen:

$$(58) \quad \frac{\partial K}{\partial v_1} = q_1 \qquad \text{und} \qquad (59) \quad \frac{\partial K}{\partial v_2} = q_2$$

Die **Grenzkosten des Faktoreinsatzes** geben an, wie sich die Kosten bei einer Veränderung der Faktoreinsatzmenge verändern. Da die Faktorpreise als gegeben unterstellt werden, entsprechen die Grenzkosten der Faktormengen den jeweiligen Faktorpreisen.

Aus der Gewinnfunktion

$$(60) \quad \max_{v_1, v_2} \quad G = p[x(v_1, v_2)]x(v_1, v_2) - q_1 v_1 - q_2 v_2 - K_f$$

folgen die notwendigen Bedingungen:

$$(61) \quad \frac{\partial G}{\partial v_1} = \frac{\partial p}{\partial x}\frac{\partial x}{\partial v_1}x + p\frac{\partial x}{\partial v_1} - q_1 = 0 \quad \text{bzw.} \quad (62) \quad \frac{\partial p}{\partial x}\frac{\partial x}{\partial v_1}x + p\frac{\partial x}{\partial v_1} = q_1$$

$$(63) \quad \frac{\partial G}{\partial v_2} = \frac{\partial p}{\partial x}\frac{\partial x}{\partial v_2}x + p\frac{\partial x}{\partial v_2} - q_2 = 0 \quad \text{bzw.} \quad (64) \quad \frac{\partial p}{\partial x}\frac{\partial x}{\partial v_2}x + p\frac{\partial x}{\partial v_2} = q_2$$

Auf der linken Seite der Gleichungen (62) und (64) stehen die Grenzerlöse und auf der rechten Seite die Grenzkosten der Faktormengen. **Die gewinnoptimalen Faktoreinsatzmengen liegen dort, wo die Grenzerlöse den Grenzkosten der Faktoreinsatzmengen entsprechen.** Da die Grenzerlöse der Faktoreinsatzmengen im Monopol kleiner als beim Mengenanpasser ausfallen und der Faktorpreis als gegeben angesehen wird, folgt, **daß der Monopolist bei gleichem Faktorpreis weniger Faktormengen nachfragt als ein Mengenanpasser**.

In der Abbildung 8 sind die Grenzerlöse und die Grenzkosten eines Faktors dargestellt, wobei die Grenzerlöskurve bei monopolistischer Verhaltensweise mit (E'_M) und bei Mengenanpasserverhalten mit (E'_K) bezeichnet wird. Die Faktorgrenzerlöse eines Mengenanpassers sind bei jeder Faktormenge größer als die des Monopolisten. Im Monopol liegt das Gleichgewicht im Punkt M. Verglichen mit dem Gleichgewichtspunkt K des Mengenanpassers wird im Monopol weniger von dem betrachteten Faktor eingesetzt: $v_{1M} < v_{1K}$. Da die Faktorpreise in diesem Modell exogen sind, kann kein Vergleich der

---

11) Ähnlich wie bei dem Vergleich der Produktionsmengen kann der Vergleich der Inputmengen nur unter der Annahme, daß die Grenzproduktivitätskurve des Monopolisten der Summe der Grenzproduktivitätskurven der Mengenanpasser entspricht, durchgeführt werden.

Faktorpreise bei den unterschiedlichen Verhaltensweisen aufgestellt werden.

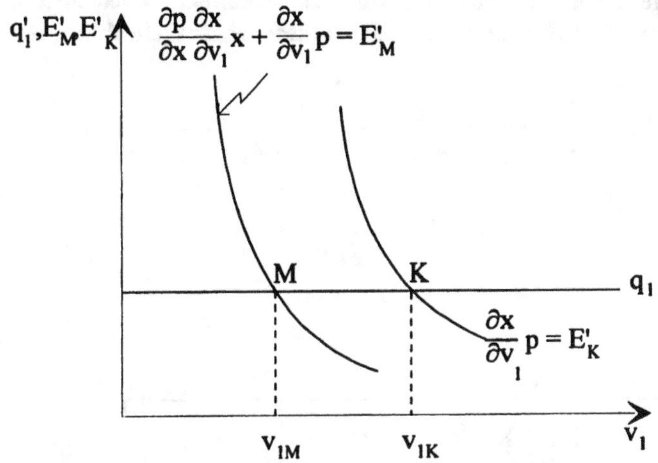

Abb. VII.8: Gewinnoptimale Faktoreinsatzmenge im Monopol

Werden beide Seiten der Gleichungen (62) und (64) durch den Absatzpreis p dividiert und auf der linken Seite jeweils die Grenzproduktivitäten der Faktoren ausgeklammert, dann können die notwendigen Gleichgewichtsbedingungen unter Verwendung der Güternachfrageelastizitäten formuliert werden:

(65) $$\frac{\partial x}{\partial v_1}\left[\frac{1}{\eta(x,p)}+1\right]=\frac{q_1}{p}$$ (66) $$\frac{\partial x}{\partial v_2}\left[\frac{1}{\eta(x,p)}+1\right]=\frac{q_2}{p}$$

Der Monopolist wird unter der Annahme der Gewinnmaximierung nur im elastischen Bereich der Nachfragefunktion produzieren. Da die Nachfrageelastizität negativ ist, sind die Klammerausdrücke kleiner als Eins. Daraus folgt: **Der Reallohn eines Faktors ist geringer als seine Grenzproduktivität.**

Werden die Gleichungen (65) und (66) als Quotient geschrieben, kürzen sich die Klammern heraus und es folgt:

(67) $$\frac{h_1}{h_2}=\frac{q_1}{q_2}$$

Der Monopolist erreicht seine Minimalkostenkombination, wenn die Grenzrate der technischen Substitution mit dem Faktorpreisverhältnis übereinstimmt. **Die Bedingung für die Minimalkostenkombination des Monopolisten entspricht der Bedingung der Minimalkostenkombination des Mengenanpassers.**

Wie verläuft bei monopolistischer Verhaltensweise die Faktornachfragefunktion? Eine Erhöhung des Faktorpreises verschiebt in der Abbildung 9 die Faktorpreislinie q_{10} nach oben zu q_{11}: Die Faktorgrenzerlöse sind bei unverändertem Faktoreinsatz v_{10}^* kleiner als der Faktorpreis. Die Unternehmung wird den Faktoreinsatz reduzieren. **Auch bei monopolistischer Verhaltensweise hat die Faktornachfragefunktion eine negative Steigung.**

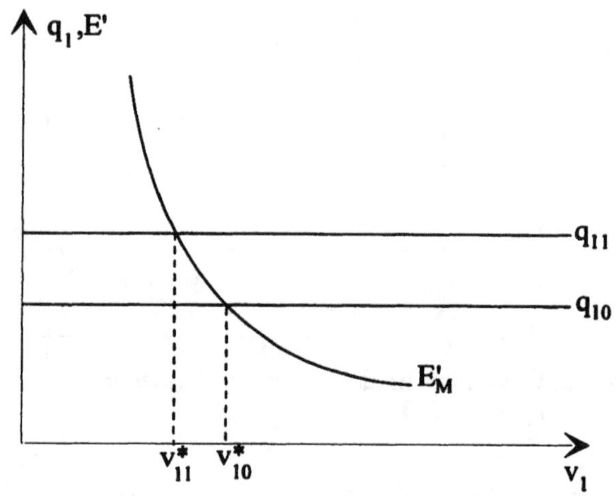

Abb. VII.9: Die Faktornachfragefunktion im Monopol

Um den Einfluß des Faktorpreises auf die Faktoreinsatzmenge formal abzuleiten, wird die Gleichung für die gewinnoptimale Faktoreinsatzmenge eines Faktors

$$(68) \quad \frac{\partial G}{\partial v_1}(v_1, q_1, p) = 0$$

implizit differenziert, wobei das Niveau des anderen Faktors zur Vereinfachung als gegeben unterstellt wird:

$$(69) \quad \frac{dv_1}{dq_1} = -\frac{\dfrac{\partial^2 G}{\partial v_1 \partial q_1}}{\dfrac{\partial^2 G}{\partial v_1^2}} = \frac{1}{\dfrac{\partial G^2}{\partial v_1^2}} < 0 \qquad \text{mit} \qquad \frac{\partial^2 G}{\partial v_1 \partial q_1} = -1$$

Der Nenner ist aufgrund der Bedingung der zweiten Ordnung für ein Maximum negativ, so daß die Einsatzmenge bei steigendem Faktorpreis abnimmt.

Folgende Informationen über die Produktions- und Preis-Absatz-Funktion liegen für einen Anbieter vor:

(B13) $x = v^{0,5}$ *(B14)* $p = 600 - x$

Verhält sich der Anbieter als Mengenanpasser, dann lautet die Gewinnmaximierungsbedingung:

(B15) $p\frac{\partial x}{\partial v} = q$

Werden die entsprechenden Werte eingesetzt, so folgt für die Gleichung (B15):

(B16) $(600 - x)0,5v^{-0,5} = q$

Nach Substitution des Outputs durch die Produktionsfunktion und Umformung resultiert:

(B17) $300v^{-0,5} - 0,5 = q$

Die linke Seite ist die Faktornachfragefunktion bei Mengenanpasserverhalten. Für einen vorgegebenen Faktorpreis von Zwei erhalten wir

$v = 120^2$, $x = 120$ *und* $p = 480$.

Bei monopolistischer Verhaltensweise lautet die Gewinnmaximierungsbedingung:

(B18) $\frac{\partial x}{\partial v}\left[\frac{\partial p}{\partial x}x + p\right] = q$

Werden die entsprechenden Werte eingesetzt, so resultiert:

(B19) $0,5v^{-0,5}(-x + 600 - x) = q$

Nach entsprechender Substitution des Outputs durch die Produktionsfunktion gilt:

(B20) $300v^{-0,5} - 1 = q$

Die linke Seite stellt den Verlauf der Faktornachfrage bei Monopolverhalten dar. Im Vergleich zur Faktornachfragefunktion bei Mengenanpasserverhalten (B17) folgt, daß die Faktornachfragefunktion des Monopolisten links von der Faktornachfragefunktion des Mengenanpassers verläuft. Beträgt der Faktorpreis Zwei, so folgt:

$v = 100^2$, $x = 100$ *und* $p = 500$

Der Verkaufspreis ist bei monopolistischer Verhaltensweise größer, und die Verkaufs- und Einsatzmengen sind kleiner als bei polypolistischer Verhaltensweise.

C. Die Preisbildung bei potentieller Konkurrenz

1. Einführung

In der vorausgegangenen Diskussion war der Monopolist vor Marktzutritt geschützt. Dieser idealtypische Zustand eines Monopols wird im folgenden aufgehoben. Der Marktzutritt ist möglich. Es stellt sich die Frage, ob und wie sich der Monopolist vor möglichem Marktzutritt schützen kann. Im Verlauf des Abschnitts C soll diese Frage beantwortet werden. Diskussionsgrundlage des Abschnitts 2 bilden die Überlegungen von Bain zu möglichen Ursachen von Marktzutrittsbarrieren. Anschließend werden im Abschnitt 3 die Besonderheiten des natürlichen Monopols und die Preisbildung im natürlichen Monopol erläutert.

2. Die grundlegende Arbeit von Bain

Bain stellte bei seinen empirischen Untersuchungen fest, daß das Preissetzungsverhalten von Monopolisten bzw. sich absprechenden Oligopolen mit der Cournotschen Monopoltheorie nicht hinreichend erklärt werden kann. Er führte zur Erklärung dieser Verhaltensweisen folgende Gründe an:

- Die Unternehmen streben keine Gewinnmaximierung an.
- Sie irren sich bei dem Versuch, ihren Gewinn zu maximieren.
- Da bezüglich der Preisabhängigkeit der Nachfrage eine große Unsicherheit besteht, werden zu den totalen Stückkosten einfach einige Aufschläge addiert.
- Die Anbieter wagen aus Angst vor staatlicher Einmischung nicht, ihre Monopolsituation voll auszuspielen.
- Die Absprachen innerhalb eines Oligopols sind nicht vollständig oder nicht erfolgreich.
- Die Anbieter setzen niedrigere Preise, um so die zukünftige Nachfrage zu erhöhen.
- Die etablierten Firmen setzen niedrigere Preise, um so keine Konkurrenten anzuziehen, die dann ihren Absatz und die Preise drücken könnten.

Obwohl alle Antworten zur Erklärung der Verhaltensweisen der Anbieter beitragen können, hielt Bain das letzte Argument, daß die Unternehmen durch Preisstrategien versuchen, Konkurrenten abzuschrecken, für das Bedeutendste. Diese Vermutung veranlaßte ihn, das **Konzept der Limitpreismodelle** zu entwickeln.[12)] Er definierte Markteintritt als die Etablierung eines vollkommen branchenfremden Unternehmens, welches neue Produktionskapazitäten aufbaut oder einführt. Diese Definition schließt die Übernahme von Produktionskapazitäten durch ein bisher nicht in dieser Branche aktives Unternehmen und Kapazitätserweiterungen schon etablierter Unternehmen aus. Ein Unternehmen tritt demnach nur in einen Markt ein, wenn es neue Produktionskapazitäten aufbaut, d.h. bisher für Produkte aus anderen Branchen genutzte Kapazitäten einsetzt und noch nicht in dieser Branche tätig war oder alte Kapazitäten reaktiviert, die zwischenzeitlich nicht

12) vgl. Bain (1949) S. 448 ff.

genutzt wurden.[13] Als weiteren Begriff führte er die Eintrittsbedingung ein. Als **Eintrittsbedingung** bezeichnet er den Prozentsatz, um den der Angebotspreis der etablierten Firmen den Wettbewerbspreis übersteigen kann, ohne daß neuen Anbietern ein Anreiz geboten wird, in den Markt einzutreten. Diese Bedingung ist eine Folge des Vorteils, den etablierte Unternehmen gegenüber potentiellen Newcomern haben und den Bain als Marktbarriere bezeichnet. Die Eintrittsbedingung dient als Maß für die Höhe der Zutrittsbarrieren.

Der **Limitpreis** ist ein weiteres Kernstück seiner Arbeiten. Bain versteht darunter den maximalen Preis, den etablierte Unternehmen setzen können, ohne weitere Anbieter anzulocken.[14] Formal läßt sich die Beziehung zwischen Wettbewerbspreis p_C, Limitpreis p_L und der Zutrittsbedingung Z darstellen als:

(70) $$Z = \frac{p_L - p_c}{p_c}$$ Z: Zutrittsbedingung

Existieren nur geringe oder keine Eintrittsbarrieren, so daß Z gleich Null ist, gilt:

(71) $$p_L = p_c$$

Der Limitpreis entspricht dann dem Wettbewerbspreis. Existieren Barrieren, so ist $Z > 0$ und damit $p_L > p_C$. Die etablierten Firmen können einen höheren Preis als den Wettbewerbspreis nehmen, ohne daß neue Anbieter auftreten und die langfristigen Gewinne gefährden. Da in der Praxis die verschiedenen Unternehmen einer Branche nicht exakt die gleiche Kostenkurve haben und inhomogene Produkte anbieten, mißt Bain für diesen Fall die Eintrittsbedingung als den Faktor der Differenz zwischen Limitpreis und den minimalen Kosten der effizientesten Firma. Der Limitpreis wird von der Firma mit den niedrigsten Kosten als **Eintrittssperrenpreis** gesetzt. Alle anderen Firmen folgen diesem Preisführer in ihrer Preispolitik. Preisunterschiede sind eine Folge der unterschiedlichen Produktionskosten der Güter. Die Lage des gesamten Preisbündels wird im wesentlichen durch die Preispolitik des Preisführers bestimmt. Limitpreisstrategien können nicht nur zur Marktschließung verwendet werden, sondern auch, um die Marktposition zu festigen und kleine, etablierte Firmen von einer Expansion abzuhalten. Da sich die Bestimmungsgrößen des Limitpreises mit der Zeit ändern, ist der Limitpreis eine dynamische Größe.[15]

3. Natürliches Monopol

a) Definitionen

Monopole können auf Dauer nur bestehen, wenn es Marktzutrittsschranken in irgendeiner Form gibt. Bei vollständig angreifbaren Märkten kann ein Monopol langfristig nicht existieren. Die Bedingungen für die Existenz eines vollständig bestreitbaren Marktes

---

13) vgl. Bain (1956) S. 5 f.

14) vgl. Bain (1956) S. 3 f.

15) vgl. Bain (1949) S. 463 f.

werden hier noch einmal zusammengefaßt:[16)]

(1) homogene Produkte
(2) keine absoluten Kostenvorteile (gleiche Produktionsverfahren)
(3) keine Sunk-Costs
(4) keine Massenproduktionsvorteile
(5) keine Finanzierungsschranken
(6) keine rechtlichen Marktzutrittsschranken

Hauptaugenmerk wird in der weiteren Diskussion auf die Bedingung (4) gelegt, indem der Einfluß der Massenproduktionsvorteile auf die Bestreitbarkeit der Märkte gezeigt wird. Sind Kosten subadditiv, d.h. führt die Bereitstellung der gewünschten Produktionsmenge durch einen Anbieter zu geringeren Kosten als eine beliebige Aufteilung dieser Produktionsmenge auf mehrere Anbieter, dann entstehen Vorteile durch die Zusammenfassung von Produktionsstätten. Es kommt zur Marktkonzentration. Hinreichend, aber nicht notwendig, ist hierfür eine Technologie, die fallende Durchschnittskosten verursacht. Für einen subadditiven Kostenverlauf sind in der Regel hohe Fixkosten verantwortlich. Besitzen die Durchschnittskosten die geschilderte Eigenschaft, spricht man von einem **natürlichen Monopol.** Auf zwei Aspekte sei besonders hingewiesen:

(1) Mit dem Begriff natürliches Monopol wird die Kostensituation beschrieben. Ein natürliches Monopol impliziert nicht die Existenz eines Anbieters, sondern lediglich die Tendenz zum Monopol.
(2) Die Möglichkeit, Konkurrenten vom Marktzutritt abzuhalten, ist auch bei anderen Marktformen denkbar und nicht allein ein konstituierendes Merkmal eines natürlichen Monopols.

b) Die Idee der Contestable Markets

Bis zum Ende der 70er Jahre wurde von den meisten Ökonomen die Ansicht vertreten, daß der Wettbewerb aufgrund der besonderen Kostensituation im natürlichen Monopol nicht zur optimalen Allokation, sondern zu ruinöser Konkurrenz führt. Ein einzelner Anbieter kann zwar günstiger produzieren, nutzt aber seine Marktmacht aus und setzt den Preis über die Grenzkosten. Daraus zogen die Ökonomen den Schluß, daß solche Märkte Sonderregelungen zu unterwerfen sind. Dies kann dadurch geschehen, daß der Staat selbst anbietet oder private Monopole zuläßt, die überwacht und reguliert werden. Die **Theorie der bestreitbaren Märkte** hat nun darauf aufmerksam gemacht, daß auch bei Vorliegen eines natürlichen Monopols keine überschüssigen Gewinne erzielt werden können und staatliches Eingreifen nicht erforderlich ist. Voraussetzung dafür ist allerdings, daß die Märkte angreifbar sind.

Überschüssige Gewinne ermutigen potentielle Konkurrenten zum Markteintritt. Setzt der Monopolist den Cournotschen Monopolpreis, dann können neue Unternehmen durch Unterbietung des Monopolpreises den Monopolisten vom Markt verdrängen. Diese Angreifbarkeit und die Gefahr, selbst vom Markt verdrängt zu werden, wird den

---

16) vgl. Abschnitt V.D.

Monopolisten veranlassen, den Preis entsprechend seinen Durchschnittskosten zu setzen, mit der Konsequenz, daß die überschüssigen Gewinne zurückgehen. Die Theorie der angreifbaren Märkte fand ihre entscheidende Verbreitung, als die Defizite öffentlicher Unternehmen immer größer wurden und für öffentliche Unternehmen in empirischen Arbeiten erhebliche Allokationsverluste nachgewiesen wurden. Diese Theorie wurde also zur politisch "richtigen Zeit" entwickelt.[17)] Sie stellte im Prinzip eine mikroökonomische Ergänzung der makroökonomischen Angebotstheorie dar und wurde insbesondere in den USA und in Großbritannien durch die Privatisierung öffentlicher Unternehmen und Deregulierung von Unternehmen praktiziert.

c) Die Bedeutung von Sunk-Costs

ca) Annahmen

In einer Situation, in der Sunk-Costs existieren, kann der Newcomer die Kosten des Marktzutritts nicht rückgängig machen. Ist es dem Monopolisten dadurch möglich, die potentielle Konkurrenz vom Marktzutritt abzuhalten? Die Diskussion dieser Frage erfordert Informationen über die Preis-Absatz-Funktion des potentiellen Konkurrenten und über den Limitpreis. Zur Beschreibung der Funktionsweise eines Limitpreises werden folgende Annahmen getroffen:

(a) Es existieren ein tatsächlicher und ein potentieller Anbieter.
(b) Beide Anbieter können die gleiche Technologie nutzen, die durch Unteilbarkeiten und zunehmende Skalenerträge gekennzeichnet ist.
(c) Die angebotenen Produkte sind homogen.
(d) Der tatsächliche Anbieter ist bestrebt, die Monopolstellung zu behalten.
(e) Der neue Anbieter erwartet nach seinem Markteintritt, daß der Monopolist weiter die gleiche Produktionsmenge anbietet.
(f) Der potentielle Anbieter akzeptiert den Preis, der nach seinem Eintritt gilt![18)]
(g) Die fixen Kosten sind Sunk-Costs.

cb) Preis-Absatz-Funktion der potentiellen Anbieter und Limitpreis

Zur Erläuterung wird die Abbildung 10 betrachtet. Subtrahiert man bei allen Preisen die Menge x_G, die der Monopolist produziert, von der Marktnachfragefunktion, dann erhält man die **Preis-Absatz-Funktion des potentiellen Anbieters $p^P(x)$**. Diese Funktion gibt die Menge an, die der potentielle Anbieter bei alternativen Preisen verkaufen kann, wenn der Monopolist die Menge x_M anbietet.

---

17) vgl. Finsinger (1991) S. 142 f.

18) Die Annahmen e) und f) werden als Postulat von Sylos-Labini bezeichnet.

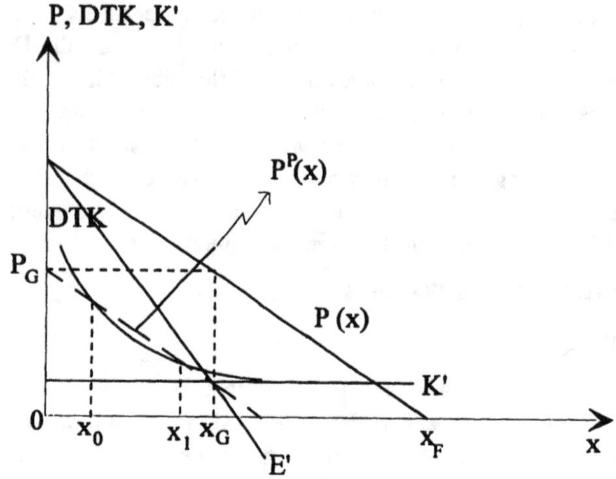

Abb. VII.10: Die Preis-Absatz-Funktion des potentiellen Anbieters

Tritt nun der potentielle Anbieter in den Markt ein, so wird der Preis fallen und die nachgefragte Menge steigen. Da der Newcomer annahmegemäß davon ausgeht, daß der etablierte Anbieter seine Menge nach Markteintritt beibehält, fällt die bei alternativen Preisen verbliebene Restnachfrage dem Newcomer zu. Verhält sich der Monopolist als Gewinnmaximierer, dann setzt er den Preis p_G und produziert die Menge x_G. Die Nachfrage x_F - x_G bleibt unbefriedigt. Die Preis-Absatz-Funktion des potentiellen Anbieters verläuft im Intervall x_0 bis x_1 oberhalb der Durchschnittskostenfunktion, so daß der potentielle Anbieter überschüssige Gewinne erzielen kann. Er wird daher in den Markt eintreten. Kann der Monopolist den Eintritt des potentiellen Anbieters verhindern bzw. wann nimmt der potentielle Anbieter von einem Markteintritt Abstand? Der potentielle Anbieter wird nicht in den Markt eintreten, wenn für ihn keine Preis-Absatz-Kombination realisierbar ist, zu der er einen positiven Gewinn erzielt, d.h. die totalen Durchschnittskosten sind so groß wie der Absatzpreis. Der tatsächliche Anbieter muß demnach den Preis bestimmen, bei dem der potentielle Anbieter keinen Gewinn erzielen kann. Dies wird in der Abbildung 11 dargestellt. Bei einer fallenden Preis-Absatz-Funktion und fallenden totalen Durchschnittskosten verschiebt der Monopolist gedanklich die Marktnachfragefunktion p(x) solange zum Koordinatenursprung, bis diese die Durchschnittskostenkurve tangiert. Die so ermittelte Preis-Absatz-Funktion $p^P(x)$ läßt dem potentiellen Anbieter keine Möglichkeit, einen positiven Gewinn zu erzielen. Der Monopolist muß den Preis p_L setzen, damit er den potentiellen Anbieter fernhalten kann. Dies ist der **Limitpreis**. Dieser Preis wird auch als **Stay-out-Price** bezeichnet. Bei p_L setzt der Monopolist die Menge x_L ab. **Der Monopolist muß den Preis so setzen, daß die Preis-Absatz-Funktion des potentiellen Anbieters die Durchschnittskostenkurve tangiert.**

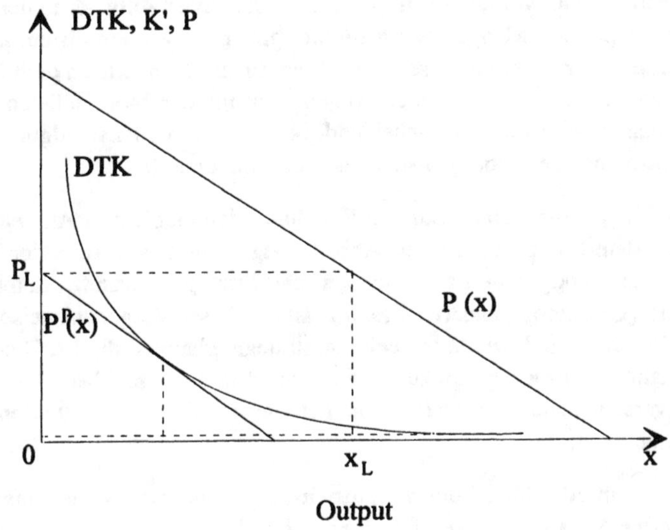

Abb. VII.11: Bestimmung des Limitpreises

$$(72)\qquad \frac{d\left[\frac{K}{x}\right]}{x} = \frac{dp}{dx}$$

Daraus folgt im Vergleich zu der Verhaltensweise reine Gewinnmaximierung, daß bei einer Gewinnmaximierung unter Erhaltung der Monopolstellung der Gewinn zurückgeht, und die Marktversorgung steigt.

d) Modellkritik

In dem Modell wird der gewinnmaximale Preis gesucht, mit dessen Hilfe der Monopolist seine Marktposition behaupten kann. Es stellt sich aber die Frage, ob der Monopolist nicht einen höheren Gewinn erzielen könnte, wenn er den Eintritt des potentiellen Anbieters zuläßt.

Es wird unterstellt, daß der potentielle Anbieter nicht in den Markt eintritt, solange er keinen positiven Gewinn erzielt. Ist der potentielle Anbieter jedoch bereit, einen Wirtschaftskampf mit dem Monopolisten aufzunehmen, so ist ein Markteintritt nicht auszuschließen.

Es stellt sich die Frage, ob der potentielle Anbieter nicht damit rechnen muß, daß der Monopolist seine Menge bei Markteintritt des potentiellen Konkurrenten ausweitet, um dadurch den Newcomer vom Markt zu verdrängen. Erwartet der potentielle Anbieter ein derartiges Verhalten des Monopolisten, dann wird er u.U. auch bei Überschreitung des

Limitpreises nicht in den Markt eintreten. Warum sollte andererseits der Monopolist seine Angebotsmenge nicht reduzieren? Tritt ein zusätzlicher Anbieter in den Markt ein, sinkt die gewinnoptimale Menge des im Markt agierenden Monopolisten. Erwartet der neue Anbieter, daß der Monopolist seine gewinnoptimale Menge nach dem Marktzutritt realisiert, rechnet er mit einer kleineren Angebotsmenge des Monopolisten. Wiederum ist für den neuen Wettbewerber entscheidend, ob er unter Berücksichtigung der gesunkenen Angebotsmenge des Monopolisten einen Gewinn erzielt.

Schließlich ist die Setzung eines Limitpreises durch den etablierten Anbieter nur dann sinnvoll, wenn damit dem potentiellen Anbieter signalisiert wird, daß der Monopolist bestrebt ist, seine Marktposition zu behaupten und Strategien einsetzt, damit neue Unternehmen keine Gewinne realisieren. Fraglich ist bei dieser Vorgehensweise des Monopolisten, ob eine Drohung bzw. Abschreckungsstrategie glaubwürdig ist. Die Diskussion über die Verhaltensweisen der Konkurrenten mündet in eine spieltheoretische Analyse, die mit Hilfe verschiedener Verhaltensannahmen die Interdependenzsituation der Unternehmen zu lösen versucht.

Betrachten wir zum Abschluß kurz die Auswirkungen weiterer Verletzungen der eingangs diskutierten Voraussetzungen für einen angreifbaren Markt. Kann der potentielle Konkurrent nicht die gleiche Technologie verwenden, so entstehen dem Newcomer höhere Produktionskosten als dem etablierten Unternehmen. Der Preisspielraum des etablierten Unternehmen nimmt zu. Sind die Produkte nicht homogen, erreicht der Limitpreis möglicherweise nicht seine Wirkung, da die Konsumenten die Produkte in andere Marktsegmente einordnen und bereit sind, unterschiedliche Preise zu zahlen. Andererseits wird die etablierte Unternehmung aber geschützt, da Konkurrenten nicht das gleiche Produkt anbieten können.

e) Erweiterungen des Modells

Eine Modifikation des betrachteten Ansatzes kann in der Hinsicht erfolgen, daß bei Überschreitung des Limitpreises zwar zusätzliche Anbieter in den Markt drängen, aber dieser Marktzutritt nicht unendlich schnell abläuft und die Geschwindigkeit des Marktzutritts von dem Niveau der Überschreitung des Mindestpreises abhängt. Für die Veränderung der Anzahl der Anbieter im Zeitverlauf kann folgende Differentialgleichung formuliert werden:

(73) $$\frac{dn}{dt} = k(p - p_L)$$

n: Anzahl der Anbieter

k: Marktzutrittsgeschwindigkeit

p_L: Limitpreis

Der Periodengewinn der Unternehmung hängt vom Preis sowie von der Anbieterzahl ab, wobei eine Überschreitung des Limitpreises zu einer Erhöhung des Gewinns in einem bestimmten Intervall führt:

(74) $$G = G(p, n)$$

Der Gewinn über den gesamten Planungshorizont π ist die Summe der diskontierten Periodengewinne. Für einen unendlichen stetigen Zeithorizont folgt:

$$(75) \qquad \pi = \int_0^\infty G(p,n)e^{-rt}\,dt$$

r: Diskontierungsfaktor

Die Unternehmung steht vor folgendem Entscheidungsproblem. Ein gewinnoptimaler Preis maximiert zwar den Periodengewinn, führt aber dazu, daß potentielle Konkurrenten sehr schnell in den Markt eintreten, so daß zukünftige Gewinne niedriger ausfallen. Wird lediglich der Limitpreis gefordert, kann der Marktzutritt potentieller Konkurrenten zwar verhindert werden, jedoch ist der Periodengewinn geringer. Die Unternehmung steht vor dem Problem, unter Beachtung des Marktzutritts einen optimalen Preispfad ableiten zu müssen.[19] Man erkennt, daß die Unternehmen ihre langfristigen Gewinne steigern können, wenn sie den gewinnoptimalen Preis in einer Periode nicht ausschöpfen. Ebenso muß eine Verhinderung des Marktzutritts nicht zwingend die langfristig gewinnoptimale Strategie darstellen. Welchen Preispfad das Unternehmen wählt, hängt von der Diskontierungsrate, der Marktzutrittsgeschwindigkeit der potentiellen Konkurrenz und von etwaigen Kostenvorteilen des Monopolisten ab.[20]

D. Diskussion und Anwendungen

1. Anwendungen des reinen Monopols

a) Einfluß der Besteuerung auf das Monopolgleichgewicht

Durch staatliche Eingriffe in das Marktsystem können die Ergebnisse der Marktform des reinen Monopols beeinflußt werden. Zunächst werden in diesem Zusammenhang die Auswirkungen verschiedener Steuern auf das Monopolgleichgewicht untersucht. Danach findet eine Analyse staatlich verordneter Höchstpreise statt. Schließlich wird gezeigt, wie Kartelle funktionieren und welche volkswirtschaftlichen Probleme mit der Kartellbildung verbunden sind.

Für die Beurteilung fiskalpolitischer Maßnahmen ist es auf hochkonzentrierten Märkten wichtig zu wissen, ob und wie ein Monopolist auf eine Veränderung der Steuern reagiert und welche Konsequenzen sich für die Nachfrageseite ergeben. Im folgenden sollen daher die Wirkungen alternativer Steuerarten untersucht werden, die am Gewinn und an der Absatzmenge des Produzenten ansetzen. Dabei interessiert insbesondere die Frage nach der Verteilung der Steuerlast auf Produzenten und Konsumenten sowie der Vergleich der Steuerüberwälzungsmöglichkeiten im Monopol und bei vollständiger Kon-

19) Es handelt sich um ein Problem der dynamischen Optimierung. Wir verweisen diesbezüglich auf die entsprechende Literatur. Die Ergebnisse und das vorgestellte Modell basieren auf Überlegungen von Gaskins (1971). vgl. hierzu auch Scherer/Ross (1990) sowie Neumann (1982) S. 178 ff.

20) Zur formalen Ableitung der Lösung vgl. Gaskins (1971).

kurrenz. Ausgangspunkt der Untersuchungen der verschiedenen Steuerarten ist der Gewinn nach Steuern, der als Differenz von Gewinn vor Steuern und Steuern definiert ist:

(76) $G^n = G^v - T$

G^v: Gewinn vor Steuern

G^n: Gewinn nach Steuern

T: Steueraufkommen

aa) Besteuerung des Gewinns

Als erstes wird eine gewinnabhängige Steuer analysiert. Hierzu zählen die Kapitalertragssteuer, die Grundsteuer, die Gewerbesteuer und die Körperschaftssteuer. Das Steueraufkommen ist definiert durch:

(77) $T = t\left[G^v(x)\right]G^v(x)$

t: Steuersatz

Wird die Steueraufkommensfunktion (77) in die Gewinnfunktion (76) substituiert, dann folgt:

(78) $G^n = G^v(x) - t\left[G^v(x)\right]G^v(x)$ bzw. (79) $G^n = G^v(x)\left\{1 - t\left[G^v(x)\right]\right\}$

Für das Gewinnmaximum erhalten wir als notwendige Bedingung:

(80) $\frac{\partial G^n}{\partial x} = \frac{\partial G^v}{\partial x}\left[1 - \frac{\partial t}{\partial G^v}G^v - t\right] = 0$ bzw. (81) $\frac{\partial G^v}{\partial x} = 0$

Die Ableitung des Gewinns nach Steuern ist dann gleich Null, wenn die Ableitung des Gewinns vor Steuern gleich Null ist. Es resultiert wieder die Bedingung Grenzerlös gleich Grenzkosten. Der Monopolist wird die gleiche Marktversorgung zum gleichen Güterpreis anbieten, wie er es auch ohne Steuerbelastung bzw. Veränderung der Steuerbelastung getan hat. Dies heißt: Der **Monopolist kann eine Gewinnsteuer nicht an die Konsumenten weitergeben.** Dieses Ergebnis ist zudem unabhängig vom Steuersatz, der konstant, gestaffelt oder progressiv zur Gewinnhöhe erhoben werden kann. Die Steuerlast trägt die Unternehmung.

Der Vergleich mit den Reaktionen auf eine Besteuerung des Gewinns in der vollständigen Konkurrenz zeigt, daß die Wirkungen der Gewinnsteuer unabhängig von der Marktform ausfallen.[21] Die Erhöhung der Gewinnsteuer führt zu höheren Steuereinnahmen, die unabhängig von der Marktform von der Angebotsseite getragen werden.

ab) Besteuerung der Produktion

Mengensteuern sind Steuern, die sich auf die Einkommensverwendung beziehen. Dies

---

21) vgl. Abschnitt VI.D.2.b)

sind allgemeine Verbrauchssteuern wie die Umsatz- oder Mehrwertsteuer oder spezielle Verbrauchssteuern wie die Tabak- oder Luxussteuer. Ihnen vergleichbar sind zudem Zölle. Welchen Einfluß hat eine Änderung der Mengensteuer auf den Unternehmenserfolg und die Marktversorgung? Die Steueraufkommensfunktion für diese Steuerart lautet:

$$(82) \qquad T = tx$$

Der Steuersatz ist konstant. Aus dem Gewinn nach Steuern

$$(83) \qquad G^n = E(x) - K(x) - tx$$

folgt für das Gewinnmaximum des Monopolisten:

$$(84) \qquad \frac{\partial G^n}{\partial x} = \frac{\partial E(x)}{\partial x} - \frac{\partial K(x)}{\partial x} - t = 0 \quad \text{bzw.} \quad (85) \qquad \frac{\partial E(x)}{\partial x} = \frac{\partial K(x)}{\partial x} + t$$

Im Unternehmensgleichgewicht stimmen die Grenzerlöse mit der Summe aus Grenzkosten und Steuersatz überein. Der Schnittpunkt zwischen Grenzerlösen und Grenzkosten zuzüglich des Steuersatzes liegt oberhalb des Schnittpunkts von Grenzerlös und Grenzkostenfunktion. Die Angebotsmenge des Monopolisten geht zurück, und der Marktpreis steigt.

Inwieweit die Menge eingeschränkt und der Preis erhöht wird, soll nun formal untersucht werden. Hierzu wird die Gleichung (84) implizit differenziert :

$$(86) \qquad \frac{dx}{dt} = -\frac{-1}{\dfrac{\partial^2 E}{\partial x^2} - \dfrac{\partial^2 K}{\partial x^2}} = \frac{1}{\dfrac{\partial^2 E}{\partial x^2} - \dfrac{\partial^2 K}{\partial x^2}} < 0$$

Aufgrund der hinreichenden Bedingung für ein Gewinnmaximum ist der Nenner negativ. Die Produktionsmenge nimmt bei einer steigenden Mengensteuer ab. Für die steuerinduzierte Veränderung des Absatzpreises erhält man unter der Berücksichtigung des Zusammenhangs von Preis, Menge und Steuersatz:[22)]

$$(87) \qquad \frac{dp}{dt} = \frac{\partial p^D}{\partial x}\frac{dx}{dt} = \frac{\partial p^D}{\partial x}\frac{1}{\dfrac{\partial^2 E}{\partial x^2} - \dfrac{\partial^2 K}{\partial x^2}} > 0$$

Bei einer fallenden Marktnachfragefunktion und der Erfüllung der hinreichenden Maximierungsbedingung führt eine Veränderung des Steuersatzes zu einer gleichgerichteten Veränderung des Marktpreises. Steigt der Steuersatz, dann verteuert sich das Produkt.

---

22) Unter Berücksichtigung der Abhängigkeit der Marktnachfrage vom Steuersatz $p^D = p^D[x(t)]$ folgt nach Differenzierung die Gleichung (87).

Um einen Vergleich mit den Steuerwirkungen in der vollständigen Konkurrenz zu ermöglichen, wird die Ableitung der Grenzerlösfunktion des Monopolisten

$$\text{(88)} \quad \frac{\partial E}{\partial x} = p(x) + \frac{\partial p}{\partial x} x$$

gebildet:

$$\text{(89)} \quad \frac{\partial^2 E}{\partial x^2} = 2\frac{\partial p^D}{\partial x} + \frac{\partial^2 p^D}{\partial x^2} x$$

Wird diese Gleichung in (87) eingesetzt, ergibt dies:

$$\text{(90)} \quad \frac{dp}{dt} = \frac{\partial p^D}{\partial x} \frac{1}{2\frac{\partial p^D}{\partial x} + \frac{\partial^2 p^D}{\partial x^2} x - \frac{\partial^2 K}{\partial x^2}} > 0$$

Im linearen Fall ist die Steigung der Nachfragefunktion konstant. Daher ist die zweite Ableitung der Marktnachfragefunktion Null. Die Gleichung (90) reduziert sich zu:

$$\text{(91)} \quad \frac{dp}{dt} = \frac{\partial p^D}{\partial x} \frac{1}{2\frac{\partial p^D}{\partial x} - \frac{\partial^2 K}{\partial x^2}} > 0 \qquad \text{wegen} \quad \frac{\partial^2 p^D}{\partial x^2} x = 0$$

Bei der Analyse der Auswirkungen einer Mengensteuer innerhalb der Marktform der vollständigen Konkurrenz wurde für eine steuerabhängige Preisveränderung die folgende Gleichung hergeleitet:[23)]

$$\text{(92)} \quad \frac{dp}{dt} = \frac{\partial p^D}{\partial x} \frac{1}{\frac{\partial p^D}{\partial x} - \frac{\partial^2 K}{\partial x^2}}$$

Der Vergleich der Ergebnisse von Monopol (91) und vollständiger Konkurrenz (92) zeigt, daß die Resultate bis auf den Faktor Zwei im Nenner der Monopollösung identisch sind. Im Monopol kommt es zu einer geringeren Preiserhöhung als in der vollständigen Konkurrenz. **Die Steuerüberwälzung ist im Monopol bei linearen Preis-Absatz-Funktionen kleiner als bei vollständiger Konkurrenz.**

Die Steuererhöhung verschiebt in der Abbildung 12 die Marktangebotsfunktion bzw. die Grenzkostenfunktion zuzüglich Steuersatz nach oben. Es ist ersichtlich, daß die Preiserhöhung bei Konkurrenz größer als die Preiserhöhung im Monopol ausfällt.

$$p_1^K - p_0^K > p_1^M - p_0^M$$

---

23) vgl. Abschnitt VI.D.2.c)

Wie ist dieses Ergebnis zu begründen? In der Ausgangssitutation liegt das Monopolgleichgewicht in M_0 und das Konkurrenzgleichgewicht in K_0. Das Monopolgleichgewicht liegt stets links oberhalb des Konkurrenzgleichgewichts. Die Nachfrageelastizität ist im Monopolgleichgewicht absolut größer als im Gleichgewicht der Konkurrenz. Die Konsumenten reagieren im Monopolgleichgewicht elastischer auf Preiserhöhungen, so daß der Spielraum geringer ist, Steuerbelastungen an die Verbraucher weiterzugeben.

Im Unterschied zu linearen Nachfragefunktionen ergeben sich bei konvexen Verläufen andere Konsequenzen für die Preisentwicklung. Wenn die Nachfrage- bzw. Preis-Absatz-Funktion eine konvexe Krümmung hat, wird der negative Nenner in den Gleichungen (90) gegenüber dem linearen Fall größer bzw. absolut kleiner. Die Möglichkeit, Produktionssteuern zu überwälzen, verbessert sich für den Monopolisten. Zudem differieren die Steigungen der Nachfragefunktion in den jeweiligen Gleichgewichten, da in beiden Marktformen unterschiedliche Gleichgewichtsmengen angeboten werden. Ein Vergleich zur Preisentwicklung bei vollständiger Konkurrenz ist ohne zusätzliche Informationen über den Verlauf der Marktnachfragefunktion und der Kostenfunktionen nicht mehr möglich. Es kann sogar der Fall eintreten, daß die Preissteigerung im Monopol absolut größer als die Erhöhung der Mengensteuer ausfällt.

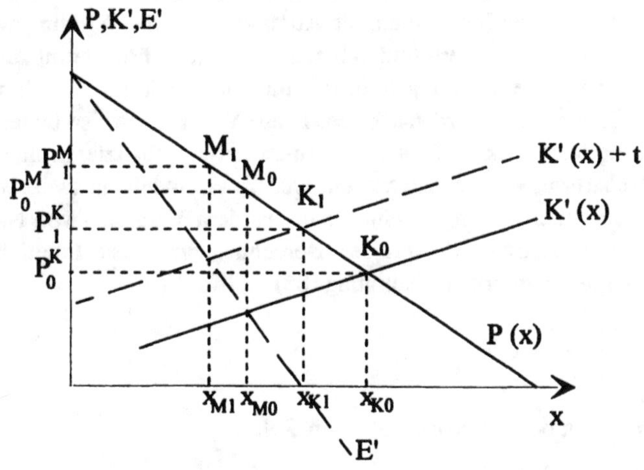

Abb. VII.12: Vergleich der Steuerüberwälzung bei linearen Nachfragefunktionen

Betrachtet wird die Preis-Absatz-Funktion:

(B21) $p = 120x^{-0,5}$

Die Kostenfunktion betrage:

(B22) $K = 5x$

In der Ausgangssituation wird ein Mengensteuersatz von t = 1 erhoben. Aus der Gewinnmaximierungsbedingung, Grenzerlös gleich Grenzkosten zuzüglich des Mengensteuersatzes (Gleichung 85), resultiert:

(B23) $60x^{-0,5} = 5+1$

Der Monopolist wird 100 Einheiten zu einem Preis von 12 anbieten. Die Erlöse betragen 1200, die Kosten 500 und die abzuführenden Steuern 100 Geldeinheiten. Es verbleibt ein Gewinn von 600 Einheiten. Der Staat erhöht nun den Steuersatz auf 7 Geldeinheiten. Aus der Gleichung

(B24) $60x^{-0,5} = 5+7$

resultiert nun eine Menge von x = 25 und ein Preis von p = 24. Die Erlöse betragen 600, die Kosten 125 und die abzuführenden Steuern 175 Geldeinheiten. Es verbleibt ein Gewinn von 300 Einheiten. Während der Steuersatz nur um 6 Einheiten gestiegen ist, wird der Preis um 12 Einheiten erhöht.

In wirtschaftspolitischen Entscheidungsprozessen interessieren neben Preis- und Nachfrageelastizitäten auch solche Indikatoren, die Aussagen über die Wirkungsweise staatlicher Maßnahmen erlauben. Insofern finden Steuerelastizitäten Beachtung, da sie steuerinduzierte Preis-Mengen-Veränderungen messen und gleichzeitig in Relation zu anderen Elastizitätskennziffern gesetzt werden können. Diese Vorgehensweise bietet den öffentlichen Instanzen die Möglichkeit, Steuereinnahmen zu prognostizieren und die Belastbarkeit der Wirtschaftssubjekte abzuschätzen. Den Zusammenhang zwischen Nachfragereaktion und Steuerüberwälzung gewinnt man aus dem Vergleich von Nachfrageelastizität und der Steuerelastizität des Preises. Berechnet wird diese Interdependenz auf der Basis der Gewinnmaximierungsbedingung (85):

(85) $$\frac{\partial E(x)}{\partial x} = \frac{\partial K(x)}{\partial x} + t$$

Unter Berücksichtigung der Amoroso-Robinson-Relation

(93) $$p(1+\frac{1}{\eta(x,p)}) = \frac{\partial K(x)}{\partial x} + t$$

und anschließender Auflösung nach dem Preis folgt:

(94) $$p = \frac{\frac{\partial K}{\partial x} + t}{1+\frac{1}{\eta(x,p)}}$$

Für die Auswirkungen der Steuern auf den Preis beschränken wir uns auf die Betrachtung isoelastischer Funktionen. Die Ableitung der Gleichung (94) nach t ist bei isoelastischen Nachfragefunktionen:

$$(95)\quad \frac{dp}{dt}=\frac{1}{1+\frac{1}{\eta(x,p)}}$$

Wird die Gleichung (95) um das Verhältnis von Steuersatz und Preis erweitert, dann wird die Steuerelastizität des Preises sichtbar:

$$(96)\quad \frac{dp}{dt}\frac{t}{p}=\frac{\frac{t}{p}}{1+\frac{1}{\eta(x,p)}}=\frac{t}{\left[1+\frac{1}{\eta(x,p)}\right]p}=\frac{t}{\frac{\partial E}{\partial x}} \qquad \text{bzw.}$$

$$(97)\quad \eta(p,t)=\frac{t}{\left[1+\frac{1}{\eta(x,p)}\right]p}$$

$$\eta(p,t)=\frac{\partial p}{\partial t}\frac{t}{p}\text{: Steuerelastizität des Preises}$$

Die **Steuerelastizität des Preises** gibt die relative Veränderung des Preises bei einer relativen Steuererhöhung an. Im Gleichgewicht entsprechen die Grenzerlöse den Grenzkosten zuzüglich Steuersatz. Da die Grenzkosten stets positiv sind, ist der Grenzerlös immer größer als der Steuersatz. Die Steuerelastizität des Preises ist daher immer kleiner als Eins. **Die Preiserhöhung wird deshalb unterproportional zur Steuersatzerhöhung ausfallen.**

Interessant ist die Frage, wann und in welchem Umfang die Anhebung einer Mengensteuer im Monopol die Steuereinnahmen des Staates erhöht. Die Steuereinnahmen werden definiert durch:

$$(98)\quad T=t\,x(t)$$

Eine Variation der Mengensteuer führt zu folgender Veränderung der Steuereinnahmen:

$$(99)\quad \frac{\partial T}{\partial t}=x(t)+\frac{\partial x}{\partial t}t$$

Wird die Menge ausgeklammert, resultiert:

$$(100)\quad \frac{\partial T}{\partial t}=x[1+\eta(x,t)]$$

$$\eta(x,t)=\frac{\partial x}{\partial t}\frac{t}{x}\text{: Steuerelastizität der Nachfrage}$$

Die **Steuerelastizität der Nachfrage** gibt die relative Veränderung der nachgefragten

Menge aufgrund einer Erhöhung des Steuersatzes an. Die Steuereinnahmen steigen bei einer Steuersatzänderung nur dann, wenn die Nachfrage unelastisch auf die Steuererhöhung reagiert. Eine elastische Nachfragereaktion führt dagegen zu einem negativen Klammerausdruck. Die Steuereinnahmen gehen zurück.

Es ist zu beachten, daß der Konsument die Steuer nicht direkt bezahlt. Es handelt sich bei einer Mengensteuer in Form einer Produktionssteuer um eine indirekte Besteuerung. Der Konsument wird nur indirekt belastet. Der Monopolist muß die Steuer an den Staat abführen und wird versuchen, die Belastung beim Verkauf weiterzugeben. Die Steuersatzänderung wirkt nur mittelbar über die Preisänderung auf die Menge. Es folgt nach Ableitung der Gleichung $x = x[p(t)]$ daher:

$$(101) \quad \frac{\partial x}{\partial t} = \frac{\partial x}{\partial p}\frac{\partial p}{\partial t}$$

Man kann die Steuerelastizität der Nachfrage mit Hilfe der Steuerelastizität des Preises und der direkten Preiselastizität der Nachfrage formulieren. Wird diese Verkettung von Menge, Preis und Steuer aus der Gleichung (101) eingesetzt in die Definition der Steuerelastizität der Nachfrage, so folgt:

$$(102) \quad \eta(x,t) = \frac{\partial x}{\partial p}\frac{\partial p}{\partial t}\frac{t}{x}$$

Nach Erweiterung der Gleichung (102) mit p/p wird die Abhängigkeit der Steuerelastizität der Nachfrage von der direkten Nachfrageelastizität und der Steuerelastizität des Preises deutlich:

$$(103) \quad \eta(x,t) = \frac{\partial x}{\partial p}\frac{\partial p}{\partial t}\frac{t}{x}\frac{p}{p} = \frac{\partial x}{\partial p}\frac{p}{x}\;\frac{\partial p}{\partial t}\frac{t}{p} = \eta(x,p)\,\eta(p,t)$$

Die Steuerelastizität der Nachfrage entspricht dem Produkt aus Steuerelastizität des Preises und der direkten Preisnachfrageelastizität. Wenn dieses Produkt den Wert minus Eins annimmt, dann bleiben bei einer Steuersatzänderung die Steuereinnahmen unverändert. Steuerinduzierte Preissteigerungen und preisinduzierter Nachfragerückgang kompensieren sich, so daß durch die Steuererhöhung keine Einnahmewirkung erzielt wird. Die Steuerelastizität des Preises und der Kehrwert der direkten Nachfrageelastizität sind für diesen Fall betragsmäßig gleich.

$$(104) \quad \eta(p,t) = \frac{1}{|\eta(x,p)|}$$

In der folgenden Abbildung 13 a) sind die Kombinationen von direkter Preisnachfrageelastizität (absolut) und Steuerelastizität, die zu gleichen Steuern führen, eingezeichnet. Diese Linie definieren wir als **Iso-Steuereinnahmen-Linie**. Befindet man sich unterhalb der Iso-Steuereinnahmen-Linie, dann werden die Steuereinnahmen bei einer Anhebung des Steuersatzes zunehmen; befindet man sich oberhalb der Iso-Steuereinnahmen-Linie, dann werden die Steuereinnahmen fallen.

Da der Monopolist nur im elastischen Bereich der Nachfragefunktion anbietet, ist der Definitionsbereich der Funktion auf Werte absolut größer als Eins beschränkt. Da die Steuern immer unterproportional überwälzt werden, fallen in den Wertebereich nur Werte unter Eins.

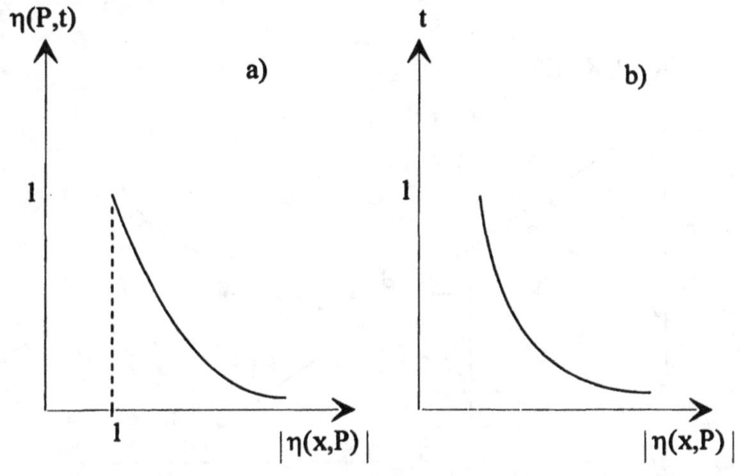

Abb. VII.13: Die Iso-Steuerneinnahmen-Linie und der optimale Steuersatz bei alternativen Nachfrageelastizitäten

Bei welchem Steuersatz erzielt der Staat bei isoelastischen Nachfragefunktionen die höchsten Steuereinnahmen? Die höchstmöglichen Einnahmen erreicht der Staat, wenn die Ableitung in der Gleichung (100) Null wird. Die Steuerelastizität der Nachfrage ist dann absolut gleich Eins, und die Steuerelastizität des Preises entspricht absolut dem Kehrwert der direkten Preiselastizität. Substituiert man die Gleichung (104) in (97), erhält man:

$$(105) \quad \frac{1}{\eta(x,p)} = \frac{t}{\left[1 + \frac{1}{\eta(x,p)}\right] p}$$

Die Auflösung nach t liefert den optimalen Steuersatz:

$$(106) \quad t = \frac{p[1+\eta(x,p)]}{\eta(x,p)^2}$$

Zu alternativen Werten der direkten Nachfrageelastizität kann die optimale Besteuerung anhand des Steuersatzes bestimmt werden. Die Gleichung (106) ist in der Abbildung 13 Teil b) dargestellt. Die Kurve weist einen fallenden Verlauf auf und deutet darauf hin, daß bei zunehmender Preiselastizität der optimale Steuersatz sinkt.

b) Höchstpreise

In der vollständigen Konkurrenz führt die Festsetzung von Höchstpreisen zu Nachfrageüberhängen.[24] Welche Auswirkungen ergeben sich im Vergleich hierzu beim Monopol? Diese Frage soll mit Hilfe der Abbildung 14 beantwortet werden.

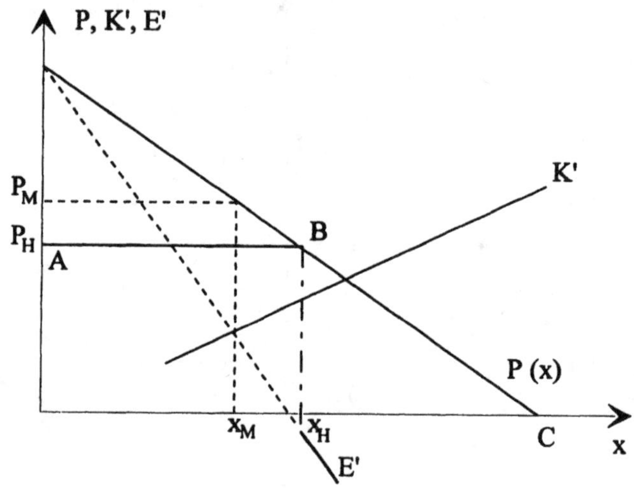

Abb. VII.14: Auswirkungen von Höchstpreisen im Monopol

Der Höchstpreis sei p_H. Die Konsumenten sind bis zur Menge x_H bereit, einen Preis zu zahlen, der mindestens so hoch ist wie der Preis p_H. Für Absatzmengen, die über die Menge x_H hinaus nachgefragt werden, kann der Monopolist Preise entsprechend des Segments der Marktnachfragefunktion BC fordern. Bis zur Produktion der Menge x_H sind der Höchstpreis und die Grenzerlöse gleich. Die Grenzerlöse sind in dem betrachteten Intervall größer als die Grenzkosten, so daß der Monopolist bis zur Produktionsmenge x_H positive Grenzgewinne realisiert. Ab der Angebotsmenge x_H sind die Konsumenten nicht mehr bereit, den Höchstpreis zu zahlen. Die Grenzerlöse des Monopolisten basieren jetzt auf dem Marktsegment BC. Die Grenzerlösfunktion hat in x_H eine Unstetigkeitsstelle. Ab der Produktmenge x_H sind die Grenzerlöse kleiner als die Grenzkosten, so daß eine Ausweitung der Produktion über x_H hinaus zu Gewinneinbußen führt. Die gewinnoptimale Menge des Monopolisten liegt daher bei x_H. Die Produktionsmenge steigt durch die Festsetzung eines Höchstpreises.

Aus dem Modell folgt das Ergebnis, daß Höchstpreise im Monopol die gewinnoptimale Menge erhöhen und keine unerwünschten Nachfrageüberhänge auftreten. Voraussetzung

24) vgl. Abschnitt VI.D.1.b)

für die Markträumung ist, daß der Höchstpreis nicht niedriger als der Gleichgewichtspreis bei vollständiger Konkurrenz (Preis = Grenzkosten) gesetzt wird. Die Ergebnisse des Modells werden im Wettbewerbsgesetz bei der Setzung von Preisnormen angewandt. Die produzierenden Unternehmen unterliegen einer Mißbrauchskontrolle, wenn sie eine bestimmte marktbeherrschende Stellung aufgrund ihrer Größe bzw. Marktanteile erreichen. Ein **Ausbeutungsmißbrauch** liegt vor, wenn ein Unternehmen Leistungen einer vorgelagerten Produktionsstufe nicht angemessen entlohnt bzw. von einer nachgelagerten Produktionsstufe eine unangemessene Gegenleistung verlangt. Das Bundeskartellamt muß dabei nachweisen, daß

(1) ein Unternehmen Marktmacht besitzt und
(2) die Marktmacht ausgenutzt wird.

Für den Nachweis der Ausnutzung der Marktmacht müssen Vergleichspreise herangezogen werden. Hierzu existieren zwei Alternativen:

(a) Man kann den tatsächlichen Preis mit dem Preis, der bei Wettbewerb herrschen würde, vergleichen (**Als-ob-Preis**).
(b) Man kann auf andere regionale Märkte, auf denen Wettbewerb tatsächlich herrscht, zurückgreifen (**Räumliches Vergleichsmarktkonzept**).

Das räumliche Vergleichsmarktkonzept ist nur anwendbar, wenn vergleichbare Märkte tatsächlich existieren. Bei dem eher theoretisch angelegten Als-ob-Konzept könnte man auf den Lernerschen Monopolgrad zurückgreifen. Die für diese Berechnung notwendigen Kenntnisse über die Kostensituation des Monopolisten sind jedoch in der Regel nicht ausreichend vorhanden. Das Bundeskartellamt konnte sich bisher beim Nachweis des Mißbrauchs einer marktbeherrschenden Stellung kaum durchsetzen. So wurden z.B. jeweils die Verfahren des Kartellamtes bezüglich der Ausnutzung überhöhter Preise für Mineralöl und für medizinische Produkte von den zuständigen Gerichten eingestellt.[25)]

c) Preisbildung im Kartell

Mit Hilfe des Monopolmodells kann die Funktionsweise der Kartellpreisbildung erläutert werden. Unter einem **Kartell** versteht man Absprachen über bestimmte Wettbewerbsparameter. In dem vorliegenden Abschnitt werden Absprachen über Preise (**Preiskartelle**) untersucht. Dabei geht es um die Beantwortung folgender Fragen:

(a) Warum sind Preiskartelle aus volkswirtschaftlicher Sicht schädlich?
(b) Warum setzt die Funktionsweise eines Kartells neben Preisabsprachen auch Absprachen über die Quoten voraus?
(c) Warum ist es aus Sicht einer einzelnen Unternehmung günstig, einem bestehenden Kartell nicht beizutreten?
(d) Warum werden durch das Kartell Newcomer zum Markteintritt angeregt?
(e) Welche Produktarten erleichtern die Kartellbildung?

Zu (a)

---

25) vgl. Schmidt (1993) S. 261 ff.

Die Auswirkungen der Kartellpreisbildung werden mit Hilfe der Abbildung 15 erklärt.

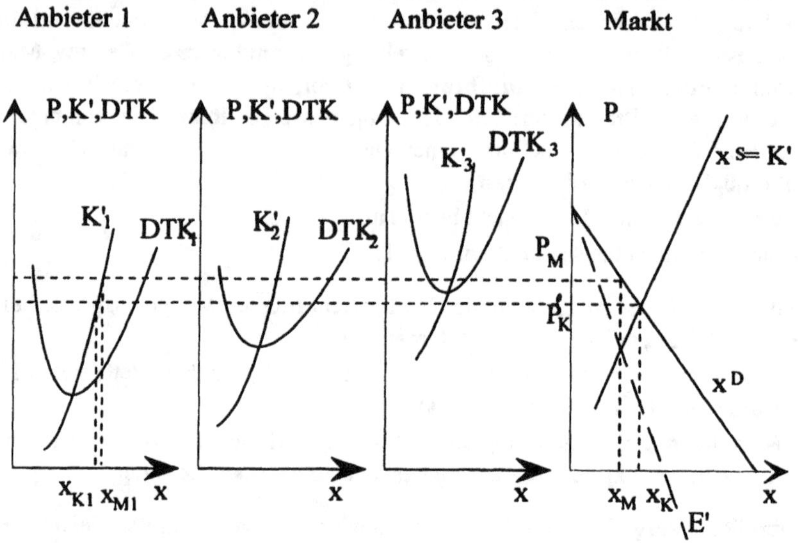

Abb. VII.15: Preisbildung im Kartell

Den Markt beliefern viele kleine Unternehmen, wobei die Grenz- und Durchschnittskostenfunktionen für drei Unternehmen A_1, A_2 und A_3 abgebildet sind. Diese Unternehmen bieten gemäß ihrer Grenzkostenfunktion an. Die Aggregation aller Grenzkostenkurven stellt die Marktangebotskurve K' dar. Bei der vorgegebenen Marktnachfragefunktion x^D würde sich ohne Absprache ein Preis von p_K und eine Gleichgewichtsmenge von x_K einstellen. Die beteiligten Unternehmen können durch Preisabsprachen ihren Gewinn wie folgt erhöhen: Basierend auf der Marktnachfragefunktion bildet die Branche die Grenzerlösfunktion. Im Schnittpunkt von Branchengrenzerlös und aggregierter Grenzkostenfunktion findet sich die gewinnoptimale Produktionsmenge und über die Marktnachfragefunktion der Kartellpreis. Die Preisbildung im Kartell erfolgt analog zur Preisbildung im Monopol. Man erkennt, daß das Kartell eine geringere Menge zu einem höheren Preis produziert und damit auch weniger Faktormengen nachfragt als Unternehmen ohne Absprachen. Die Beschäftigung geht zurück. Die Preise liegen über den Grenzkosten und sind nicht länger Ausdruck der relativen Knappheitsverhältnisse. Das Kartell ermöglicht Anbietern mit relativ schlechteren Kostenstrukturen, d.h. Durchschnittskosten, die bei Wettbewerb immer oberhalb des Preises liegen, im Markt zu bleiben. Solche Anbieter nennt man **submarginale** Anbieter. Sie binden Faktoren in Branchen, die unter Wettbewerbsbedingungen nicht rentabel wären. Diese Faktoren fehlen für die Produktion in anderen Sektoren. Es kommt zur Fehlallokation. Ein solcher submarginaler Produzent ist der Anbieter A_3. Beim Konkurrenzpreis p_K würde diese Unternehmung nicht anbieten.

Neben der Verzerrung der Allokation treten auch Einkommensumverteilungen auf. Die Kartellmitglieder erhöhen ihre Gewinne. Diese Erhöhung basiert aber nicht auf einer Marktleistung. Außerdem bindet das Kartell Kaufkraft, welche beim Aufbau neuer Märkte fehlt. Der für eine dynamische Volkswirtschaft wichtige Strukturwandel wird gehemmt. Schließlich stellt sich noch die Frage, ob technischer Fortschritt und Innovationen durch Kartelle behindert werden. Man findet einerseits die Argumentation, daß höhere Gewinne potentielle Investitionsmöglichkeiten eröffnen. Dem ist aber entgegenzuhalten, daß durch den fehlenden Konkurrenzdruck die Investitionsneigung abnimmt. Zudem entstehen Kartelle in der Regel in der Stagnationsphase zur Erhaltung des Status quo eines Marktes, so daß die Forschungsaktivitäten und technische Neuerungen ausbleiben.

Zu (b)

Das Kartell hat in der Abbildung 15 den Preis p_M festgelegt. Bei diesem Preis erzielt z.B. die Unternehmung A_1 bei der Menge x_{M1} den maximalen Gewinn. Diese Menge liegt oberhalb der Menge bei vollständiger Konkurrenz. Der Monopolpreis führt zu dem maximalen Gruppengewinn, aber nicht zum individuellen Firmengleichgewicht. Bei dem höheren Kartellpreis könnte eine Unternehmung unter der Voraussetzung, daß die anderen Kartellmitglieder ihre Mengen konstant halten, ihren Gewinn bei Ausdehnung der eigenen Produktion erhöhen. Folgen alle Unternehmen dieser Logik, dann produzieren alle Unternehmen mehr. Dadurch würde die Produktionsmenge des Kartells im Vergleich zur Ausbringungsmenge in der vollständigen Konkurrenz steigen und der Preis fallen. Wenn das Kartell funktionieren soll, dann müssen die Unternehmen dazu bewegt werden, weniger als ihre zum Kartellpreis gewünschte Menge zu produzieren. Dies erfordert die Festlegung einer Quote, eine ständige Quotenkontrolle und einen wirksamen Sanktionsmechanismus bei Verstoß gegen die Quotenregelung. Der Anreiz, die Produktion über die zugeteilte Quote auszudehnen, bildet ein internes Konfliktpotential des Kartells. Deshalb sind Kartelle häufig nur eine begrenzte Zeit wirksam. So hat z.B. das OPEC-Kartell aufgrund der ständigen Verletzungen der Quoten durch die Mitgliedsstaaten seit Mitte der achtziger Jahre einen Preisverfall des Rohöls nicht aufhalten können und Gewinneinbußen hinnehmen müssen.

Zu (c)

Ein einzelnes Unternehmen muß sich als Kartellmitglied der Quote unterwerfen. Bleibt ein Anbieter dagegen dem Kartell fern, kann er gemäß des Kartellpreises seine gewinnoptimale Menge anbieten. Der Außenseiter erzielt möglicherweise höhere Gewinne als die Kartellmitglieder. Ohne einer Quotenregelung bzw. Kontingentierung unterworfen zu sein, profitiert der Anbieter vom Kartell, so daß ihm seine Außenseiterrolle zum Vorteil wird. Ein solcher Außenseiter ist für den Bestand des Kartells schädlich. Kann ein oder können mehrere Outsider nicht integriert werden, dann sind Sogwirkungen auf die Kartellmitglieder denkbar. Das Kartell zerfällt.

Zu (d)

Durch die Erhöhung des Marktpreises entstehen überschüssige Gewinne. Durch diese werden neue Anbieter angelockt, die den Markt vorher nicht beliefert haben, weil die Produktionskosten nicht gedeckt werden konnten oder weil die Transportkosten im Vergleich zum Preis zu hoch waren. Ein Beispiel hierfür ist das Nordsee-Öl. Der Abbau dieses Rohstoffes wurde erst durch den hohen OPEC-Preis wirtschaftlich sinnvoll.

Zu (e)

Märkte, auf denen häufig Kartelle nachgewiesen worden sind, sind der Markt für Zement und wie beschrieben der Rohölmarkt. Warum ist beispielsweise gerade der Zementmarkt ein guter Nährboden für ein Kartell? Das Gut Zement weist einige Eigenschaften auf, die für die Bildung eines Kartells günstig sind:

(a) Zement ist ein standardisiertes Produkt. Qualitätswettbewerb ist kaum vorhanden. Der Preis ist einziger Wettbewerbsparameter. Ein Unterlaufen der Kartellpreisbildung durch Qualitätswettbewerb ist schwer möglich.

(b) Zement ist kein Produkt eines expandierenden Marktes, sondern wird auf einem ausgereiften Markt in der Stagnationsphase gehandelt. In dieser Phase sind die Gewinne rückläufig und lassen die Unternehmen um ihre Existenz bangen. Die Unternehmen sehen häufig in der Kooperation die einzige Möglichkeit, den Gewinnrückgang aufzuhalten.

(c) Zement ist Produkt eines Marktes, auf dem die Kartellbildung Tradition hat. Die Anbieter kennen sich aufgrund unterschiedlicher Verflechtungen und ein Interessenaustausch kann leicht stattfinden.

(d) Zement ist ein Gut mit hohen Transportkosten, wodurch die Anzahl der Anbieter regional eingegrenzt wird.

2. Vergleich von vollständiger Konkurrenz und Monopol

Beim Vergleich der Marktergebnisse von vollständiger Konkurrenz und Monopol wurde festgestellt, daß der Monopolist eine geringere Menge produziert, weniger Faktormengen einsetzt und die Produkte zu höheren Preisen verkauft.[26] Gegen diesen Vergleich

26) vgl. Abschnitt VII.B.4.

werden häufig folgende Argumente vorgetragen:[27)]

(a) Der Monopolist besitzt die Möglichkeit, Größenvorteile zu realisieren.

(b) Wenn Marktzutritt möglich ist, dann kann der Monopolist keine überschüssigen Gewinne erwirtschaften.

(c) Der Mengenanpasser realisiert keine Gewinne und ist deshalb nicht in der Lage, neue Produkt- und Verfahrensinnovationen vorzunehmen.

Zu (a)

Unter **Größenvorteilen** versteht man, daß die Durchschnittskosten bei größeren Ausbringungsmengen niedriger sind als bei geringen Ausbringungsmengen. Damit ist also nicht gemeint, daß die Kosten des Monopolisten bei alternativen Outputs geringer sind als die Kosten eines kleinen Anbieters, sondern daß die Durchschnittskostenfunktion fällt. Wenn die Effekte für einen tendenziell fallenden Verlauf der Durchschnittskosten überwiegen, ist Marktform der vollständigen Konkurrenz langfristig instabil, da die Bedingung der zweiten Ordnung für ein Gewinnmaximum nicht erfüllt ist.[28)] Abnehmende Durchschnittskosten und vollständige Konkurrenz sind Zustände, die in der Realität langfristig nicht vereinbar sind. Ein Vergleich der Marktergebnisse des Monopols mit den Marktergebnissen der vollständigen Konkurrenz ist daher bei Größenvorteilen überhaupt nicht möglich.

Die Wettbewerbspolitik befindet sich in dieser Situation in einem Dilemma. Einerseits ist zur Ausnutzung von Kostenersparnissen eine gewisse Marktgröße notwendig, andererseits ist damit Marktmacht verbunden, was zu einer Ausnutzung von Preisspielräumen führen kann. Der Gesetzgeber kann dann entweder die Betriebe **verstaatlichen**, z.B. die Bundesbahn, oder er sichert die Monopolstellung und unterwirft den Monopolisten einer **Mißbrauchskontrolle** wie bei den Elektrizitätswerken.

Es stellt sich die Frage nach der Relevanz der Größenvorteile. Zur Erläuterung, inwieweit die Kostenstruktur konzentrierte Märkte erfordert, wird auf die in Kapitel III dargestellte Tabelle zurückgegriffen.[29)]

In der Tabelle ist angegeben, welche Nachfrage eine Unternehmung beliefern kann, wenn der Anbieter die technisch optimale Betriebsgröße realisiert. So könnte z.B. ein PKW-Hersteller bei Realisierung der technisch optimalen Betriebsgröße 14 % des westdeutschen Marktes beliefern. Man erkennt, daß bei der Produktion von Mähdreschern, Motorrädern und Ackerschleppern die technisch mindestoptimale Betriebsgröße größer

27) Eine kritische Auseinandersetzung mit den genannten Kritikpunkten findet man bei Schmidbauer (1974) S. 80 ff.

28) Zwar sind nicht zunehmende Durchschnittskosten, sondern zunehmende Grenzkosten für die Existenz eines Gewinnmaximums erforderlich. Damit die Durchschnittskosten jedoch abnehmen, müssen die Grenzkosten kleiner als die Durchschnittskosten ausfallen. Wenn die Grenzkosten kleiner als die Durchschnittskosten sind, dann führt die Verfolgung der Grenzkosten-Preis-Regel zu Verlusten, die Marktaustritte induzieren. Die Marktform der vollständigen Konkurrenz ist in dieser Situation instabil.

29) vgl. Seite 129

als die Gesamtnachfrage ist. In diesem Fall kann eine einzelne Unternehmung kostengünstiger anbieten.

Trifft man Aussagen über die Konzentration eines Marktes aufgrund des Vergleichs von technisch optimaler und tatsächlicher Betriebsgröße, so ist zu erkennen, daß in den Produktionsbereichen PKW, digitale Telefonvermittlungseinrichtungen, Schwefelsäure, Zement und Bier die tatsächliche Konzentration die technisch optimale übersteigt und in den Segmenten Ackerschlepper, Kühl- und Gefriergeräte sowie Farbfernseher die mindestoptimale technische Betriebsgröße nicht erreicht wird. Im letzten Fall produzieren die Unternehmen im Bereich fallender Durchschnittskosten. Zusätzlich ist jedoch zu beachten, daß nicht nur die technischen Eigenschaften der Produktion, sondern auch die Kosten im Verwaltungsbereich und im Transport den Verlauf der Durchschnittskosten beeinflussen, und daß die Annahme homogener Güter selten erfüllt ist. Die Bedingungen für einen vollständigen Konkurrenzmarkt scheinen selten erfüllt zu sein.

Zu (b)

Ob ein Monopolist überschüssige Gewinne erzielen kann, hängt von der potentiellen Konkurrenz und den Möglichkeiten, einen Marktzutritt zu verhindern, ab. Zudem ist zu beachten, daß auch in der vollständigen Konkurrenz überschüssige Gewinne langfristig beibehalten werden können, wenn Marktzutrittsschranken vorliegen. In beiden Marktformen sind die Marktzutrittsbedingungen die entscheidende Determinante für die Existenz überschüssiger Gewinne. Wenn man die Marktformen vollständige Konkurrenz und Monopol vergleicht, sollte man fairerweise diesen Vergleich unter identischen Marktzutrittsvoraussetzungen durchführen. Ist der Marktzutritt blockiert, dann entstehen sowohl in der vollständigen Konkurrenz als auch im Monopol überschüssige Gewinne. Diese Gewinne sind unter der Annahme gleicher Marktnachfragefunktionen sowie der Identität von aggregierten Grenzkosten der Mengenanpasser und der Genzkostenfunktionen des Monopolisten im Monopolfall größer. Sind die Märkte vollkommen bestreitbar, dann existieren in beiden Marktformen keine überschüssigen Gewinne.

Zu (c)

Mit der Null-Gewinn-Position des Mengenanpassers wird lediglich unterstellt, daß keine über den branchenüblichen Gewinn hinausgehenden Renten erzielt werden. Es hängt von der Definition des branchenüblichen Gewinns ab, ob diese dynamischen Wettbewerbsfunktionen erfüllt werden. Weiterhin muß zwischen Investitionsmöglichkeiten und Investitionsneigung unterschieden werden. Im Monopolfall werden einerseits überschüssige Gewinne zur Finanzierung von Forschungsanstrengungen erwirtschaftet, andererseits fehlt der Wettbewerbsdruck zur Durchführung von Innovationen.

Auch bei dieser Diskussion ist die Frage des Marktzutritt essentiell. Man darf nicht einfach argumentieren, daß der Monopolist über genügend Ressourcen zur Forschung verfügt und andererseits aufgrund potentieller Konkurrenz keine überschüssigen Gewinne erzielen kann. Der Monopolist verfügt nur dann über ausreichende Forschungsetats, wenn der Marktzutritt behindert wird. Erst dadurch entstehen überschüssige Gewinne! Differenziert werden sollte zwischen einer Monopolstellungen, die aufgrund eines Leistungsvorsprunges entstanden sind, und Monopolen, die durch Ausnutzung von Marktmacht zustande kommen. Ist eine Unternehmung anderen Unternehmen gegenüber durch die Entwicklung neuer Produkte oder Produktionstechniken im Vorteil, dann verfügt sie über eine temporäre Monopolstellung. Die mit dieser Monopolstellung verbundenen Gewinne beruhen auf einer besonderen Leistung und sind daher gesellschaftlich erwünscht. Könnten sofort alle Unternehmen diese Produkte kopieren bzw. die neue Technologie anwenden, würden die überschüssigen Gewinne sofort verschwinden. Anreize zur Durchführung von Forschungsaktivitäten und deren Implementierung würden stark zurückgehen. Dies impliziert, daß ein gewisser Schutz der Monopolstellung durch staatliche Rahmenordnungen wie z.B. das Patentgesetz erforderlich sind, wobei eine dauerhafte Sicherung abgelehnt wird, um überholte Strukturen nicht zu konservieren. Dies gilt analog für die Marktform der vollständigen Konkurrenz. Auch hier wird nochmals deutlich, daß nicht die Marktform, sondern die Marktzutrittsmöglichkeit die Ergebnisse entscheidend beeinflußt.

Bezogen auf neue Produktionstechniken lautet der Zielkonflikt einer Patentgesetzgebung: Forschungsaktivitäten, die nicht gesetzlich geschützt werden, werden möglicherweise nicht getätigt, und Unternehmen, die auf ungünstigere Verfahren zurückgreifen müssen, werden durch zu hohe Produktionskosten belastet. Die optimale Patentdauer ist erreicht, wenn die innovatorischen Unternehmen gerade noch bereit sind, Forschung zu betreiben.

Abschließend sei noch auf das Problem des Zusammenhangs von wirtschaftlicher und politischer Macht hingewiesen: Dieser Aspekt beinhaltet, daß Vertreter größerer Firmen in den Kommunen, Länderparlamenten sowie im Bundestag vertreten sind und durch Spenden Parteien finanzieren, wodurch eine Interessensverknüpfung entsteht. Wirtschaftlich bedeutende Unternehmen können zudem über die Medien politische und gesellschaftliche Stimmungen beeinflussen und die Verantwortung für selbst- oder fremdverschuldete wirtschaftliche Schwierigkeiten unter Hinweis auf wirtschaftspolitische Konsequenzen aus den Unternehmen verlagern. Sie erreichen eine breite Akzeptanz für ihre Interessen mit dem Hinweis auf mögliche Entlassungen und profitieren eher von wirtschaftlichen Finanzhilfen wie Subventionen oder Steuerbegünstigungen als Kleinunternehmer.

VIII. Wohlfahrtsökonomie 323

VIII. Wohlfahrtsökonomie

A. Überblick

Die grundsätzliche Problematik des **Wirtschaftens** ergibt sich aus der Diskrepanz zwischen unbegrenzten Bedürfnissen von Individuen und den lediglich begrenzt existierenden Ressourcen, mit denen diese Bedürfnisse befriedigt werden können. Die Notwendigkeit knappe Mittel so einzusetzen, daß eine maximale Befriedigung erreicht werden kann, gilt für einen einzelnen Haushalt, der seinen Nutzen unter der Restriktion eines bestimmten Einkommensniveaus maximieren möchte, in gleicher Weise wie für eine Unternehmung, die mit einer bestimmten Technologie ein Produkt in dem Ausmaß produzieren möchte, in dem sie ihren Gewinn maximiert.

Es ist aber auch möglich, eine gesamte Volkswirtschaft vor die Entscheidung zu stellen, aus einer Vielzahl möglicher Zustände den für sie optimalen auszuwählen, wobei unter einem **wirtschaftlichen Zustand** eine bestimmte Konstellation ökonomischer Aktivitäten sowie die Verteilung wirtschaftlicher Ressourcen verstanden wird. Die **Wohlfahrtsökonomie** beschäftigt sich mit der Bewertung alternativer wirtschaftspolitischer Zustände und der Ableitung von Kriterien zur Beurteilung, ob ein wirtschaftlicher Zustand optimal ist. In diesem Kapitel steht das von Pareto entwickelte Kriterium zur Beurteilung verschiedener wirtschaftlicher Situationen im Mittelpunkt der Diskussion. Ein Zustand genügt dem **Pareto-Kriterium**, wenn es nicht möglich ist, ein Wirtschaftssubjekt besser zu stellen, ohne daß dadurch mindestens ein anderes Individuum schlechter gestellt wird. Eine Steigerung der Wohlfahrt für ein Wirtschaftssubjekt kann in pareto-optimalen Situationen nur zu Lasten anderer erreicht werden. Mit Hilfe dieses Kriteriums ist es möglich, für eine Volkswirtschaft die Bedingungen für Pareto-Optimalität auf verschiedenen Ebenen abzuleiten. Dabei werden die folgenden Fragen diskutiert:

(1) Wann erfolgt die Produktion einer Volkswirtschaft bei gegebenen Faktorbeständen effizient, d.h. wann ist gesichert, daß von keinem Gut mehr produziert werden kann, ohne dafür die Produktion eines anderen Gutes bzw. anderer Güter einschränken zu müssen?

(2) Wann ist die Aufteilung einer gegebenen Güterproduktion optimal in dem Sinne, daß eine Nutzensteigerung für ein Individuum immer mit Nutzenverlusten bei zumindest einem anderen Individuum verbunden ist?

Die Lösung der ersten Frage erfolgt im Abschnitt B.1, der sich mit der Bestimmung des **Produktionsoptimums**, der optimalen Allokation gegebener Faktorbestände in der Produktion einer Volkswirtschaft, beschäftigt. Das **Handelsoptimum**, das die pareto-optimale Situation bezüglich der Verteilung einer bestimmten Güterproduktion darstellt, steht im Mittelpunkt des Abschnitts B.2. Der dritte Teil des Abschnitts B beschäftigt sich mit der **optimalen Produktionsstruktur**. Dabei werden die Probleme des Produktionsoptimums und des Handelsoptimums integriert und simultan gelöst. Die Ergebnisse bezüglich des Pareto-Optimums werden danach durch die Berücksichtigung externer Effekte relativiert. Der Abschnitt B schließt mit einer Zusammenfassung der Erkenntnisse.

Für die Bestimmung des optimalen wirtschaftlichen Zustands einer Volkswirtschaft ist ein Wechsel in die normative Theorie unvermeidbar. Nach der Ermittlung der optimalen Produktionsstruktur verfügt die Volkswirtschaft über eine Vielzahl von Gütermengenkombinationen, die optimal produziert und verteilt werden können. Obwohl die Probleme des Produktionsoptimums und des Handelsoptimums gelöst worden sind, ist noch offen, welche dieser Kombinationen von der Gesellschaft favorisiert wird. Dieser Freiheitsgrad muß von einem Werturteil ausgefüllt werden. Diesen abzuleitenden Zustand bezeichnet man als **Optimum optimorum**. Die Frage,

(3) welche Gütermengenkombination, die sowohl optimal produziert als auch optimal verteilt werden kann, ist die von der Volkswirtschaft gewünschte,

soll in Abschnitt C diskutiert werden. Für die Ableitung des Optimum optimorums ist die Ermittlung der Präferenzen der Volkswirtschaft notwendig. Dazu bedarf es einer Bewertung alternativer Zustände. Das Präferenzsystem einer Volkswirtschaft wird innerhalb der **normativen Theorie** ermittelt. Problematisch ist in diesem Zusammenhang das Fehlen von nicht angreifbaren Aussagen darüber, wie ein gesellschaftlicher Nutzen abgeleitet werden kann. Die Auswahl eines Zustandes aus allen Alternativen innerhalb der Wirtschaftspolitik bewegt sich insofern auf unsicherem Terrain, als die Bestimmung der gesellschaftlichen Wohlfahrt auf Grundlage individueller Nutzen eine nicht beweisbare Prämisse darstellt. Selbst wenn dieser Ausgangspunkt allgemein akzeptiert wird, bleibt die Problematik interpersoneller Nutzenvergleiche bestehen. Ungeachtet dieser Einwände erlaubt es die Gegenüberstellung der möglichen pareto-optimalen Zustände einer Volkswirtschaft mit dem gesellschaftlichen Präferenzsystem, das Optimum optimorum abzuleiten. Die Vorgehensweise zur Herleitung des Optimum optimorums ist von der Struktur identisch mit der Herleitung des Haushaltsgleichgewichts eines Individuums. Dort werden zur Ableitung des Gleichgewichts die Restriktionen des Haushalts dem Präferenzsystem gegenübergestellt.

Im Abschnitt D wird gezeigt, daß die Pareto-Bedingungen unter bestimmten Voraussetzungen bei der Marktform der vollständigen Konkurrenz erfüllt werden. Als Modellmodifikation werden die Auswirkungen externer Effekte untersucht. Im Rahmen des Abschnitts D wird überprüft, inwieweit eine Besteuerung oder eine Verhandlungslösung die Pareto-Bedingungen herbeiführen können.

Abschnitt E stellt ein Modell der Außenhandelstheorie vor, welches die vorgestellten Instrumente der Wohlfahrtstheorie nutzt. Das Kapitel schließt in Abschnitt F mit einer kurzen Zusammenfassung der Ergebnisse.

B. Die Pareto-Bedingungen

1. Das Produktionsoptimum

a) Annahmen

Grundlage der Ausführungen zum Produktionsoptimum ist eine Volkswirtschaft, in der zwei Güter, die Konsumzwecken dienen, produziert werden.[1] Zur Herstellung dieser Güter werden zwei Produktionsfaktoren eingesetzt. Die Volkswirtschaft kann nur auf einen bestimmten Bestand an Ressourcen zurückgreifen. Die vorhandene Menge der Produktionsfaktoren ist exogen vorgegeben.

Da nun mehrere Sektoren betrachtet werden, ist es notwendig, Aussagen bezüglich der Beziehungen zwischen den Outputniveaus der Sektoren zu treffen. Ein **Sektor** umfaßt die Gesamtheit der Produzenten, die ein homogenes Gut produzieren. Folgende Konstellationen für den Zusammenhang zwischen den Produktionsverfahren von verschiedenen Gütern sind möglich:

(a) Die Produktion eines Gutes hat keinerlei Einfluß auf die Produktion eines anderen Gutes. Beide Verfahren sind unabhängig voneinander. Sie verwenden lediglich verfahrensspezifische Produktionsfaktoren. Es existieren keine externen Effekte, die auf den jeweils anderen Sektor wirken (**intrasektorale Effekte**). Die so charakterisierte Verfahrensbeziehung soll als **parallele Produktion** bezeichnet werden.

(b) Die Produktion eines Gutes impliziert die Produktion eines anderen Gutes (**Kuppelproduktion**). Hierbei ist es nicht zwingend, eines der beiden Güter als **Nebenprodukt**[2] zu klassifizieren. Es ist auch denkbar, daß beide Güter in der Planung der Produzenten gleichwertig sind. Sie werden lediglich mit einem Produktionsverfahren, d.h. mit denselben Produktionsfaktoren, hergestellt. Ein Beispiel für eine Kuppelproduktion ist die Umweltverschmutzung, die eine Abfallproduktion aller bzw. eines großen Teils der Produktionsaktivitäten ist.

(c) Bei **konkurrierender Produktion** greifen die Verfahren auf dieselben Einsatzfaktoren zurück, wobei sie sich die Inputs gegenseitig streitig machen. Die Produktion eines Gutes reduziert den Bestand der Produktionsfaktoren, den der konkurrierende Sektor nutzen kann. Im Unterschied zur Kuppelproduktion werden die Güter bei der konkurrierenden Produktion isoliert erstellt. Notwendig zur Existenz dieser Konkurrenzbeziehung ist die Limitierung des Faktorbestandes.

---

1) Analog zu den Ausführungen bezüglich der Produktionstheorie, wo lediglich zwei Produktionsfaktoren unterschieden werden, kann einer der Faktoren als Composite-Factor verstanden werden, in dem alle Faktoren einer Volkswirtschaft bis auf einen zu einem einzigen Faktor zusammengefaßt werden.

2) Ein Gut nimmt die Stellung eines Nebenproduktes ein, wenn es bei der Produktion eines anderen Gutes anfällt, ohne daß es mit Absicht produziert wird. Ferner können Nebenprodukte danach unterschieden werden, ob sie unerwünscht entstehen (Abfallprodukt), ob sie für den Produzenten erlössteigernd (Nebenprodukt im engeren Sinn) oder irrelevant für weitere Unternehmensentscheidungen irgendeiner Art sind.

Welche der in (a) bis (c) genannten Beziehungen ist für die Betrachtung der gesamten Volkswirtschaft relevant? Findet die Betrachtung der Produktion auf einem Aggregationsniveau statt, bei dem die Produktionsfaktoren zu zwei Inputs aggregiert werden, erscheint es plausibel, von einer konkurrierenden Produktion auszugehen. Als weitere vereinfachende Annahme abstrahieren wir an dieser Stelle von externen Effekten der Produktion.[3)] Des weiteren wird unterstellt, daß zwei Güter X und Y mit den Produktionsfaktoren V und W produziert werden, deren Bestände begrenzt sind. Da keine externen Effekte auftreten, erhält man für die Produktionsfunktionen:

(1) $x = x(v_x, w_x)$ und (2) $y = y(v_y, w_y)$

x, y: Mengen der Güter X und Y

v_x, w_x: Mengen der Faktoren V und W in der Produktion des Gutes X

v_y, w_y: Mengen der Faktoren V und W in der Produktion des Gutes Y

Die Faktorbestände sind exogen gegeben:

(3) $\bar{v} = v_x + v_y$ und (4) $\bar{w} = w_x + w_y$

$\bar{v}, \bar{w}$: gesamte Mengen der Faktoren V und W

Die Produktion in einer Volkswirtschaft ist pareto-optimal, wenn es nicht möglich ist, das Outputniveau eines Sektors unter Beachtung der gegebenen Faktorbestände zu erhöhen, ohne dabei den Output eines anderen Sektors (bzw. anderer Sektoren) reduzieren zu müssen. Vom Gut Y soll eine bestimmt Menge produziert werden:

(5) $\bar{y} = y(v_y, w_y)$

b) Die Herleitung der Bedingungen für ein Produktionsoptimum

Auf Grundlage der Gleichungen (1) bis (5) soll die Produktion im Sektor X maximiert werden, ohne daß sich die Produktion des Sektors Y ändert.[4)] Das Maximierungsproblem lautet:

---

3) Mit den Auswirkungen externer Effekte beschäftigen sich die Abschnitte VIII.B.4. und VIII.D.3.

4) Analog zu der folgenden Analyse kann das Produktionsoptimum für den Fall ermittelt werden, daß die Produktion im Sektor Y bei Konstanz des X-Outputniveaus maximiert wird.

(6) $\max\limits_{v_x, v_y, w_x, w_y} \quad x = x(v_x, w_x)$

u.d.R.

(5) $\bar{y} = y(v_y, w_y)$

(3) $\bar{v} = v_x + v_y$

(4) $\bar{w} = w_x + w_y$

endogene Variablen: x, v_x, w_x, v_y, w_y

exogene Variablen: $\bar{y}, \bar{v}, \bar{w}$

Zur Ableitung der Pareto-Bedingungen wird die Lagrange-Funktion aufgestellt:

$$\max L = x(v_x, w_x) + \lambda_1[\bar{y} - y(v_y, w_y)] + \lambda_2[\bar{v} - v_x - v_y] + \lambda_3[\bar{w} - w_x - w_y] \tag{7}$$

$\lambda_1, \lambda_2, \lambda_3$: Lagrange-Multiplikatoren

Im Gegensatz zu den bisherigen Maximierungsproblemen ist hier mehr als eine Restriktion relevant. Diese werden in impliziter Form in die Lagrange-Funktion mit Hilfe der Lagrange-Multiplikatoren integriert. Zur Herleitung der notwendigen Maximierungsbedingungen wird die Lagrange-Funktion bezüglich der endogenen Variablen, zu denen auch die Multiplikatoren zählen, differenziert.

(8) $\dfrac{\partial L}{\partial v_x} = \dfrac{\partial x}{\partial v_x} - \lambda_2 = 0$ (9) $\dfrac{\partial L}{\partial w_x} = \dfrac{\partial x}{\partial w_x} - \lambda_3 = 0$

(10) $\dfrac{\partial L}{\partial v_y} = -\lambda_1 \dfrac{\partial y}{\partial v_y} - \lambda_2 = 0$ (11) $\dfrac{\partial L}{\partial w_y} = -\lambda_1 \dfrac{\partial y}{\partial w_y} - \lambda_3 = 0$

(12) $\dfrac{\partial L}{\partial \lambda_1} = \bar{y} - y(v_y, w_y) = 0$ (13) $\dfrac{\partial L}{\partial \lambda_2} = \bar{v} - v_x - v_y = 0$

(14) $\dfrac{\partial L}{\partial \lambda_3} = \bar{w} - w_x - w_y = 0$

Es ergeben sich insgesamt sieben notwendige Maximierungsbedingungen. Die Ableitungen der Lagrange-Funktion nach den Lagrange-Multiplikatoren, Gleichungen (12) bis (14), enthalten die Restriktionen des Maximierungsproblems. Die Gleichungen (13) und (14) berücksichtigen die vorgegebenen Faktormengen. Außerdem fordert Gleichung (12), daß Outputänderungen im Sektor X nicht zu Lasten des Sektors Y gehen .

Werden die Gleichungen (8) und (10) sowie die Gleichungen (9) und (11) zusammengefaßt, nach λ_1 aufgelöst und anschließend gleichgesetzt, folgt:

$$(15) \quad \frac{\dfrac{\partial x}{\partial v_x}}{\dfrac{\partial x}{\partial w_y}} = \frac{\dfrac{\partial y}{\partial v_y}}{\dfrac{\partial y}{\partial w_y}}$$

Die linke Seite der Gleichung (15) ist das Verhältnis der Grenzproduktivitäten der Faktoren V und W im Sektor X. Die rechte Seite stellt das Verhältnis der Faktorgrenzproduktivitäten für den Sektor Y dar. Das Verhältnis der Grenzproduktivitäten wird als Grenzrate der technischen Substitution bezeichnet.[5)] Die Gleichung (15) kann daher als

$$(16) \quad GRTS_v^w(x) = GRTS_v^w(y)$$

geschrieben werden. **Eine pareto-optimale Faktorallokation erfordert die Identität der Grenzraten der technischen Substitution in allen Sektoren.**

c) Die Edgeworth-Box

Zur Verdeutlichung der formalen Ergebnisse und ihrer ökonomischen Interpretation ist es von Vorteil, auf graphische Darstellungen zurückzugreifen. Dazu wird das Konzept der Edgeworth-Box eingeführt. Bei der **Edgeworth-Box** handelt es sich um eine Zusammenlegung der Isoquanten zweier Produktionsfunktionen bei gegebenen Faktorbeständen.

Für die in Abbildung 1 betrachteten Sektoren der Güter X und Y werden die Isoquantenscharen in ein w/v-Koordinatensystem eingezeichnet. Eines der beiden Koordinatensysteme - hier das des Sektors Y - wird um 180° gedreht und so verschoben, daß sich die Ursprünge O_x und O_y gegenüberliegen. Die Annahme exogener Faktorbestände wird bei der Konstruktion der Edgeworth-Box durch entsprechende Seitenlängen, die die vorhandenen Mengen von V und W repräsentieren, berücksichtigt. So stellen im Teil a) der Abbildung 1 obere und untere Seite des Rechtecks den Bestand an V dar, während die gegebene Menge des Faktors W durch die rechte bzw. linke Seite dargestellt wird. Die Punkte innerhalb der Box stellen die Allokationsmöglichkeiten der Faktoren V und W auf die beiden Sektoren dar. Wird der Punkt E realisiert, setzt der Sektor X die Mengen v_{xE} und w_{xE} in den Produktionsprozeß ein, während das Gut Y mit den Mengen v_{yE} (bzw. $\overline{v}-v_{xE}$) und w_{yE} (bzw. $\overline{w}-w_{xE}$) produziert wird. Die damit verbundenen Outputniveaus ergeben sich gemäß der jeweiligen Isoquanten x_0 und y_0, die durch diesen Punkt laufen.

Die Aufteilung der Ressourcen in Punkt E ist jedoch nicht pareto-optimal. Im Punkt E ist die Grenzrate der technischen Substitution des Faktors V im Sektor X größer als im Sektor Y:

$$GRTS_v^w(x) > GRTS_v^w(y)$$

---

5) vgl. Abschnitt II.C.2.a)

Die Menge des Faktors W, auf die bei der Ausdehnung von V um eine Einheit verzichtet werden kann, ohne daß sich die Produktion ändert, ist im Sektor X größer als im Sektor Y. Der Verzicht auf eine Einheit von V im Sektor Y zugunsten des Sektors X spart im Sektor X mehr Einheiten von W ein, als im Sektor Y zur Aufrechterhaltung der Produktion zusätzlich eingesetzt werden müssen. Der Faktor V ist im Sektor X relativ produktiver als im Sektor Y. Die Produktion im Sektor X kann durch die Wahl einer anderen Allokationsstruktur ausgedehnt werden, ohne daß sich die Produktion von Y ändert. Gerade dies ist aber ein Indiz dafür, daß Pareto-Optimalität noch nicht erreicht ist. Die nicht-pareto-optimale Struktur kann beseitigt werden, wenn Mengen des Faktors V in den Sektor X und Mengen des Faktors W in den Sektor Y wandern. Dadurch sinkt im Sektor X die Grenzrate der technischen Substitution und im Sektor Y steigt die Grenzrate der technischen Substitution des Faktors V, wodurch die Diskrepanz zwischen den Grenzraten abgebaut wird.

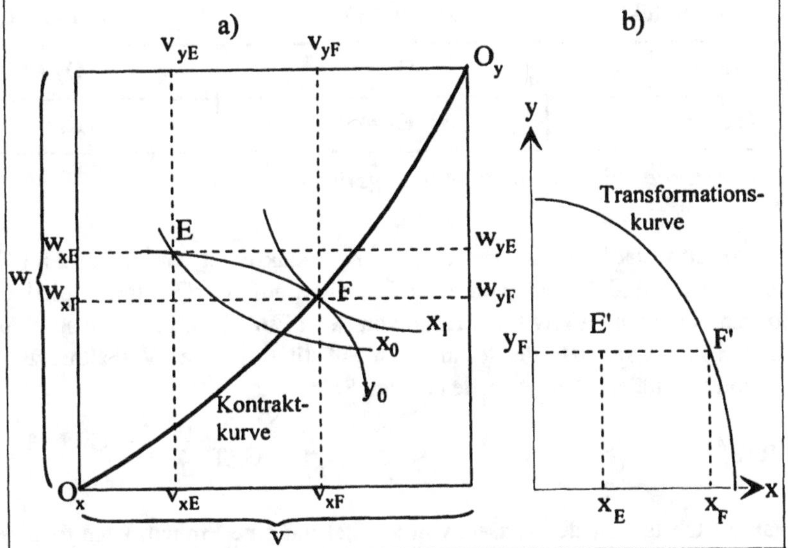

Abb. VIII.1: Die Edgeworth-Box bei gegebenen Faktorbeständen und die Transformationskurve

Da die Grenzrate der technischen Substitution identisch mit dem Absolutbetrag der Steigung der Isoquante ist,[6] wird die Pareto-Optimalität dort erreicht, wo die Isoquante y_0 von einer Isoquante des anderen Sektors tangiert wird. Dies ist im Punkt F der Fall. Während der Y-Sektor auf der Isoquante y_0 verbleibt, erreicht der Sektor X eine Isoquante, die weiter vom O_x-Ursprung entfernt liegt und ein höheres Produktionsniveau repräsentiert als im Punkt E. Eine Erhöhung der Produktion von X bei Konstanz der Produktion im Sektor Y ist in Punkt F nicht mehr möglich.

6) vgl. Abschnitt II.C.2.a)

Analog kann für eine Situation

$$(17) \quad GRTS_V^W(x) < GRTS_V^W(y)$$

gezeigt werden, daß sie nicht pareto-optimal ist. Der Faktor V ist im Sektor Y relativ produktiver. Durch Verzicht auf eine Einheit von V kann der Sektor Y mehr von W einsparen, als der Sektor X zur Aufrechterhaltung der Produktion benötigt. Gibt der Sektor Y die Einheiten von W an den anderen Sektor ab, die er durch eine zusätzliche Einheit von V einspart, wird die Produktionsmenge von X steigen.

Zur Illustration betrachten wir folgendes Beispiel:[7] Mit Hilfe der Faktoren Arbeit A und Kapital C soll Obst O und Gemüse G produziert werden. In der folgenden Tabelle sind die Grenzproduktivitäten der beiden Faktoren in den Sektoren aufgeführt:

Faktoren/Produkt	Obst O	Gemüse G
Arbeit A	O_A=3	G_A=2
Kapital C	O_C=9	G_C=8

Tabelle 1: Grenzproduktivitäten in der Ausgangssituation

Der Faktor Arbeit weist im Obstsektor eine Grenzproduktivität von drei und im Gemüsesektor eine Grenzproduktivität von zwei Einheiten auf. Der Faktor Kapital hat im Obstsektor eine Grenzproduktivität in Höhe von neun Einheiten, im Gemüsesektor von acht Einheiten. Die Grenzrate der technischen Substitution - das Verhältnis zwischen den Grenzproduktivitäten - beträgt in den beiden Sektoren:

$$GRTS_C^A(O) = \frac{O_C}{O_A} = \frac{9}{3} = 3 \qquad \text{und} \qquad GRTS_C^A(G) = \frac{G_C}{G_A} = \frac{8}{2} = 4$$

Erhöht man im Obstsektor den Einsatz von Kapital um eine Einheit, kann man bei unveränderter Produktion auf drei Einheiten Arbeit verzichten. Im Gemüsesektor spart der Einsatz einer zusätzlichen Einheit Kapital vier Einheiten Arbeit, ohne daß sich die Produktion ändert. Es gilt für das Verhältnis der Grenzraten der technischen Substitution:

$$GRTS_C^A(O) < GRTS_C^A(G)$$

Arbeit ist im Obstsektor relativ produktiver als im Gemüsesektor. Umgekehrt ist Kapital im Gemüsesektor relativ effizienter als im Obstsektor. Die Allokation der Produktionsfaktoren ist somit nicht effizient. Wird z.B. im Obstsektor eine Einheit Kapital durch drei Arbeitseinheiten ersetzt, so ändert sich das Niveau der Obstproduktion nicht. Werden dementsprechend im Gemüsesektor drei Einheiten Arbeit weniger und eine Einheit

7) angelehnt an Schneider (1986) S. 124ff.

Kapital mehr eingesetzt, so beträgt der Produktionsrückgang aufgrund der Verringerung der Arbeitseinheiten sechs Gemüseeinheiten, der Produktionsanstieg aufgrund der zusätzlichen Kapitaleinheit acht Gemüseeinheiten, so daß insgesamt zwei Gemüseeinheiten mehr bei gleichbleibender Obstproduktion hergestellt werden können. Die Auswirkungen der Umverteilung einer Einheit Kapital vom Obstsektor in den Gemüsesektor bei gleichzeitiger Umverteilung von drei Einheiten Arbeit vom Gemüse- in den Obstsektor ist der Tabelle 2 zu entnehmen:

Faktoren	Veränderung des Faktoreinsatzes	Grenzproduktivität je Einheit	Outputänderung
Arbeit im G-Sektor	-3	+2	-6
Kapital im G-Sektor	+1	+8	+8
Arbeit im O-Sektor	+3	+3	+9
Kapital im O-Sektor	-1	-9	-9

Tabelle 2: Umverteilungseffekte in den Sektoren

Eine effiziente Aufteilung ist erreicht, wenn die Grenzraten der technischen Substitution in allen Sektoren identisch ist. Eine Beispiel für eine solche Konstellation zeigt die Tabelle 3.

Faktoren/Produkt	Obst	Gemüse
Arbeit	2,85	2,1
Kapital	9,5	7,0

Tabelle 3: Grenzproduktivitäten bei effizienter Produktionsaufteilung

Die Grenzraten der technischen Substitution des Faktors Kapital sind in beiden Sektoren gleich groß:

$$GRTS_C^A(O) = \frac{O_C}{O_A} = \frac{9,5}{2,85} = 3,\overline{3} \quad \text{bzw.} \quad GRTS_C^A(G) = \frac{G_C}{G_A} = \frac{7,0}{2,1} = 3,\overline{3}$$

Die hinreichenden Bedingungen des Maximierungsproblems fordern konvex verlaufende Isoquanten. Bei konkav verlaufenden Isoquanten stellen die Tangentialpunkte Produktionsminima des Sektors X bei gegebener Produktion des Sektors Y dar. Die maximale Produktion von X bei gegebener Produktion von Y wird bei konkaven Isoquanten erreicht, wenn jeweils ausschließlich ein Faktor zur Produktion eines Gutes eingesetzt wird.

d) Die Kontraktkurve und die Transformationskurve

Für jedes Ausgangsniveau der Y-Produktion können in gleicher Weise die pareto-optimalen Punkte gefunden werden. Dies sind die Tangentialpunkte der Isoquanten. Den geometrischen Ort aller pareto-optimalen Punkte, die Verbindungslinie der Tangentialpunkte, bezeichnet man als die **Kontraktkurve**.

Aus den notwendigen Bedingungen für Pareto-Optimalität der Produktion können Informationen über die Steigung und Krümmung von Kontraktkurven abgeleitet werden. Wird die Beziehung (15) für konkrete Produktionsfunktionen ermittelt, so kann sie unter Berücksichtigung der Gleichungen (1) bis (4) als eine Funktionalbeziehung der Art

$$(18) \qquad w_X = w_X\left(v_X; \bar{w}, \bar{v}\right)$$

formuliert werden.[8] Entlang der Kontraktkurve der Produktion ist die pareto-optimale Faktoreinsatzmenge w_X eine Funktion des Faktoreinsatzniveaus v_X. Die Faktorbestände grenzen den Definitions- und Wertebereich der Kontraktkurve ein.

Zu jeder Faktoraufteilung in der Box gehört eine bestimmte Produktionsmenge der Güter X und Y. So korrespondieren z.B. die Punkte E und F im Faktormengendiagramm (Abbildung 1 a) mit den Punkten E′ und F′ im Gütermengendiagramm (Abbildung 1 b). Überträgt man sämtliche Punkte der Kontraktkurve in das Güterdiagramm, so erhält man die **Transformationskurve**. Sie gibt die Kombinationen der Gütermengen an, die pareto-optimal produziert werden können. Für jedes Niveau des Gutes Y kann die maximale Menge des Gutes X abgelesen werden.[9] Punkte unterhalb der Transformationskurve stellen ineffiziente Produktionsstrukturen dar. Punkte oberhalb der Transformationskurve sind mit den vorhandenen Ressourcen und der bekannten Technologie nicht realisierbar. Im Produktionspunkt F werden x_F Einheiten von X und y_F Einheiten von Y produziert. Die Steigung der Transformationskurve gibt an, auf wieviel Einheiten von Y verzichtet werden muß, damit die Produktion des Gutes X um eine Einheit erhöht werden kann. Den Absolutbetrag der Steigung bezeichnet man als **Grenzrate der Transformation**. Sie mißt den relativen Preis des Gutes X ausgedrückt in Einheiten des Gutes Y. Die Grenzrate der Transformation stellt somit die realen Grenzkosten der Produktion für das Gut X in Einheiten des Gutes Y dar. Ist die Krümmung der Transformationskurve konkav, wie in der vorliegenden Abbildung 1 unterstellt, erfordert eine Ausdehnung der X-Produktion eine immer umfangreichere Reduktion der Produktion des Gutes Y. Der relative Preis des Gutes X steigt.

Aus der Kontraktkurve kann die formale Darstellung der Transformationskurve gewonnen werden, wenn die Beziehungen zwischen Faktoreinsatz und Output - die Produktionsfunktionen der Sektoren, Gleichungen (1), (2), sowie die Faktorbestände, Gleichungen (3), (4) - Berücksichtigung finden.

---

8) Auf eine explizite Darstellung der Herleitung wird verzichtet.

9) Die Transformationskurve wird auch als Produktionsmöglichkeitenkurve einer Volkswirtschaft bezeichnet.

$$(19) \quad y = y\left(x; \bar{w}, \bar{v}\right)$$

Das pareto-optimale Produktionsniveau des Sektors Y ist abhängig vom Output des Sektors X. Veränderungen der Faktorbestände wirken auf die Lage der Transformationskurve. Informationen über die Steigung und die Krümmung der Transformationskurve können aus der Lagrange-Funktion (7) durch Anwendung des Envelope-Theorems gewonnen werden:

$$(20) \quad \frac{\partial x}{\partial y} = \frac{\partial L}{\partial y} = \lambda_1$$

Die Gleichung (20) gibt an, wie sich die maximal mögliche Menge des Gutes X ändert, wenn der Output des Gutes Y variiert wird. Bildet man den Kehrwert dieser Gleichung, so resultiert:

$$(21) \quad \frac{\partial y}{\partial x} = \frac{1}{\lambda} = -GRT_x^y$$

Mit der Gleichung (21) wird die Steigung der Transformationskurve bzw. die Grenzrate der Transformation mit negativem Vorzeichen erfaßt. Nach Berücksichtigung der Gleichungen (8) und (10) bzw. (9) und (11) folgt:

$$(22) \quad \frac{\partial y}{\partial x} = \frac{1}{\lambda_1} = -\frac{\frac{\partial y}{\partial v_y}}{\frac{\partial x}{\partial v_x}} = -GRT_x^y \qquad \text{bzw.} \qquad (23) \quad \frac{\partial y}{\partial x} = \frac{1}{\lambda_1} = -\frac{\frac{\partial y}{\partial w_y}}{\frac{\partial x}{\partial w_x}} = -GRT_x^y$$

Die Steigung der Transformationskurve entspricht dem negativen Verhältnis der Grenzproduktivitäten eines Faktors in den beiden Sektoren. Die Grenzrate der Transformation ist gleich dem Verhältnis der Grenzproduktivitäten eines Faktors in beiden Sektoren. Im Pareto-Optimum sind die Verhältnisse der Grenzproduktivitäten der Faktoren in beiden Sektoren gleich:

$$(24) \quad GRT_x^y = \frac{\frac{\partial y}{\partial v_y}}{\frac{\partial x}{\partial v_x}} = \frac{\frac{\partial y}{\partial w_y}}{\frac{\partial x}{\partial w_x}}$$

Greifen wir zurück auf unser Beispiel zur Produktion von Obst und Gemüse. Aus der Tabelle 1 erhalten wir:

$$GRT_G^O = \frac{O_C}{G_C} = \frac{9}{8} \qquad GRT_G^O = \frac{O_A}{G_A} = \frac{3}{2} = 1{,}5$$

Will man eine Einheit mehr Gemüse produzieren, dann benötigt man im Gemüsesektor zusätzlich 1/9 Kapitaleinheiten. Der erforderliche Rückgang des Kapitaleinsatzes im Obstsektor führt somit zu einer Reduktion der Obstproduktion um 9/8. Will man eine

Einheit Gemüse mehr produzieren, dann benötigt man z.B. 0,5 Arbeitseinheiten mehr. Reduziert man dementsprechend den Arbeitseinsatz bei Obst um 0,5 Arbeitseinheiten, dann sinkt die Obstproduktion um 1,5 Einheiten. Dies wären die Grenzopportunitätskosten der Gemüseproduktion berechnet über den Faktor Arbeit. In der Ausgangssituation stimmen also Verhältnisse der Grenzproduktivitäten der Faktoren in den unterschiedlichen Verwendungsrichtungen nicht überein. Diese Situation ist nicht pareto-optimal. Betrachten wir nun die Tabelle 3. Daraus folgt:

$$GRT_G^O = \frac{O_C}{G_C} = \frac{9{,}5}{7{,}0} = \frac{O_A}{G_A} = \frac{2{,}85}{2{,}1}$$

Die Grenzrate der Transformation beträgt 1,4.

Bevor im nächsten Abschnitt die Bestimmungsgründe für den Verlauf der Kontraktkurve und der Transformationskurve näher untersucht werden, wird die Ermittlung dieser Funktionen für ein konkretes Beispiel dargestellt. Die Produktionstechnologie, die in den Sektoren X und Y genutzt wird, wird durch die Produktionsfunktionen

(B1) $x = v_x w_x$ *und* *(B2)* $y = v_y w_y$

abgebildet. Vom Faktor V sind 100, vom Faktor W 200 Einheiten vorhanden. Entlang der Kontraktkurve müssen die Grenzraten der technischen Substitution des Faktors V in beiden Sektoren gleich sein. Diese können aus den Produktionsfunktionen ermittelt werden. Die Gleichsetzung ergibt die Beziehung:

(B3) $$GRTS_v^w(x) = \frac{v_x}{w_x} = \frac{v_y}{w_y} = GRTS_v^w(x)$$

Die Berücksichtigung der exogen vorgegebenen Faktormengen

(B4) $100 = v_x + v_y$ *(B5)* $200 = w_x + w_y$

führt zu:

(B6) $\frac{v_x}{w_x} = \frac{100 - v_x}{200 - w_x}$ *bzw.* *(B7)* $w_x = 2v_x$

Gleichung (B7) gibt die Kontraktkurve an. Zur Ermittlung der Transformationskurve wird zunächst die Kontraktkurve in die Produktionsfunktion des Sektors X eingesetzt. Man erhält den pareto-optimalen Einsatz der Faktors V im Sektor X:

(B8) $x = 2{v_x}^2$ *bzw.* *(B9)* $v_x = \left(\frac{1}{2}x\right)^{0,5}$

Durch die Berücksichtigung der Faktorbestände kann die Produktionsfunktion des Sektors Y in Abhängigkeit von den im Sektor X eingesetzten Faktormengen formuliert werden:

(B10) $y = (100 - v_x)(200 - w_x)$

Setzt man die Beziehung (B7) in die Gleichung (B10) ein, resultiert die Produktionsmenge y in Abhängigkeit vom Einsatz des Faktors V im Sektor X:

$$(B11)\quad y=(100-v_x)(200-2v_x)$$

Die Substitution der Gleichung (B9) in die Gleichung (B11) liefert schließlich die formale Gestalt der Transformationskurve,

$$(B12)\quad y=\left[100-\left(\frac{1}{2}x\right)^{0,5}\right]\left[200-2\left(\frac{1}{2}x\right)^{0,5}\right] \quad bzw.$$

$$(B13)\quad y=2\left(100-\left(\frac{1}{2}x\right)^{0,5}\right)^2$$

e) Krümmungsverhalten von Transformations- und Kontraktkurve

In der Abbildung 1 ist eine konvex verlaufende Kontraktkurve sowie eine konkave Transformationskurve abgebildet. Diese Funktionsverläufe sind jedoch nicht allgemeingültig. Zwei Charakteristika der Produktionstechnik sind für die Funktionsverläufe verantwortlich:

(1) Die Gestalt der Kontraktkurve ist abhängig von der Faktorintensität, die aus der effizienten Produktion der jeweiligen Sektoren resultiert.

(2) Die Art der Skalenerträge und die Faktorintensitäten haben Einfluß auf den Verlauf der Transformationskurve.

Um den Einfluß der Faktorintensitäten auf den Verlauf der Kontraktkuve deutlich zu machen, sind in der Abbildung 2 die möglichen Verläufe der Kontraktkurve, die durch unterschiedliche Faktorintensitäten entstehen können, dargestellt. Zunächst wird der Fall identischer Faktorintensitäten betrachtet. Die Sektoren setzen bei effizienter Produktion beide Faktoren im gleichen Verhältnis zueinander ein. Für den Punkt F auf der Kontraktkurve in der Abbildung 2 a) erhält man als Faktorintensität des Faktors W für die Produktion des Sektors X den Tangens des Winkels α_x. Die Faktorintensität des Sektors Y ist durch den Tangens des Winkels α_y gegeben.[10)] Da identische Faktorintensitäten vorliegen, sind beide Winkel gleich. Die Tangentialpunkte der Isoquanten liegen daher auf einer Kontraktkurve, die als Diagonale in der Box liegen.

In den Teilen b) und c) der Abbildung 2 führen identische Grenzraten der Substitution (Pareto-Optimalität) in den Sektoren zu unterschiedlichen Faktorintensitäten. Ist die Faktorintensität bei gleicher Grenzrate der Substitution im X-Sektor V-intensiver als im Y-Sektor, verläuft die zugehörige Kontraktkurve immer unterhalb der Diagonale der Edgeworth-Box. Es resultiert ein konvexer Verlauf für die Verbindungslinie der paretooptimalen Punkte. Entsprechend ergibt sich eine konkave Kontraktkurve, wenn die effi-

10) vgl. Abschnitt II.C.3.c) Es ist möglich, für jeden Punkt innerhalb der Edgeworth-Box die Faktorintensitäten, mit denen die Sektoren produzieren, auf diese Art zu ermitteln.

ziente Produktion im Sektor X den Faktor W intensiver nutzt. Die Punkte, die paretooptimale Zustände kennzeichnen, liegen oberhalb der Diagonale. Für jeden Produktionspunkt, der in beiden Sektoren zu identischen Grenzraten der technischen Substitution führt, ergibt sich im Sektor X eine W-intensivere Produktion.

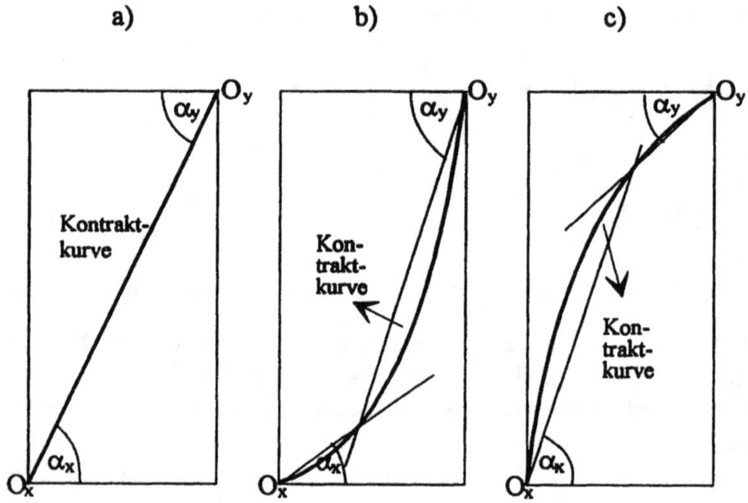

Abb. VIII.2: Kontraktkurve und Faktorintensitäten

Welche Implikationen ergeben sich für die Transformationskurve? Um die Auswirkungen der Faktorintensität auf die Gestalt der Transformationskurve isoliert ableiten zu können, werden konstante Skalenerträge unterstellt. Proportionale Änderungen der Faktoreinsatzmengen führen zu proportionalen Änderungen des Outputs. Betrachten wir als erstes identische Faktorintensitäten. Durch die Reduktion der Y-Produktion werden - ausgehend von einer pareto-optimalen Situation - die Faktoren im gleichen Verhältnis freigesetzt, wie sie der andere Sektor zur effizienten Ausdehnung seiner Produktion benötigt. Die Erhöhung der Menge x kann in einem konstanten Verhältnis zur Senkung der Menge y stattfinden. Die Steigung der Transformationskurve ist konstant. **Bei konstanten Skalenerträgen und gleichen Faktorintensitäten in beiden Sektoren resultiert eine lineare Transformationskurve.** Produziert der Sektor X V-intensiver (W-intensiver), die Kontraktkurve verläuft konvex (konkav), so wird bei einer Ausdehnung der Produktion in diesem Sektor relativ mehr vom Faktor V (W) benötigt. Der Sektor Y muß in beiden Fällen seine Produktion überproportional reduzieren, um die benötigten Mengen für die anderen Sektoren bereitzustellen. In beiden Fällen verläuft die Transformationskurve konkav. Es ist für die Krümmung der Transformationskurve irrelevant, welcher der beiden Faktoren vom Sektor X intensiver genutzt wird. Ausschlaggebend ist allein, daß bei unterschiedlicher Faktorintensität die Ausdehnung einer Verwendungsrichtung der Faktoren die Produktion des anderen Sektors überproportional zurückgehen muß.

Für die Kontraktkurve ist es ohne Belang, welcher Art die Skalenerträge sind, da nur die Lage der Tangentialpunkte interessiert.[11] Für den Verlauf der Transformationskurve ist aber wichtig, welche Outputniveaus mit alternativen Punkten der Kontraktkurve verbunden werden, da zur Konstruktion der Transformationskurve die Kontraktkurve in ein Gütermengendiagramm überführt wird. Um die Effekte der Skalenerträge zu isolieren, unterstellen wir identische Faktorintensitäten. Ausgehend von einem pareto-optimalen Punkt wird die Produktion von X ausgedehnt. Aufgrund der konkurrierenden Produktion muß damit eine Reduktion der Menge von Y einhergehen. Wie groß fällt diese Reduktion aus? Bei konstanten Skalenerträgen in beiden Sektoren (und identischen Faktorintensitäten) erfordert eine Erhöhung von X einen proportionalen Mehreinsatz der Faktoren V und W. Entsprechend muß eine proportionale Reduktion der Produktionsmenge y erfolgen. Liegen in beiden Sektoren konstante Skalenerträge vor, verläuft die Transformationskurve linear. Für den Verlauf der Transformationskurve bei abnehmenden Skalenerträgen gilt folgendes: Für den expandierenden Sektor sind für eine gleichbleibende Erhöhung der Produktion zunehmend mehr Faktormengen erforderlich. Aus dem anderen Sektor müssen daher überproportional Faktormengen abgebaut werden. Außerdem nehmen die Skalenerträge bei einem Rückgang der Faktoreinsatzmenge im schrumpfenden Sektor zu.[12] Die Grenzopportunitätskosten des expandierenden Sektors steigen daher. Die Transformationskurve verläuft konkav. Analog hierzu erfolgt die Begründung einer konvexen Transformationskurve bei zunehmenden Skalenerträgen in beiden Sektoren.

Folgende Ergebnisse sind festzuhalten:

(a) Unterschiedliche Faktorintensitäten führen tendenziell zu konkaven Transformationskurven.

(b) Zunehmende (abnehmende, konstante) Skalenerträge führen tendenziell zu konvexen (konkaven, linearen) Transformationskurven.

Eine eindeutige Aussage über den Verlauf der Transformationskurve ist nicht möglich, wenn

(a) in einem Sektor zunehmende, im anderen Sektor abnehmende Skalenerträge vorliegen oder

(b) beide Sektoren zunehmende Skalenerträge aufweisen, jedoch mit unterschiedlichen Faktorintensitäten produzieren.

11) Zum Zusammenhang zwischen Skalenerträgen und Isoquanten vgl. Abschnitt II.D.2.a)

12) Abnehmende Skalenerträge bedeuten, daß bei einer gleichbleibenden Erhöhung der Faktoreinsatzmengen der Output immer geringer zunimmt. Dies impliziert, daß bei einer gleichbleibenden Reduktion der Faktoreinsatzmengen der Output immer stärker zurückgeht.

2. Das Handelsoptimum

a) Annahmen

Ein **Handelsoptimum** wird erreicht, wenn der Nutzen eines Haushalts nicht mehr verbessert werden kann, ohne daß das Nutzenniveau eines anderen Haushalts reduziert wird. Zur Herleitung der Bedingungen für ein Haushaltsoptimum wird davon ausgegangen, daß von den Gütern X und Y bereits bestimmte Mengen produziert worden sind. Durch den Konsum dieser Güter erzielen die Konsumenten Nutzen. Die Grenznutzen der Haushalte sind positiv, und die Indifferenzkurven laufen fallend und konvex. Da beide Konsumenten[13)] beide Güter in ihrer Entscheidung berücksichtigen und die Gütermengen begrenzt sind, konkurrieren die Haushalte um die knappen Güter. Konsumiert z.B. der Haushalt A mehr Mengen vom Gut X, verringern sich die Konsummöglichkeiten des Haushalts B in gleichem Maße. Von externen Effekten wird abgesehen. Der Nutzen des einen Haushalts ist unabhängig vom Konsum des anderen Haushalts. Mitläufer- und Snobeffekte werden daher ausgeschlossen. Da der Preis nicht Argument der Nutzenfunktion ist, werden auch Prestige-Effekte nicht berücksichtigt. Des weiteren wird durch die ausschließliche Aufnahme der selbst konsumierten Güter in die individuelle Nutzenfunktion vernachlässigt, daß auch das Wohlbefinden der Mitmenschen das eigene Wohlbefinden beeinflussen kann.

b) Die Herleitung des Handelsoptimums

Zur Ableitung der Bedingungen für ein Handelsoptimum wird ein bestimmtes Nutzenniveau des Haushalts B unterstellt. Es stellt sich die Frage, wie die produzierten Mengen auf beide Haushalte aufzuteilen sind, damit der Haushalt A bei gegebenem Nutzenniveau des Haushalts B sein Nutzenmaximum erreicht. Unter Berücksichtigung der Annahmen bezüglich der Nutzenfunktionen und der gegebenen Güterbestände ergibt sich das Maximierungsproblem (25).

Der Konsum der Haushalte muß im Rahmen der bereits durchgeführten Güterproduktion bleiben. Dies drücken die Gleichungen (27) und (28) aus. Weiterhin wird durch die Gleichung (26) berücksichtigt, daß das Nutzenniveau des Haushaltes B konstant ist.

---

13) Die Begriffe Konsument und Haushalt werden als Synonyme verwendet.

(25) $\max\ U_A = U_A(x_A, y_A)$

u.d.R.

(26) $\overline{U}_B = U_B(x_B, y_B)$

(27) $\overline{x} = x_A + x_B$

(28) $\overline{y} = y_A + y_B$

endogene Variablen: U_A, x_A, y_A, x_B, y_B

exogene Variablen: $\overline{U}_B$, $\overline{x}, \overline{y}$

$\overline{U}_B$: Nutzenniveau des Haushalts B in der Ausgangssituation

$\overline{x}, \overline{y}$: gesamte Produktionsmengen der Güter X und Y

U_A, U_B: Nutzenniveaus der Haushalte A und B

x_A, y_A: Mengen der Güter X und Y im Besitz des Haushaltes A

x_B, y_B: Mengen der Güter X und Y im Besitz des Haushaltes B

Die Gleichungen (25) bis (28) werden in die Lagrange-Funktion

$$\max\ L = U_A(x_A, y_A) + \lambda_1[\overline{U}_B - U_B(x_B, y_B)] + \lambda_2(\overline{x} - x_A - x_B) + \lambda_3(\overline{y} - y_A - y_B) \tag{29}$$

$\lambda_1, \lambda_2, \lambda_3$: Lagrange-Multiplikatoren

integriert. Wie bei der formalen Darstellung des Maximierungsproblems innerhalb der Analyse des Produktionsoptimums sind auch hier insgesamt drei Lagrange-Multiplikatoren notwendig, um die Restriktionen in impliziter Form in die Lagrange-Funktion aufzunehmen. Die notwendigen Bedingungen für das Handelsoptimum ergeben sich durch Nullsetzung der partiellen Ableitungen der Gleichung (29) nach den endogenen Variablen:

$$\frac{\partial L}{\partial x_A} = \frac{\partial U_A}{\partial x_A} - \lambda_2 = 0 \tag{30}$$

$$\frac{\partial L}{\partial y_A} = \frac{\partial U_A}{\partial y_A} - \lambda_3 = 0 \tag{31}$$

$$\frac{\partial L}{\partial x_B} = -\lambda_1 \frac{\partial U_B}{\partial x_B} - \lambda_2 = 0 \tag{32}$$

$$\frac{\partial L}{\partial y_B} = -\lambda_1 \frac{\partial U_B}{\partial y_B} - \lambda_3 = 0 \tag{33}$$

$$\frac{\partial L}{\partial \lambda_1} = \overline{U}_B - U_B(x_B, y_B) = 0 \tag{34}$$

$$\frac{\partial L}{\partial \lambda_2} = \overline{x} - x_A - x_B = 0 \tag{35}$$

$$\frac{\partial L}{\partial \lambda_3} = \overline{y} - y_A - y_B = 0 \tag{36}$$

Die Gleichungen (34) bis (36) erfassen die Modellrestriktionen (27), (28) und (26) in impliziter Form. Zur Interpretation der Gleichungen (30) bis (33) fassen wir (30) und (32) sowie (31) und (33) zusammen, lösen sie nach λ_1 auf und setzen sie gleich. Daraus folgt:

$$(37) \quad \frac{\dfrac{\partial U_A}{\partial x_A}}{\dfrac{\partial U_A}{\partial y_A}} = \frac{\dfrac{\partial U_B}{\partial x_B}}{\dfrac{\partial U_B}{\partial y_B}}$$

Die Beziehung in der Gleichung (37) fordert für eine pareto-optimale Gütermengenaufteilung, daß das Verhältnis der Grenznutzen bezüglich der beiden Gütermengen für beide Haushalte übereinstimmt. Da die Grenznutzenverhältnisse den Grenzraten der Substitution entsprechen, gilt:

$$(38) \quad GRS_x^y(A) = GRS_x^y(B)$$

Die pareto-optimale Gütermengenverteilung ist erreicht, wenn die Grenzraten der Substitution des Gutes X bei allen Haushalten übereinstimmen. Die subjektive Wertschätzung für ein Gut ist in diesem Fall für alle Konsumenten gleich. Keiner kann durch weiteren Tausch an Nutzen gewinnen, ohne daß ein anderer verliert. Da die Grenzrate der Substitution der Steigung der Indifferenzkurve entspricht, folgt: Im Pareto-Optimum sind die Steigungen der Indifferenzkurven beider Wirtschaftssubjekte gleich.

Die hinreichenden Bedingungen für ein Nutzenmaximum des Haushalts A bei gegebenem Nutzenniveau des Haushalts B fordern analog zum Produktionsoptimum konvex verlaufende Indifferenzkurven.

c) Edgeworth-Box und Kontraktkurve

Die Darstellung des Handelsoptimums greift auf ähnliche Instrumente zurück, wie sie für die Abbildung des Produktionsoptimums entwickelt worden sind. Zunächst wird die Edgeworth-Box für gegebene Gütermengen konstruiert. Diese Edgeworth-Box entsteht durch Zusammenführung der Indifferenzkurvensysteme zweier Haushalte. Dies ist im Teil a) der Abbildung 3 dargestellt.

Ausgangspunkt sind die y/x-Koordinatensysteme der betrachteten Haushalte A und B, in denen die Indifferenzkurven liegen.[14)] Das Diagramm des B wird um 180° gedreht. Beide Diagramme werden so kombiniert, daß der Ursprung des Diagramms für den Haushalt B O_B gegenüber dem Ursprung des Koordinatensystems von Haushalt A liegt und die Maße der Seitenlinien die Gütermengenbestände repräsentieren. Die produzierte und aufzuteilende Menge des Gutes X spiegelt sich in der Länge von Ober- bzw. Unterseite der Edgeworth-Box wieder. Die Menge des Gutes Y repräsentiert entsprechend die

14) Die Indifferenzkurve ist der geometrische Ort aller Gütermengenkombinationen, die zum gleichen Nutzenniveau führen.

rechte und linke Seitenlänge. Alle möglichen Aufteilungen der in der Volkswirtschaft produzierten Gütermengen von X und Y auf die beiden Haushalte A und B werden durch die Edgeworth-Box erfaßt. Welche der realisierbaren Verteilungen sind pareto-optimal? Als Ausgangspunkt wird die Aufteilung E gewählt, in der der Haushalt A ein Nutzenniveau von U_{A0} und der Haushalt B ein Nutzenniveau von U_{B0} erreicht. In E gilt:

$$GRS_x^y(A) > GRS_x^y(B)$$

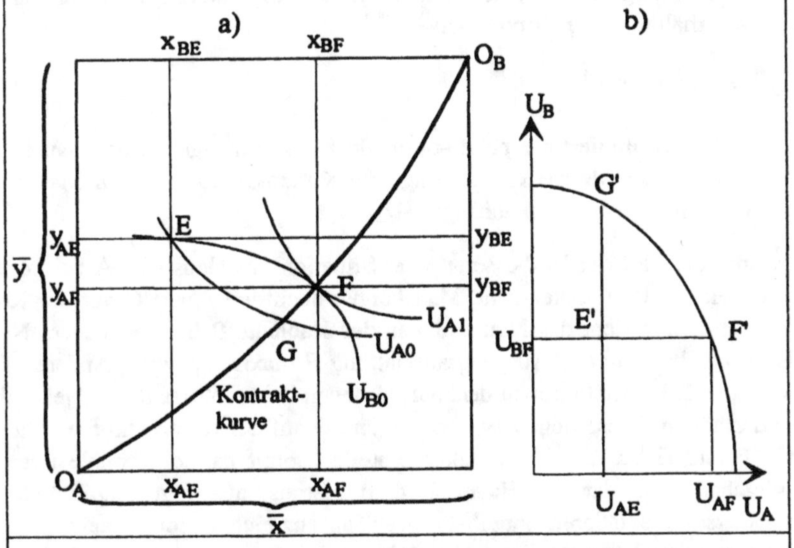

Abb. VIII.3: Die Edgeworth-Box bei gegebenen Gütermengen und die Nutzenpunktkurve

Die Grenzrate der Substitution des Haushalts A ist größer als die Grenzrate der Substitution des Haushalts B. Exemplarisch seien die folgenden Werte für die Grenzraten der Substitution angenommen:

$$GRS_x^y(A) = 3 \qquad \text{und} \qquad GRS_x^y(B) = 1$$

Bietet der Haushalt A dem Haushalt B eine Einheit von Y für eine Einheit von X an, so bleibt der Nutzen des Haushalts B konstant. Der Haushalt A kann seinen Nutzen erhöhen, da er für die zusätzliche Einheit von Gut X weniger von Gut Y aufgibt, als er bereit wäre aufzugeben. Der Nutzengewinn des Haushalts A beträgt zwei Einheiten des Gutes Y. Die Güteraufteilung in Punkt E ist daher nicht pareto-optimal. Durch Umstrukturierung kann das Nutzenniveau des Haushalts A bei gegebenem Nutzenniveau des Haushalts B erhöht werden. In Punkt F ist dies nicht mehr möglich. Die Steigungen der Indifferenzkurven und somit die Grenzraten der Substitution sind gleich. Der Punkt F ist pareto-optimal, da eine Erhöhung des Nutzens von Haushalt A nur zu Lasten des Nutzenniveaus von B erreicht werden kann. Aus diesem Grunde kann man den Punkt F als Tauschgleichgewicht bezeichnen.

Die Verbindungslinie der Tangentialpunkte der Indifferenzkurven wird als **Kontraktkurve** definiert. Analog zur Produktionssphäre ist sie hier der geometrische Ort aller Gütermengenaufteilungen, bei denen die Grenzraten der Substitution beider Haushalte übereinstimmen. Die formale Gestalt der Kontraktkurve kann aus den Bedingungen für das Handelsoptimum abgeleitet werden. Entlang der Kontraktkurve gilt, daß die Steigungen der Indifferenzkurven identisch sind. Dies impliziert die Bedingung (38). Wird diese unter Beachtung der Gütermengenrestriktionen (27) und (28) nach der Variable y_A aufgelöst, so erhält man die Kontraktkuve:

$$(39) \quad y_A = y_A\left(x_A; \bar{x}, \bar{y}\right)$$

Diese Gleichung formuliert die pareto-optimale Konsummenge y_A des Haushalts A in Abhängigkeit von der Menge x_A. Die Lage der Kontraktkurve ist vom Niveau der bereits produzierten Gütermengen abhängig.[15)]

Bisher wurde der Fall der Verbesserung der Situation des Haushalts A bei gegebenem Nutzen des Haushalts B untersucht. Man könnte auch den Punkt G auf der Kontraktkurve bestimmen, in dem das Nutzenniveau des Hauhalts B bei gegebenem Nutzenniveau des Hauhalts A in der Ausgangsausstattung E maximiert wird. Andererseits sind ausgehend von E Konstellationen denkbar, in denen beide Wirtschaftssubjekte ihr Nutzenniveau erhöhen. Diese liegen zwischen F und G auf der Kontraktkurve. Alle Punkte zwischen F und G auf der Kontraktkurve stellen somit pareto-optimale Punkte oder Tauschgleichgewichte dar. Das Handelsoptimum ist also aus folgenden Gründen mehrdeutig: Einerseits existieren innerhalb des Tauschgleichgewichts mehrere optimale Punkte; andererseits hängt der Tauschbereich von der Ausgangsausstattung ab.

3. Die optimale Produktionsstruktur

a) Einführung

Bei der Bestimmung des Produktionsoptimums und des Handelsoptimums wurden die pareto-optimalen Zustände für die beiden Bereiche der Produktion und des Handels jeweils isoliert ermittelt. So ging es bei der Herleitung des Produktionsoptimums darum, auf der Grundlage gegebener Faktorbestände die Allokationsmöglichkeiten herzuleiten, die eine effiziente Produktion im Sinn des Pareto-Kriteriums implizieren. Eine Ausweitung der Produktion in einem Sektor kann nur zu Lasten mindestens eines anderen Sektors realisiert werden. Das Handelsoptimum umfaßt alle Aufteilungen der exogen gegebenen Güterbestände, bei denen weitere Umstrukturierungen zur Verbesserung des Nutzens eines Haushalts zu einer Einbuße bei mindestens einem anderen Haushalt führen.

Die isolierte pareto-optimale Lösung in den beiden Problembereichen garantiert keines-

15) Irrelevant ist das anfängliche Nutzenniveau des Haushaltes B, da dieses bei der Ermittlung der Kontraktkurve variiert wird.

falls eine Abstimmung der Produktion auf die Wünsche der Konsumenten in dem Sinn, daß die Produktionskosten mit den Wertschätzungen übereinstimmen. Sind Produktionskosten und Wertschätzungen identisch, so spricht man von einer **optimalen Produktionsstruktur**.

Die folgende Analyse vollzieht sich auf zwei Ebenen: Zunächst werden die formalen Bedingungen für eine optimale Produktionsstruktur abgeleitet. Diese werden anschließend mit Hilfe graphischer Instrumente verdeutlicht.

b) Formale Herleitung der optimalen Produktionsstruktur

Da es sich bei dem im folgenden zu diskutierenden Ansatz um eine Integration bereits bekannter Erkenntnisse handelt, sei bezüglich der Annahmen auf die entsprechenden Ausführungen verwiesen. Zur Herleitung der Bedingungen einer optimalen Produktionsstruktur wird folgender Weg beschritten: Die Erfüllung des Produktionsoptimums wird vorausgesetzt. Die Transformationskurve ist daher bekannt. Im Unterschied zur vorausgegangenen Herleitung des Handelsoptimums sind nun die Mengen der Güter X und Y nicht mehr fixiert, sondern es können beliebige Kombinationen unter Berücksichtigung der Transformationskurve gewählt werden. Für ein vorgegebenes Nutzenniveau des Haushalts B lautet das Maximierungsproblem:

(40) $\max U_A = U_A(x_A, y_A)$

u.d.R.

(41) $y = f(x)$

(26) $\overline{U}_B = U_B(x_B, y_B)$

(27) $x = x_A + x_B$

(28) $y = y_A + y_B$

exogene Variablen: $\overline{U}_B$,

endogene Variablen: $U_A, x_A, y_A, x_B, y_B, x, y$

Das Gleichungssystem wird unter der Verwendung von vier Lagrange-Multiplikatoren in die Form der Lagrange-Funktion gebracht:

$$\begin{aligned} \max L = U_A(x_A, y_A) + \lambda_1[y - f(x)] + \lambda_2\left[\overline{U_B} - U_B(x_B, y_B)\right] \\ + \lambda_3[x - x_A - x_B] + \lambda_4[y - y_A - y_B] \end{aligned} \tag{42}$$

$\lambda_1, \lambda_2, \lambda_3, \lambda_4$: Lagrange-Multiplikatoren

Diese wird nach den endogenen Variablen abgeleitet und gleich Null gesetzt. Die Ableitungen nach den Lagrange-Multiplikatoren liefern die Restriktionen in impliziter Form:

(43) $\frac{\partial L}{\partial \lambda_1} = y - f(x) = 0$

(44) $\frac{\partial L}{\partial \lambda_2} = U_B - \overline{U_B}(x_B, y_B) = 0$

(45) $\frac{\partial L}{\partial \lambda_3} = \bar{x} - x_A - x_B = 0$

(46) $\frac{\partial L}{\partial \lambda_4} = \bar{y} - y_A - y_B = 0$

Die partiellen Ableitungen nach den Gütermengen ergeben:

(47) $\frac{\partial L}{\partial x_A} = \frac{\partial U}{\partial x_A} - \lambda_3 = 0$

(48) $\frac{\partial L}{\partial y_A} = \frac{\partial U}{\partial y_A} - \lambda_4 = 0$

(49) $\frac{\partial L}{\partial x_B} = -\lambda_2 \frac{\partial U}{\partial x_B} - \lambda_3 = 0$

(50) $\frac{\partial L}{\partial y_B} = -\lambda_2 \frac{\partial U}{\partial y_B} - \lambda_4 = 0$

(51) $\frac{\partial L}{\partial y} = \lambda_1 + \lambda_4 = 0$

(52) $\frac{\partial L}{\partial x} = -\lambda_1 \frac{\partial f}{\partial x} + \lambda_3 = 0$

Die Gleichungen (47) bis (50) können zur der Beziehung

(53) $GRS_x^y(A) = GRS_x^y(B)$

zusammengefaßt werden. **Die Grenzraten der Substitution für das Gut X sind für beide Haushalte identisch.** Dieses Ergebnis resultierte bereits als notwendige Bedingung für ein Handelsoptimum.[16)]

Aus der Gleichung (52) folgt für die Steigung der Transformationskurve:

(54) $\frac{\partial f}{\partial x} = \frac{\lambda_3}{\lambda_1}$

Unter Berücksichtigung der Gleichungen (47) bis (51) folgt:

(55) $GRT_x^y = GRS_x^y(A) = GRS_x^y(B)$

Die optimale Produktionsstruktur wird erreicht, wenn die Grenzrate der Transformation der Grenzrate der Substitution beider Haushalte entspricht.

c) Graphische Darstellung der optimalen Produktionsstruktur

Die abgeleiteten Ergebnisse werden nun graphisch illustriert. In der Abbildung 4 werden die Produktionsmöglichkeiten durch die dargestellte Transformationskurve beschrieben. Als Ausgangspunkt der Überlegungen wird der Punkt F auf der Transformationskurve gewählt. Bei dieser Produktionsstruktur ergibt sich eine entsprechende Edgeworth-Box. Innerhalb dieser Box liegt die Kontraktkurve. Sie stellt die Gesamtheit der handelsoptimalen Gütermengenaufteilungen bei Wahl des Produktionsplans F dar. Diese handeloptimalen Gütermengenaufteilungen implizieren aber nicht die Realisierung der Bedin-

---

16) vgl. Abschnitt VIII.B.2.b)

gung der optimalen Produktionsstruktur (55). Betrachten wir z.B. die Aufteilung F′. In F′ ist zwar das Handelsoptimum erfüllt, jedoch stimmen die Grenzraten der Substitution nicht mit der Grenzrate der Transformation überein. Die Steigung der Indifferenzkurven ist geringer als die Steigung der Transformationskurve:

$$GRS_x^y > GRT_x^y$$

Warum ist eine solche Situation nicht pareto-optimal? Die Aufgabebereitschaft der Haushalte für eine zusätzliche Einheit X - gemessen in Einheiten des Gutes Y - ist größer als die Kosten, die mit der Produktion einer zusätzlichen Einheit X - gemessen in Einheiten des Gutes Y - verbunden sind.

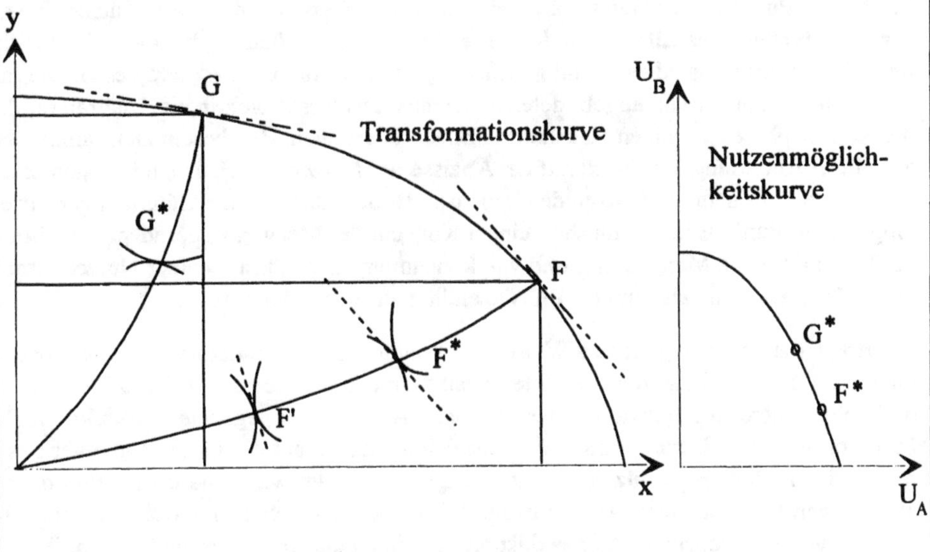

Abb. VIII.4: Die optimale Produktionsstruktur

Nehmen wir z.B. folgende Konstellation an:

$$GRS_x^y(A) = GRS_x^y(B) = 2 \quad \text{und} \quad GRT_x^y = 1$$

Die Grenzraten der Substitution sind für die Haushalte identisch, weichen aber von den Grenzopportunitätskosten ab. Wenn die Produktion von X um eine Einheit erhöht wird, so muß auf eine Einheit von Y verzichtet werden. Jeder der beiden Haushalte ist aber bereit, für eine zusätzliche Einheit von X zwei Einheiten an Y aufzugeben. Bei Ausdehnung der Produktion des Gutes X und Reduktion des Gutes Y müssen die Haushalte auf weniger Einheiten von Y verzichten, als sie maximal bereit sind. Dadurch erhöht sich das Nutzenniveau des jeweils betrachteten Haushalts. Eine Situation, in der die Grenzrate der Transformation von der Grenzrate der Substitution abweicht, kann nicht pareto-optimal sein. Gilt dagegen wie in F*

$$GRS_x^y(A) = GRS_x^y(B) = GRT_x^y = 1$$

dann kann jeder der beiden Haushalte für eine aufgegebene Einheit von Y eine Einheit von X erhalten, was genau seiner Wertschätzung entspricht. Hier sind die Bedingungen für ein Pareto-Optimum erfüllt. Nur im Punkt F* auf der Kontraktkurve stimmen die Grenzraten der Substitution mit der Grenzrate der Transformation überein. Analog hierzu kann für jeden Punkt auf der Transformationskurve eine Güterbox gezeichnet und auf der zugehörigen Kontraktkurve der Punkt gesucht werden, bei dem die Grenzrate der Transfomation mit den Grenzraten der Substitution übereinstimmt. Für den Produktionspunkt G erhält man z.B. die optimale Aufteilung G*.

Mit jedem Punkt in der Güterbox ist eine bestimmte Kombination von Nutzenniveaus der betrachteten Haushalte verbunden. Jede Gütermengenaufteilung liegt auf einer Indifferenzkurve des Haushaltes A und gleichzeitig auf einer Indifferenzkurve des B. Die mit diesen Indifferenzkurven abgebildeten Nutzenniveaus lassen sich in ein Diagramm, das die Nutzensphäre der beiden Haushalte abbildet, übertragen. Bei diesem Diagramm, dargestellt in Abbildung 3 b), wird auf der Abzisse der Nutzen des Haushaltes A gemessen und auf der Ordinate der Nutzen des Haushalts B. So entspricht die Gütermengenaufteilung gemäß Punkt E beim Haushalt einem Konsum der Mengen x_{AE} und y_{AE}, während der Haushalt B die Mengen x_{BE} und y_{BE} konsumiert. Dies führt zu einer Nutzenkombination U_{AE}/U_{BE}, die als Punkt E im Nutzendiagramm zu finden ist.

Überträgt man in der gleichen Weise alle Punkte der Kontraktkurve in das Nutzendiagramm und verbindet diese Punkte, erhält man den geometrischen Ort aller handelsoptimalen Nutzenkombinationen der Haushalte A und B bei gegebener Produktion. Die Funktion wird als **Nutzenpunktkurve** bezeichnet, da sie auf der Grundlage einer bestimmten Kombination produzierter Gütermengen abgeleitet wird. Diese Funktion ordnet alternativen Nutzenniveaus des Haushalts B das maximale Nutzenniveau des Haushalts A bei einer vorgegebenen Güterproduktion zu. Ein handelsoptimales Nutzenpaar ist beispielsweise (U_{AF}, U_{BF}). Die bei jeweils vorgegebenem Produktionsniveau handels-optimalen Nutzenkombinationen liegen auf der Nutzenpunktkurve. Nicht handelsoptimale Aufteilungen der Mengen, wie z.B. E, liegen immer unterhalb der Nutzenpunktkurve. Die Nutzenpunktkurve kann aus der Kontraktkurve ermittelt werden, wenn die Gütermengen x_A und y_A durch die Nutzenfunktionen (25) und (26) ersetzt werden:

$$(56) \quad U_B = U_B\left(U_A; \bar{x}, \bar{y}\right)$$

Die Güterbestände der Volkswirtschaft wirken auch hier als Lageparameter. Eine Erhöhung der Güterbestände verschiebt die Nutzenpunktkurve nach außen.

An dieser Stelle sei auf die Analogie hingewiesen, die zwischen der Ermittlung des Produktionsoptimums und der Ableitung des Handelsoptimums besteht. Innerhalb der Analyse des Produktionsoptimums wird in der Edgeworth-Box bei gegebenen Faktorbeständen die Kontraktkurve als Darstellung der pareto-optimalen Produktionspunkte in der Faktorebene hergeleitet. Die Übertragung dieser Punkte in die Güterebene führt zur

Transformationskurve. Für das Handelsoptimum wird die Kontraktkurve in der Edgeworth-Box bei gegebenen Güterbeständen in der Güterebene ermittelt. Diese stellt in der Nutzenebene die Nutzenpunktkurve dar. Die Kontraktkurve des Handels und die Nutzenpunktkurve werden in der gleichen Art und Weise abgeleitet wie die Kontraktkurve der Produktion und die Transformationskurve.

Nun kann man für jeden Punkt auf der Transformationskurve die aus der korrespondierenden Kontraktkurve resultierenden Nutzenpunktkurven ermitteln. Es existieren also unendlich viele Nutzenpunktkurven. Wie gezeigt worden ist, erfüllt aber nur ein Punkt auf der Transformationskurve die Bedingung der optimalen Produktionsstruktur (55). Werden für sämtliche optimalen Produktionsstrukturen die Nutzenniveaus der beiden Haushalte in ein Nutzendiagramm übertragen, so resultiert die Nutzenmöglichkeitskurve. Diese ist im Teil b) der Abbildung 4 dargestellt. Die **Nutzenmöglichkeitskurve** stellt die maximalen Nutzenkombinationen der beiden Haushalte bei alternativen paretooptimal produzierten Gütermengenkombinationen dar. Die Nutzenmöglichkeitskurve ist die Umhüllungskurve der Nutzenpunktkurven, die sich aus alternativen Gütermengenkombinationen ergeben. Alle Punkte auf der Nutzenmöglichkeitskurve erfüllten die drei aufgestellten Pareto-Kriterien.

4. Auswirkungen externer Effekte auf das Pareto-Optimum

Externe Effekte können sowohl im Produktionsbereich als auch im Konsumbereich auftreten. Wir werden uns in diesem Abschnitt auf die Allokationswirkungen von externen Effekten im Produktionsbereich beschränken. Bei der Untersuchung der Konsequenzen, die externe Effekte im Produktionsbereich auf das Pareto-Optimum haben, kann zwischen zwei verschiedenen Arten von externen Effekten differenziert werden:

(a) Das Produktionsniveau eines Sektors hängt vom Produktionsniveau des anderen Sektors ab.

(b) Das Produktionsniveau eines Sektors hängt vom Einsatzniveau eines Produktionsfaktors des anderen Sektor ab.

Im folgenden werden wir uns auf die Analyse der unter a) genannten externen Effekte beschränken.[17] Weiterhin wird angenommen, daß externe Effekte nur einseitig durch die Produktionsmengen des Gutes X bei der Produktion des Gutes Y auftreten. Die Produktionsfunktion für den Sektor des Gutes Y lautet:

$$(57)\qquad y = y\left[v_y, w_y, x\left(v_x, w_x\right)\right]$$

Der Output des Sektors Y ist nicht länger nur von den Inputs V und W, die zur Produktion von Y eingesetzt werden, abhängig, sondern auch vom Produktionsniveau des anderen Sektors. Da die externen Effekte nur einseitig auftreten, ist die Menge des Gutes X nur von den Faktoreinsatzmengen im X-Sektor abhängig. Die Ableitung der Bedingungen für ein Produktionsoptimum erfolgt analog zur Herleitung der Bedingungen oh-

17) Zu den Auswirkungen der externen Effekte im Konsumbereich sowie der externen Effekte eines Produktionsfaktors vgl. Sohmen (1976) S. 253 ff. bzw. S. 228 ff.

ne externe Effekte:[18)]

(58)
$$\max L = x(v_x, w_x) + \lambda_1\left\{\bar{y} - y\left[v_y, w_y, x(v_x, w_x)\right]\right\} + \lambda_2\left[\bar{v} - v_x - v_y\right] + \lambda_3\left[\bar{w} - w_x - w_y\right]$$

endogene Variablen: x, v_x, w_x, v_y, w_y

exogene Variablen: $\bar{y}, \bar{v}, \bar{w}$

Werden die Ableitungen der Lagrange-Funktion nach den Faktormengen und den Lagrange-Variablen gleich Null gesetzt, ergeben sich die notwendigen Bedingungen für das Produktionsoptimum:

(59) $$\frac{\partial L}{\partial v_x} = \frac{\partial x}{\partial v_x} - \lambda_1 \frac{\partial y}{\partial x}\frac{\partial x}{\partial v_x} - \lambda_2 = 0$$

(60) $$\frac{\partial L}{\partial w_x} = \frac{\partial x}{\partial w_x} - \lambda_1 \frac{\partial y}{\partial x}\frac{\partial x}{\partial w_x} - \lambda_3 = 0$$

(61) $$\frac{\partial L}{\partial v_y} = -\lambda_1 \frac{\partial y}{\partial v_y} - \lambda_2 = 0$$

(62) $$\frac{\partial L}{\partial w_y} = -\lambda_1 \frac{\partial y}{\partial w_y} - \lambda_3 = 0$$

(63) $$\frac{\partial L}{\partial \lambda_1} = \bar{y} - y\left[v_y, w_y, x(v_x, w_x)\right] = 0$$

(64) $$\frac{\partial L}{\partial \lambda_2} = \bar{v} - v_x - v_y = 0$$

(65) $$\frac{\partial L}{\partial \lambda_3} = \bar{w} - w_x - w_y = 0$$

Die Gleichungen (61), (62), (64) und (65) entsprechen den Ableitungen des Lagrange-Ansatzes für das Produktionsoptimum ohne externe Effekte. Die Restriktion (63) berücksichtigt die modifizierte Produktionsfunktion (57). Die Bedingungen (59) und (60) ergeben sich unter der Berücksichtigung der externen Effekte im Sektor Y. Nach Zusammenfassung der Gleichungen (59) bis (62) folgt:

(66) $$\frac{\dfrac{\partial x}{\partial v_x}}{\dfrac{\partial x}{\partial w_x}} = \frac{\dfrac{\partial y}{\partial v_y} - \dfrac{\partial y}{\partial x}\dfrac{\partial x}{\partial v_x}}{\dfrac{\partial y}{\partial w_y} - \dfrac{\partial y}{\partial x}\dfrac{\partial x}{\partial w_x}}$$

bzw. (67) $$\frac{\dfrac{\partial x}{\partial v_x}}{\dfrac{\partial x}{\partial w_x}} = \frac{\dfrac{\partial y}{\partial v_y}}{\dfrac{\partial y}{\partial w_y}}$$ oder

(68) $$GRTS_v^w(x) = GRTS_v^w(y)$$

Externe Effekte, die vom Niveau der Produktionsmenge eines anderen Sektors

18) vgl. Abschnitt VIII.B.1.b)

ausgehen, beeinflussen nicht die Bedingungen für ein Produktionsoptimum.[19)]

Welchen Einfluß haben produktionsabhängige externe Effekte auf den Verlauf der Transformationskurve? Nach Anwendung des Envelope-Theorems auf Gleichung (58) folgt:

$$(69)\quad \frac{\partial y}{\partial x} = \frac{1}{\lambda_1} = -GRT_x^y$$

Aus dem modifizierten Lagrange-Ansatz erhält man:

$$(70)\quad -\frac{1}{\lambda_1} = GRT_x^y = \frac{\frac{\partial y}{\partial v_y} - \frac{\partial y}{\partial x}\frac{\partial x}{\partial v_x}}{\frac{\partial x}{\partial v_x}} = \frac{\frac{\partial y}{\partial w_y} - \frac{\partial y}{\partial x}\frac{\partial x}{\partial w_x}}{\frac{\partial x}{\partial w_x}}$$

Die Grenzopportunitätskosten der Produktion des Gutes X verändern sich durch die Existenz produktionsabhängiger externer Effekte. Wird nun die Produktion des Gutes X durch einen erhöhten Einsatz des Faktors V im X-Sektor und einer Reduktion des Faktors V im Y-Sektor ausgedehnt, dann nimmt die Produktion des Gutes Y ab. Liegen positive externe Effekte vor, dann führt die durch den Mehreinsatz des Faktors V ausgedehnte Produktion im X-Sektor zu verbesserten Bedingungen im Y-Sektor. **Die Grenzrate der Transformation wird bei positiven externen Effekten kleiner**. Eine Erhöhung der Produktion im X-Sektor erfordert einen geringeren Rückgang der Produktion im Y-Sektor bei Existenz positiver externer Effekte. Liegen dagegen negative externe Effekte vor, dann verschlechtern sich die Produktionsbedingungen im Y-Sektor. **Bei negativen externen Effekten wird die Grenzrate Transformation größer.**

5. Zusammenfassung der Ergebnisse

Folgenden Kriterien können für die Kennzeichnung pareto-optimaler Zustände abgeleitet werden:

Das **Produktionsoptimum** einer Volkswirtschaft bei gegebener Faktorausstattung ist erreicht, wenn die Grenzraten der technischen Substitution eines Faktors in allen Sektoren identisch sind. In dieser Situation ist es nicht mehr möglich, die Produktion eines Gutes auszudehnen, ohne die Produktion mindestens eines anderen Gutes zu reduzieren:

$$(16)\quad GRTS_v^w(x) = GRTS_v^w(y)$$

Das **Handelsoptimum** einer Volkswirtschaft bei gegebener Güterproduktion wird erreicht, wenn die Grenzraten der Substitution eines Gutes für alle Haushalte identisch sind. In dieser Situation ist es nicht mehr möglich, den Konsum und damit den Nutzen

19) Es sei darauf hingewiesen, daß die Bedingungen für ein Produktionsoptimum sich ändern, wenn externe Effekte von einem Faktor ausgehen. vgl. Sohmen (1976) S. 228 ff.

eines Haushaltes auszudehnen, ohne dazu den Konsum bzw. den Nutzen mindestens eines anderen Haushaltes einzuschränken:

$$(53) \quad GRS_x^y(A) = GRS_x^y(B)$$

Die **optimale Produktionsstruktur** einer Volkswirtschaft, die auf einen bestimmten Faktorbestand zurückgreifen kann, ist erreicht, wenn gleichzeitig die Grenzraten der technischen Substitution eines Faktors in allen Sektoren identisch sind (Produktionsoptimum), die Grenzraten der Substitution eines Gutes für alle Konsumenten identisch sind (Handelsoptimum) und die Grenzrate der Substitution als Ausdruck der relativen Wertschätzung der Haushalte für ein Gut mit der Grenzrate der Transformation als Ausdruck der Grenzkosten für die Produktion eines Gutes übereinstimmen:

$$(55) \quad GRT_x^y = GRS_x^y$$

Diese Ergebnisse müssen bei Existenz externer Effekte, die von der Produktion eines Gutes auf die Produktion eines anderen Gutes ausgehen, teilweise relativiert werden. Die Bedingung für ein Produktionsoptimum ändert sich nicht, sie fordert weiterhin, daß die Grenzraten der technischen Substitution in beiden Sektoren übereinstimmen. Allerdings kommt es zu einer Beeinflussung der optimalen Produktionsstruktur. Die Grenzrate der Transformation wird bei positiven (negativen) externen Effekten kleiner (größer). Für die Grenzrate der Transformation gilt in Anlehnung an Gleichung (70):

$$(71) \quad GRT_x^y = \frac{\frac{\partial y}{\partial v_y} - \frac{\partial y}{\partial x}\frac{\partial x}{\partial v_x}}{\frac{\partial x}{\partial v_x}} = \frac{\frac{\partial y}{\partial w_y} - \frac{\partial y}{\partial x}\frac{\partial x}{\partial w_x}}{\frac{\partial x}{\partial w_x}}$$

Wie gezeigt worden ist, kann für jeden Punkt auf der Transformationskurve eine Güteraufteilung gefunden werden, in der die Pareto-Bedingung (55) erfüllt ist. Da es nicht nur eine einzige Produktionsstruktur gibt, die sowohl pareto-optimal produziert als auch pareto-optimal aufgeteilt werden kann, fehlt ein Kriterium, um den gesellschaftlich optimalen wirtschaftlichen Zustand bestimmen zu können (**Optimum optimorum**). Um diesen Freiheitsgrad zu füllen, benötigt man Werturteile.

C. Das Optimum optimorum

1. Die gesellschaftliche Wohlfahrtsfunktion

Wie im vorausgegangenen Kapitel gezeigt worden ist, kann mit Hilfe der Pareto-Bedingungen zwar die Nutzenmöglichkeitskurve abgeleitet werden, welcher Punkt auf der Nutzenmöglichkeitskurve gewählt wird, bleibt aber unbestimmt. Nach dem Pareto-Kriterium ist selbst eine extreme Ungleichverteilung, in der ein Haushalt alles, ein anderer Haushalt nichts besitzt, optimal. Dies sind die Ordinaten- bzw. Abzissenabschnitte der Nutzenmöglichkeitskurve.

Zur Ableitung des Optimum optimorums wird daher eine **gesamtwirtschaftliche Wohlfahrtsfunktion** benötigt. Diese nimmt eine Bewertung über verschiedene Konstellationen der Nutzenniveaus verschiedener Individuen vor. Dazu dient eine gesellschaftliche Nutzenfunktion

(72) $W = W(U_A, U_B)$
W: gesamtwirtschaftliche Wohlfahrtsfunktion

deren Argumente die Nutzenniveaus der Haushalte A und B sind. Die individuellen Nutzenniveaus werden in irgendeiner Weise zu einem gesellschaftlichen Nutzen zusammengefaßt. Aus dieser Wohlfahrtsfunktion läßt sich durch Festlegung eines gesellschaftlichen Wohlfahrtsniveaus und nach Umstellung

(73) $U_B = U_B(U_A; \overline{W})$

eine **gesellschaftliche Indifferenzkurve** ermitteln, die die Kombinationen der Nutzenniveaus der Individuen verbindet, die zum gleichen gesamtwirtschaftlichen Wohlfahrtsniveau führen. Für alternative Niveaus von W ergeben sich alternative Indifferenzkurven, so daß sich ein komplettes Indifferenzkurvensystem ableiten läßt. Die Indifferenzkurvenschar repräsentiert die Präferenzen der Gesellschaft als Ganzes.

Für die Wohlfahrtsfunktion wird unterstellt, daß der Wohlstand einer Volkswirtschaft positiv vom Nutzenniveau der Haushalte abhängt. Die gesellschaftlichen Indifferenzkurven haben daher eine negative Steigung. Sinkt das Nutzenniveau des Haushalts A, dann muß das Nutzenniveau des Haushalts B steigen, damit das gesamtwirtschaftliche Wohlfahrtsniveau unverändert bleibt. Weiterhin wird angenommen, daß die Indifferenzkurven konvex verlaufen.

2. Bestimmung des Optimum optimorums

Um das Optimum optimorum abzuleiten, wird in Abbildung 5 das gesellschaftliche Indifferenzkurvensystem der Nutzenmöglichkeitskurve gegenübergestellt. Die Präferenzen der Gesellschaft sind durch das Indifferenzkurvensystem angedeutet. Der Punkt auf der Nutzenmöglichkeitskurve, der sich auf der am weitesten vom Ursprung entfernt liegenden gesellschaftlichen Indifferenzkurve befindet, P*, ist der von der gesamten Volkswirtschaft am stärksten präferierte und symbolisiert das Optimum optimorum. Die Steigung im Punkt P* entspricht der Grenzrate der Substitution der gesellschaftlichen Wohlfahrtsfunktion. Da jeder Punkt der Nutzenmöglichkeitskurve einem bestimmten Punkt auf der Transformationskurve entspricht, sind gleichzeitig die optimalen Produktionsmengen bestimmt. Durch die Festlegung des Punktes auf der Transformationskurve ist aber auch die Grenzrate der Transformation bekannt, so daß auch der Punkt auf der korrespondierenden Kontraktkurve, auf dem die Bedingung (55) erfüllt ist, ermittelt werden kann. Somit ist die Verteilung der Güter auf die Individuen festgelegt.

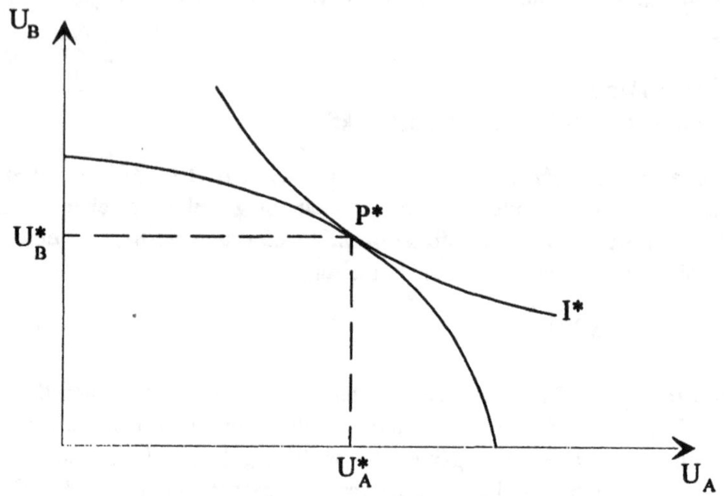

Abb. VIII.5: Bestimmung des Optimum optimorum

3. Problematik einer gesamtwirtschaftlichen Wohlfahrtsfunktion

Diskussionsgegenstand des letzten Abschnitts war die Ableitung einer optimalen Produktionsstruktur für eine Volkswirtschaft, die mit einem bestimmten Faktorbestand ausgestattet und durch vorgegebene individuelle Nutzenfunktionen gekennzeichnet ist. Die abgeleiteten Ergebnisse basieren auf der Existenz einer gesellschaftlichen Wohlfahrtsfunktion. Es stellt sich aber die Frage, wie eine solche Wohlfahrtsfunktion ermittelt werden kann. In demokratischen Staaten scheidet die Existenz eines Diktators, der über die Verteilung bestimmt, aus. Die Ermittlung einer gesellschaftlichen Wohlfahrtsfunktion könnte durch Wahlen erfolgen. Ist es aber möglich, durch Wahlen eine konsistente gesamtwirtschaftliche Wohlfahrtsfunktion abzuleiten? Betrachten wir hierzu folgendes Beispiel: Die Haushalte A, B und C haben die folgenden Präferenzordnungen bezüglich der Zustände X, Y und Z:

A: $X \succ Y \succ Z$ B: $Y \succ Z \succ X$ C: $Z \succ X \succ Y$

$\succ$: Präferenzzeichen ("wird vorgezogen")

Die Haushalte A und B ziehen den Zustand Y dem Zustand Z und die Haushalte B und C ziehen den Zustand Z den Zustand X vor. Daraus folgt bei Mehrheitsentscheidungen, daß in der Gesellschaft der Zustand Y dem Zustand X vorgezogen wird. Wird aber über die Zustände X und Y direkt abgestimmt, so fällt die Mehrheitsentscheidung für X aus, da A und C X gegenüber Y vorziehen. Mehrheitsentscheidungen führen also zu nicht transitiven gesellschaftlichen Präferenzordnungen. Dieses Ergebnis wird als **Wahlparadoxon** bezeichnet und ist von Arrow entdeckt worden.[20]

Die Ausführungen zeigen die Problematik, die mit der Zusammenfassung individueller Präferenzen zu einer volkswirtschaftlichen Nutzenfunktion verbunden ist. Es ist bei jeder Diskussion der Konsequenzen, die mit der Bestimmung des Optimum optimorums verbunden sind, darauf hinzuweisen, daß es keine allgemeingültige Vorschrift gibt, mit deren Hilfe individueller Nutzen in gesellschaftlichen Nutzen transformiert werden kann. Dennoch kommt man nicht umhin, die Notwendigkeit einer wirtschaftspolitischen Handlungsmaxime zu akzeptieren. Basis für ein möglichst widerspruchsfreies Handeln ist die Festlegung von Kriterien, die nicht verschleiert, sondern den Betroffenen klargelegt wird. Nur so ist eine kritische Auseinandersetzung mit der Wirtschaftspolitik möglich.

D. Realisierung des Pareto-Optimums bei vollständiger Konkurrenz

1. Pareto-optimale Bedingungen bei vollständiger Konkurrenz

Im Abschnitt C.3 wurde die Problematik der Ermittlung einer gesellschaftlichen Präferenzordnung durch Wahlen aufgezeigt. Im folgenden soll überprüft werden, inwieweit die Marktform der vollständigen Konkurrenz[21] geeignet ist, einen Zustand zu garantieren, der den Kriterien der Pareto-Optimalität genügt.

Die vollständige Konkurrenz beinhaltet folgende Implikationen: Für die Konsumenten folgt aus der Annahme, daß viele kleine Nachfrager und viele kleine Anbieter für ein homogenes Gut existieren, Mengenanpasserverhalten. Sie können ein Gut in jeder Menge zu einem konstanten Preis, dem sich im Gleichgewicht bildenden Marktpreis, beziehen. Aus der Zielsetzung der Nutzenmaximierung folgt, daß im Haushaltsgleichgewicht die Grenzrate der Substitution für das Gut X dem Verhältnis der beiden Güterpreise entspricht:[22]

(74) $$GRS_x^y(A) = GRS_x^y(B) = \frac{p_x}{p_y}$$

p_x, p_y: Preis pro Mengeneinheit für die Güter X und Y

In diesem Fall sind für beide Haushalte die relative Wertschätzung für X und der relative Preis für X, beides gemessen in Einheiten des Gutes Y, identisch. Ihre Aufgabebereitschaft für X entspricht dem Wert, der für X am Markt verlangt wird. Für beide Haushalte gelten bei vollständiger Konkurrenz gleiche Preise, so daß ihre Grenzraten der Substitution im Gleichgewicht übereinstimmen und somit das Handelsoptimum er-

20) vgl. Arrow (1963) S. 18

21) Zur Kennzeichnung dieser Marktform vgl. Abschnitt VI.B.

22) Zu den Bedingungen für das Haushaltsgleichgewicht vgl. Moritz (1993).

füllt wird. **Die Marktform der vollständigen Konkurrenz für den Gütermarkt sorgt für das Erreichen eines Handelsoptimums, wenn die Haushalte sich als Nutzenmaximierer verhalten.**

Bei vollständiger Konkurrenz nehmen die Unternehmen die Faktorpreise als gegeben hin. Unter der Zielsetzung einer kostenminimalen Produktion wählen die Unternehmen die Produktionsstruktur, bei der die Grenzrate der technischen Substitution dem Faktorpreisverhältnis entspricht. Da in vollständiger Konkurrenz für beide Unternehmen die gleichen Faktorpreise gelten, stimmen ihre Grenzraten der technischen Substitution überein.

(75) $$\mathrm{GRTS}_{v}^{w}(x) = \mathrm{GRTS}_{v}^{w}(y) = \frac{q_v}{q_w}$$

q_v, q_w: Preis pro Mengeneinheit für die Faktoren V und W.

Die Marktform der vollständigen Konkurrenz auf dem Faktormarkt sorgt für das Erreichen eines Produktionsoptimums, wenn die Unternehmen ihre Kosten bei gegebenem Output minimieren.[23)]

Kann die Marktform der vollständigen Konkurrenz auch das Erreichen einer optimalen Produktionsstruktur garantieren? Herrschen auch auf den Beschaffungsmärkten die Bedingungen der vollständigen Konkurrenz, sind sowohl die Güterpreise als auch die Faktorpreise für die Produzenten Daten. Produzieren gewinnmaximierende Unternehmen ihre Güter für Absatzmärkte, auf denen vollständige Konkurrenz herrscht, so werden sie die Faktormengen so einsetzen, daß das jeweilige Wertgrenzprodukt dem jeweiligen Faktorpreis entspricht. Für den gewinnoptimalen Einsatz des Faktors W in den beiden Sektoren gilt:

(76) $$p_y \frac{\partial y}{\partial w_y} = q_w$$ und (77) $$p_x \frac{\partial x}{\partial w_x} = q_w$$

Daraus folgt:

(78) $$\frac{\frac{\partial y}{\partial w_y}}{\frac{\partial x}{\partial w_x}} = \mathrm{GRT}_{x}^{y} = \frac{p_x}{p_y}$$ [24)]

Die Grenzrate der Transformation ist gleich dem Verhältnis der Güterpreise.[25)] Da ge-

---

23) Hier ist besonders bedeutsam, auf den Zusammenhang von Marktform und Zielsetzung hinzuweisen. Die Annahme, daß sich Unternehmen als Kostenminimierer verhalten, ist kein Merkmal der Marktform der vollständigen Konkurrenz. Die Zielsetzung ist eher Ergebnis der Marktform. vgl. dazu auch die Ausführungen in Abschnitt VI.B.

24) Da bei vollständiger Konkurrenz die Unternehmen nach der Regel Preis = Grenzkosten anbieten, entspricht die Steigung der Transformationskurve dem Verhältnis der Grenzkosten.

zeigt wurde, daß die Grenzrate der technischen Substitution dem Verhältnis der Grenzproduktivitäten eines Faktors in den verschiedenen Sektoren entspricht,[26] ist die Grenzrate der Transformation gleich dem Güterpreisverhältnis. Die Grenzrate der Substitution ist im Haushaltsgleichgewicht ebenfalls gleich dem Güterpreisverhältnis. Es gilt:

$$(55) \quad GRT_x^y = GRS_x^y$$

Unter den getroffenen Annahmen stimmen die Grenzrate der Transformation und die Grenzrate der Substitution überein. **Die Marktform der vollständigen Konkurrenz auf Güter- und Beschaffungsmärkten sorgt für das Erreichen einer optimalen Produktionsstruktur, wenn die Haushalte Nutzenmaximierer und die Produzenten Gewinnmaximierer sind.**

Unter den genannten Voraussetzungen führt die Marktform der vollständigen Konkurrenz zur Realisierung eines Punktes auf der Nutzenmöglichkeitskurve. Welcher Punkt realisiert wird, hängt dabei u.a. von der Ausgangsverteilung der Ressourcen auf die Individuen ab. Die Realisierung eines Punktes auf der Nutzenmöglichkeitskurve impliziert aber noch nicht, daß eine solche Situation auch gesellschaftlich erwünscht ist. Im folgenden soll das Resultat, daß bei vollständiger Konkurrenz die Pareto-Bedingungen realisiert werden, in zweierlei Hinsicht modifiziert werden: Welche Auswirkungen auf die optimale Produktionsstruktur ergeben sich, wenn die Marktform der vollständigen Konkurrenz nicht auf allen Märkten der Volkswirtschaft realisiert werden kann, und welche Auswirkungen haben externe Effekte?

2. Das Problem des Second Best

Voraussetzung für die Existenz der Marktformen der vollständigen Konkurrenz ist ein Verlauf der Kostenfunktion, bei der im Minimum der DTK-Kurve das Verhältnis aus Marktnachfrage und Produktionsmenge so groß ist, daß viele kleine Unternehmen am Markt anbieten können. Dies gilt aber nicht für alle Sektoren einer Volkswirtschaft. Bei Abweichung einiger Bereiche der Volkswirtschaft von der Marktform der vollständigen Konkurrenz stellt sich für die Wirtschaftspolitik die Frage, ob überall dort, wo vollständige Konkurrenz erreicht werden kann, diese angestrebt werden soll oder ob es für die Volkswirtschaft vorteilhafter ist, unvermeidbare Unvollkommenheiten in einem Bereich durch vermeidbare Unvollkommenheiten in einem anderen Bereich auszugleichen. Die mit dieser Fragestellung verbundene Problematik wird als **Problem des Second Best**[27] bezeichnet. Die Implikationen der Idee, Defizite und Abweichungen von der Marktform der vollständigen Konkurrenz durch andere Unvollkommenheiten auszugleichen, kön-

---

25) Auch hier ist die Zielsetzung Gewinnmaximierung allenfalls Ergebnis der Marktform, kein konstituierendes Merkmal. vgl. Abschnitt VI.B.

26) vgl. Abschnitt VIII.B.2.

27) Das Second Best ist die optimale Lösung aus den realisierbaren Möglichkeiten, während das vorgestellte Pareto-Optimum die theoretisch optimale Lösung darstellt. Wir schränken die theoretischen Möglichkeiten durch die Annahme ein, daß die Marktform der vollständigen Konkurrenz nicht auf allen Märkten realisiert werden kann.

nen anhand der **Countervailing-Power-Hypothese** dargestellt werden. Ist ein Markt durch ein Angebotsmonopol gekennzeichnet, und stehen dem Monopolisten viele kleine Nachfrager gegenüber, so kann der Monopolist in seiner Machtposition geschwächt werden, wenn sich die Nachfrageseite als Nachfragemonopolist, d.h. als Monopsonist organisiert. Durch die Machtzunahme bei den Nachfragern wird der Monopolist auf Gegenwehr stoßen, die bei einer vollkommenen Marktgegenseite nicht existiert. Obwohl die Unvollkommenheit auf der Marktnachfrageseite konstruiert ist, ist es vorteilhafter auch hier von der optimalen Situation abzuweichen, um insgesamt die Wohlfahrt zu erhöhen. Durch die Anwesenheit von Unvollkommenheiten in Teilbereichen der Volkswirtschaft werden nicht nur dort die Optimalbedingungen relativiert, auch in anderen Bereichen ist dann eine Aussage über den optimalen Zustand nicht ohne weiteres ableitbar. Es kommt darauf an, wo die Defizite auftreten und welche Optimalbedingungen verletzt werden. Weiterhin ist entscheidend, wie groß und bedeutend für die gesamte Volkswirtschaft die Verletzung der Pareto-Bedingungen sind.

3. Pareto-Optimum bei externen Effekten

a) Auswirkungen externer Effekte

Das Ergebnis, daß die Marktform der vollständigen Konkurrenz die Realisierung eines pareto-optimalen Zustandes garantiert, muß außerdem bei Existenz externer Effekte eingeschränkt werden. Im Abschnitt D.1 dieses Kapitels wurde abgleitet, daß bei vollständiger Konkurrenz die Gleichungen

$$(74)\qquad GRS_x^y(A) = GRS_x^y(B) = \frac{p_x}{p_y}$$

$$(79)\qquad \frac{\dfrac{\partial y}{\partial w_y}}{\dfrac{\partial x}{\partial w_x}} = \frac{p_x}{p_y}$$

erfüllt sind. Bei externen Effekten ist die Grenzrate der Transformation aber durch

$$(80)\qquad GRT_x^y = \frac{\dfrac{\partial y}{\partial w_y} - \dfrac{\partial y}{\partial x}\dfrac{\partial x}{\partial w_x}}{\dfrac{\partial x}{\partial w_x}}$$

bestimmt. Im folgenden beschränken wir uns auf die Betrachtung einseitig negativer externer Effekte, die bei der Produktion des Gutes X ausgelöst werden. Es folgt daher bei vollständiger Konkurrenz für die Grenzrate der Transformation unter Berücksichtigung der Gleichung (79):

$$(81a)\qquad GRT_x^y = \frac{p_x}{p_y} - \frac{\partial y}{\partial x} \qquad \text{bzw. unter Beachtung von (74)}$$

(81b) $GRS_x^y(A) = GRS_x^y(B) > GRT_x^y$

Die Grenzraten der Substitution der Wirtschaftssubjekte sind größer als die Grenzrate der Transformation. Bei vollständiger Konkurrenz wird der Punkt P_0 auf der Transformationskurve realisiert, die in der Abbildung 6 dargestellt ist. Die Wirtschaftssubjekte schätzen das Gut X geringer ein, als es tatsächlich, d.h. unter Einbeziehung der externen Effekte, real kostet.

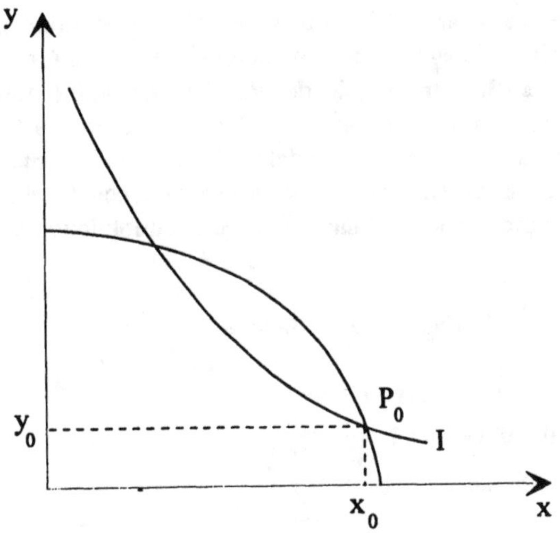

Abb. VIII.6: Externe Effekte und vollständige Konkurrenz

Als Fazit bleibt folgendes festzuhalten: Hat ein Sektor Nutzen (Schaden) durch die Produktion in einem anderen Sektor und wird dies im Preismechanismus nicht berücksichtigt, verzerren die sich bei vollständiger Konkurrenz einstellenden Preise die wahren Kosten und Erträge einer Produktion. Bei negativen externen Effekten ist die Produktion des beeinträchtigten Sektors geringer, als sie bei einer Berücksichtigung der externen Wirkungen, z.B. durch Entschädigungen, ausfallen würde. So entstehen einer Fischzucht, die ihre Gewässer wegen Verschmutzung durch andere Nutzer erst reinigen muß, Kosten, die sich nicht aus ihrem Produktionsprozeß ergeben. Ihre Produktion würde höher ausfallen, wenn sie diese produktionsfremden Kosten ersetzt bekäme. Im umgekehrten Fall führen positive externe Effekte zu einer zu starken Ausdehnung der Produktion des von diesen Effekten profitierenden Sektors. Bienenzüchter profitieren von Obstplantagen. Da sie für diesen Effekt nicht zahlen, entstehen ihnen zu geringe Kosten gegenüber der Situation ohne Obstplantage. Ihre Produktion ist zu hoch. Ohne die Internalisierung der externen Effekte ist es bei der Preisbildung nicht möglich, externe Effekte zu berücksichtigen, und die sich einstellenden Ergebnisse sind nicht pareto-optimal. Die vollständige Konkurrenz führt nicht zum Optimum.

Die folgenden Ausführungen beschäftigen sich mit der Frage, wie das Pareto-Optimum bei Vorliegen externer Effekte durch Internalisierung realisiert werden kann. Die **Internalisierung externer Effekte** umfaßt Maßnahmen, durch die die Preisverhältnisse der Güter und Faktoren ihren Grenznutzen- und Grenzkostenverhältnissen entsprechen.

b) Fiskalische Korrekturen

Der klassische Vorschlag zur Internalisierung externer Effekte ist die von Pigou vorgeschlagene Besteuerung des Verursachers in Höhe der Grenzschädigung der negativen externen Effekte[28]. Verursacht ein Sektor durch seine Produktion zusätzliche Kosten bei der Produktion eines anderen Sektors bzw. senkt die Produktion eines Gutes die Produktionskosten für ein anderes Gut, so können diese negativen (positiven) externen Effekte durch eine Steuer (Subvention), die der Verursacher zahlt (empfängt) internalisiert werden. Wir gehen weiterhin davon aus, daß die Produktion des Gutes X externe Effekte verursacht. Bei positiven externen Effekten erhält das Unternehmen X einen Subvention pro Produktionseinheit, und bei negativen externen Effekten muß die Unternehmung eine Steuer pro Einheit bezahlen. Die Gewinnfunktionen der beiden Unternehmen lauten nun:

$$(82) \quad G_x = p_x(1+t_x)x(v_x, w_x) - q_v v_x - q_w w_x$$

$$(83) \quad G_y = p_y y(v_y, w_y, x) - q_v v_y - q_w w_y$$

$$\text{mit} \quad t_x \begin{cases} > 0(\text{Subvention}) \\ < 0(\text{Steuer}) \end{cases}$$

Gesucht wird nun der Steuersatz (die Subvention pro Stück), der (die) zur Einhaltung der pareto-optimalen Bedingungen führt. Zu diesem Zweck werden die Gewinnfunktionen bezüglich der jeweiligen Einsatzmengen maximiert:

$$(84) \quad \frac{\partial G_x}{\partial v_x} = p_x(1+t_x)\frac{\partial x}{\partial v_x} = q_v \qquad \text{bzw.} \qquad (85) \quad \frac{\partial G_x}{\partial w_x} = p_x(1+t_x)\frac{\partial x}{\partial w_x} = q_v$$

$$(86) \quad \frac{\partial G_y}{\partial v_y} = p_y \frac{\partial y}{\partial v_y} = q_v \qquad \text{bzw.} \qquad (87) \quad \frac{\partial G_y}{\partial w_y} = p_y \frac{\partial y}{\partial w_y} = q_w$$

Faßt man die Gleichungen (84) und (86) bzw. (85) und (87) zusammen, folgt:

$$(88) \quad \frac{\frac{\partial y}{\partial v_y}}{\frac{\partial x}{\partial v_x}(1+t_x)} = \frac{p_x}{p_y} \qquad \text{bzw.} \qquad (89) \quad \frac{p_x(1+t_x)}{p_y} = \frac{\frac{\partial y}{\partial v_y}}{\frac{\partial x}{\partial v_x}}$$

---

28) vgl. Pigou (1932) S. 192

$$(90)\quad \frac{p_x}{p_y} = \frac{\dfrac{\partial y}{\partial w_y}}{\dfrac{\partial x}{\partial w_x}(1+t_x)} \qquad \text{bzw.} \qquad (91)\quad \frac{\dfrac{\partial y}{\partial w_y}}{\dfrac{\partial x}{\partial w_x}} = \frac{p_x(1+t_x)}{p_y}$$

Die Steuererhebung bzw. die Subvention führt zur Realisierung der optimalen Produktionsstruktur, wenn gilt:

$$(92)\quad GRS_x^y = \frac{p_x}{p_y} = \frac{\dfrac{\partial y}{\partial w_y}}{\dfrac{\partial x}{\partial w_x}(1+t_x)} = \frac{\dfrac{\partial y}{\partial w_y} - \dfrac{\partial y}{\partial x}\dfrac{\partial x}{\partial w_x}}{\dfrac{\partial x}{\partial w_x}} = GRT_x^y$$

Aus der Gleichung (92) läßt sich der gewünschte Steuersatz berechnen. Unter Verwendung der Gleichung (91) folgt:

$$(93)\quad \frac{p_x}{p_y}\frac{(1+t_x)}{(1+t_x)} = \frac{p_x(1+t_x)}{p_y} - \frac{\partial y}{\partial x}$$

Für den optimalen Steuersatz gilt daher:

$$(94)\quad t_x = \frac{\partial y}{\partial x}\frac{p_y}{p_x}$$

Der in Gleichung (94) berechnete Steuersatz bzw. die Subvention pro Stück hängt von der Reaktion der Güterproduktion im Sektor Y auf die Produktion des Sektors X ab. Problematisch bei der Operationalisierung der Steuer ist die Kenntnis des Niveaus der externen Effekte. Bei der hier vorgenommenen Formulierung wird der Technologieaspekt der Besteuerung vernachlässigt, da die Steuer auf die Produktionsmenge bezogen wird. Ist nicht das Gut der Grund für externe Effekte, sondern die zur Produktion eingesetzten Faktoren, so ist eine Besteuerung der Inputs sinnvoll, die dazu führen kann, daß andere Produktionsverfahren im Produktionsprozeß Anwendung finden. Eine andere Alternative der Pigou-Steuer ist die Besteuerung der begünstigten Unternehmen bzw. eine Subventionierung der geschädigten Produzenten. Im Gegensatz zur Besteuerung des Verursachers ist jedoch hier die Problematik gegeben, daß auch die nicht Betroffenen mit einer Steuer belegt werden müssen, da es andernfalls nicht möglich ist, die relative Stellung des Verursachers gemäß seiner externen Effekte zu erfassen[29]. Außerdem ist es verwaltungstechnisch einfacher die Verursacher statt der Empfänger externer Effekte zu belasten bzw. entlasten, da die Anzahl der Verursacher in der Regel die Anzahl der Empfänger weit übersteigt.

29) vgl. Sohmen (1976) S. 235

c) Kompensationszahlungen

Neben der Besteuerung besteht eine alternative Möglichkeit zur Realisierung des Produktionsoptimums darin, daß die Wirtschaftssubjekte bei Existenz externer Effekte selbst bestrebt sind, über die Auswirkungen dieser Effekte zu verhandeln. So sind z.B. bei negativen externen Effekten die Produzenten des Sektors Y an der Reduktion der Produktion des Sektors X interessiert.[30)] Zur Vereinfachung wird im folgenden jeweils ein Produzent aus den Sektoren X und Y betrachtet. Aus Gewinnmaximierungsgründen wäre die Unternehmung Y bereit, dem Unternehmen X einen Betrag π für jede Mengeneinheit, die der Produzent X weniger als bisher produziert, zu zahlen. Somit kann Y mit der Kompensationszahlung einen Einfluß auf die Menge x gewinnen, die seine Produktion negativ beeinflußt. Anreiz für den Sektor Y ist es, durch die Beeinflussung der Produktion von X die externen Effekte zu verändern, die von diesem Sektor ausgehen. Wir werden in diesem Abschnitt wie folgt vorgehen: Zuerst wird bei gegebener Kompensation je Produktionsmenge die Bedingung für eine optimale Kompensationszahlung des Sektors Y an den Sektor X ermittelt. Im nächsten Schritt wird geprüft, ob durch die Kompensationszahlung die Bedingungen für eine pareto-optimale Produktionsstruktur erreicht werden können. Daran anschließend wird untersucht, welche Modifikationen sich ergeben, wenn der verursachende Sektor dem geschädigten Sektor eine Kompensation zahlen muß. Die Gewinnfunktion des Unternehmen Y lautet:

(95) $$G_y\left(v_y, w_y, x\right) = p_y y\left(v_y, w_y, x\right) - q_v y - q_w w_y - \pi(\bar{x} - x)$$

π: Kompensation je Mengeneinheit von X

$\bar{x}$: ursprüngliche Produktion

Der Gewinn des Y ist neben den Produktionsfaktoren von dem Produktionsniveau des Gutes X abhängig. Als Gewinnmaximierungsbedingungen ergeben sich:

(96) $$\frac{\partial G_y}{\partial v_y} = p_y \frac{\partial y}{\partial v_y} - q_v = 0$$

(97) $$\frac{\partial G_y}{\partial w_y} = p_y \frac{\partial y}{\partial w_y} - q_w = 0$$

(98) $$\frac{\partial G_y}{\partial x} = p_y \frac{\partial y}{\partial x} - \pi = 0$$

Während die Bedingungen (96) und (97) die bekannten optimalen Faktoreinsatzmengen bestimmen, kann der Gleichung (98) das für den Sektor Y optimale Kompensationszahlungsniveau entnommen werden. Nach Umstellung folgt:

(99) $$\pi = -p_y \frac{\partial y}{\partial x}$$

Die linke Seite gibt darüber Auskunft, wie stark die Ausgaben des Sektors Y bei einer Reduktion der Produktion des X-Sektors ansteigen. Die Ausgabenerhöhung entspricht der Kompensation. Auf der rechten Seite steht der durch die negativen externen Effekte

---

30) Wir beschränken uns auf den Fall negativer externer Effekte.

bedingte Rückgang der Produktion im Y-Sektor bei einer Ausdehnung der Produktion im X Sektor. Multipliziert mit dem Verkaufspreis des Gutes X resultiert der Erlösrückgang im Y-Sektor bei einer Ausdehnung der Produktion im X-Sektor. Aufgrund des Minuszeichens steht rechts die Erhöhung des Erlöses im Sektor Y bei einer Reduktion der Produktion im X-Sektor. Die Gleichung (99) enthält also die bekannte Struktur Grenzerlös gleich Grenzkosten.

Es ist nun zu überprüfen, ob die Einführung der Kompensationszahlung zur Realisierung der Bedingungen für eine optimale Produktionsstruktur führt. Zur Beantwortung der Frage wird zunächst die Gewinnfunktion des X-Sektors betrachtet:

(100) $$G_x(v_x, w_x) = p_x x(v_x, w_x) - q_v v_x - q_w w_x + \pi[\bar{x} - x(v_x, w_x)]$$

oder

(101) $$G_x = (p_x - \pi)x(v_x, w_x) - q_v v_x - q_w w_x + \pi\bar{x}$$

Der Gewinn des X-Sektors erhöht sich durch die Kompensationszahlungen des anderen Sektors. Als Gewinnmaximierungsbedingungen erhält man:

(102) $$\frac{\partial G_x}{\partial v_x} = (p_x - \pi)\frac{\partial x}{\partial v_x} - q_v = 0$$

(103) $$\frac{\partial G_x}{\partial w_x} = (p_x - \pi)\frac{\partial x}{\partial w_x} - q_w = 0$$

Faßt man die Gleichungen (97) und (103) zusammen, folgt:

(104) $$\frac{p_y \frac{\partial y}{\partial w_y}}{(p_x - \pi)\frac{\partial x}{\partial w_x}} = 1$$

Die Substitution der Gleichung (99) für π liefert:

(105) $$\frac{p_y \frac{\partial y}{\partial w_y}}{\left(p_x + p_y \frac{\partial y}{\partial x}\right)\frac{\partial x}{\partial w_x}} = 1$$

Nach Umstellung gilt:

(106) $$\frac{p_x}{p_y} = \frac{\frac{\partial y}{\partial w_y} - \frac{\partial y}{\partial x}\frac{\partial x}{\partial w_x}}{\frac{\partial x}{\partial w_x}}$$

Die Verhandlungslösung führt zu dem Ergebnis, daß das Güterpreisverhältnis der

Grenzrate der Transformation unter Berücksichtigung der externen Effekte entspricht. Da das Güterpreisverhältnis gleich der Grenzrate der Substitution ist, wird die Pareto-Bedingung Grenzrate der Substitution gleich Grenzrate der Transformation durch die Kompensationszahlung erfüllt.

Wir untersuchen nun den Fall, daß der Verursacher dem Geschädigten eine Kompensation zahlt. Die Gewinnfunktionen stellen sich wie folgt dar:

$$(107)\quad G_x = (p_x - \pi)x(v_x, w_x) - q_v v_x - q_w w_x - \pi x(v_x, w_x)$$

$$(108)\quad G_y = p_y y(v_y, w_y, x) - q_v v_y - q_w w_y + \pi x$$

Für das Gewinnmaximum können folgende Bedingungen aus den Ableitungen nach den Faktormengen und nach der Produktionsmenge des Sektors X ermittelt werden:

$$(109)\quad \frac{\partial G_x}{\partial v_x} = (p_x - \pi)\frac{\partial x}{\partial v_x} - q_v = 0 \qquad (110)\quad \frac{\partial G_y}{\partial v_y} = p_y \frac{\partial y}{\partial v_y} - q_v = 0$$

$$(111)\quad \frac{\partial G_x}{\partial w_x} = (p_x - \pi)\frac{\partial x}{\partial w_x} - q_w = 0 \qquad (112)\quad \frac{\partial G_y}{\partial w_y} = p_y \frac{\partial y}{\partial w_y} - q_w = 0$$

$$(113)\quad \frac{\partial G_y}{\partial x} = p_y \frac{\partial y}{\partial x} + \pi = 0$$

Die Gleichungen (109) bis (112) sind bereits mehrmals diskutiert worden. Sie bestimmen für die beiden Sektoren die optimalen Faktoreinsatzniveaus. Gleichung (113) bestimmt zusätzlich die optimale Kompensationszahlung aus Sicht der Unternehmung X:

$$(114)\quad \pi = -p_y \frac{\partial y}{\partial x}$$

Der Vergleich mit der Gleichung (99) und den vorherigen Ausführungen zeigt, daß sich die gleichen Ergebnisse bei einer Kompensationszahlung des Schädigers an den Geschädigten wie bei der Zahlung einer Kompensation des Geschädigten an den Verursacher ergeben. **Es ist also für die optimale Produktionsstruktur unerheblich, ob die Internalisierung über eine Kompensation des Verursachers oder über eine Kompensation des Empfängers des Schadens erfolgt**. Dieses Resultat wird als **Coase-Theorem** bezeichnet. Voraussetzungen für die Realisierung sind:

(a) Die Anzahl der Beteiligten ist gering.
(b) Ein Ausschluß von Trittbrettfahrern ist möglich.
(c) Transaktionskosten und Einkommenseffekte existieren nicht.
(d) Verhandlungen über externe Effekte sind möglich.
(e) Die Eigentumsrechte sind festgelegt.
(f) Die durch die Eigentumsrechte festgelegte Vermögensverteilung hat keine Auswirkungen.

Es ergeben sich allerdings unterschiedliche Verteilungswirkungen. Die mit den Kompensationszahlungen verbundenen Gewinne des einen Sektors sind die Verluste des anderen. Die Verhandlungslösung stellt ein bilaterales Monopol[31] dar. Lösungsmöglichkeiten können über spieltheoretische Ansätze gefunden werden. Dabei können Defizite bei der Quantifizierung der externen Effekte verhindern, daß eine Verhandlungslösung zustande kommt.[32]

d) Zusammenschluß

Eine Lösung der Internalisierung der externen Effekte kann über einen Zuammenschluß beider Sektoren gefunden werden. Dadurch werden aus den externen interne Effekte, die zwischen den Produktionsstufen oder -abteilungen des neuen Sektors wirken. Wird die Differenzierung des Outputs in die Güter X und Y beibehalten,[33] ergibt sich der Gewinn nach Zusammenschluß als:

$$(115)\quad G = p_x x(v_x, w_x) + p_y y\left[v_y, w_y, x(v_x, w_x)\right] - q_v(v_x + v_y) - q_w(w_x + w_y)$$

Für das gemeinsame Gewinnmaximum der bisher selbständigen Sektoren erhält man die Gleichgewichtsbedingungen:

$$(116)\quad \frac{\partial G}{\partial v_x} = p_x \frac{\partial x}{\partial v_x} + p_y \frac{\partial y}{\partial x}\frac{\partial x}{\partial v_x} - q_v = 0 \qquad (117)\quad \frac{\partial G}{\partial v_y} = p_y \frac{\partial y}{\partial v_y} - q_v = 0$$

$$(118)\quad \frac{\partial G}{\partial w_x} = p_x \frac{\partial x}{\partial w_x} + p_y \frac{\partial y}{\partial x}\frac{\partial x}{\partial w_x} - q_w = 0 \qquad (119)\quad \frac{\partial G}{\partial w_y} = p_y \frac{\partial y}{\partial w_y} - q_w = 0$$

Aus (116) und (117) folgt:[34]

$$(120)\quad p_x \frac{\partial x}{\partial v_x} + p_y \frac{\partial y}{\partial x}\frac{\partial x}{\partial v_x} = p_y \frac{\partial y}{\partial v_y} \qquad \text{bzw.}$$

$$(121)\quad \frac{p_x}{p_y} = \frac{\dfrac{\partial y}{\partial v_y} - \dfrac{\partial y}{\partial x}\dfrac{\partial x}{\partial v_x}}{\dfrac{\partial x}{\partial v_x}} = GRT_x^y$$

Da das Güterpreisverhältnis der Grenzrate der Substitution entspricht, ist bei gemeinsamer Gewinnmaximierung ebenfalls das Pareto-Optimum erreicht. Das Instrument der Fusion ist geeignet, die externen Effekte zu internalisieren. Probleme entstehen wie bei der Internalisierung durch Kompensationszahlungen bei der praktischen Umsetzung der Lösungen. Bei der Fusion ist, je nach wettbewerbspolitischer Auffassung der betrachte-

---

31) Zur Marktform bilaterales Monopol vgl. Kapitel V.

32) vgl. Sohmen (1976) S. 244 ff.

33) Man kann das neue Maximierungsproblem als gemeinsame Gewinnmaximierung der vorher selbständigen Sektoren interpretieren.

34) Analog kann man die Gleichungen (118) und (119) zusammenfassen.

ten Volkswirtschaft, von Bedeutung, ob durch die Fusion Marktmacht entsteht. Aber auch dann, wenn eine Fusion wettbewerbspolitisch als unbedenklich empfunden wird, bedeutet Marktmacht eine Abkehr vom Modell der vollständigen Konkurrenz. Die Pareto-Bedingungen werden, da sich die Unternehmen nicht mehr als Mengenanpasser verhalten, dann eventuell nicht mehr erreicht.

E. Diskussion und Anwendungen

In diesem Abschnitt sollen mit Hilfe der Instrumente der Wohlfahrtstheorie die Wirkungen der Aufnahme des Handels zwischen vorher autarken Volkswirtschaften auf die Wohlfahrtssituation dieser Länder untersucht werden. Aus der Fülle verschiedener Handelstheorien wird das Heckscher-Ohlin-Modell herausgegriffen. Folgende Annahmen werden getroffen:

(1) Zwei Länder (Inland I, Ausland A) produzieren zwei Güter (Tuch T, Weizen W) mit zwei Produktionsfaktoren (Arbeit A, Kapitel C).
(2) Die Produktionsfaktoren sind international immobil.
(3) Es herrscht vollständige Konkurrenz auf allen Märkten.
(4) Die Länder produzieren mit einer identischen linear-homogenen Produktionsfunktion. Die Skalenerträge sind konstant.
(5) Die Güter lassen sich eindeutig nach ihren Faktorintensitäten ordnen. Tuch wird relative arbeitsintensiv, Weizen relativ kapitalintensiv produziert. Die Annahme impliziert, daß die Sektoren Tuch und Weizen im Produktionsoptimum mit unterschiedlichen Faktorintensitäten produzieren.
(6) Die Länder unterscheiden sich hinsichtlich ihrer relativen Faktorausstattung. Das Inland ist relativ reich mit Arbeit, das Ausland relativ reich mit Kapital ausgestattet.
(7) Die Präferenzen sind in den Ländern identisch.

Die Abbildung 7 zeigt die Situation des Inlandes (Teil a)) und des Auslandes (Teil b)) im Zustand der **Autarkie**. In dieser Situation findet kein Handel zwischen den Volkswirtschaften statt. Die Annahme unterschiedlicher Kapitalintensitäten in den Sektoren impliziert bei konstanten Skalenerträgen einen konkaven Verlauf der Transformationskurve. Da die Produktionstechnologie in beiden Ländern identisch ist, gilt diese Schlußfolgerung für beide Volkswirtschaften. Die Transformationskurven weisen einen Unterschied auf. Da die die Tuchproduktion den Faktor Arbeit intensiver, die Weizenproduktion den Faktor Kapital intensiver nutzt, kann das arbeitsreiche Inland eine relativ größere Menge an Tuch, eine relativ geringere Menge an Weizen produzieren. Dies führt zu einem absolut flacheren Verlauf der Transformationskurve des Inlands im Gütermengendiagramm. Das Inland hat einen komparativen Vorteil in der Tuchproduktion; das Ausland hat einen komparativen Vorteil in der Weizenproduktion. Bei gleichen Präferenzen resultieren im Autarkiegleichgewicht unterschiedliche Preisverhältnisse, die ausschließlich auf den Produktionsbedingungen beruhen. Im Autarkiezustand bestimmen die gesellschaftlichen Indifferenzkurven die jeweilige optimale Produktionsstruktur P_I bzw. P_A der beiden Volkswirtschaften. In diesen Punkten stimmen die gesellschaftliche Grenzrate der Substitution und die Grenzrate der Transformation überein und entsprechen dem nationalen Preisverhältnis der Güter Tuch und Weizen. Die genannten Größen sind gleich dem Absolutbetrag der Steigung der Tangente an die Produktionspunkte. Da die Faktorausstattung verschieden ist, kommt es bei identischen Präferenzen der Konsumenten, ausgedrückt durch identische gesellschaftliche Indifferenzkurvenscharen, zu unterschiedlichen Preisverhältnissen und Produktionsstrukturen. Das Inland produziert und konsumiert relativ mehr Tuch, im Ausland wird relativ mehr Weizen produziert und konsumiert.

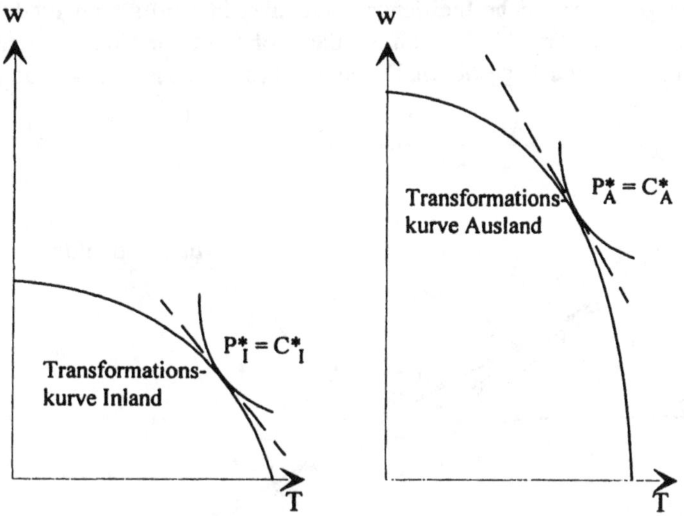

Abb. VIII.7: Autarkie

Können die Nutzenniveaus der Volkswirtschaften durch Aufhebung der Handelsbarrieren erhöht werden? Da sich die Preisverhältnisse in den Volkswirtschaften unterscheiden, ist Handel zwischen den Ländern lohnend, denn die Inländer können ihr Tuch zu einem höheren Preis im Ausland absetzen (Produzenten werden Tuch exportieren) und Weizen zu einem niedrigeren Preis im Ausland kaufen (Konsumenten werden Weizen importieren). Umgekehrtes gilt für die Wirtschaftssubjekte im Ausland. Durch den Handel zwischen In- und Ausland werden sich die Preisverhältnisse ausgleichen. Das neue Preisverhältnis wird zwischen den Autarkiepreisen liegen.[35] Das diesem Preisverhältnis entsprechende Gleichgewicht soll anhand der Abbildung 8 dargestellt werden. Die beiden Transformationskurven werden in ein Diagramm eingezeichnet. Die Gerade PP gibt

35) Das neue Preisverhältnis kann über sogenannte Tauschkurven ermittelt werden. Diese stellen Bereitschaftsfunktionen der handelnden Wirtschaftssubjekte dar, zu alternativen Preisverhältnissen die gehandelten Güter in einem bestimmten Verhältnis auszutauschen. Auf eine explizite Herleitung wird in diesem Zusammenhang verzichtet. vgl. Rose/Sauernheimer (1992) S. 465 ff.

das nun gültige (Weltmarkt-) Preisverhältnis der Güter an. Bei diesem relativen Tuchpreis (ausgedrückt in Einheiten des Gutes Weizen) wird das Inland in P_I*, das Ausland P_A* produzieren, also dort, wo die Grenzrate der Transformation (die Grenzkosten) des Gutes Tuch dem relativen Tuchpreis entspricht. Die Konsumenten im Inland und Ausland sind nicht länger an diese Produktionsvorgabe gebunden, da ihre Konsummöglichkeiten durch die Preisgerade, die den Produktionspunkt ihrer Volkswirtschaft tangiert, gegeben werden. Sie können gemäß dem Weltmarktpreis mit ihrer Produktion handeln. Der optimale inländische (ausländische) Konsum liegt im Punkt C_I* (C_A*). Da hier eine höherwertige gesellschaftliche Indifferenzkurve erreicht wird als im Produktions- und Konsumpunkt in der Autarkiesituation, ist die Wohlfahrt der Volkswirtschaften durch die Aufnahme des Handels gestiegen. Durch den Tausch können sich beide Länder besser stellen.

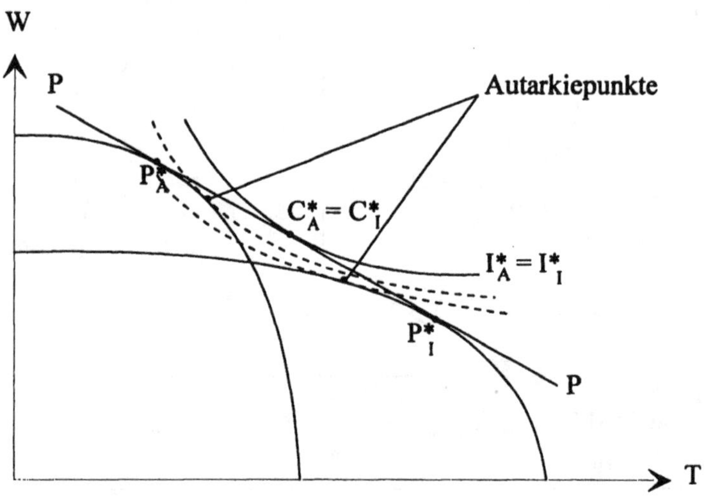

Abb. VIII.8: Wirkungen internationalen Handels

Aus dem Modell folgt wirtschaftspolitische Implikation: Bei gleicher Produktionstechnologie führt eine Spezialisierung der Länder auf die Produktion des Produktes, welches den relativ reichlicher vorhandenen Faktor intensiver nutzt, zu Wohlfahrtsgewinnen. Dieses Theorem bezeichnet man als **Faktorproportionentheorem**. Von besonderer Bedeutung ist die Erkenntnis, daß es auch ohne die internationale Mobilität der Produktionsfaktoren durch die Aufnahme des Handels zu Allokationswirkungen in den einzelnen Volkswirtschaften kommt. Dies unterstützt die Darstellung des engen Zusammenhangs zwischen Handels- und Produktionsoptimum im Abschnitt B.3.

Mit den Ergebnissen der Handelstheorie ist es möglich eine Handelspolitik zu legitimieren, die sich von der protektionistischen Sichtweise löst. In der merkantilistischen Wirtschaftsauffassung wurde der Handel als Nullsummenspiel angesehen. Die Gewinne des einen Landes sind gleichzeitig Verluste des anderen Landes. Die Volkswirtschaften unternahmen im Merkantilismus regelrechte Handelskriege, um sich ihrer Meinung nach Wohlfahrtsgewinne zu sichern. Das hier gezeigte Modell ermöglicht es aber nachzuweisen, daß der Freihandel Wohlfahrtsgewinne für beide Handelspartner ermöglicht.[36)] Jedoch existieren neue handelspolitische Auffassungen, die eine protektionistische Handelsstrategie befürworten, so z.B. die französische Industriepolitik. Durch die Annahme anderer Voraussetzungen sind die Ergebnisse des Faktorproportionentheorems zu relativieren. Doch die grundsätzlich positive Wirkung von Freihandel ist nicht von der Hand zu weisen.

F. Zusammenfassung der Ergebnisse

Die Wohlfahrtsökonomie dient der Ableitung von Erkenntnissen über die gesellschaftliche Präferenzordnung. Dazu wurden zunächst die Bedingungen für das Pareto-Optimum (Produktions- und Handelsoptimum sowie optimale Produktionsstruktur) ermittelt.

Produktionsoptimum	$GRTS_v^w(x) = GRTS_v^w(y)$
Handelsoptimum	$GRS_x^y(A) = GRS_x^y(B)$
optimale Produktionsstruktur	$GRT_x^y = GRS_x^y(A) = GRS_x^y(B)$

Kasten I: Pareto-Optimum

Von zentralen Interesse in diesem Kapitel ist das Modell der vollständigen Konkurrenz, das in diesem abschließendem Kapitel auf seine wohlfahrtstheoretischen Resultate hin untersucht wurde.

Produktionsoptimum	$GRS_x^y(A) = GRS_x^y(B) = \frac{p_x}{p_y}$
Handelsoptimum	$GRTS_v^w(x) = GRTS_v^w(y) = \frac{q_v}{q_w}$
optimale Produktionsstruktur	$\frac{\frac{\partial y}{\partial w_y}}{\frac{\partial y}{\partial w_x}} = GRT_x^y = \frac{p_x}{p_y} = GRS_x^y$

Kasten II: Pareto-Optimum in der vollständigen Konkurrenz

36) Die Handelstheorie wurde von David Ricardo, der die Wirkungen des komparativen Vorteils beschrieb, begründet. vgl. Rose/Sauernheimer (1992) S. 353 ff.

Dabei wurde dieses Modell im Hinblick auf die Auswirkungen externer Effekte relativiert.

Pareto-Bedingung	$GRS_x^y(A) = GRS_x^y(B) < GRT_x^y$
Pigou-Steuer	$GRS_x^y = \frac{p_x}{p_y} = \frac{\frac{\partial y}{\partial w_y}}{\frac{\partial x}{\partial w_x}(1+t_x)} = \frac{\frac{\partial y}{\partial w_y} - \frac{\partial y}{\partial x}\frac{\partial x}{\partial w_x}}{\frac{\partial x}{\partial w_x}} = GRT_x^y$ mit $t_x = \frac{\partial y}{\partial x}\frac{p_y}{p_x}$
Kompensation	$\frac{p_y \frac{\partial y}{\partial w_y}}{(p_x - \pi)\frac{\partial x}{\partial w_x}} = 1$ mit $\pi = -p_y \frac{\partial y}{\partial x}$
Fusion	$\frac{p_x}{p_y} = \frac{\frac{\partial y}{\partial v_y} - \frac{\partial y}{\partial x}\frac{\partial x}{\partial v_x}}{\frac{\partial x}{\partial v_x}} = GRT_x^y$

Kasten III: Vollständige Konkurrenz, externe Effekte und Internalisierung

Den Abschluß des Kapitels bildeten die grundlegenden Gedanken der Außenhandelstheorie, wo die Wohlfahrtstheorie die theoretische Legitimation für Freihandel bildet. Gerade in diesem Bereich sind die Erkenntnisse bezüglich des Wohlstandes einer Volkswirtschaft ein zentraler Aspekt bei der Ableitung von Modellergebnissen.

Zur Beurteilung politischer Maßnahmen ist das Pareto-Kriterium nur beschränkt anwendbar, da in der Regel die Maßnahmen einige Wirtschaftssubjekte schlechter stellen. Aus diesem Grunde sind Werturteile häufig unumgänglich. Solange die verwendeten Werturteile offengelegt werden, scheint diese Vorgehensweise wenig bedenklich. Nicht die Nutzung von Werturteilen ist zu verurteilen, sondern das Verstecken von normativen Aussagen in "ökonomischen Gesetzen".

Literaturverzeichnis

A. Mathematik

Allen, R.G.D.: Mathematik für Volks- und Betriebswirte. Eine Einführung in die mathematische Behandlung der Wirtschaftstheorie. 4. Aufl., Berlin 1972.

Bressler, B.: A Unified Introduction to Mathematical Economics. New York u.a. 1975.

Chiang, A.C.: Fundamental Methods of Mathematical Economics. 3rd ed. New York 1985.

Huang, D.S., Schulz, W.: Einführung in die Mathematik für Wirtschaftswissenschaftler. 3. Aufl., München 1988.

Lambert, P.J.: Advanced Mathematics for Economists. New York 1985.

Silberberg, E.: The Structure of Economics. A Mathematical Analysis. New York 1978.

B. Mikroökonomik innerhalb volkswirtschaftlicher Gesamtdarstellungen

Altmann, J.: Volkswirtschaftslehre. 3. Aufl., Stuttgart 1991.

Bartling, H., Luzius, F.: Grundzüge der Volkswirtschaftslehre. 9. Aufl., München 1992.

Baßeler, U., Heinrich, J., Koch, W.: Grundlagen und Probleme der Volkswirtschaft. 13. Aufl., Köln 1991.

Blum, U.: Volkswirtschaftslehre. Studienhandbuch. München 1992.

Cezanne, W.: Allgemeine Volkswirtschaftslehre. München 1993.

Geml, R., Dremel, W., Wolf, P.C.: Grundlagen der Volkswirtschaftslehre, Ludwigshafen 1987.

Grass, R.-D., Stützel, W.: Volkswirtschaftslehre. 2. Aufl., München 1988.

Gutmann, G.: Volkswirtschaftslehre. Eine ordnungstheoretische Einführung. 4. Aufl., Stuttgart 1991.

Hanusch, H., Kuhn, T.: Einführung in die Volkswirtschaftslehre. 2. Aufl., Berlin 1992.

Hardes, H.D., Rahmeyer, F., Schmid, A.: Volkswirtschaftslehre. Eine problemorientierte Einführung. 17. Aufl., Tübingen 1990.

Hardes, H.D., Mertes, J.: Grundzüge der Volkswirtschaftslehre. 3. Aufl., München-Wien 1991.

Henrichsmeyer, W., Gans, O., Evers, I.: Einführung in die Volkswirtschaftslehre. 9. Aufl., Stuttgart 1991.

Heubes, J.: Marktwirtschaft. Eine problemorientierte und systematische Einführung in die Volkswirtschaftslehre. München 1992.

Heuss, E.: Grundelemente der Wirtschaftstheorie. 2. Aufl. Göttingen 1981.

Kaufer, E.: Industrieökonomik. München 1980.

Klaus, J., Maußner, A.: Grundzüge der mikro- und makroökonomischen Theorie. München 1986.

Lachmann, W.: Volkswirtschaftslehre 1. Grundlagen. Berlin 1990.

Lipsey, R.G.: An Introduction to Positive Economics. 6th ed., London 1983.
Deutsche Übersetzung: Einführung in die positive Ökonomie. Köln 1971.

Marshall, A.: Principles of Economics. 8th ed., London 1920.

Ott, A.E.: Wirtschaftstheorie. Eine erste Einführung. Göttingen 1989.

Samuelson, P.A.: Economics. 13th ed., New York u.a. 1989.
Deutsche Übersetzung: Volkswirtschaftslehre. 2 Bände. 6. Aufl. Köln 1987.

Samuelson, P.A.: Foundations of Economic Analysis. Cambridge 1983.

Siebert, H.: Einführung in die Volkswirtschaftslehre. 10. Aufl., Stuttgart-Berlin-Köln 1991.

Woll, A.: Allgemeine Volkswirtschaftslehre. 10. Aufl., München 1990.

C. Gesamtdarstellungen der Mikroökonomik

Baumol, W.J.: Economic Theory and Operations Analysis. 3rd ed., London 1972.

Böventer, E.v.: Einführung in die Mikroökonomie. 7. Aufl., München-Wien 1991.

Borchert, M., Grossekettler, H.: Preis- und Wettbewerbstheorie. Stuttgart u.a. 1985.

Brandt, K., Engelkamp, P., Ottnad, A., Tristram, K.: Grundzüge der Mikroökonomie. 2. Aufl., Freiburg i.Br. 1989.

Chacholiades, M.: Microeconomics. New York u.a. 1986.

Demmler, H.: Grundlagen der Mikroökonomie. München 1992.

Demmler, H.: Einführung in die Volkswirtschaftslehre. 2. Aufl., München 1991.

Feess-Dörr, E.: Mikroökonomie. Eine Einführung in die neoklassische und klassisch-neoricardianische Preis- und Verteilungstheorie. 2. Aufl., Marburg 1992.

Fehl, U., Oberender, P.: Grundlagen der Mikroökonomie. 5. Aufl., München 1992.

Ferguson, C.E., Gould, J.P.: Microeconomic Theory. 5th ed., Homewood 1980.

Franke, J.: Grundzüge der Mikroökonomik. 5. Aufl., München 1992.

Gisser, M.: Intermediate Price Theory. Analysis, Issues, and Applications. Tokyo 1981.

Helmstädter, E.: Wirtschaftstheorie. Band I: Mikroökonomische Theorie. 4. Aufl., München 1991.

Henderson, J.M., Quandt, R.E.: Mikroökonomische Theorie. 5. Aufl., München 1983.

Herberg, H.: Preistheorie. Eine Einführung in die Mikroökonomik. Stuttgart-Berlin-Köln-Mainz 1985.

Hesse, H. (Hrsg.): Arbeitsbuch angewandte Mikroökonomik. Tübingen 1980.

Hirshleifer, J.: Price Theory and Applications. 4th ed., Englewood Cliffs u.a. 1988.

Hoyer, W., Rettig, R., Rothe, K.-D.: Grundlagen der Mikroökonomischen Theorie. 3. Aufl., Düsseldorf 1993.

Hübl, L., Ertel, R., Meyer, W., Ströbele, W.: Grundkurs in Mikroökonomie. 2. Aufl., Berlin 1988.

Hyman, D.N.: Modern Microeconomics. Analysis and Applications. 2nd ed., Homewood-Boston 1988.

Kogiku, K.C.: Microeconomic Models. London 1971.

Kohler, H.: Intermediate Microeconomics. Theory and Applications. Glenview u.a. 1982.

Koplin, H.T.: Microeconomic Analysis. Welfare and Efficiency in Private and Public Sectors. New York 1971.

Koutsoyiannis, A.: Modern Microeconomics. 2nd ed., London 1981.

Kreps, D.M.: A Course in Microeconomic Theory. New York u.a. 1990.

Lancaster, K.: Moderne Mikroökonomie. 4. Aufl., Frankfurt-New York 1991.

Layard, P.R.G., Walters, A.A.: Microeconomic Theory. New York u.a. 1987.

Leftwich, R.H.: The Price System and Resource Allocation. 7th ed., Hinsdale 1979. Deutsche Übersetzung: Lehrbuch der mikroökonomischen Theorie. Stuttgart 1972.

Linde, R.: Einführung in die Mikroökonomie. 2. Aufl., Stuttgart-Berlin-Köln-Mainz 1992.

Malinvaud, E.: Lectures in Microeconomic Theory. Amsterdam u.a. 1972.

Mansfield, E.: Microeconomics. Theory and Applications. 5th ed., New York u.a. 1985.

Moritz, K.-H.: Mikroökonomische Theorie des Haushalts. München 1993.

Neumann, M.: Theoretische Volkswirtschaftslehre II. Produktion, Nachfrage und Allokation. 3. Aufl., München 1991.

Neumann, M.: Theoretische Volkswirtschaftslehre III. Wachstum, Wettbewerb und Verteilung. München 1982.

Nicholson: W.: Intermediate Microeconomics and Its Application. 5th ed., Chicago u.a. 1990.

Ott, A.E.: Grundzüge der Preistheorie. 3. Aufl, Göttingen 1979.

Ott, A.E. (Hrsg.): Preistheorie. 3. Aufl., Köln-Berlin 1968.

Reiß, W.: Mikroökonomische Theorie. Historisch fundierte Einführung. München 1990.

Salvatore, D.: Managerial Economics In a Global Economy. 2nd ed., Singapore 1993.

Schneider, E.: Einführung in die Wirtschaftstheorie. Teil II. 13. Aufl., Tübingen 1972.

Schneider, H.: Mikroökonomie. Eine Einführung in die Preis-, Produktions- und Wohlfahrtstheorie. 5. Aufl., München 1986.

Schumann, J.: Grundzüge der mikroökonomischen Theorie. 6. Aufl., Berlin u.a. 1992.

Sher, W., Pinola, R.: Modern Microeconomic Theory. New York u.a. 1986.

Stackelberg, H.v.: Grundlagen der theoretischen Volkswirtschaftslehre. 2. Aufl., Tübingen u.a. 1951.

Stigler, G.J.: The Theory of Price. 3rd ed., New York-London 1966.

Stobbe, A.: Mikroökonomik. 2. Aufl., Berlin u.a. 1991.

Tirole, J.: The Theory of Industrial Organization. Cambridge 1988.

Varian, H.R.: Mikroökonomie. 2. Aufl., München 1985.

Varian, H.R.: Intermediate Microeconomics. A Modern Approach. 2nd ed., New York-London 1990.
Deutsche Übersetzung: Grundzüge der Mikroökonomik. 2. Aufl., München 1991.

Wagner, A.: Mikroökonomik. 2. Aufl., Stuttgart-New York 1989.

Waud, R.N.: Microeconomics. 4th ed., New York 1989.

Witkowski, H.: Einführung in die Preistheorie. 2. Aufl., Rinteln 1984.

D. Darstellung der einzelnen Teilgebiete

1. Technische und ökonomische Bedingungen: Kapitel II und III

Arrow, K., Chenery, B., Minhas, B.S., Solow, R.M.: Capital-Labor Substitution and Economic Efficiency. In: Review of Economics and Statistics, Vol. 43 (1961), S. 228-250.

Bea, F.X., Dichtl, E., Schweitzer, M.: Allgemeine Betriebswirtschaftslehre. Band 3. Leistungsprozeß. 4. Aufl., Stuttgart-New York 1990.

Bear, D.V.T.: Inferior Inputs and the Theory of the Firm. In: Journal of Political Economy, Vol. 73 (1965), S. 287-289.

Bloech, J., Bogaschewsky, R., Götze, U., Roland, F.: Einführung in die Produktion. Heidelberg 1992.

Busse von Colbe, W., Laßmann, G.: Betriebswirtschaftstheorie. Band 1 Grundlagen, Produktions- und Kostentheorie. 5. Aufl., Berlin 1991.

Cobb, C.W., Douglas, P.H.: A Theory of Production. In: American Economic Review (Papers and Proceedings), Vol. 18 (1928), S. 139-165.

Eichhorn, W.: Müller U.: Substitutionsgebiete, Minimalkostenlinien und Isoquanten homogener Produktionsfaktoren. In: Zeitschrift für die gesamte Staatswissenschaft, Bd. 123 (1967), S. 698-710.

Eichhorn, W.: Theorie der homogenen Produktionsfunktion. Berlin u.a. 1970.

Ellinger, T., Haupt, R.: Produktions- und Kostentheorie. 2. Aufl., Stuttgart 1990.

Franke, J.: Das Wicksell-Johnson-Theorem. In: Wirtschaftswissenschaftliches Studium, 13. Jg. (1984), S. 577-579.

Gabisch, G.: Haushalte und Unternehmen. In: Vahlens Kompendium der Wirtschaftstheorie und Wirtschaftspolitik. Band 2. 5. Aufl., München 1992, S. 1-59.

Grichting, A.: Die Skalenerträge. Theoretische und empirische Aspekte. Meisenheim 1976.

Gutenberg, E.: Grundlagen der Betriebswirtschaftslehre. Band 1 Die Produktion. 22. Aufl., Berlin u.a. 1976.

Hansen, G.: Quantitative Wirtschaftsforschung. München 1993.

Hesse, H., Linde, R.: Gesamtwirtschaftliche Produktionstheorie. Teil I und II. Würzburg 1976.

Hesse, H., Linde, R.: Steigende Skalenerträge. Ursachen und wirtschaftspolitische Bedeutung. In: Das Wirtschaftsstudium, 8. Jg. (1979), S. 502-505, 554-559.

Hicks, J.R.: Theory of Wages. London 1932.

Hofmann, H.-J.: Mindestoptimale Betriebsgrößen und die Ursachen suboptimaler Kapazitäten. Eine empirische Untersuchung mit Hilfe der "Survivor-Technik". In: Jahrbücher für Nationalökonomie und Statistik, Bd. 201 (1986), S. 131-151.

Klaus, J.: Produktions- und Kostentheorie 3. Aufl., Stuttgart 1974.

Kleinhückelskoten, H.-D., Spaetling, D.: Aspekte der Inferiorität und Superiorität als ökonomische Phänomene. Ein Beitrag zur Neuorientierung der mikroökonomischen Theorie. In: Jahrbücher für Nationalökonomie und Statistik, Bd. 196 (1981), S. 511-526.

Kleinhückelskoten, H.-D.: Substitutionsmöglichkeiten, Substitutionsbereitschaft und ökonomisches Verhalten. Essen 1983.

Krelle, W.: Produktionstheorie. Teil I der Preistheorie. 2. Aufl., Tübingen 1969.

Küpper, H.-U.: Produktionsfunktionen. In: Wirtschaftswissenschaftliches Studium, 5. Jg. (1976), S. 129-134.

Linde, R.: Produktion II. Produktionsfunktionen. In: Handwörterbuch der Wirtschaftswissenschaft Band 6. Stuttgart u.a. 1981, S. 276-295.

Lücke, W.: Produktions- und Kostentheorie. 3. Aufl., Würzburg 1976.

Müller, H.: Wichtige Punkte der Ertrags- und Kostenkurven und ihre Eigenschaften. In: Das Wirtschaftsstudium, 7. Jg. (1978), S. 333-338.

Pohmer, D., Bea, F.X.: Produktion und Absatz. 2. Aufl, Göttingen 1988.

Sato, R.: Diminishing Returns and Linear Homogeneity. Comment. In: American Economic Review, Vol. 54 (1964), S. 744-745.

Scheper, W.: Produktion I. Produktionstheorie. In: Handwörterbuch der Wirtschaftswissenschaft Band 6. Stuttgart u.a. 1981, S. 256-276.

Shephard, R. W.: The Theory of Cost and Production Functions. Princeton 1970.

Stackelberg, v. H.: Grundlagen einer reinen Kostentheorie. Wien 1932.

Szyszka, U.: Bestimmungsgründe der Möglichkeiten und Grenzen einer Faktorsubstitution aus produktionstheoretischer Sicht. Spardorf 1987.

Thünen, J.H.v.: Der isolierte Staat. 3. Aufl., Jena 1930.

Turgot, A.R.J.: Betrachtungen über die Bildung und die Verteilung des Reichtums. Jena 1903.

Walters, A.A.: Production and Cost Functions. An Econometric Survey. In: Econometrica, Vol. 31 (1963). S. 1-66.

Wittmann, W.: Über Faktoreigenschaften und Bedingungen beim Ertragsgesetz. In: Zeitschrift für die gesamte Staatswissenschaft, Bd. 118 (1962), S. 385-407.

2. Niveauproblem und Marktformen: Kapitel IV bis VII

Aschinger, G. Contestable Markets. Ein neuer Weg zur Charakterisierung des Wettbewerbs und der Industriestruktur. In: Wirtschaftswissenschaftliches Studium, 13. Jg. (1984) S. 217-223.

Bain, J.S.: A Note on Pricing in Monopoly and Oligopoly. In: American Economic Review, Vol. 39 (1949), S. 448-464.

Bain, J.S.: Barriers to New Competition. Their Character and Consequences in Manufacturing Industries. Cambridge 1956.

Bartling, H.: Leitbilder der Wettbewerbspolitik. München 1980.

Baumol, W.J., Willig, R.D.: Fixed Costs, Sunk Costs, Entry Barriers, and Sustainability of Monopoly. In: Quarterly Journal of Economics, Vol. 96 (1981), S. 405-431.

Baumol, W.J., Panzer, J.C., Willig, R.D.: Contestable Markets and the Theory of Industry Structure. New York u.a. 1982.

Berg, S.V., Tschirhart, J.: Natural Monopoly Regulation. Principles and Practice. Cambridge u.a. 1988.

Böbel, I.: Das Konzept der Konsumentenrente. In: Wirtschaftswissenschaftliches Studium, 8. Jg. (1979), S. 206-211.

Böbel, I.: Wettbewerb und Industriestruktur. Industrial-Organization-Forschung im Überblick. Berlin u.a. 1984.

Borchert, M., Grossekettler, H.: Preis- und Wettbewerbstheorie. Marktprozesse als analytisches Problem und ordnungspolitische Gestaltungsaufgabe. Stuttgart u.a. 1985.

Braulke, M.: Contestable Markets. Wettbewerbskonzept mit Zukunft? In: Wirtschaft und Wettbewerb, Bd. 33 (1983), S. 945-954.

Cournot, A.: Untersuchungen über die mathematischen Grundlagen der Theorie des Reichtums. Jena 1924.

Dewey, D. Microeconomics. The Analysis of Prices and Markets. London u.a. 1975.

Finsinger, J.: Wettbewerb und Regulierung. München 1991.

Franke, J.: Langfristige Kostenfunktion und Güterangebot. In: Das Wirtschaftsstudium, 13. Jg. (1984), S. 227-233.

Friedrich, H.: Grundkonzeptionen der Stabilisierungspolitik. Opladen 1983.

Frisch, R.: Theory of Production. Dordrecht 1965.

Gaskins, D.W.jr.: Dynamic Limit Pricing. Optimal Pricing under Threat of Entry. In: Journal of Economic Theory, Vol. 3 (1971), S. 306-322.

Hoppmann, Erich: Von der Preistheorie zur Wettbewerbstheorie. In: Ordo, Bd. 17 (1966), S. 369-381.

Kaufer, E.: Industrieökonomik. Eine Einführung in die Wettbewerbstheorie. München 1980.

Klaus, G. J., Hahn, G.: Die optimale Betriebsgröße. In: Wirtschaftswissenschaftliches Studium, 5. Jg. (1976), S. 252-258.

Kolbe, C.: Eintrittsbarrieren und die Eintrittsfähigkeit potentieller Konkurrenten. Göttingen 1991.

Lerner, A.P.: The Concept of Monopoly and the Measurement of Monopoly Power. In: Review of Economic Studies, Vol. 1 (1933), S. 157-175.

Linde, R.: Das Monopol. Grundlagen. In: Das Wirtschaftsstudium, 19. Jg. (1990), S. 372-377.

Monopolkommission. Sechstes Hauptgutachten der Monopolkommission 1984/1985. Bundestagsdrucksache 10/5860 (21.07.86). Bonn 1986.

Morgenstern, Oskar: Vollkommene Voraussicht und wirtschaftliches Gleichgewicht. In: Zeitschrift für Nationalökonomie, Bd. 6 (1935), S. 337-357.

Neumann, M.: Marktpreisbildung in der Konkurrenz. In: Das Wirtschaftsstudium, 7. Jg. (1978), S. 489-494.

Ott, A.E.: Marktform und Verhaltensweise. Stuttgart 1959.

Ott, A.E.: Monopoltheorie. In: Das Wirtschaftsstudium, 7. Jg. (1978), S. 125-132.

Ott, A.E.: Marktformen. In: Handwörterbuch der Wirtschaftswissenschaft Band. 5. Stuttgart u.a. 1980. S. 104-113.

Reetz, N.: Preise II. Monopolpreisbildung. In: Handwörterbuch der Wirtschaftswissenschaft Band. 6. Stuttgart u.a. 1981. S. 189-202.

Robinson, J.: What is Perfect Competition? In: Quarterly Journal of Economics, Vol. 48 (1934), S. 104-120.

Rothe, K.-D.: Minimalkostenkombination. In: Das Wirtschaftsstudium, 16. Jg. (1987), S. 77.

Scherer, F.M., Ross, D.: Industrial Market Structure and Economic Performance. 3rd ed., Boston 1990.

Schmidbauer, H.: Allokation, technischer Fortschritt und Wettbewerbspolitik. Tübingen 1974.

Schmidt, I., Elßer, S.: Innovationsoptimale Unternehmensgrößen und Marktstrukturen. In: Wirtschaftswissenschaftliches Studium, 19. Jg. (1990), S. 556-562.

Schneider, H.: Preise I. Konkurrenzpreisbildung. In: Handwörterbuch der Wirtschaftswissenschaft Band 6. Stuttgart u.a. 1981. S. 173-188.

Schellhaass, H.-M.: Die Grenzkostenpreisregel. Allgemeine Grundsätze. In: Wirtschaftswissenschaftliches Studium, 7. Jg. (1978), S. 212-219.

Seidenfus, H.S. (Hrsg.): Deregulierung. Eine Herausforderung an die Wirtschafts- und Sozialpolitik in der Marktwirtschaft. Berlin u.a. 1989.

Shephard, R. W.: Theory of Cost and Production Functions. Princeton 1970.

Sherman, R.: The Regulation of Monopoly. Cambridge u.a. 1989.

Siebke, J.: Preistheorie. In: Vahlens Kompendium der Wirtschaftstheorie und Wirtschaftspolitik Band 2. 5. Aufl., München 1992. S. 61-121.

Spielkamp, A.: Subjektive Qualitätseinschätzung auf unvollkommenen Konkurrenzmärkten. Frankfurt 1994.

Stackelberg, H.v.: Marktform und Gleichgewicht. Berlin 1934.

Stigler, G.J.: Perfect Competition, Historically Contemplated. In: The Journal of Political Economy, Vol. 65 (1957), S. 1-17.

Takayama, A.: Consumer's Surplus, Path Independence, Compensating and Equivalent Variations. In: Zeitschrift für die gesamte Staatswissenschaft, Bd. 140 (1984), S. 594-625.

Walters, A.A.: Production and Cost Functions. An Econometric Survey. In: Econometrica, Vol. 31. (1963), S. 1-66.

3. Wohlfahrtsökonomie: Kapitel VIII

Arrow, K.J.: A Difficulty in the Concept of Social Welfare. In: Journal of Political Economy, Vol. 58 (1950), S. 328-346.

Arrow, K. J.: Social Choice and Individual Values. 2nd ed., New York u.a. 1963.

Burk, A.: A Reformulation of Certain Aspects of Welfare Economics. In: Quarterly Journal of Economics, Vol. 52 (1938), S. 310-334.

Bössmann, E.: Externe Effekte. In: Das Wirtschaftsstudium, 8. Jg. (1979), S. 95-98, 147-151.

Coase, R.H.: The Problem of Social Cost: In: Journal of Law and Economics, Vol. 3 (1960), S. 1-44.

Edgeworth, F.Y.: Mathematical Psychics. London 1881.

Franke, J.: Die Edgeworth-Box. In: Wirtschaftswissenschaftliches Studium, 13. Jg. (1984), S. 297-302.

Herberg, H.: On the Shape of the Transformation Curve in the Case of Homogeneous Production Functions. In: Zeitschrift für die gesamte Staatswissenschaft, Bd. 125 (1969), S. 202-210.

Heubes, J.: Finanztheorie. München 1985.

Kaldor, N.: Welfare Propositions of Economics and Interpersonal Comparisons of Utility. In: Economic Journal, Vol. 49 (1939), S. 549-552.

Külp, B.: Wohlfahrtsökonomik I. Tübingen 1975. S. 24-37.

Luckenbach, H.: Theoretische Grundlagen der Wirtschaftspolitik. München 1986.

Luckenbach, H.: Gesellschaftliche Wohlfahrtsfunktionen. Konzeptionen, Arten und wirtschaftspolitische Bedeutung. In: Wirtschaftswissenschaftliches Studium, 17. Jg. (1988), S. 395-401.

Pareto, V.: Manuel d'economie politique. Paris 1909.

Pigou, A.C.: The Economics of Welfare. London 1920.

Quirk, J., Saposnick, R.: Introduction to General Equilibrium Theory and Welfare Economics. New York 1968.

Rawls, J.A.: A Theory of Justice. Cambridge 1971.
Deutsche Übersetzung: Eine Theorie der Gerechtigkeit. Frankfurt 1975.

Schlieper, V.: Wohlfahrtsökonomik II. Theorie des Zweitbesten. In: Handwörterbuch der Wirtschaftswissenschaft Band 9. Stuttgart u.a. 1982. S. 486-493.

Schumann, J.: Wohlfahrtsökonomik. In: Wirtschaftswissenschaftliches Studium, 12. Jg. (1983), S. 512-520.

Scitovsky, T.: A Note on Welfare Propositions in Economics. In: Review of Economic Studies, Vol. 9 (1941), S. 77-88.

Sohmen, E.: Allokationstheorie und Wirtschaftspolitik. Tübingen 1976.

Zameck v., W.: Soziale Wohlfahrtsfunktionen. Wirtschaftswissenschaftliches Studium 17. Jg. (1988), S. 255-258.

E. Anwendungen

1. Schätzung des Produktionspotentials: Abschnitt II.F.1.

Assenmacher, W.: Konjunkturtheorie. 4. Aufl., München-Wien 1990. S. 38-43.

Deutsche Bundesbank: Neuberechnung des Produktionspotentials für die Bundesrepublik Deutschland. In: Monatshefte der Deutschen Bundesbank, 33. Jg. Nr. 10 (Oktober 1981), S. 32-38.

Deutsche Bundesbank: Das Produktionspotential in der Bundesrepublik Deutschland. In: Monatshefte der Deutschen Bundesbank, 25. Jg. Nr. 10 (Oktober 1973), S. 28-34.

Heubes, J.: Konjunktur und Wachstum. München 1991. S. 4-8.

Oppenländer, H.: Wachstumstheorie und Wachstumspolitik. München 1988. S. 6-15.

Richter, R.; Schlieper, U.; Friedmann, W.: Makroökonomik. 4. Aufl., Berlin u.a. 1981. S. 205-212.

2. Die Input-Output-Tabelle: Abschnitt II.F.2.

Brümmerhoff, D.: Volkswirtschaftliche Gesamtrechnungen. 4. Aufl., München 1992. S. 77-100.

Frenkel, M., John, K.D.: Volkswirtschaftliche Gesamtrechnung. 2. Aufl., München 1993. S. 169-192.

Haslinger, F.: Volkswirtschaftliche Gesamtrechnung. 5. Aufl., München u.a. 1990. S. 109-127.

Lippe, P.v.d.: Wirtschaftsstatistik. 4. Aufl., Stuttgart 1990. S. 176-187.

Stobbe, A.: Volkswirtschaftliches Rechnungswesen. 7. Aufl., Berlin u.a. 1989. S. 274-281.

3. Die Kapitalmangelarbeitslosigkeit: Abschnitt III.D.1.a)

Bombach, G., Gahlen, B., Ott, A.E. (Hrsg.): Arbeitsmärkte und Beschäftigung: Fakten Analysen, Perspektiven. Tübingen 1987.

Bundesministerium für innerdeutsche Beziehungen. 2. Aufl., Bonn (1988).

Dieckheuer, G.: Makroökonomik. Berlin u.a. 1993. S. 248-250.

Rothschild, K. W.: Theorien der Arbeitslosigkeit. Einführung. München 1988. S. 122-123.

Pätzold, J.: Stabilisierungspolitik. 4. Aufl., Stuttgart 1991. S. 241-259.

Siebert, H.: Das Wagnis der Einheit. Eine wirtschaftspolitische Therapie. Stuttgart 1992.

Wagner, N., Kaiser, M., Beimdiek, F.: Ökonomie der Entwicklungsländer. 2. Aufl., Stuttgart 1989. S. 161-164.

4. Substitutionselastizität und Einkommensverteilung: Abschnitt III.D.1.b)

Arndt, A.: Lohnpolitik und Einkommensverteilung. Berlin 1969.

Hicks, J.R.: Theory of Wages. 2. Aufl., London 1963. S. 114-120, 286-292, 373-384.

Neumann, M.: Theoretische Volkswirtschaftslehre II: Produktion, Nachfrage und Allokation. 3. Aufl., München 1991. S. 199-202.

5. Diskussion der Arbeitszeitverkürzung: Abschnitt III.D.1.c)

Kromphardt, J.: Arbeitslosigkeit und Inflation. Göttingen 1987. S. 231-240.

Neumann, M.: Arbeitszeitverkürzung gegen Arbeitslosigkeit? Berlin 1984.

Pätzold, J.: Stabilisierungspolitik. 4. Aufl., Stuttgart 1991. S. 327-345.

Starbatty, J.: Die gesamtwirtschaftlichen Folgen der Arbeitszeitverkürzung. In: Weissbuch Arbeitszeitverkürzung. Arbeitsgemeinschaft Soziale Marktwirtschaft (Hrsg.). Stuttgart 1983. S. 41-65.

6. Technischer Fortschritt: Abschnitt III.D.2.

Heubes, J.: Konjunktur und Wachstum. München 1991. S. 180-185.

Müller, K.-W., Ströbele, W.: Wachstumstheorie. München u.a. 1985. S. 43-47.

Rose, K.: Grundlagen der Wachstumstheorie. Göttingen 1971. S. 134-157.

Oppenländer, H.: Wachstumstheorie und Wachstumspolitik. München 1988. S. 224-299.

Ott, A.E.: Klassifikationen des technischen Fortschritts. In: Das Wirtschaftsstudium, 21. Jg. (1992), S. 964-969.

7. Unternehmensinterne Ineffizienz und asymmetrische Information: Abschnitt III.D.2.

Leibenstein, H.: Allocative Efficiency vs. "X-Efficiency". In: American Economic Review, Vol. 56 (1966), S. 392-415.

Leibenstein, H.: Aspects of the X-Efficiency Theory of the Firm. In: Bell Journal of Economics, Vol. 6 (1975), S. 580-606.

Leibenstein, H.: General X-Efficiency Theory and Economic Development. New York 1978.

Mahr, W.: Zur Interdependenz von Prämien und Schaden: Das moralische Risiko. In: Praxis und Theorie der Versicherungsbetriebslehre. Festgabe für H. L. Lutz zum 60. Geburtstag. Hrsg.: P. Brass, D. Farny, R. Schmidt. Karlsruhe 1972. S. 241-282.

Niskanen, W.A.: Non Market Decision Making. The Peculiar Economics of Bureaucracy. In: American Economic Review (Papers and Proceedings), Vol. 58 (1968), S. 293-305.

Recktenwald, H.C.: The Public Waste Syndrome: A Comprehensive Theory of Government Failures. In: Public Finance and the Quest of Effiziency. Hrsg.: H. Hanusch. Detroit 1984. S. 11-26.

Spremann, K.: Asymmetrische Information. In: Zeitschrift für Betriebswirtschaft, 60. Jg. (1990), S. 561-586.

Williamson, O.E.: The Economics of Discretionary Behavior. Managerial Objectives in a Theory of the Firm. London 1974.

8. Umweltschutz durch Abgaben und Auflagen: Abschnitt IV.F.1.a)

Feess-Dörr, E.: Mikroökonomie. Eine Einführung in die neoklassische und klassisch-neoricardianische Preis- und Verteilungstheorie. 2. Aufl., Marburg 1992. S. 334-352.

Heubes, J.: Konjunktur und Wachstum. München 1991. S. 274-279.

Wicke, L.: Umweltökonomie. München 1991. S. 169-190.

Woll, A.: Wirtschaftspolitik. 2. Aufl., München 1992. S. 326-336.

9. Externe Effekte: Abschnitt IV.F.1.b)

Feess-Dörr, E.: Mikroökonomie. Eine Einführung in die neoklassische und klassisch-neoricardianische Preis- und Verteilungstheorie. 2. Aufl., Marburg 1992. S. 334-352.

Schumann, J. Grundzüge der mikroökonomischen Theorie. 6. Aufl., Berlin u.a. 1992. S. 459-470.

10. Lohnpolitik, Inflation und Arbeitslosigkeit: Abschnitt IV.F.2.a)

Dornbusch, R.: Makroökonomik. 4. Aufl., München u.a. 1989. S. 295-324.

Duwendag, D. u.a.: Geldtheorie und Geldpolitik. Eine problemorientierte Einführung mit einem Kompendium monetärer Fachbegriffe. 4. Aufl., Köln 1993. S. 303-325.

Hanusch, H., Kuhn, T.: Einführung in die Volkswirtschaftslehre. 2. Aufl., Berlin 1992. S. 295-324

Phelps, E.S.: Microeconomic Foundations of Employment and Inflation Theory. New York 1970.

Phillips, A.W.: The Relation Between Unemployement and the Rate of Change of Money Wage Rates in the United Kingdom. 1861-1957. In: Economica, Vol. 25 (1958), S. 283-299.

Rothschild, K.W.: Die Phillips-Kurven Diskussion. Ein Überblick. In: Löhne, Preise und Beschäftigung. Hrsg. E. Nowotny. Frankfurt/Main 1974. S. 15-62.

11. Lohn als Leistungsanreiz: Abschnitt IV.F.2.b)

Franz, W.: Arbeitsmarktökonomik. Heidelberg 1991. S. 300-308.

Licht, G.: Die Effizienzlohnhypothese. In: Wirtschaftwissenschaftliches Studium, 17. Jg. (1988), S. 132-136.

Lindbeck, A., Snower, D.J.: Explanations of Unemployment. In: Oxford Economic Review of Economic Policy, Vol. 1 (1986), S. 34-59

Rothschild, K. W.: Theorien der Arbeitslosigkeit. Einführung. München 1988.

Sesselmeier,W, Blauermel, G.: Arbeitsmarkttheorien. Heidelberg 1990. S. 97-122.

Wagner, Helmut: Stabilitätspolitik. München 1989. S. 48-50.

Yellen, J.L.: Efficiency Wage Modells of Unemployment. In: American Economic Review, Vol. 74 (1984), S. 200-205.

12. Allokative Wirkungen finanzpolitischer Maßnahmen: Abschnitt VI.D.1.

Herberg, H.: Preistheorie. Eine Einführung in die Mikroökonomik. Stuttgart-Berlin-Köln-Mainz 1985. S. 258-272.

Kleps, K.: Zur Effizienz partieller Mindestpreisfixierungen. In: Wirtschaftswissenschaftliches Studium, 9. Jg. (1980), S. 160-166.

Klump, R.: Einführung in die Wirtschaftspolitik. München 1989. S. 28-37.

13. Einfluß der Besteuerung auf das Marktgleichgewicht: Abschnitt VI.D.2.

Bohnet, A.: Finanzwissenschaft. Staatliche Verteilungspolitik. München u.a. 1989. S. 127-130, 145-157.

Brümmerhoff, D.: Finanzwissenschaft. 6. Aufl., München1992. S. 247-284.

Nowotny, E.: Der öffentliche Sektor. 2. Aufl., Berlin u.a. 1991. S. 353-365.

Petersen, H.-G.: Finanzwissenschaft I. 2. Aufl., Stuttgart u.a. 1990. S. 288-297.

Pollak, H.: Verbrauchsteuern I. Ziele und Ausgestaltung. In: Handwörterbuch der Wirtschaftswissenschaft Band 8. Stuttgart u.a. 1980. S. 188-208.

Stiglitz, J.E., Schönfelder, B.: Finanzwissenschaft. 2. Aufl., München u.a. 1989. S. 430-439.

Wiese, H., Becker, T.: Steuertraglast bei Real-, Wert- und Mengensteuern. In: Das Wirtschaftsstudium, 23. Jg. (1994), S. 34-38.

14. Der Einfluß der Lohnpolitik auf die Lohnquote: Abschnitt VI.D.3.

Krelle, W.: Verteilungstheorie. Tübingen 1962. S. 50-71.

Külp, B.: Verteilungstheorie. Stuttgart 1981. S. 35-64.

Müller, R., Röck, W.: Konjunktur-, Stabilisierungs- und Wachstumspolitik. 4. Aufl., Köln 1993. S. 316-321.

Pätzold, J.: Stabilisierungspolitik. 4. Aufl., Stuttgart 1991. S. 208-213.

15. Einfluß der Besteuerung auf das Monopolgleichgewicht: Abschnitt VII.D.1.ab)

Bohnet, Armin: Finanzwissenschaft: Staatliche Verteilungspolitik. München u.a. 1989. S. 130-136, 157-160.

Brümmerhoff, D.: Finanzwissenschaft. 6. Aufl., München 1992. S. 247-284.

Herberg, H.: Preistheorie. Eine Einführung in die Mikroökonomik. Stuttgart-Berlin-Köln-Mainz 1985. S. 306-309.

Petersen, H.-G.: Finanzwissenschaft I. 2. Aufl., Stuttgart u.a. 1990. S. 297-298.

Stiglitz, J.E., Schönfelder, B.: Finanzwissenschaft. 2. Aufl., München u.a. 1989. S. 297-298.

16. Höchstpreise im Monopol und Preisbildung im Kartell: Abschnitte VI-I.D.1.b) und c)

Cox, H.: Kartelle. Strukturanalye, Wettbewerbswirkungen und wettbewerbspolitische Behandlung. In: Handbuch des Wettbewerbs. Wettbewerbstheorie, Wettbewerbspolitik, Wettbewerbsrecht. Hrsg.: H. Cox, U. Jens, K. Markert. München 1981. S. 225-270.

Herberg, H.: Preistheorie. Eine Einführung in die Mikroökonomik. Stuttgart-Berlin-Köln-Mainz 1985. S. 302-306.

Herdzina, K.: Wettbewerbspolitik, 3. Aufl., Stuttgart-New York 1991. S. 143-146.

Schmidt, I.: Wettbewerbspolitik und Kartellrecht. Eine Einführung, 4. Aufl., Stuttgart-New York 1993. S. 258-266.

17. Handelstheorie: Abschnitt VIII.

Dieckheuer, G.: Internationale Wirtschaftsbeziehungen. 2. Aufl., München u.a. 1991. S. 58-70.

Rose, K. Sauernheimer, K.: Theorie der Außenwirtschaft. 11. Aufl., München 1992. S. 343-387.

Zweifel, P., Heller, R.: Internationaler Handel. Theorie und Empirie. 2. Aufl., Heidelberg 1992.

Stichwortverzeichnis

www.ingramcontent.com/pod-product-compliance
Lightning Source LLC
LaVergne TN
LVHW010653300926
849161LV00005B/1109